Ferdinand Seibt
Utopica

UTOPICA

Orbis Verlag

Aktualisierte Neuausgabe

Genehmigte Sonderausgabe 2001
Orbis Verlag für Publizistik, München,
in der Verlagsgruppe Bertelsmann GmbH
www.orbis-verlag.de

Aktualisierte Neuausgabe der 1972
im Verlag L. Schwann, Düsseldorf,
erschienenen Utopie-Studie

Satz und Bindung: GGP Media, Pößneck
Printed in Germany
ISBN 3-572-01238-4

FÜR GERT

Inhalt

Vorwort

Utopie blieb lange als Thema wissenschaftlicher Arbeit unbeachtet. Man schätzte zwar den literarischen Geniestreich des Thomas Morus, der 1516 mit seinem „Nirgendland“ allen künftigen Spekulationen über eine ferne Gegenwelt den Namen gegeben hatte, amüsierte sich über die Einfälle, womit er seine Nirgendwo-Gesellschaft mit unserer Wirklichkeit konfrontiert hatte, nahm angeregt die Einsichten auf, gleichsam spielerisch die Möglichkeiten einer fiktiven Welt zu erproben, schätzte zudem noch sein klares Latein, übersetzte ihn in viele Sprachen und druckte im Lauf der Jahrhunderte sein Büchlein fast so oft wie die Bibel. Aber man nahm ihn nicht ernst. Nicht einmal über sein Echo, eben über die merkwürdige Verbreitung dieses absurden Reiseberichts von der besseren Welt auf der Insel Utopia, hatte man hinlänglich nachgedacht. Erst spät, erst mit Robert von Mohl begann vor 150 Jahren die Untersuchung der Utopia und ihrer literarischen Nachfolger als nun sogenannter „Staatsromane“. Seither ist ihnen eine gewisse Aufmerksamkeit sicher. Aber die Darstellung des Staatswissenschaftlers zog vornehmlich die Aufmerksamkeit der Literaturgeschichte an, und das seit die utopische Literatur in den einzelnen Nationalsprachen geschrieben wurde, also der französischen, englischen, spanischen und deutschen. Ich glaube aber, daß es sich um ein besonderes Thema für Historiker handelt.

Denn nicht nur, was Menschen zu jeder Zeit miteinander umkämpft, unterhandelt und vereinbart haben für die Entwicklung der politischen Landkarte und zur Konsolidierung und Stabilisierung politischer Macht verdient die historische Untersuchung, nicht nur politische Geschichte, sondern auch, was Menschen über ihr Leben und seine Ordnungen gedacht haben, was sie zu kritisieren wußten an ihrer Gegenwart und welche Wünsche, Ängste, Pläne sie hegten. Das alles umschreibt das kleine Buch des englischen Humanisten von der Insel Utopia, und deshalb ist es wohl nach der Bibel zum meistgedruckten Buch in den letzten Jahrhunderten geworden.

Utopie entsteht aus Gegenwartskritik. Dazu bedarf es freilich auch des kritischen Publikums. Das fand sich in sogenannten intellektuellen Kreisen, wie sie sich zu Zeiten des Thomas Morus allmählich gebildet hatten aus dem Aufschwung des zunächst noch kirchlichen, dann aber auch städtischen oder fürstlichen Schulwesens im europäischen Humanismus, aus dem Verlust des kirchlichen Bildungsmonopols, aus der Verbreitung des Buch- und Zeitungswesens. Die europäische Utopie lebte von diesem neuen Medium ebenso wie die europäischen Intellektuellen. Und es entfaltete sich dabei Gegenwartskritik und Zukunftsplanung auf einfacher rationaler Grundlage, ohne sonderliches Spezialwissen, mit jener Naivität, die sich namentlich bei den römischen Klassikern ablesen läßt. Die Verwandlung der Welt durch Architektur zählt ebenso zu diesen einfachen Voraussetzungen. Die Umformung der Gesellschaft durch neue technische Entwicklungen dagegen wurde erst spät mit utopischen Spekulationen verbunden, in vollem Bewußtsein erst gemeinsam mit dem Fortschrittsdenken des 19. Jahrhunderts. Die Science fictions sind Schöpfungen des 20. Jahrhunderts.
Die radikale Gegenwelt in allen ihren Varianten vom 16. bis ins 19. Jahrhundert mußte immer derselben ständisch gegliederten europäischen Gesellschaft gegenübertreten: Adel, Klerus, Bürger. Sie suchte die Herrschaft der Weisen zu etablieren, ein Traum, den schon die Antike kannte und den der Humanismus neu belebt hatte. Allein deshalb sind die europäischen Utopien allesamt auf verblüffend einfache Grundlinien zurückzuführen, auch wenn sie als „Staatsromane" in bunte literarische Gewänder schlüpften. Nur wenige sind dabei mit ausdrücklicher Gegenwartskritik geschrieben, wie sie das erstaunlich radikale erste Kapitel in der Utopia des englischen Lordkanzlers Thomas Morus formulierte. Alle verdienen als gesellschaftspolitische Alternativen unsere Analysen. Die Gemeinsamkeiten ihrer Kritik wie ihrer alternativen Konstruktionen für eine bessere Gesellschaftsmoral aus weiseren gesellschaftlichen Ordnungen belegen nebenbei die Einheit der europäischen Ideenwelt. Es handelt sich dabei freilich um politische Träume, doch es erscheint mitunter auch das volle politische Engagement des europäischen Intellektualismus, gemeinsam über Grenzen und Nationen. Die Reformation, der Ausbruch der Niederlande aus der spanischen Lehensherrschaft, die Glorious, die Grande, die 48er und die russische Revolution regten dazu an. In allen europäischen Revolutionen marschiert die Utopie am linken Flügel mit.
Allein diese Einsicht macht dieses Buch vielleicht schon interessant. Sein Anliegen reicht weiter: Raymond Ruyer und nach ihm Friedrich Heer haben die These formuliert, „daß die Griechen, Franzosen, Italie-

ner und Angelsachsen nahezu die einzigen Völker sind, die freie Regierungen und Utopien schufen". Diese These ist falsch. Sie entspricht freilich dem Wissensstand vor fünfzig Jahren. In diesem Buch habe ich so viele unerkannte oder sogar unbekannte Utopien aus dem deutschen Reformationszeitalter zusammengestellt, daß man an der deutschen Utopie in jenem vergleichenden Sinn künftig nicht mehr vorbeigehen kann. „Freie Regierungen und Utopien ...", der zutreffend erkannte Zusammenhang läßt anhand der deutschen oder lateinischen Utopien den lange verkannten linken Flügel der deutschen Reformation erkennen. Ich habe aber nicht zur Verherrlichung dieses oder jenes Flügels im Gesellschaftsprozeß geschrieben. Ich habe, wie mein Vorwort von 1972 aussagt, als Historiker einen „großartigen intellektuellen Irrtum" zeigen wollen. Für manchen Rückblick mag das heute wieder interessant sein.

Und bei all dem ging es mir darum, den bequemen Schritt über die bekannte Epochenschwelle der Neuzeit um 1500 im üblichen Rückblick auf die letzten tausend Jahre ein wenig in Frage zu stellen. Es mag bequem sein, wenn schon die Wahrheit des Fiktiven, also wenn schon Utopie als historisches Faktum von Historikern berücksichtigt und untersucht werden darf, sie neben die Entdeckung Amerikas und eben die Reformation Luthers als den Aufbruch Europas in die Neuzeit zu betrachten und als deutliches Signal fortschrittlichen Denkens vom unbeweglichen Mittelalter abzuheben. Meist haben Sachkenner der neueren Geschichte einer solchen Epochenschwelle das Wort geredet, zugleich mit dem Beginn der modernen Nationalgeschichten, dem Untergang Konstantinopels, der Expansion des osmanischen Reiches, des neuen Rußland mit Moskau als „Drittem Rom", der Reorganisation Frankreichs, der Stabilisierung Englands und der Verwandlung der alten sogenannten Universalmächte Kaiser und Papst zu Repräsentationsfiguren der ohne die Orthodoxie in sich gespaltenen Christenheit. Aber so treffend diese Beobachtungen auch in den Wandel vom Mittelalter zur Neuzeit passen, so wenig neu ist das planende, konstruierende, klügelnde und Gegenwelten erfindende Denken selbst. Auch das mittelalterliche Mönchtum, die mittelalterliche Gelehrtenwelt, das bürgerliche Ordnungsdenken und die höfische Selbstbezogenheit kennen utopische Übersteigerungen. Neu ist jedoch die Opposition gegen die dreigeteilte Ständegesellschaft. Sie kennzeichnet den Idealstaat des Thomas Morus ebenso wie die gemeindlichen Denkmodelle des Gemeinen Mannes in den Sturmjahren der Reformation. Aber diese Opposition ist weit vorausgedacht. Erst das letzte, erst das zwanzigste Jahrhundert wird ihnen Rechnung tragen. Erst dann wird ein lange gehegter „rationaler Trend“ nach Max Weber gesellschaftspolitische Wirklichkeit – mit Problemen, die uns noch heute beschäftigen. Auch das, so hoffe ich, ist ein Beitrag zur Einsicht in die Geschichte Europas.

München, im Oktober 2000

1 Vom Ursprung der Utopie im Mittelalter

Rationale Lebensplanung: Klöster – Städte – Landesausbau

I.

Die Utopie gilt allgemein als ein spezifisches Produkt des modernen Denkens, der neuzeitlichen Auffassung von der Welt und vom Menschen seit der Renaissance. Man verweist auf die Gemeinsamkeiten, die das Konzept von den glücklichen Inseln im Sonnenstaat des Jambulos mit der Insel Utopien verbinden, wie sie Morus entwarf, und mit der Civitas Solis aus der Feder Campanellas. Dazwischen liegen 1800 Jahre. Dazwischen liegt besonders die fast 1000jährige Epoche des Mittelalters, und man sagt, sie sei der Utopie „wesenhaft fremd" gewesen.[1]
Alfred Doren suchte 1927 nach einem Ersatz für diese augenscheinliche Mittelalterlücke in der Geschichte des utopischen Denkens. Er fand ihn in der recht brauchbaren und seither vielzitierten Unterscheidung zwischen „Wunschräumen" und „Wunschzeiten".[2] Wunschräume, so erläuterte er, gäbe es in der neueren Literatur seit der Renaissanceutopie; genau seit Thomas Morus, der mit der „veränderten Einstellung eines typischen Renaissancemenschen und Humanisten zur Welt" ein geographisches Nirgendland mit konkreten Einzelheiten zu einem Wunschbild ausgestaltete, ohne nach dem Weg dorthin, nach der zeitlichen Entwicklung zu fragen. Auf solche konkreten Skizzen habe bislang das Mittelalter verzichtet. Stattdessen befaßte es sich nach Doren vornehmlich mit der Frage nach der heilsgeschichtlichen Entwicklung bis zum chiliastischen Paradies, es dachte also in Wunschzeiten.
Dorens Konzept erklärt vieles. Es verweist vor allem auf die besondere utopische Funktion des mittelalterlichen Chiliasmus, die Karl Mannheim gerade zur selben Zeit in einer wichtigen spätmittelalterlichen Veränderung erfaßte. Er sprach nämlich von den „entscheidenden Punkten in der neuzeitlichen Entwicklung" in dem

[1] Nipperdey 1966 355f.; ähnlich 1962 364
[2] Doren VBW 1927

„Augenblick, wo das Chiliastische mit dem aktiven Wollen unterdrückter Schichten ein Bündnis schloß..."[3] Hier habe, bei Joachim von Fiore, bei den Hussiten und bei Thomas Müntzer, der Chiliasmus den Weg zur politischen Wirklichkeit erstrebt, hier suchte sich also nach Dorens Begriffen die mittelalterliche „Wunschzeit" der politischen, und damit auch der räumlichen Wirklichkeit anzunähern. Robert Kalivoda griff diesen Zusammenhang 1961 von neuem auf und gewann ihm an der Untersuchung spätmittelalterlicher, besonders hussitischer pantheistischer Ketzerbewegungen eine neue Note ab: Er beurteilte den Pantheismus mit seiner Weltvergottung als Anreiz zur Neugestaltung eben dieser Welt.

Dorens Kategorien brachten demnach Ordnung in manchen Bezug, aber sie waren nicht imstande, der ganzen Wirklichkeit mittelalterlichen Denkens als Definitionsschema zu dienen. Das kommt von mancher unbekannten Einzelheit, vornehmlich aber von einer verfehlten, allzu geschlossenen Auffassung von der mittelalterlichen epochalen „Geistigkeit". Ernst Bloch sah hier klarer. Er zeigte den mittelalterlichen Utopismus an Beispielen, nämlich bei Augustinus, bei Joachim von Fiore, in manchen Aussagen des Neuen Testaments. Er trennte demzufolge nicht nach irgendwelchen postulierten epochalen Wesenheiten, sondern hielt, weit biegsamer, die Entwicklung eines säkularisierten Rationalismus für das entscheidende Übergangsmerkmal zwischen der hochmittelalterlichen Gedankenwelt des Joachim von Fiore und dem Renaissancedenker Thomas Morus. Auch das braucht aber noch nähere Erläuterung; weil sich der neuzeitliche säkularisierte Rationalismus aus vielfältigen Ansätzen nährt, die nirgendwoanders zu suchen sind als im sogenannten Mittelalter mit seiner wachsenden, sich formierenden Intellektualität und mit einer Vielzahl rational-pragmatischer Lebensbezüge, die sich allmählich in einer zuvor ungewohnten Weise verdichteten und verflochten. Während sich die Planung des individuellen und gesellschaftlichen Lebens in Verwaltung und Wirtschaft Schritt für Schritt entfaltete, regte sich schließlich auch der Anreiz, sie utopisch zu totalisieren. Die Erforschung des Denkens, Planens und Erfindens im späteren Mittelalter ließ seit den letzten 50 Jahren ein solches Entwicklungsbild deutlich hervortreten: Bis ins 12. Jahrhundert fanden die wissenden Zeitgenossen „nichts Neues unter der Sonne"; dagegen schien ihnen die Antike noch in ihren Ruinen übermächtig. Seither aber wuchsen gesellschaftliche und technische Neuerungen überall, allmählich entstand, aus kaum merklichen Anfängen, Unerhörtes:

[3] Mannheim 1929; 1965 184

neue Städte, neue Universitäten, neue Maschinen, neue Herrschaftsformen, neue Wirtschaftsweisen. Es wuchs die Erkenntnis von einer neuen Zeit und auch das Vertrauen in nostra tempora moderna; schon damals also vollzog sich in einzelnen Köpfen die Geburt der Neuzeit!

II.

Die Entwicklung planender, auf die Zweckmäßigkeit und den Nutzen von Wirtschaft und Verwaltung gerichteter Logik zwischen dem 8. und 15. Jahrhundert der abendländischen Vergangenheit läßt sich mit wenigen Worten kaum anschaulich machen. Aber sie wird wohl deutlich durch den Hinweis auf komplexe Institutionen des menschlichen Zusammenlebens, die im Laufe dieser Jahrhunderte allmählich rational formiert und ausgestaltet worden sind.
An erster Stelle ist in diesem Zusammenhang etwa das abendländische Klosterwesen zu nennen. Wolfgang Braunfels hat soeben einen Aufriß der Klosterarchitektur über ein Jahrhundert hin verfolgt, zugleich aber diese Entwicklung in funktionale gesellschaftliche Zusammenhänge eingebettet.[4] Ein für unsere Fragestellung besonders wichtiges Kapitel in seinem Buch trägt die Überschrift: „Die Utopie von St. Gallen". Es handelt sich um einen Idealplan aus dem frühen 9. Jahrhundert, der sich seinem Ursprung nach in die karolingische Klosterpolitik einfügt. Demzufolge haben wir auch nicht tatsächlich eine Utopie vor Augen, sondern gerade den Versuch, die gegenweltlich gerichteten Ansätze des Klosterdaseins mit Aufgaben der Reichsverwaltung zu verbinden. Die umfassende Regelung des Tagesablaufs im Inneren der Anlage und die Disposition ihrer Aufgaben für die Umwelt, wie sie im architektonischen Grundriß dieses Idealplans festgehalten sind, zeigen den Rationalismus der Klosterkultur jener Zeit auf einem hohen Rang. Eigenheiten der Ordensregeln bestärken den Planungsanreiz der mönchischen Lebensgemeinschaft in einzigartiger Weise. Es geht dabei um solche Regeln des mönchischen Gemeinschaftslebens, die voraussetzen, daß der Tagesablauf des ganzen Gemeinwesens minutiös geregelt ist, wie überhaupt eine jede antiindividualistische Lebensweise, im Gegensatz zum Einzeldasein, Planung zwingend herausfordert.
Der vielberufene mönchische Kommunismus ist bereits als utopisches Element erkannt worden, ahnungsweise etwa schon 1892 in Kirchheims Schlaraffia politica,[5] mit sicherem Blick zuletzt von Northorp

[4] Braunfels 1969 [5] Kirchheim 1892 63

Frye 1967.[6] Nicht nur die utopischen Konzepte von Morus und Rabelais, Saint-Simon und Fourier, Comte und Carlyle wurden von Frye mit Strukturen der Mönchsgemeinschaft in Verbindung gesetzt, sondern er sieht auch noch in den Antiutopien von Huxley und Orwell darauf angespielt. Ähnliches ließe sich am mönchischen Arbeitsethos beobachten, das, ebenfalls unentbehrlicher Bestandteil des Utopischen, im frühen Mönchtum „erstmalig aus einer theoretisch-theologischen Forderung zu einem mit lebendigem Inhalt erfüllten sittlichen Wert" geworden ist.[7] Nach diesen Voraussetzungen mag es nicht verwundern, der ersten institutionellen Utopie des Abendlandes in den Spekulationen einer der großartigsten hochmittelalterlichen Mönchsgestalten zu begegnen – Joachim von Fiore.

III.

Auch die Herrschaftsorganisation seit Karl dem Großen reifte allmählich zu diffiziler Zweckmäßigkeit, zu Berechnung und Planung. Anreiz zur Präparation rationaler Elemente bot sie dabei sicherlich auf manchen Wegen, die uns deutlich werden, wenn wir uns in die Organisation des Systems von Forsten und Pfalzen, von Königsburgen und Ministerialverwaltung, von Lehensbindungen, Regalien und Staatsmonopolen vertiefen.[8] Besonders Karl Bosls Arbeiten haben uns Herrschaftsgeschichte in diesem Sinn lebendig gemacht. Unter-Italien, der Orient, Osteuropa und das lateinische Kaiserreich boten Kaisern und Kreuzfahrern im späteren Mittelalter noch einmal großräumige Möglichkeiten. Um 1300 erspekulierte in diesem Zusammenhang Pierre Dubois, einer der einflußreichsten politischen Intellektuellen seiner Zeit, ein System zur französischen Weltherrschaft, das man gelegentlich auch als Utopie bezeichnete.[9] Diese Bezeichnung greift zu weit; aber sie zeigt, wie sehr sich der politische Rationalismus damals bereits emanzipieren konnte.

Die Systeme des römischen Kaiserrechts und der Kanonistik schufen ihm dabei besondere Vehikel. Sie entwickelten allmählich einen eigenen Systemzwang und setzten ihre Logik den politischen Realitäten entgegen, und so begegnet uns schließlich auch bei Nikolaus von Kues der Versuch, die Welt aus Rechtszwang zu reformieren. In der gleichen Absicht suchte der anonyme Oberrheinische Revolutionär, ein entschiedener Gegner der römischen Rechtseinflüsse, mit eigenwilligen Interpretationen der Bibel und einer Trierer Fabel-

[6] Frye 1966 35
[7] Prinz 1965 537
[8] Bosl 1950
[9] Dubois 1956; Schomann 1911; Saulnier 1963 138

chronik die Welt aus der Norm und der Autorität neuer Rechtssatzungen zu verändern.
Ein besonderes Feld für Gesellschaftsplanung und -theorie eröffnete die Stadtarchitektur. Hier trafen vielleicht noch drängender als zuvor im Klosterwesen Fragen der Bevölkerungsballung und der Raumorganisation aufeinander. Namentlich die wagemutige politische Manipulation des italienischen Renaissancefürstentums scheint hier dem Spiel der Möglichkeiten große Beweglichkeit eingeräumt zu haben. Um 1460 entwickelte der Baumeister Antonio Filarete den Plan einer Idealstadt, die er zu Ehren der Mailänder Dynastie Sforzinda nannte. In einem fingierten Baubericht erzählt er von einem Goldenen Buch, darin die Ägypter Geheimnisse ihrer Stadtorganisation preisgegeben hätten.[10] Er berichtet von einem Musterstaat mit utopisch akzentuiertem Institutionalismus, mit intellektueller Elitenauslese, mit Verbrechensbekämpfung durch Arbeit und Belehrung, mit Kleidervorschriften, Luxusbeschränkungen und demokratischer Kontrolle. Ganz nahe an utopische Prämissen führt der Vergleich zwischen dem Staat und einem Bauwerk.[11] Wenn auch insgesamt noch die aristokratische Gesellschaftsstruktur und vor allem die Sforzaherrschaft in diese Konzeption eingeschlossen wurde, unter Namensmetathesen, die auch einen gut bezahlten Baumeister namens Antonio nicht vergessen, so läßt sich doch das breite Spiel der Möglichkeiten in diesem Konzept als eine Vorstufe zur utopischen Planung betrachten. Der Schritt von der großzügigen bis zur absoluten Stadtplanung wurde von der Architekturgeschichte seither immer wieder angeboten, wie einige Untersuchungen der letzten Jahre gezeigt haben.[12]
Lewis Mumford hob 1967 die Stadt aber auch ideell als einen utopischen Archetypus hervor.[13] Er nennt Konskription und Kommunismus als die Organisationsmittel der ersten Stadtgründungen und findet, Morus, Cabet oder Bellamy seien dorthin wieder zurückgekehrt, weil sie Markt, Lohnarbeit, Privatbesitz und Geld durch den archaischen Kommunismus der alten Königsstädte ersetzten.[14] „Die Aneignung der Gottesstadt in der Literatur“ sagt Northorp Frye zum mittelalterlichen Stadtideal, „muß als eine Form der utopischen Fiktion gewertet werden, ihre berühmteste literarische Darstellung war das Purgatorium und das Paradies Dantes.“[15]

[10] Filarete 1890 485ff.
[11] Filarete 1890 535ff.
[12] Münter 1957; Rosenau 1959; Eimer 1961
[13] Mumford 1966
[14] Mumford 1967 14
[15] Frye 1966 34

IV.

Noch eine andere ideologische Komponente der mittelalterlichen Gedankenwelt zielt ins Utopische. Es handelt sich um eine Auffassung von Gott und der Gesellschaft, die Friedrich Heer unter der Bezeichnung „politische Religiosität“ bekannt gemacht hat,[16] ein archaisches Charakteristikum, das erst im Hochmittelalter durchbrochen worden sei. Heer nennt in diesem Zusammenhang einen transzendenten Reichsbegriff, dem der politische Dienst auf Erden als Gottesdienst galt.[17] Das erinnert uns an die Totalität der utopischen Staatsauffassung, die ihre Organisation ebenso zwingend mit dem Weg zur transzendenten Glückseligkeit in Verbindung bringt und geradeso wie dieser archaische Reichsdienst im weltlichen und überweltlichen Belang ihre politischen Aktionen in kosmischer Harmonie nach den wahren Bestimmungen des Menschen, nach den anthropologischen Gegebenheiten richtet. Zum Anthropokosmos tritt hier wie da das Gottmenschentum: Nicht nur Christus erscheint bekanntlich in den Handschriften des hohen Mittelalters mit dem göttlichen Nimbus, sondern auch das Kaiserbild der Ottonenzeit. Christus ist der oberste Weltenherrscher. Aber der irdische Kaiser ist sein Stellvertreter, und, geweiht und gesalbt, erreicht er wenigstens in der Unsicherheit und Inkonsequenz ideologischer Aussage den Eindruck des Gottmenschentums.

Die Wirklichkeit des Kaisertums sieht freilich anders aus. Der Kaiser ist ein sündiger und irrender Mensch, seine Aktionen wirken oft gar nicht göttlich beauftragt und gesegnet, und lange vor der gregorianischen Revolution erheben sich Proteste gegen die Vereinigung von Weltlichem und Geistlichem, die Kirche und Reich, Christus und Kaiser voneinander trennen, wenn nicht gar einander gegenüberstellen wollen. Besonders zur Zeit der Ottonenherrscher war die Verklammerung beider zu einem heiligen Reich aber nicht nur lebendig, sondern war auch realistisch als ein vorherrschender Zug der politischen Gedankenwelt, und nicht nur Otto I., der erste deutsche Kaiser nach dem fränkischen Imperium, sondern auch sein Enkel scheint auf seine Art eine solche Einheit angestrebt zu haben. Dieser Otto III., der Kaiser der Jahrtausendwende, war bekanntlich stark beeinflußt von Eremiten und Mönchen aus Italien. Der Abt von Cluny gehörte zu seinen engsten Beratern. Er suchte sein Kaisertum als Büßer und als Imperator zu demonstrieren, und seine politischen Unternehmungen sind vom Standpunkt des machtpolitischen Kalküls oft ver-

[16] Heer 1949 [17] Heer 1949 23

urteilt oder mit dem Hinweis auf Eventualitäten gerechtfertigt worden. Vielleicht versteht man die Absichten und gar den Eifer des jungen Herrschers, der scheinbar auf Macht verzichtete, um Freunde zu gewinnen; der in Polen und in Ungarn Erzbistümer schuf und damit die Ambitionen der alten ottonischen Ostpolitik durchkreuzte; der aber dabei den realen Boden kalkulierter Machtpolitik vereinigte mit den Denkformen römischer Kaiserideologie:[18] Ein solcher Herrscher scheint doch am ehesten verständlich aus einem Reichsbegriff, der einen gemeinsamen Dienst nach dem Willen Gottes umschließt und dabei Irdisches und Himmlisches jeweils in eins bezieht. „Die Probleme seines Lebens sind letzthin die Probleme seines Zeitalters – so der Wille, die Welt nach einem Plan zu gestalten, statt aus ihr selbst die Erfahrung zu sammeln ..., so das Vertrauen, daß ein im Sinne Gottes unternommenes Werk nicht fehl gehen könne und die menschliche Kraft in einem solchen Bunde aller praktischen Schwierigkeiten Herr werden müsse, so endlich die Verzweiflung, als aus der Entwicklung der Dinge die Mißbilligung Gottes herauszutreten schien ...“[19]

Ein solches Kaisertum, von den Staufern zwar noch verteidigt, aber wohl nicht mehr überlegene Gegenwartsauffassung, keinesfalls außerhalb Mitteleuropas, lebte in Deutschland immerhin als prophetische Zukunftserwartung fort. Kyffhäuser- und Sibyllensagen verkündeten den künftigen Friedenskaiser, eine Hoffnung, die sich in Italien vom 13. Jahrhundert an auf den Engelpapst richtete. Er sollte nämlich wie der ersehnte Idealkaiser der Welt den Frieden gebieten und ihre innere Ordnung in Einheit mit dem Transzendenten entfalten.

V.

Diese Auffassung von politischer Religiosität ist aber nur eine Variante im Gesellschaftsdenken der mittelalterlichen Jahrhunderte, die man in ihrer Bedeutung nicht überspannen, in ihrer Reichweite nicht verallgemeinern darf. Die Zukunft gehörte den Ansätzen zum ökonomischen Rationalismus, der die Gegenwelten der klassischen Utopie ersann. Dieser Rationalismus keimte aus den architektonischen und wirtschaftlichen Institutionen der Klöster und Städte und wuchs ebenso in dem großen Organisationsaufwand im Zusammenhang mit der von der französischen Forschung so genannten „agrarischen Revolution“ weiter fort. Damals, nämlich vom 11. bis 14. Jahrhun-

[18] Barraclough 1953 50ff. [19] Schramm 1929 186

dert, legte man in großräumigen Planungen und Bevölkerungsbewegungen den Grund zu einer weitgespannten ökonomischen Entfaltung, welche die wirtschaftliche Potenz des Abendlandes bis an die Schwelle des industriellen Zeitalters führte. Ein Arbeitsfeld von ungeahnter Tragweite fand die sachgebundene Planung im Zusammenhang mit diesem agrarischen Landesausbau. In Vorstufen ereignete sich ein solcher Vorgang bereits im karolingischen Imperium mit eigenen Rechts- und Verwaltungsformen der Kolonisation.[20] Seine eigentliche Auswirkung erreichte er durch den Zugriff auf bislang brachliegende Landschaften aus Busch- oder Waldgebiet, aus Auen- oder Moorniederungen seit dem 11. Jahrhundert. Bereits dieser sogenannte innere Landesausbau stellte gewisse organisatorische Aufgaben, etwa bei den Planungen für Entwässerungsarbeiten. Das alles aber lag doch noch mehr oder weniger im Bereich des Üblichen, das jede größere Bauleistung der Zeit ebenso erforderte, ob es sich nun um Burgen, Brücken oder Mauern handelte. Das Planungselement trat erst dann besonders hervor, als das östliche Mitteleuropa, ähnlich wie West- und Mitteldeutschland im Zeitalter der Industrialisierung, Arbeitskräfte von weither anzog, und als man da zugleich Dorf und Stadt im ökonomischen und juridischen Verbundsystem des sogenannten Weichbildrechtes errichtete. In diesem Zusammenhang bildete sich ein großzügiges Unternehmertum aus, das in geldwirtschaftlichen Manipulationen die finanziellen Mittel für die Kolonialisierung den Grundherrn vorstreckte oder selbst solche Aktionen unternahm, durchführte oder an Kleinunternehmer weiter vergab. Wichtiger als Einzelheiten der Produktionstechnik war in diesem Zusammenhang im Bewußtsein der Zeitgenossen offenbar die Organisationsaufgabe im ganzen, die zwar nicht reflektiert, aber doch systematisch etwa in den Rechtsbegriffen des Jus Teutonicum und der Stadtrechtsfiliationen als den Symbolen für eine weitgreifende gesellschaftspolitische Neuorganisation der Unterschichten faßbar wird. In dieser Zeit entstand auch, allerdings als eine vereinzelte Leistung, in Italien das erste Handbuch der Agrartechnik aus der Feder Pietro de Crescencis.

Wie in der Landwirtschaft, so zeigte auch die Entwicklung von Handwerk und Handel zunehmend die Tendenz zur Rationalisierung, zur Planung und schließlich gar zur theoretischen Reflexion. Die Entwicklung ist bekannt.[21] Es ist aber wichtig, sie in unserem Rahmen als Stärkung und Selbstbestätigung des planenden Intellekts

[20] Bosl 1969
[21] Bauer 1965

zu vergegenwärtigen, der aus vielen Ansatzpunkten nicht nur die progressive Hochschätzung, sondern schließlich eben auch die utopische Überschätzung der theoretischen Lebensbewältigung erstehen ließ.

VI.

Es ist aber vielleicht nicht erstaunlich, daß uns utopischer Szientismus in jener Zeit schließlich unverhüllt zuallererst nicht dort entgegentritt, wo man diesen und jenen Ansatz zum ökonomischen Rationalismus übte, sondern geradewegs an einer Pflegestelle des theoretischen Denkens, an einer der ersten abendländischen Universitäten. Es handelt sich um eine jener Hohen Schulen, die im Zusammenhang mit der Renaissance des 12. Jahrhunderts ins Leben traten und den Übergang von der Domschule zur institutionalisierten Universität markieren, die Schule von Chartres. Chartres war durch seine neuplatonisch-idealistischen Neigungen im Lehrerkollegium für den utopischen Denkansatz vielleicht besonders vorbereitet. Jedenfalls verfaßte hier ein Zeit- und Ordensgenosse Joachims von Fiore, der Zisterzienser Alanus von Lille, der später mit dem Ehrentitel doctor universalis in die Geschichte der Scholastik einging, ein Lehrgedicht mit universellen Tendenzen, ähnlich wie das Werk De mundi universitate seines Kollegen Bernhardus Silvestris, das eigentlich zu einer „gedachten Enzyklopädie des gesamten damaligen Wissens" weitergeführt werden sollte.[22] Schon Doren hatte 1927 nebenbei auf diesen utopischen Ansatz hingewiesen.[23] Alanus bietet eine grundsätzlich neue Welt im Spiegel oder im Kern eines grundsätzlich neuen Menschen. Zwar ist er weit entfernt vom utopischen Institutionalismus, auch hat er kaum einen Blick für ökonomische Verhältnisse, und dennoch erleben wir hier ganz greifbar bereits jenen szientistischen „Übermut der Vernunft", charakteristisch für das utopische Denken ebenso wie die antiindividualistische „negative Anthropologie", die den Menschen lediglich als Gattungswesen betrachtet.[24] Alanus läßt im allegorischen Gespräch die Natur in ihr Haus ein concilium virtutum berufen, um über die Abhilfe des Sittenverfalls zu beraten.[25] Ratio, prudentia und die sieben Artes werden zu wichtigsten Helfern auf diesem Weg. Was geschieht, ist also offensichtlich natürlich und klug, von der ratio gesteuert und von den Wissenschaften in Bewegung gesetzt. Das macht Alanus im Bilde ganz greifbar; es wird nämlich ein currus prudentiae zusammengestellt, ein

[22] Überweg-Geyer 1951 246
[23] Doren VBW 1927 166
[24] Buve 1967 11; Freund 1967 112
[25] Alanus MPL 210 col. 487–576

Fahrzeug der Klugheit, dem die ratio die fünf Sinne als Pferde beigibt und sich selber bereitfindet, den Wagen zu lenken. Die Reise geht eineinhalb Jahrhunderte vor Dante durch die himmlischen Sphären, besucht die Theologie, die Heiligen, die Gottesmutter und schließlich den Schöpfer selber. Auf der Rückreise kommen die Tugenden zu Hilfe, um den idealen Menschen gestalten zu helfen, und auch Fortuna, die unstete, begabt ihn mit ihren Geschenken. Nicht unbedacht: die ratio hilft ihr, die Gaben zu messen. Das neue Geschöpf muß gegen Anfeindungen gesichert werden. Die Laster bedrängen den neuen Menschen, es entspinnen sich allegorische Kämpfe, die er siegreich besteht. Aber nicht nur die Laster: auf ihrer Seite ficht auch eine Figur den Idealmenschen an, die man herkömmlich in jener Zeit in der Front der Tugenden vermuten müßte. Es handelt sich um die Armut, die paupertas, die im 12. Jahrhundert bereits bildlich und oft auch buchstäblich von breiteren Laienbewegungen als Weg zur Selbstheiligung gewählt wurde.[26] Die Utopisten freilich werden sie künftig geradeso wie Alanus den Übeln zugesellen, welche die rechte Entfaltungsmöglichkeit des Menschen gefährden. Sie werden sie deshalb von ihren Idealbildern fernhalten, gerade wie jetzt Alanus in seiner Allegorie.

Der natürliche und gute, der geistig und materiell begabte Idealmensch des Alanus ist also ein Vorgriff mit Hilfe der Allegorie auf dasselbe Ergebnis, das später auch die utopische Spekulation von einer total veränderten gesellschaftlichen Ordnung erwartete. Ein Vorgriff mit Hilfe der autogenen menschlichen Kräfte, von den gütigen Mächten der Natur begabt, von Gott am Schluß der allegorischen Reise eher lizenziert als begnadet.[27] Auf Ratio, Musen und alle „guten Geister" und weniger auf den personalen Gott richtet sich der utopische Optimismus des gelehrten Mönches.

Das erinnert an die philosophischen Grundlagen seiner Allegorie. Die Konstruktion ist beseelt und mit dem Höchsten verbunden durch plotinische Auffassungen von der Emanation des göttlichen Geistes in der Welt. Das verschafft ihr eine besondere Aussagefähigkeit. Mit dem vollen Ernst des oberflächlichen Bilderspiels kann Alanus das Verhältnis zwischen Prudentia und zwischen Gott erwägen, weil er dabei Plotins Vorstellung von der Realemanation, von der tatsächlichen Ausstrahlung des Göttlichen zum Ausdruck bringt.

Damit entstand die utopische Konstruktion aus besonderen Voraussetzungen, aus einer Entwurfsebene, die dem nüchternen Rationalismus später verschlossen bleiben wird. Morus oder Campanella

[26] Bosl 1963 [27] Alanus MPL 210 col. 545

müssen aus den gesellschaftlichen Möglichkeiten denken und planen; in der Welt des Alanus formen sich die göttlichen Kräfte zu hilfreichen Gestalten. Darin liegt die besondere, die zeitgemäße Gestalt dieser Utopie aus dem hochmittelalterlichen Chartres.

VII.

Aber auch abseits des idealistisch beflügelten Humanismus der neuen Hohen Schule hatte jene Zeit bereits Gegenweltvorstellungen entwickelt. Der mittelalterliche Chiliasmus nämlich, ursprünglich transzendent, in passiver Erwartung des Gottesreiches, formte unter anderem eine Weltzeitalterlehre aus, die nach manchen Vorstufen eine grundsätzlich andere, eine diesseitige Gegenwelt verhieß. Mönchisches Elitenbewußtsein und gelehrte Symboldeutung der Bibel entwickeln die Vorstellung von einer großen Wende aller Dinge, von einem neuen Zeitalter, das alle christliche Sehnsucht erfüllt. Zu überwältigender Geschlossenheit erhob sich diese Auffassung im System der Welt- und Bibeldeutung des Floriazenserabtes Joachim von Fiore.

Nach dem Zeitalter des Alten Testamentes und Gott Vaters, des Neuen Testamentes und des Sohnes erwartet Joachim, noch in seiner eigenen Gegenwart, ein drittes, ein Zeitalter des Heiligen Geistes, das in objektiver Geschichtsdialektik alle Übel überwände. Keine Bibel, keine Kirche, keine Gesetze würden mehr nötig sein, um die homines spirituales jenes Geistzeitalters zu lenken und zu leiten. Er blieb mit solchen Auffassungen kein einsamer Spekulant. Das zeigt das lebhafte Echo auf seine Gedanken von der spiritualen Bewegung des 13. Jahrhunderts bis zum modernen Sektenwesen. Das zeigen aber auch zeitgenössische Parallelen etwa in der jüdischen Kabbala, wonach um 1250, zwei Generationen nach Joachim, ebenfalls eine Dreizeitalterlehre konzipiert worden ist. Im dritten Äon wird demnach „die Thora keine Verbote mehr enthalten, die Macht des Bösen wird gebändigt sein, kurzum, Utopia wird sich endlich verwirklichen…“[28]

Damit sind wir zum zweiten Mal auf die Gestalt und die Gedankenwelt des großen Abtes von Fiore verwiesen. Daß derselbe Mönch, geschult wohl durch seine Erfahrungen im Zisterzienserorden, dem er ursprünglich angehörte, und angeregt durch die Frage, wie sich denn das neue, das dritte Zeitalter des Heiligen Geistes in diese Welt einführen könnte, der mit einer bei Utopisten seltenen Mühe auch den Weg zur idealen Gegenwelt überdachte, sich schließlich sogar um die

[28] Rosenberg 1955 149

Konstruktion einer funktionalen Utopie im Sinne des Thomas Morus bemühte, ist der Forschung bis heute verborgen geblieben.[29] Das Phänomen läßt sich wohl nicht besser beweisen als durch einen unmittelbaren Vergleich zwischen diesem Konzept des Joachim von Fiore und dem begriffsprägenden Entwurf für die neueren Jahrhunderte, der Utopia des Thomas Morus.

[29] Seibt 1969

Neues Zeitalter und Neue Welt: Joachim und Morus

I.

Joachim von Fiore und Thomas Morus haben beide auf ihre Art nahezu geschlossene funktionale Gesellschaftsmodelle entworfen. Auch in anderer Weise bemüht um die menschliche Vollendung im Diesseits, sind beide im Jensseits nach katholischer Auffassung zum „endgültigen Heilszustand" gereift; seliggesprochen der eine, der andere gar zum Heiligen und Märtyrer erklärt.
Zwei Utopisten im Himmel! Auch im Bereich säkularer Kultur haben sie eine vergleichbare Auszeichnung erlangt, nur daß man dort niemanden nach oben zu heben pflegt, sondern nach vorne rückt: Jeder von ihnen wurde, mehr als einmal, von der Geschichtswissenschaft mit dem Anbruch einer neuen Epoche in Verbindung gebracht.[1] Beide haben auch etwa zur selben Zeit über den Buchdruck Publizität erreicht. Morus 1516 und in rasch folgenden Neuauflagen seines Schriftchens von der Insel Utopia in Paris, Basel, Wien, Florenz und Venedig; Joachim auch in Venedig durch den Erstdruck seiner echten und einiger zugemuteter Werke, der gerade 1519 begann. Joachim war Zisterzienser ehe er, bereits Abt, um 1190 in Fiore einen eigenen Orden gründete. Aber auch Morus, Humanist und Diplomat, war dem Mönchsleben nicht ganz fern. Er hatte vier Jahre bei den Kartäusern gelebt.
Im übrigen trennen freilich mehr als drei Jahrhunderte die Lebensspanne des Abtes von Fiore (etwa 1130–1202) und des resignierten englischen Lordkanzlers (1478–1535), und nicht nur das: Joachims Vorstellungen von einem neuen Zeitalter des Heiligen Geistes, in dem alle erleuchtet, die Schrift erfüllt und die Ordnungen der menschlichen Gesellschaft überwunden sein würden, war über die Franzis-

[1] Dempf 1929 269; Töpfer 1964 97, zuletzt in umfassender Zusammenstellung Reeves 1969 über Joachim. Morus neben vielen andern etwa Doren 1927 183 oder Nipperdey 1966.

kanerspiritualen des 13. Jahrhunderts und über manche Laienbewegungen der Folgezeit in einigen Varianten zur breiten Strömung des Joachismus angeschwollen,[2] in der sein kleiner Entwurf einer funktionalen Utopie, ohnedies nur in drei Handschriften überliefert, keine greifbaren Spuren hinterlassen hat. Morus aber ist gerade durch sein Schriftchen von der Insel Utopia zu einem Begriff unserer Kulturgeschichte geworden.

Wenn wir also auch beobachten, daß Joachim etwa zu Ende des 15. Jahrhunderts Volksbewegungen inspirierte[3] und daß er wenig später an der neuen Universität Frankfurt an der Oder über Conrad Wimpina Männern wie Hutten und Müntzer bekannt wurde,[4] so ist das kein Hinweis auf sein konkretes utopisches Projekt, sondern auf seinen futuristischen Optimismus. Immer wieder hatte er damit Einzelne und organisierte Gruppen angesprochen. Nach den Franziskanerspiritualen waren es besonders die Augustinereremiten, die sich seinem Studium widmeten und auch seit 1519 in Venedig den Erstdruck seiner Schriften besorgten. Der Orden Luthers: auch Luther gehört, neben Bonaventura, Dante, Cola di Rienzo, vor den Jesuiten, Hegel, Schelling oder dem oft stark abgesunkenen Aufbruchsidealismus zeitgenössischer Spekulationen um das „Dritte Reich“ und den „Duce“, zu den bedeutenden Zeugen für die historische Weiterwirkung des Joachismus.[5] Zweifellos aber bildete das Grundproblem Joachims, die Spannung zwischen der evangelischen Verkündigung und der kirchlichen Wirklichkeit, immer auch die Herausforderung einer jeden reformatorischen Bewegung.

Seine konkrete Utopie entwarf Joachim als kommentierte Skizze in einem Band, der überhaupt der figurativen Darstellung seiner symbolischen Spekulationen gewidmet ist. Dieses „Figurenbuch“ blieb handschriftlich in Dresden und in Oxford erhalten, immerhin ein Beleg für die weitgespannte und vielleicht auch ein Hinweis für die konkrete Weiterwirkung seiner Aussagen. Für die Forschung wurde es aber erst durch eine Edition 1939 zugänglich,[6] und nach zehn Jahren fand dann der entsprechende Abschnitt die erste Würdigung durch Herbert Grundmann, einen der besten Kenner.[7] Dabei wurde auch Joachims Erläuterung noch einmal publiziert.[8]

[2] Reeves 1969
[3] Kestenberg-Gladstein 1955; Reeves 1969
[4] Diesen Hinweis verdanke ich Herrn Dr. Grimm.
[5] Reeves 1950 63; 1969 372f. u. a. Rosenberg 1955 56f.
[6] Joachim 1939
[7] Grundmann 1950
[8] Joachim 1950

Grundmanns Untersuchung ist aufschlußreich, aber seine Fragestellung richtete sich auf die Zusammenhänge der zeitgenössischen Klosterreform. Beziehungen zwischen Joachims Konzept und der europäischen Utopie ließ er außer acht. Seine Untersuchung ist freilich auch deswegen wichtig, weil er aus seiner reichen Sachkenntnis imstande war, Joachims Skizze in den größeren Zusammenhang seines Systems zu stellen, so daß wir begreifen, daß es sich hier nicht um die Laune eines Entwurfs, sondern, in „Abwandlung seiner Grundgedanken“[9], um einen echten, um einen konsequenten Bestandteil des systematischen Joachismus handelt. Andererseits ist Joachim als Utopist im breiteren Sinn des Wortes nicht unerkannt geblieben. Flüchtig konstatiert sogar der Herausgeber des Figurenbuches 1939 „il carattere idealistico e utopico“ der Skizze. Aber Joachim hatte allgemein längst in den Übersichtsarbeiten zur Utopie, bei Doren ebenso wie bei Bloch, seinen Platz gefunden.[10]

Bloch kennzeichnet Joachims Vorstellungen als die „folgenreichste Sozialutopie des Mittelalters“. Nun kennt er aber seinen Entwurf im Figurenbuch nicht und nennt deswegen Joachims Pläne irrational, eschatologisch, solcher Art, daß er sie gegen den neuzeitlichen Rationalismus abgrenzen möchte: „Die beginnend rationale, nicht mehr irrationale Utopie der Neuzeit verließ das ‚tausendjährige Reich‘; Platon und die Stoa siegten über Joachim von Fiore, sogar über Augustin. Dadurch entstand eine größere Genauigkeit der institutionellen Einzelzüge in den Utopien.“ Keine Frage, daß Joachim, gerade auch in der Komplettierung der utopischen Skizze im Figurenbuch, seine rationalen Überlegungen in das Bezugssystem der Bibelsymbolik einordnet. Insofern ist er noch weit vom säkularisierten Rationalismus des Thomas Morus. Aber das Figurenbuch wird uns doch auch darüber belehren, wieviel an funktionalem, an sachbezogenem, säkularem Rationalismus der Prophet einer „mystischen Demokratie“ schon einzusetzen wußte.[11]

II.

Thomas Morus wird nur selten aus den Bindungen an seine Zeit verstanden. Über der Anerkennung, daß er „schon das Problem erkannte, das erst Jahrhunderte später der Hochkapitalismus und die Überbevölkerung zutage treten ließ, und daß er eine Lösung vorschlug,

[9] Grundmann 1950 109

[10] Doren VBW 1927 182, Bloch 1955 70ff. Freund 1967 99, zurückhaltender zuletzt Reeves 1969 131f.

[11] Bloch 1955 271

die vor den strengen Augen Lenins bestehen könnte“[12] und über der Erkenntnis, seine Utopia enthalte neben Campanellas Sonnenstaat und Bacons Nova Atlantis „ganz unverkennbar die Keime und Wurzeln des gesamten ‚utopischen Sozialismus‘ der späteren Zeit“,[13] vergaß man zurückzuschauen. In dem Chor solcher Stimmen blieb das Urteil von Chambers ziemlich unbeachtet, der ihn in das spätere Mittelalter verwies,[14] obwohl es aus der Analyse von Einzelheiten bestärkt wurde. Nipperdey definierte beispielsweise richtig 1966 den Antiindividualismus der Utopia als ein „Element mittelalterlicher Tradition“.[15] Hexter unterstrich unter anderem 1965 den oft verkannten Patriarchalismus als konservatives Element.[16]
Die Beispiele ließen sich vermehren. Sie warnen davor, die Gedankenwelt der Utopia aus dem historischen Zusammenhang zu ziehen. Man darf Morus sicher nicht nach rückwärts, nicht „mittelalterlich“ interpretieren, aber auch nicht einseitig in der umgekehrten Gedankenrichtung. Dies gilt auch von der Frage, wieweit er unmittelbare literarische Vorbilder kannte. Auf Platos Politeia bezieht er sich selbst. Andere Beziehungen, besonders zu dem phantastischen Reisebericht des Jambulos von den Sonneninseln, mit gesellschaftlicher Egalität, Kommunismus, Wissenschaftspflege und Raumplanung, waren Morus mittelbar bekannt, ohne daß er sie je erwähnte.[17] Zum Einfluß der Nachrichten über die eben entdeckte goldverachtende „Gegenwelt“ in Amerika oder die weltentrückte Mönchsrepublik vom Berge Athos tritt außerdem noch Lukian als Quelle.[18] Treffende Einsichten in den Zusammenhang von Vergangenheit und Zukunft, der da gelegentlich in der Utopia aufblitzt wie in einem Brennspiegel, verdanken wir Ernst Bloch. Hie und da hat er seine Interpretation allerdings überzogen, so wenn er als „Ahnung vom Mehrwert“ auffaßt, was bei Morus doch nur den Betrugspraktiken im privaten Leben und der staatlichen Steuerschraube gilt.[19]
Wichtig für unsere Beobachtungen ist jedenfalls, daß Morus weder vom zeitlichen, noch auch vom gesellschaftlichen Zusammenhang gelöst werden darf. Vielleicht ist die Vorstellung von der Utopia als einem Geniestreich so einprägsam, daß sie sich trotz mehrfacher Widerlegung nur schwer ersetzen läßt. Schon Gerhard Ritter hatte seine vom zeitgenössischen Englandhaß etwas verzeichnete Interpretation 1940 auf Parallelen zu Machiavelli, de Seyssel und Erasmus aufgebaut. Die Verbindung zwischen Morus und seinem Heraus-

[12] Quabbe 1933 20f.
[13] Heinisch 1966 217
[14] Chambers 1946
[15] Nipperdey 1966 365
[16] Hexter 1965 LXIf.
[17] Süssmuth 1967 61
[18] Süssmuth 1967 166
[19] Bloch 1955 84

geber Erasmus ist oft betont worden, gelegentlich soweit, daß man ihm eine Entstellung der ursprünglich angeblich asketisch reformatorischen Programmschrift von der Insel Utopia vorwarf. Erasmus und nicht Morus wollte man damit also für die Sozialutopie verantwortlich machen, um den katholischen Heiligen, nach der eifernden Kritik von Ernst Bloch, „vom Ludergeruch des Kommunismus zu befreien".[20] Jedenfalls ist eine solche Verbindung zwischen den beiden Männern aber gegeben, und sie umspannt nicht nur eine persönliche Freundschaft, sondern offensichtlich auch ein weites Gedankenfeld in Humanistenkreisen. Süssmuth hat erst kürzlich der Utopia die „Prinzenerziehung" des Budaeus gegenübergestellt, um nach den bekannten Parallelen an einem neuen Beispiel zu zeigen, „daß in der Utopia Probleme aufgegriffen werden, die in humanistischen Reformerkreisen allgemein zur Diskussion stehen".[21]

Dabei muß freilich ein Wort über Verständnis und Mißverständnis der Utopia im allgemeinen gesagt werden. Denn so klar die Gedanken des Schriftchens zutage traten, im Gegensatz zu den verschlungenen Pfaden im Gedankengebäude des Joachim von Fiore, umstritten blieb doch sein Zweck. Die Urteile auch noch der letzten Jahrzehnte schwankten dabei zwischen der Vorstellung, man habe es mit einem „praktisch politischen Traktat eines Realpolitikers" zu tun,[22] – auch Ritter sprach noch 1940 von einem „hintergründigen" politischen Programm[23] – bis zu der Auffassung, Morus habe nur das utopische Element der Renaissancephilosophie ironisieren wollen.[24] In diesem breiten Spiel der Aussagen entwickelte sich allerdings immer deutlicher eine Interpretation, die Alfred Doren schon 1927 umrissen hatte. Er sah das eigentliche Anliegen der Utopia „sozusagen in der rationalen Konstruktibilität, um den irrationalen ‚existierenden' Gebilden die rationalistisch geläuterte ‚essentia' eines utopischen Gemeinwesens gegenüberzustellen".[25]

Einigermaßen ähnlich sah auch Ames 1949 in der Utopia ein „Diskussionsexempel"[26]; Hexter vertiefte sich 1965 noch weiter in diese Vorstellung und verglich die Konzeption des Büchleins mit poetischer Inspiration, die Zug um Zug den Autor aus ihrer inneren Konsequenz, und nicht aus unmittelbarer politischer Reflexion, zum Entwurf gesellschaftlicher Geschlossenheit geführt habe.[27] Ähnlich sah auch Nipperdey 1960 in der Utopia nicht den „Idealstaat" des Thomas Morus „schlechthin", sondern einen „mit leidenschaftlichem

[20] Bloch 1969 59 mit Lit. [21] Süssmuth 1967 160 [22] Oncken 1922
[23] Ritter 1940 57 [24] Möbus 1965 95 [25] Doren VBW 1927 183
[26] Ames 1949 12 [27] Hexter 1965 XXXVII

Ernst als positives Gegenbild" zur zeitgenössischen Wirklichkeit gestalteten Entwurf.[28] Den gleichen Gedanken hat Süssmuth schließlich 1967 nach gründlicher Betrachtung der langen Diskussion um Ernst und Absicht der Utopia in die Feststellung gekleidet, „daß eine einseitige Interpretation des Werkes als ideale Staatsschilderung oder als geistreiche Satire den Intentionen des Verfassers nicht entspricht". Es geht bei Morus nicht um die strenge Begrifflichkeit der Staatsidee, um den systematischen Entwurf des idealen Staates, sondern um die „Verkehrung des in der Wirklichkeit Vorgefundenen und in diesem Sinn um die Möglichkeit des Fiktiven gegenüber dem Handeln in der Geschichte".[29]

Es bleiben noch genügend Mißverständnisse. Georg Quabbe konfrontiert beispielsweise in einem gescheiten Buch 1933 den utopischen Optimismus mit einem anthropologischen Pessimismus, der zu Institutionen Zuflucht nimmt, weil er nicht an die Selbstbefreiung des Menschen glaubt, von der er dennoch ausgegangen war.[30] Ähnlich spricht auch Ramm 1955 von einer „Zwiespältigkeit" bei Morus, der einerseits dem Menschen vertraue, seine Fehler nur auf die Gesellschaftsordnung zurückführe, und doch andererseits auch mit Beeinflussungsmitteln wie Religion, Todesstrafe und mit dem Druck der öffentlichen Meinung operiere.[31] Aber dieser Widerspruch ist eigentlich leicht zu beheben. Der idealistische Utopismus glaubte zwar an die Kraft der Idee im allgemeinen, übersah aber nicht die Schwierigkeiten und besonders nicht die Ungleichheit der menschlichen Voraussetzungen. Auch Morus dachte zugleich hierarchisch und egalitär wie alle Utopisten und betrachtete die Welt und ihre Ordnungsmöglichkeiten vom Selbstbewußtsein humanistischer Intellektualität.

Humanistisch und nicht bürgerlich ökonomisch war auch seine Zeitkritik. Sie war insofern keinesfalls ein „Produkt einer Attacke des Kapitalismus gegen den Feudalismus", kein „Teil eines Mittelklassen- und Humanistenkritizismus an einer untergehenden Sozialordnung", wie Ames 1949 meinte,[32] sondern sie war, bei Morus wie in vielen intellektualistischen Utopien bis ins 20. Jahrhundert, von rechter Verständnislosigkeit für ökonomische Zusammenhänge und für den tatsächlichen Weg der ökonomischen Entwicklung getragen. Demgegenüber war nun eben Morus, wie die anderen Utopisten auch, ein Reaktionär, hielt sich an das Verteilungssystem der Bedarfs- statt der Leistungsentlohnung, an eine nach Hans Raupach „gedachte Übereinstimmung mit vorindustrieller Produktionsweise", so daß nur

[28] Nipperdey 1966 353 [29] Süssmuth 1967 167f. [30] Quabbe 1933 96 u.a.
[31] Ames 1949 12 [32] Ramm 1955 53

unter den Bedingungen einer älteren Wirtschaftsform „eine vernünftige Sozialtechnik im Gewande des Phantastischen hindurchzuschimmern" scheine.[33]
Reaktionär zeigte sich Morus auch gegenüber dem Gedankenstrom der Toleranz. So entdeckte Ritter „die Dämonie der Macht versteckt... hinter der Maske der Gerechtigkeit"[34] und Quabbe eine „selbst bei Machiavelli nicht erhörte Gemeinheit gegen die anderen Völker".[35] Freyer verwies auf die Indizierung des Atheismus und Materialismus in Utopia,[36] und was an religiöser Toleranz am Ende noch übrigblieb, systemimmanent, das rechtfertigte Morus selber gerade nur aus der Abwehr gegen die Minderwertigkeit, „...da ja die Minderwertigsten immer die Hartnäckigsten" seien.[37] Man sollte meinen, das sei unmißverständlich und demnach seit Jahrhunderten dem gründlicheren Leser klar. Dennoch hielten Anfang der zwanziger Jahre Bertrand Russel einen Besuch der Sowjetunion und zehn Jahre später Richard Crossmann den Augenschein faschistischer Staaten für enttäuschende Entdeckungen der utopischen Praxis.[38]

III.

Morus entwarf sein Staatsmodell auf dem glücklichen Eiland „Nirgendwo", nicht ohne Verbindung zur Außenwelt, dennoch gefestigt in geistiger und wirtschaftlicher Autarkie. Abt Joachim entwarf dagegen das Modell eines neuen Ordens, der seine Klostersiedlungen fortan verstreuen sollte in alle Welt. Man hat sich viel mit der utopischen Abgeschlossenheit beschäftigt und das Konzept der glücklichen Insel nicht nur zu einem klassischen, sondern zu einem unersetzlichen Bestandteil der utopischen Konstruktionen erklärt.[39] Man könnte meinen, daß Joachim in seinem Konzept diese Konstante außer acht gelassen habe, denn von einer Insel ist in seinem Siedlungsplan keine Rede. Die utopische Insel ist aber doch nur eine literarische Metapher, traditionelle Fiktion, die man nicht als die einzige Aussagemöglichkeit des utopischen Projekts bezeichnen darf. Gemeint ist vielmehr eine möglichst tiefgreifende Isolation, wie sie tatsächlich von Plato bis Orwell alle Utopien auszeichnet. Erst der totale Weltstaat anderer Entwürfe macht sie überflüssig. Ohne Kenntnis der traditionellen Vorstellungswelt der Utopisten hat Joachim doch zum vergleichbaren Bild gefunden. Nicht nur weil sein Projekt der Insel-

[33] Raupach 1963 138f.
[34] Ritter 1940 79
[35] Quabbe 1933 27
[36] Freyer 1920 331
[37] Morus deutsch nach Heinisch 1966 98
[38] Mumford 1966 4
[39] Zuletzt etwa Brunner 1967

lage die klösterliche Abgeschiedenheit an die Seite stellt, sondern sogar, weil er sich eines vergleichbaren Bildes bedient: An die Stelle der Insel wie bei Morus, Stüblin, Campanella, Andreae oder Morelly tritt bei ihm, ebenfalls meerumspült und also ganz nahe im bildlichen Effekt, quasi altera Archa Noe...[40]

Damit betreten wir ein Feld verblüffender Übereinstimmungen der Konstruktionspläne des Mönches aus Unteritalien und des englischen Diplomaten. Joachim entwarf als Grundriß seiner künftigen idealen Siedlungseinheit eine Figur, die Grundmann als Kreuz mit Predella und Sockel beschrieb.[41] Das Kreuz selber besteht aus vier um einen Zentralbau angeordneten Gebäuden, die als Oratorien bezeichnet werden, manchmal auch als mansiones, als Häuser. Diese vier Baulichkeiten in Kreuzform um einen Mittelpunkt angeordnet, im Grundriß ganz ähnlich einem romanischen Kreuz, nannte Joachim eine civitas, während er die „Predella" gelegentlich als suburbium bezeichnete, den Kreuzessockel aber als Dörfer (vici).[42] Damit haben wir eine weitreichende *Raumplanung* unter Zusammenordnung herkömmlicher Siedlungsformen vor uns, mit deutlichem Wechselbezug zwischen Stadt und Land. Die Entfernungen zwischen civitas, suburbium und vici sind außerdem noch mit Maßangaben versehen, und Grundmann hat bereits zutreffend gegen Tondelli darauf verwiesen, daß es sich hier nicht um den Ausdruck ideeller Distanzen, sondern um eine realistisch verstandene Gesamtanlage handelt.[43] Überdies ist aber die ganze Siedlungseinheit auch noch mit den allgemeinen geographischen Bedingungen des Umlandes in Verbindung gebracht und kann danach verändert werden. Sie soll nämlich ihre Wirtschaftsweise ausrichten secundum loci positionem et qualitatem patriae. Auch werden Bestimmungen pro loco et tempore[44] variiert. Das ganze gilt also als Modell unter wechselnden Bedingungen und ist als geschlossene Einheit in einer grundsätzlich fremden Gesellschaftsordnung gedacht. Denn außerhalb der Siedlungsmauern gibt es Arme und Reiche, Privatbesitz und Mittellosigkeit: Si quis autem de divitibus voluerit visitare oratoria monachorum...[45] Eine Verbindung der einzelnen Niederlassungen, etwa im Sinn der zisterziensischen Ordensorganisation, der er selber ursprünglich angehörte, gibt Joachim nicht an, wie schon Grundmann beobachtet hatte.[46] Eine jede „Arche" ist also auch von ihresgleichen isoliert.

[40] Joachim 1950 121 [41] Grundmann 1950 94 [42] Grundmann 1950
[43] Grundmann 1950 94 gegen Tondelli 1939 63
[44] Joachim 1950 120; Joachim 1950 118
[45] Joachim 1950 120, auch 121 [46] Grundmann 1950 95

Auch Morus disponierte über die Insel Utopia in einer großzügigen, hier sogar räumlich lückenlosen Planung. Die Zahl, die Anlage und Bauform der auch bei ihm untereinander gleichen Städte, die Größe des agrarischen Umlandes, Lage, Ausstattung der Bauernhöfe sind genau festgelegt.[47] Siedlungen, Straßenzüge und Häuser folgen alle demselben Modell. Allerdings sind die figurativen Eindrücke, die dabei entstehen, nicht etwa an der Bibel orientiert oder im religiösen Vorstellungsbereich. Vielmehr kommen nüchterne geometrische Grundfiguren dahinter zum Vorschein, „fast quadratische" Stadtgrundrisse mit offenbar rechteckigem Hinterland, augenscheinlich auch rechteckigen Straßenzügen aus langen und „blockweise zusammenhängenden" Häuserreihen. Aber es handelt sich dabei nicht um abstrakte Figuren: die Insel ist nicht kreisrund, sondern wie eine Mondsichel, und Städte, Land und Straßen sind nicht einfach geometrisch zu definieren. Hingegen soll alles „planmäßig und zweckmäßig" sein, auch gleichförmig. Ähnlich fehlt es nicht an Zahlenangaben für Grundrisse und Entfernungen; aber sie gelten nur in Grenzen.

Hier begegnen wir bereits dem wichtigen Unterschied zwischen den Konstruktionsprinzipien der beiden Autoren: Joachim hat aus spekulativer Bibelsymbolik seine Idealwelt zusammengebaut, wenn auch mit ihrer „eigenen Logik" und „inneren Folgerichtigkeit".[48] Die bildliche Darstellung bedeutete ihm dabei eine wesentliche Erkenntnisquelle für seinen Denkprozeß, nicht nur in diesem Fall, sondern in seinem gesamten Gedankensystem, wie Marjorie Reeves an einer Analyse des Figurenbuches erläuterte.[49] Die Utopie des Thomas Morus hingegen ist „säkularisiert". Sie will „vernünftig" die neue Welt aufbauen, ohne ein jedes und besonders auch ohne jedes technische System. Dadurch unterscheidet sie sich von den Spekulationen der älteren Architekten und der späteren Techniker.

Von der *Raumplanung* führt uns die Beobachtung ganz zwanglos zur *Planwirtschaft*. Wie eine jede funktionale Utopie, so sind auch die Projekte des Joachim wie des Morus ökonomisch fundiert; beide entstehen auf dem Boden eines agrarischen Besitz- und Produktionskommunismus. Hexter meinte 1965, bei Morus sei der Kommunismus „neu", weil er hier im Gegensatz zu Zeit und Tradition radikal durchgeführt, weil er „nicht aus der Tradition abzuleiten" sei.[50] Aber schon bei Joachim finden wir die ausdrückliche Forderung, daß nicht nur die Mönche, sondern auch Laienbewohner der idealen

[47] Morus 1965 112–114
[48] Grundmann 1950 95
[49] Reeves u. Hirsch-Reich 1954
[50] Hexter 1965 CXI

Siedlungsgemeinschaft Nahrung und Kleidung de communi erhalten sollen, und daraus ergibt sich hier wie dort natürlich die Aufgabe von Vorratsfürsorge, -haltung und großräumigerer Produktionsplanung. Beide Male ist die Landwirtschaft dafür die entscheidende Grundlage, mit Ackerbau sowohl wie mit Viehzucht, wie Joachim ausdrücklich bemerkt, daneben ist aber das Handwerk in seinen Grundformen als unentbehrlich zugelassen. Charakteristische städtische Wirtschaftsformen hingegen fehlen: Marktproduktion, Luxusprodukte und Handelsbeziehungen. Man kann sogar erkennen, daß sich jeder der beiden Autoren ausdrücklich gegen die besondere Stadtökonomie zu verwahren suchte. Morus schreibt deswegen vor, daß jeder Bewohner der Insel Utopia in zweijährigem Turnus zwischen Land- und Stadtarbeit wechseln müsse, und Joachim hat in der wortkargen Version seines Entwurfs die Bezeichnung civitas, also Stadt, ausdrücklich dem kontemplativen Zentrum der Siedlung zugesprochen. Die ökonomische Basis des Ganzen bilden hingegen die „Dörfer".

Geld gibt es auf der Insel Utopia bekanntlich nur für den Außenhandel. Allerdings wissen die Utopier dann auch mit staatskluger List damit umzugehen, und für Söldnerwerbungen und Bestechungen im Rahmen ihrer Außenpolitik horten sie es recht sorgfältig in Schatztürmen. Das heißt freilich, daß es doch eine Geldwirtschaft in Utopien gibt, nur wird sie nicht von Einzelnen, sondern von der ganzen Gemeinschaft betrieben. In diesem Sinn hat wahrscheinlich auch Joachim den Gebrauch des Geldes aus seinen Siedlungsgemeinschaften nicht ausgeschlossen. Er spricht nämlich von Zehnten und Opfergaben, von decimae et oblationes, welche die Laien den Weltpriestern, die Weltpriester den Mönchen zu leisten hätten. Man kann mutmaßen, daß auch hier Geld nur im Außenhandel eine Rolle spielt, daß es dementsprechend ebenfalls durch die Gemeinschaft verwaltet würde, weil sich das folgerecht aus der Verteilung von Nahrung und Kleidung „de communi" ergibt. Jedenfalls hat der pater spiritualis die ausdrückliche Ermächtigung Joachims, nach seinem Gutdünken unter den einzelnen Gruppen der Niederlassung einen Besitzausgleich durchzuführen.[51]

Die *Gemeinde* erschiene insofern bei Joachim als Träger gemeinschaftlicher Beziehungen, die familiäre Besitzgemeinschaft, wie sie die Wirklichkeit kennt, wäre demnach utopisch bis zur Gemeindeeinheit ausgeweitet. Bei Morus umfaßt diese Gemeinde die ganze Insel. Die utopische Gemeinde ist autark. Gleichermaßen fordern Joachim und Morus, daß sich die Bewohner ihrer Idealsiedlungen nur in ein-

[51] Joachim 1950 121

fachen, selbstgefertigten Kleidern zu tragen hätten, einstimmig verwahren sie sich gegen fremde Farben und fremde Stoffe – wichtige Fernhandelsartikel.[52] Überall wird gespart – nicht nur an der Kleidung, sondern auch an der Nahrung. Es wird gemeinsam gekocht und gemeinsam gegessen, bei Morus mit genauer Erläuterung der Tafelordnung und der (klösterlichen) Tischlesung. Nach der Ordensregel der Zisterzienser scheint das Joachim wohl selbstverständlich.
Weil damit individuelles Besitzstreben als wirtschaftliche Triebkraft ausgeschaltet wurde und weil jeder Utopist diesen nach einfacher Menschenkenntnis unentbehrlichen Motor ökonomischer Regsamkeit ignoriert, in utopischem Optimismus auf den menschlichen Gemeinsinn vertrauend, deswegen ist auch die utopische Arbeitsethik bei Joachim wie bei Morus vom kategorischen Imperativ des gemeinen Nutzens geleitet. Freilich sehen beide nüchtern genug, daß man den Erwerbstrieb in diesem Zusammenhang nicht einfach durch Idealismus ersetzen kann. Also gibt es bei der *Arbeitsplanung* in Utopien auch Arbeitszwang. Wieder hat Morus dabei in der abendländischen Literatur nicht Unerhörtes ausgesprochen, sondern nur anschaulicher und deutlicher gesagt, was sich schon in den lapidaren Regeln Joachims finden läßt, nämlich: die Organisation des gesamten Arbeitsprozesses, wonach alle Handwerker ihre praepositi, ihre Vorgesetzten haben müssen, auch die Frauen beim Spinnen und Weben. Dabei soll aber ein jeder nach seinen besonderen Fähigkeiten im Dienst des Ganzen stehen. Das hat Joachim schon in der fünfteiligen Organisation der mönchischen civitas berücksichtigt, wie denn die Stellung des Einzelnen nach seiner Eignung im großen Ganzen ihn auch sonst vielfach beschäftigte.[53] Arbeitspflicht gilt für alle. „Unter diesen Christen soll kein Müßiger gefunden werden, wer aber nicht arbeiten will nach seinem Vermögen, wird vom Meister angeklagt und von allen getadelt werden."[54] So wird jeder in seiner Gemeinschaft durch den Vorgesetzten, zugleich aber auch – kennzeichnend für die Funktion der utopischen „Öffentlichkeit" – durch den Druck der öffentlichen Meinung zur Arbeit gezwungen.
Auch Morus erwog die besonderen Fähigkeiten des Einzelnen im Arbeitsprozeß. Er brachte sie allerdings mit Tradition und Vererbung in der Familie zusammen und überließ dabei Berufswahl und -ausbildung vornehmlich dem Familienverband – nicht ohne Ausnahmen anzudeuten. Vorsteher und Behörden beaufsichtigen die tägliche

[52] Joachim 1950 121; Morus 1965 126
[53] Grundmann 1950 88ff.; Rosenberg 1955 142ff.
[54] Joachim 1950 121

Arbeitsleistung in Utopia nach einem ausgeklügelten System. Selbst wenn sich ein Bürger auf Reisen begibt, muß er Urlaub erbitten und Brot und Herberge durch tägliche Arbeit verdienen. Otiosi pellendi e re publica, heißt eine Marginalie in der Erstausgabe der Utopia von 1516, der allerdings der Text nicht entspricht.[55] In der allgemeinen Arbeitspflicht wird hier und dort die Trennung der Geschlechter überwunden. Der utopische Antiindividualismus steht ihr in diesem Zusammenhang überhaupt ablehnend gegenüber. Daher kommt wohl auch, daß jeder unserer Autoren Begriffe bevorzugt, die Männer und Frauen zugleich umfassen, „Christen" hier und „Bürger" dort; eine Erscheinung, die sich auch bei anderen Utopisten beobachten läßt.[56]

IV.

Jede Utopie ist kommunistisch oder, wie Julien Freund nach einer Reihe älterer Urteile 1967 formuliert hat, „sie tendiert mindestens zur Gütergemeinschaft."[57] Der Gütergemeinschaft entspricht aber nirgendwo in den Utopien eine egalitäre Gesellschaft. Andere Mutmaßungen gehören zu den weitverbreiteten Irrtümern über utopische *Gesellschaftsplanung*. Vielmehr herrscht überall eine streng gegliederte Hierarchie – von Plato bis Orwell –, und läßt sich eigenartigerweise meist nach einer dreistufigen Ordnung interpretieren. Im Grunde ist das nicht erstaunlich. Die utopische Gesellschaft ist in ihrer Formation bis an die Grenzen des Möglichen gegangen, sie hat das Individuum mit seinen Rechten ersetzt durch das Glied des Ganzen, und dessen Einordnung ist nicht möglich ohne Unterbrechung. Also dient die gesellschaftliche Hierarchie auch nur unmittelbar dem Zweck des utopischen Zusammenlebens.

Diesen Voraussetzungen entsprechen die beiden Utopisten ganz und gar. Joachim teilt sie dabei noch deutlicher als alle späteren Konzepte in der europäischen Utopie. Denn er hat die Gesellschaftshierarchie auch unmittelbar mit dem Siedlungsaufbau seiner Idealgemeinschaft verbunden. Erinnern wir uns wieder an die Kreuzesfigur, die er dafür entwarf, mit den fünf mansiones oder Oratorien der Mönche, dem drei Meilen entfernten „Haus" der Weltpriester, und schließlich den naheliegenden, nur drei Stadien abgerückten Siedlungen der Laien. Die Mönche bilden ohne Zweifel die Oberschicht des Ganzen. Wiewohl Joachim mit dem Bibelwort von den vielen Wohnungen im Hause des Vaters keine Ausschießlichkeiten festlegt, hat er unver-

[55] Morus 165 126 [56] Unten S. 293 [57] Freund 1967 114

kennbar das Mönchsleben als die eigentliche Daseinserfüllung betrachtet, und alle Arbeit in seinem Orden vom „neuen Jerusalem“ dient in ihren diesseitigen Funktionen nur dazu, diese kontemplative Lebensführung zu ermöglichen. Den Weltpriestern ist die Laienfürsorge übertragen, die Brückenstellung zwischen der „ökonomischen Basis“ der Laiensiedlung und dem „Überbau“ in der klösterlichen Kreuzesfigur. In ihren Händen liegt die Fürsorge für Kirche, Schule und Spital. Die Laien ernähren nicht nur das Ganze, sie stellen ihm auch den Nachwuchs.

Joachim schuf also sozusagen eine Dreiständeordnung, für die er sich auch ohne das Siedlungskonzept in anderen Schriften aussprach.[58] Aber diese Ständeordnung hat nichts zu tun mit der gesellschaftlichen Wirklichkeit seiner Zeit. Sie hat im Besonderen keinen Bezug zu der sprichwörtlichen Dreiteilung nach Adel, Klerus und Handarbeitern, der in Wirklichkeit ja doch nur den tatsächlichen Pluralismus der mittelalterlichen Gesellschaft mit einer unwirklichen Funktionsteilung in eins zusammenzufassen suchte. Denn tatsächlich hatten Adel und Bauern, Bürger und Mönche, Kleriker und Intellektuelle durchaus divergente gesellschaftliche Zielvorstellungen. An ihre Stelle tritt bei Joachim ein vom Mönchsideal hergeleiteter Monismus. Die kontemplative Geistlichkeit besitzt darin den entscheidenden Stellenwert und ordnet sich alles unter. Doch nicht die Ordensgemeinschaft, das Mönchstum, kennzeichnet die Gesellschaftsorganisation seines „neuen Ordens“, sondern sozusagen eine Verbindung von Eremitage und Tyrannis.

Auch die Gesellschaftsordnung in Utopia ist monistisch. Sie kennt keinen Kampfmythos und keine Adelsideologie, sie kennt kein bürgerliches Denken auf Grund individueller ökonomischer Mobilität, und sie verabscheut jeden politischen Egoismus. Nur hat sie an die Stelle der mönchischen Kontemplation das Glück der wissenschaftlichen Muße gesetzt, die geistige Selbstbeschäftigung, lernend, lehrend, meditierend, aber nicht im individualistischen Sinn, sondern geradeso unitarisch monistisch, einsinnig wie bei Joachim: Es gilt nur das Gelehrtenglück. Allen Menschen vorgeschrieben ist derselbe stoische Glücksbegriff des inneren Gleichgewichts, dieselbe inhaltsleere Vernunftreligion, dieselbe Rang- und Wertvorstellung von Intellekt und Gemeinschaftsarbeit.

Zu diesem Zweck ist die Gesellschaft gegliedert. Die wissenschaftlich Gebildeten sind von der allgemeinen Pflicht zur Handarbeit befreit

[58] Zum Beispiel Joachim Concordia V. Kap. 22f., der Text teils bei Grundmann 1950 88ff., teils bei Rosenberg 1955 146

und abgesondert als „literatorum classis".[59] Aus dieser Klasse werden die höheren Verwaltungsbeamten und die Priester ausgewählt, wobei aber eigentlich nur die Priester einen besonderen Stand bilden, denn nur sie erhalten, wie sonst nur die allerhöchsten Beamten in Utopia, ihren Rang auf Lebenszeit. Alle anderen Bewohner der Insel sind zur Handarbeit verpflichtet, ausnahmslos, wie wir schon gehört haben, wenn auch nicht ohne Mobilitätsmöglichkeiten. Schulung und Gelehrsamkeit kann ihnen jederzeit zum Aufstieg in die Klasse der Gebildeten verhelfen.

Die gesellschaftliche Hierarchie ist in beiden Systemen gleichermaßen absolut gerechtfertigt. Die Oberschichten sind nicht nur jeweils die Weiseren, sondern auch die Klügeren und die Besseren. Eine eigens entworfene Schulorganisation bietet in jedem Fall die einzige Möglichkeit zur sozialen *Mobilität,* und der Aufstieg in die höchsten Ränge ist bei Joachim von steten Prüfungen begleitet, die Morus wohl ähnlich seinem politischen Elektionssystem zuschreibt. Daran zeigt sich, wenigstens in großen Zügen, das Vertrauen beider Konzepte auf die Übereinstimmung von Intelligenz und Moral.

Jeder Utopist entwickelt dabei *asketische Leistungsforderungen,* die im Sinn der gesellschaftlichen Hierarchie gesteigert werden. Sie beginnen bei Joachim mit Fasten- und Enthaltsamkeitsübungen der Laien und enden bei zisterziensischer Strenge im Mutterhaus der Mönche. Eine unmittelbare Entsprechung zur Mönchsaskese hat Morus freilich nur an den Rand seiner Darstellung, in die Episode von den schwerarbeitenden viri religiosi verwiesen.[60] Im übrigen dürfen seine Utopier dem bekannten mäßigen, heiteren Lebensgenuß folgen. Aber diese Einstellung darf nicht mit Hedonismus verwechselt werden. Sie ist nämlich immerzu verpflichtet zur Entsagung des Maßhaltens, ist damit nicht gar so fremd der Mönchsaskese, ist stoische Askese, jederzeit an „den schweren und harten Pfad der Tugend gebunden".[61] Zölibat und Fasten sind im vernunft-religiösen Utopia aber als unnatürlich abgetan, sie sind der humanistischen Erkenntnisgrundlage fremd und deshalb auch nicht nötig.

Hier wie dort ist der gesellschaftliche Organismus auf ein transzendentes Ziel bezogen. Joachims Mönchsaskese und Morus' „harter Pfad der Tugend" sind nicht aus dem diesseitigen Bedürfnis der utopischen Gesellschaft zu erklären. Und sämtliche Lebensnormen gelten im übrigen, soweit darüber reflektiert ist, dem Zusammenhalt und der Ausrichtung des gesellschaftlichen Organismus unter dieser Voraussetzung. Der Gesellschaft wegen gibt es überhaupt nur ver-

[59] Morus 1965 132 [60] Morus 1965 226. [61] Morus 1965 162

heiratete Laien bei Joachim, causa prolis magis quam libidinis, aber die Enthaltsamkeitsforderung wird dabei auch nicht überspannt, considerata tamen in iuvenibus complexione et etate.[62] Auch Morus richtet die Ehemoral nach dem Nutzen der Gesellschaft. Deswegen gibt es Heiratszwang in Utopia, und die Askese der Monogamie steht gegen Platons „natürliche Vielehe" im kommunistischen Stand der Krieger und Wächter.[63]

Jede Utopie kennt aber nicht nur eine asketische Disziplin zugunsten transzendenter, für die ganze Gesellschaft verbindlicher Werte, sondern sie kennt auch genau jene „innerweltliche Askese" im Sinn der rationalisierten und dynamisierten Wirtschaftsgesinnung Max Webers. Allerdings gilt diese Anstrengung dabei nicht der größeren wirtschaftlichen Effektivität an sich, sondern sie ist dem transzendenten Ziel der utopischen Gemeinschaftsorganisation untergeordnet. Die größere ökonomische Leistung ermöglicht mehr Spielraum für die gelehrte Muße bei Morus, für die religiöse Kontemplation bei Joachim; sie ermöglicht außerdem eine intensive Sozialpflege. Jeder muß bei Joachim arbeiten, ut habeat unde tribuat necessitatem patientibus. Niemand darf dabei über seinen Arbeitsertrag verfügen, sondern der Leiter des Gemeinwesens, von dem noch die Rede sein soll, verteilt nach Bedürfnis, ut nullus sit indigens inter eos, damit es keinen Bedürftigen in der Siedlung gäbe.[64]

Dieselben Forderungen präsentiert auch Morus. Auf der Grundlage des Konsumtionskommunismus mit der Verteilung nicht nach Leistung, sondern nach Bedarf, gerade wie bei Joachim, in den Markthallen der Insel Utopia, entwickelt auch er die Anleitung zur Sparsamkeit, obwohl es in Utopia Überfluß an den Grundnahrungsmitteln gibt. Deshalb werden schmackhaftes Brot, Obst und Gemüse, einfache Getränke, ja selbst das reine Quellwasser mit aller Anschaulichkeit gepriesen. Der gleiche Luxusverzicht gilt auch der Kleidung, die in einfachem Schnitt, unter Verzicht auf Seide und feine Webarten, zu Hause gewoben und gesponnen werden soll.[65] Auch Hexter bezeichnet diese Umstände 1965 mit dem sozialökonomischen Begriff der innerweltlichen Askese.[66]

Die Arbeitsverpflichtung der Frau in beiden Konzepten ist wohl nicht erstaunlich in der mittelalterlichen Arbeitswelt, die im bäuerlichen und bürgerlichen Bereich die spätere Emanzipation der Frau von der allgemeinen Arbeitslast noch nicht kannte. Ohnehin ist der Frau dabei die herkömmliche Frauenarbeit besonders zugewiesen worden,

[62] Joachim 1950 121
[63] Morus 1965 186
[64] Joachim 1950 121
[65] Morus 1965 130
[66] Hexter 1965 CIII

das Spinnen und Weben bei Joachim wie bei Morus. Tatsächlich ist demnach die Frau in der Arbeitswelt nicht gleichberechtigt, sondern nur gleich verpflichtet, nach ihren Kräften. Die weibliche *Gleichberechtigung* erwächst also nicht ohne weiteres aus der gleichen Stellung der Frau im Produktionsprozeß und ist im übrigen bei Joachim wie auch noch bei Morus nur im Ansatz zu fassen. Zwar hat sich jeder der beiden mit Mädchenbildung befaßt, aber nur Morus denkt an Koedukation dabei und an wirkliche geistige Gleichrangigkeit. Joachim möchte die Mädchen nur obenhin von bewährten Frauen in timore Domini erziehen lassen, während die Buben die Bibelschule im Priesterhaus besuchen dürfen. Aufstiegsmöglichkeiten zum kontemplativen Leben gibt es für Frauen bei Joachim nicht. Damit ist er gegenüber der religiösen Frauenbewegung seiner Zeit eigentlich ausgesprochen reaktionär. Aber auch Morus hat in diesem Belang nicht gerade eine Gegenwelt entworfen, sondern sich an das Herkömmliche gehalten. Von einem aktiven Wahlrecht der Frauen ist nirgends die Rede, noch weniger von einer Wählbarkeit. An Staats- und Verwaltungsämtern in Utopia nehmen die Frauen allenfalls in ihrer Rolle als Ehepartner teil. Lediglich ehrwürdige und verwitwete Matronen können ausnahmsweise zum Priesteramt gewählt werden. Hier zeigt sich ein konservatives Element, das ganz allgemein die Struktur der europäischen Utopie bestimmt, von Platons Philosophenkönig bis zu Orwells Big Brother. Es mag überraschend klingen: Die auch von modernen Futuristen gelegentlich ob ihrer Zukunftsbezogenheit gepriesene europäische Utopie ist durchgängig patriarchalisch, ist damit an einem Grundelement des archaischen Gesellschaftsaufbaus orientiert. Joachims Idealsiedlung wird geleitet von einem pater spiritualis, qui preerit omnibus.[67] Er verfügt über den Arbeitsertrag der Einzelnen, wie wir schon gehört haben. Ohne Zweifel ist in seiner Stellung das benediktinische Abtsideal wieder zu finden.[68] Auf der Insel Utopia ist das gütig lenkende Vaterbild der Gesellschaftsorganisation nicht minder deutlich. Alle Beamten nennt man dort kurzerhand „Väter".[69] Familienväter leiten die Großfamilie und scheinen auch allein wahlberechtigt. Andere Einzelheiten hatte Hexter 1965 zur selben Erkenntnis zusammengefaßt.[70]

Patriarchalische Struktur ist immer in Familien ausgeformt. So bildet auch die Familie in unseren beiden Utopien noch den Kern der Gemeinschaftsbildung. Erst in der späteren europäischen Utopie wird sie dann zugunsten der größeren Gemeinschaft zurücktreten.

[67] Joachim 1950 117
[68] Grundmann 1950 96
[69] Morus 1965 194
[70] Hexter 1965 LXIf.

Die Tendenz hierfür ist allerdings bei Joachim und Morus schon zu spüren. So hat Joachim bereits die ganze Laiensiedlung unter dem Leitbild des „heiligen Patriarchen Abraham und aller heiligen Patriarchen" mit aller Tiefe seines symbolischen Bibelverständnisses gleichsam zu einer einzigen Großfamilie zusammengefaßt. Immerhin konzediert er dabei den natürlichen Familien in diesem Verband noch eigene Häuser.[71] Ob ihnen dabei auch noch ein eigener Herd zusteht, ist nicht klar ausgesagt, da sie ja die Nahrung de communi empfangen. Es ist durchaus möglich, daß Joachim dabei stillschweigend aus seiner eigenen Lebensgewohnheit die klösterliche Tischgemeinschaft auch für die Laien voraussetzt.

Das ist jedenfalls genau ausgesprochen für die Familiengemeinschaft bei Thomas Morus. Auch er denkt an ein eigenes Haus für jede Familie, aber nicht als Besitz, sondern nach Losentscheid in zehnjährigen Intervallen auszutauschen. Zur Familiengemeinschaft gehören nicht wie bei Joachim nur Eltern und Kinder, sondern drei Generationen in Gruppen von etwa 16 Personen, wobei das Zahlenverhältnis und nicht die Blutsverwandtschaft den Ausschlag gibt. Gegebenenfalls muß die Familie Überzählige abgeben oder Fremde aufnehmen.[72]

Diese Beobachtung führt uns zum gesellschaftlichen *Organisationsschema* im allgemeinen. Joachim entwickelte ein sehr anspruchsloses Verfassungssystem mit Einheiten aus den symbolischen Zahlen drei und vier. Auf jede höhere Organisation, auf jede Verbindung seiner Siedlungseinheiten untereinander hatte er bekanntlich verzichtet. Morus hingegen hatte die Insel Utopia auf mehreren Ebenen sozusagen als Staat konzipiert. Er benützte dabei die Zahlenverhältnisse eins : dreißig : zehn : zwanzig, zu denen ihn allenfalls ein mathematischer Formalismus angeregt haben könnte, während andere Zahlenangaben, wie vierundfünfzig Städte auf der ganzen Insel oder sechzehn Personen als Familienhöchstzahl, entweder willkürlich oder nach dem Augenmaß gewählt sind.

Joachim unterstellte das ganze Gemeinwesen einem abbas oder pater spiritualis, jedes der geistlichen Häuser einem prior, die Laienschaft einem magister, während die einzelnen Handwerker ihre prepositi haben. Niemals ist dabei ein *Wahlverfahren* angegeben. Aber vielleicht darf man gerade daraus die stillschweigende Übernahme der klösterlichen Oberenwahl durch die Mitglieder des Konvents vermuten. Auch der in weltlichen Geschäften doch zweifelsohne erfahrene englische Jurist läßt aber in seinem viel breiter ausgearbeiteten Entwurf

[71] Joachim 1950 120f. [72] Morus 1965 134

einen auffälligen Mangel an demokratischen Kontroll- und Mitspracherechten erkennen. Auf der Insel Utopia gibt es ein lebenslang gewähltes Staatsoberhaupt und kurzzeitig gewählte niedere Amtsträger mit einigen Kontrollgremien nach Art städtischer Ratsversammlungen und Ständetage. Zweifellos garantiert das eine gewisse Selbst- und Fremdkontrolle und Mitspracherechte der allgemeinen Volksversammlung.[73] Wenn man das ganze jedoch überlegt, dann bemerkt man, wie schon Thilo Ramm 1955, daß das System doch immer wieder nur gröbere institutionelle Sicherungen kennt und insgesamt vom Vertrauen in die politische Konformität der Utopier lebt. So ist in diesem Zusammenhang nicht einmal das Wahlrecht der Utopier definiert, nicht festgelegt, ob es nur die Hausväter, nur die Männer oder alle Einwohner ausüben dürfen.[74]

V.

Manche Beobachter der europäischen Utopie, zuletzt besonders Ernst Bloch und Thilo Ramm, sprechen von einem prinzipiellen Gegensatz zwischen natürlicher Ordnung und Machtordnung „unter den einzelnen Konzepten", der Morus von Platon trennt.[75] Gerade solche prinzipielle Unterschiede kann ich in der europäischen Utopie aber nicht erkennen. Eine jede Utopie zwingt zu ihrem System „mit Überredung oder Kanonen", nach Hans Freyer, und es ist lediglich ein Unterschied, welchen Spielraum sie dem einzelnen innerhalb ihres Systems gewährt; nicht aus liberaler Toleranz, sondern weil sie sich anstelle des unmittelbaren politischen Druckes dem versachlichten Zwang ihrer Institutionen bedient. Vor seinen eigenen Voraussetzungen einer protomarxistischen „Selbstverwirklichung",[76] vor dem höchsten Individualziel eines so verstandenen „cultus animi"[77] ist für Morus jeder Zwang zur eigentlichen Daseinserfüllung geradeso gerechtfertigt wie die klösterliche Zucht im Zusammenhang der Spekulationen Joachims.

„Die Utopien ergreifen von ihren Bürgern absoluten Besitz."[78] Hexter beobachtet, die manchmal gerühmte religiöse Duldung auf der Insel Utopia sei engherziger als manche Urteile der Zeitgenossen des Thomas Morus, die nicht zur utopischen Literatur zählen.[79] Tatsächlich kennt Morus nur die Toleranz der Vernunftreligion wie jede andere Utopie eben auch. Atheisten dürfen auf seiner Glücks-

[73] Morus 1965 122 und 124
[74] Ramm 1955 53ff.
[75] Ramm 1955 64; Bloch zuletzt 1969 56 und 65
[76] Nipperdey 1962 370
[77] Hexter 1965 LXXIX
[78] Freyer 1920 331
[79] Hexter 1965 CVII

insel ihre Ansichten weder öffentlich äußern noch gar ein Staatsamt bekleiden. Auch Joachim hatte in diesem Sinn mitnichten auf die Überschreitung der kirchlichen Disziplin spekuliert: erwartete er doch allgemein im dritten Zeitalter des Heiligen Geistes eine Überwindung der Kirchenordnung und die unmittelbare Offenbarung der Wahrheit für die Erleuchteten, so daß alle Ordnung aus innerem Antrieb erfüllt würde, absolut und ohne andere Wahl.

Man könnte noch eine andere Trennung in der europäischen Utopie für notwendig halten: Scheinbar unterscheiden sich nämlich die festen, patriarchalischen Ehegebote zum Staatszweck weit vom Hedonismus der französischen Konzepte aus dem 18. Jahrhundert und von der modernen sexuellen Bindungslosigkeit. Aber auch dieser Unterschied ist nicht echt. Tatsächlich wird das Individuum in jeder Utopie der Entscheidungsfreiheit in seiner Partnerwahl beraubt. Seine sexuelle Aktivität wird aus ihrem Persönlichkeitsbezug gelöst und allein dem gesellschaftlichen Nutzen eingeordnet. Freilich sind dabei die Grenzen zu gesellschaftlichem Herkommen in der streng monogamen Ordnung des Joachim und des Morus unauffälliger als etwa in moderner utopischer Sexualtheorie.[80] Aber sie sind hier wie dort auf die physische Konstitution des Menschen beschränkt, auf die Triebregulation und die Nachwuchsplanung. „Mehr der Nachkommenschaft als der Lust wegen“ leben die Laien bei Joachim in ehelichem Verband, und diese anscheinend mönchische Strenge wird geradewegs korrespondiert von einer Aussage des Thomas Morus, die aus humanistischer Großzügigkeit ganz anders lauten müßte.[81] Die Utopier haben nämlich erkannt, „daß sich selten zwei Menschen in ehelicher Liebe verbinden würden, in der man sein ganzes Leben mit einem Partner verbringen und obendrein die mit dem Ehestand verbundenen Beschwerlichkeiten ertragen muß, wenn man dem freien Zusammenleben nicht sorgsam wehrt“. Den Begriff individueller Liebe und vergeistigter Erotik hat eine solche Ehemoral offenbar außer acht gelassen. Nicht von ungefähr gibt es in Utopia dann auch für den zeitgenössischen Leser skandalöse Eheproben, wonach die Partner sich vor dem Jawort unter Zeugen nackt betrachten dürfen. Morus vergleicht diese Forderung sehr treffend mit dem Pferdekauf. Hier wie dort fällt allein die Körperlichkeit ins Gewicht, von einer geistigen oder charakterlichen Probe ist nicht die Rede. Weil nun aber die individuelle geistige Begegnung in der Ehe weder bei Joachim noch bei Morus erwogen wurde, so ist das utopische Konzept hier und da nicht so weit unterschieden von Campanellas freier, wech-

[80] Bönner 1970 [81] Joachim 1950 120f.; Morus deutsch nach Heinisch 1966 82

selnder Partnerwahl zur Triebbefriedigung oder astrologisch bestimmter Zuchtauslese, es ist auch, nicht in der äußeren Form, sondern in seinem Antiindividualismus, der „Gruppensexualität" moderner Utopien näher als es den Anschein hat.

„Die Utopie ist antiindividualistisch."[82] Sie nimmt zwar ihren Ausgangspunkt bei den Grunderfahrungen des Individuums vom Bösen und vom Leib, aber sie sucht sie durch die Übertragung aller Lebensprobleme in dem Aufgabenbereich der Gemeinschaft zu lösen. In diese Beobachtung fügen sich auch unsere beiden Texte. Alten- und Krankenfürsorge werden beide Male durch äußere Fürsorge zumindest an den Rand der Lebensprobleme gedrängt. Ähnlich das Verbrechen. Joachim erwartet von der Auslese seines neuen Ordens mit Selbstverständlichkeit: „. . . und werden sich vor jedem Verbrechen hüten."[83] Morus rechnet mit Bösewichten auch auf der Insel Utopia; er zieht bei ihrer Bestrafung Zuchthäuser der Hinrichtung vor, erstens wegen des ökonomischen Nutzens der Zwangsarbeit für die Gemeinschaft, zweitens wegen der Möglichkeit einer Rehabilitierung. Moderner Strafvollzug: die Zuchthäusler Utopiens werden begnadigt, wenn sie „jene Reue zeigen, die beweist, daß ihnen ihr Verbrechen mehr leid tut, als die Buße".[84] Obwohl es keine Armut gibt im utopischen Bereich, gibt es doch Armenfürsorge für die Außenwelt. Joachim hat sie ebenso berücksichtigt wie Morus.[85]

Die europäische Utopie hat in ihrer Gegenwelt die adeligen Wertvorstellungen von Kampf, Sieg und Tod radikal aufgehoben, hat damit eine Grundstruktur unserer Gesellschaftsordnung beseitigt, die uns in ihren realen Konsequenzen noch heute bedrängt. Joachims Klostergemeinschaften sind der militärischen Auseinandersetzung stillschweigend enthoben. Für die Insel Utopien gilt das nicht. Sie muß Gewaltpolitik und Krieg im Verkehr mit ihrer Umwelt einkalkulieren, aber dabei wird ihr Kriegsbegriff ähnlich zur „Gegenwelt", wie die von Morus essayistisch ausgeschmückte, viel schneller durchschaute und deswegen auch allgemein viel besser bekannte utopische Umkehrung der Wertbegriffe von Geld und Gold. An die Stelle der Hochschätzung von Kraft und Mut tritt im utopischen Krieg List und Überlegenheit; nicht bewähren fürs Vaterland soll sich der Utopier, sondern schonen; der Krieg ist keine Tugendprobe: er wird mit aller Grausamkeit und List, mit Geld und Attentaten, er wird als Partisanen- und Söldnerkrieg geführt; er ist total, kennt im äußersten

[82] Nipperdey 1966 365
[83] Joachim 1950 121
[84] Morus 1965 190ff.; deutsch nach Heinisch 1966 84
[85] Joachim 1950 120f.; Morus 1965 148

Fall auch die Wehrpflicht der Frauen und bleibt in allen seinen Äußerungen inhuman und unritterlich. Ritter hielt das 1940 für ein Vorbild insularer Weltmachtpolitik.[86] Mir scheint das ganz verfehlt; ich glaube, in dieser Auffassung vom abscheulichen totalen Krieg sah Morus den einzigen Weg, das unvermeidliche Übel doch wenigstens an die äußerste Grenze politischer Kalkulation zu drängen.

VI.

Krankheit, Armut, Verbrechen und Krieg erscheinen solcherart im utopischen Konzept zwar nicht beseitigt, aber doch bewältigt mit bislang unbekannten Möglichkeiten. Aber selbst die beste aller Welten ist kein Paradies. Deshalb kann man auch dem Tod darin nicht ausweichen. Man kann ihn auch nicht mit äußeren Mitteln bewältigen, sondern nur in innerer Überlegenheit. Auch das suchen unsere beiden Konzepte zu leisten. Wir sind hier beim neuralgischen Punkt einer jeden utopischen Konstruktion, weil die Sinnfrage für den einzelnen auftaucht. Sie müßte nicht notwendig mit einer transzendenten Individualexistenz beantwortet werden; aber die Utopie des Reformationszeitalters kennt keine andere Antwort.
Keiner langen Erläuterungen bedarf das im Fall von Joachims Idealorden. Individuelle Transzendenz verheißt er aus dem größeren Zusammenhang der christlichen Überlieferung. Aber auch Morus entwickelt gerade in dieser Hinsicht einen anschaulicheren Bezug zur Transzendenz als anderswo in seinem Büchlein, wo ihm lediglich etwa die Formulierung von einem „einzigen, unbekannten, ewigen, unendlichen, unbegreiflichen göttlichen Wesen" genügt, das als „Vater" allgemeine Verehrung fände.[87] Beim Todesproblem ist aber die Bindung an diesen Vatergott viel enger gezeigt. Er verweist auf den widerwilligen Tod der schuldbewußten Seele, „in dunkler Vorahnung drohender Strafe", während andere, die „frohgemut und voll guter Hoffnung dahingegangen sind", bei Gott willkommen wären.[88]
Trotzdem schrieb Morus seine Utopia nicht aus christlichem Humanismus, wie noch Nipperdey und Hexter definierten.[89] Christentum und Utopismus sind unvereinbar. „Niemand bezweifelt die Intensität des christlichen Glaubens bei Sir Thomas Morus, doch es bleibt Tatsache, daß seine Utopier keine Christen sind."[90] Zwar gibt es eine stoische Vernunftethik mit einer allerdings variablen Auffassung von „natürlicher Moral", die sich in Grenzen mit christlicher Auffassung

[86] Ritter 1940 87
[87] Morus 1965 216, dt. nach Heinisch 1966 96
[88] Morus 1965 222
[89] Nipperdey 1966 365; Hexter 1965 LXXVI
[90] Shklar 1966 104

übereinbringen läßt. Aber der Zentralbegriff der christlichen gratia Dei bleibt unvereinbar mit dem utopischen Optimismus. Hexter bemerkte das wohl mit der Feststellung, Morus vertrete „largely christian ethics minus christian mystery".[91] Aber diese mangelnde Hinneigung zum christlichen Mysterium ist nicht eine Frage des Geschmacks oder der Liturgie, sondern sie muß an der anthropologischen Grundthese des Christentums von der wesenhaften Ohnmacht des Menschen gemessen werden. Auf ihrem Boden ist nämlich jede Utopie, jede Selbstrettung und Selbstheiligung des einzelnen und der menschlichen Gemeinschaft unmöglich. Das Übel in der Welt läßt sich nach christlicher Auffassung niemals aus menschlicher Kraft allein beheben; die Utopisten hingegen meinen, den Stein der Weisen gefunden zu haben, die neuen Institutionen, die neue Ordnung, um es zu beseitigen. Der Utopist glaubt nicht an die Erbsünde.

Auch Joachims neuer Orden zielt, nicht in jedem Mitglied natürlich, wie die anderen Utopien auch, auf einen „Idealmenschen in rigoroser Vollkommenheitsforderung".[92] Allerdings ist diese Vorstellung mit Joachims weltgeschichtlicher Heilserwartung verknüpft und deswegen auch komplizierter, beziehungsreicher als jede andere Gegenweltkonstruktion. Joachim erwartete in einem feiner systematisierten Entwicklungsgang als die bedeutenden deutschen Symbolisten des 12. Jahrhunderts den Anbruch einer neuen und erfüllten Welt nach der biblischen Aussage vom Siebentagewerk oder nach Spekulationen über den Aufbau der Heiligen Schriften oder die Trinität. Die neue Epoche sollte der Weltensabbat sein, das Zeitalter des Heiligen Geistes nach Vater und Sohn, die Periode der unmittelbaren göttlichen Offenbarung nach dem Dekalog und dem Evangelium Christi. Darin würden Kirchenorganisation und Offenbarungsglauben aufgehoben, überwunden durch die unmittelbare Eingebung des Heiligen Geistes für die homines intelligentiae.[93] Dempf sprach von einem „Eliteideal von aristokratischer Ausschließlichkeit, das aber trotzdem zur Zeitsignatur der ganzen Zukunftsgemeinschaft gemacht wurde", und nennt das „den wahren Fehler dieser Geschichtsphilosophie".[94] In diesen gewaltigen heilsgeschichtlichen Zusammenhang stellte Joachim seinen der älteren Forschung noch unbekannten Organisationsplan des Neuen Ordens pertinens ad tertium statum ad instar superne Jerusalem – „der auf das dritte Weltzeitalter hinzielt als Abbild des himmlischen Jerusalem".[95] Dabei war dieses Ab-bild nach

[91] Hexter 1965 CXVI [92] Dempf 1954 278 u. 282
[93] Zu dieser Interpretation zuletzt Reeves 1969 129ff. einschränkend mit Lit.
[94] Dempf 1954 282 [95] Joachim 1950 116

dem alten Sinn des lateinischen Wortes eher ein Ein-stand, es war selbst erst noch Zwischenstufe in der Entwicklung zur menschlichen Vollendung.[96] Alois Dempf, der ursprünglich 1927, lange vor der Edition des Figurenbuches, seine Joachiminterpretation verfaßte, hatte bereits mit sicherer Einfühlung geurteilt, daß bei Joachim „die Höchstforderung für die Genialen auf alle Mündigen", „die rigorose Vollkommenheitsforderung für die Begnadeten und Begabten auf alle" ausgedehnt worden sei, „so daß ein Sektenideal statt eines organischen Soziallebens entsteht".[97] Gerade das hat der Vergleich zwischen Morus und Joachim auch ans Licht gebracht, in aller Anschaulichkeit, mit der Joachim seine „Sekte" utopisch abschloß, allerdings in der Hoffnung, daß sie sich aus ihrer „Arche" doch zu einem tauglichen Instrument der Weltenverwandlung in Richtung auf das Dritte Zeitalter des Heiligen Geistes entwickeln würde.

Joachim nimmt damit allerdings unter den europäischen Utopisten eine Sonderstellung ein und ist in dieser Hinsicht ein weit überlegener spekulativer Kopf, weil er seine Gegenwelt nicht einfach der Wirklichkeit gegenüberstellt, sondern die Utopie in eine unaufhörliche Veränderung des weltgeschichtlichen Auf und Ab einfügt, die man wohl als dialektisch bezeichnen könnte. Nicht von ungefähr wirkten seine Gedanken jahrhundertelang auf entwicklungsgeschichtliche Spekulationen bis hin zu Hegel. Dempf sprach von einem „spiralförmigen, zu höheren Ebenen aufsteigenden Entwicklungsprozeß".[98] Reeves fand Hinweise für eine auch im Dritten Zeitalter und am siebenten Schöpfungstag noch gefährdete Perfektibilität.[99]

Joachim führt uns aber nicht nur in dieser Hinsicht zu ganz anderen Perspektiven als Morus und die klassische Utopie, zu Gesichtspunkten nämlich, die unmittelbar in die weltgeschichtliche Entfaltung einführen und deswegen auch vielfache Bedeutung für alle möglichen Vorstellungen für die Reformation von Kirche und Welt gewonnen haben; er bietet mit „seiner Lehre die Ideologie der beginnenden Neuzeit",[100] weil er den großen epochalen Umbruch prophezeite, eindringlicher, als etwa Rupert von Deutz oder Anselm von Havelberg vor ihm. Er sieht allerdings diese neue Zeit nach Dempf als eine spiritualis intelligentia, als eine Zeit der Spiritualität, während sie doch in Wirklichkeit vom spiritus scientiae erfüllt gewesen sei, von der Wissenschaft.[101] So ist auch Joachims Utopie zwar der Ausgangspunkt des neueren europäischen Utopismus, aber sie ist eine spiritua-

[96] Grundmann 1950 94 Anm. 1
[97] Dempf 1954 282
[98] Dempf 1954 280
[99] Reeves 1969 132
[100] Dempf 1954 269
[101] Dempf 1954 281

listische und keine szientistische Utopie, und auch das wohl nicht in unmittelbarer Tradition. Sie erwuchs noch geradewegs in der Anschauung von der Reformation der Christenheit, wie sie die Ausbreitung der großen Reformorden vermittelte, deren eindrucksvolle Auswirkung der Zisterzienser Joachim vielleicht auf Reisen von Unteritalien nach Frankreich und Deutschland mit eigenen Augen gesehen hatte. Noch hatte sich die europäische Intellektualität außerhalb der Klostermauern nicht entwickelt; noch sind die bedeutenden Denker des Jahrhunderts Benediktiner, Zisterzienser, Prämonstratenser. Deshalb schrieb Joachim eine Mönchsutopie. Alle anderen, die nach ihm „in dem Zurückbleiben der geschichtlichen Kirche hinter den Forderungen des Neuen Testaments, letztlich im eschatologischen Problem"[102] denselben Ansporn zur utopischen Konzeption erfahren, alle also, von Morus bis Comenius, die sich dabei am Paradoxon einer christlichen Utopie versuchen, werden ebenfalls nach dem Idealbild der mönchischen Lebensgemeinschaft greifen. Aber sie werden dieses Bild verwandeln und umgestalten, werden es eingliedern in die Lebenswelt des christlichen Laien.

[102] Ratzinger 1960 976

2 Utopie als Reformationsprogramm

Ein gotlich reformation 1498

I.

Zwischen 1498 und 1510 schrieb ein unbekannter Elsässer, nicht ohne Bildung und nicht ohne Einsicht in die Nöte seiner Zeit, ein insgesamt wirres und schwer lesbares Konvolut zur Weltreform. Es reicht von astrologischen Spekulationen bis zur historischen Utopie.
Die historische Utopie hat konservative Tendenzen: nicht nur in dem begrenzten Ausmaß, in dem eine jede utopische Planung sich konservativer Bausteine zur Konstruktion des Neuen, des bislang Unerhörten bedient, sondern weil sie im Rückgriff auf die vermeintliche oder wirkliche Geschichte einen guten Teil des Herkömmlichen selber für ihr gesellschaftliches Ideal anspricht. Das gilt vor allem für das umfassende Bauprinzip der gesamten sogenannten Ständegesellschaft, das weit über das Mittelalter hinaus, ja in ferneren Auswirkungen gar bis an das „Ende der Neuzeit"[1] noch wirksam blieb; denn diese Ständegesellschaft richtete sich letzten Endes nach den Wertmaßstäben des Geblütsadels in einer eigenartigen Verbindung mit Vorstellungen vom Adel der Seele, vom Adel aus Tugend, wie sie die Stoa einst entwickelt hatte.
Natürlich sind Seelenadel und Geblütsadel von sehr unterschiedlichen Vorstellungen hergeleitet. Aber die Ansicht, daß die rechte Tugend, die wahre Seelengröße, die magnaminitas aus den klassischen Schriften eben doch nur in der Adelsgesellschaft zu finden sei, bot für beide eine gemeinsame Grundlage. Der Geblütsadel tolerierte dabei allmählich die Seelen- und Geistesgröße einzelner Nichtadeliger, besonders unter den Intellektuellen, und auch die geistige Elite jeder Provenienz suchte ihre Wertmaßstäbe nach adeligen Begriffen zu richten. Es genügt wohl das Schlagwort vom „Dichterfürsten", um diese Verquickung zu beleuchten. Noch das 19. Jahrhundert ehrte damit seine bedeutendsten Literaten, nicht etwa, indem es mit Bürgertrotz gegen Adelsränge auftrumpfte – sondern durch eine Gleichstellung.

[1] Guardini 1950

Sei es nun, daß der Verfasser einer konservativen Utopie selber dem Adel angehörte wie jener unbekannte Elsässer, und sich deshalb in dieser Wertewelt bewegte; sei es, daß er in poetischem Enthusiasmus die Einheit von Geistes- und Geblütsadel nachempfand und darauf eine konservative Utopie begründete, wie noch Adalbert Stifter vor hundert Jahren.[2]

Unter diesen Umständen muß man fragen, inwieweit ein solches Gesellschaftsideal überhaupt die Grundbedingung der utopischen Konstruktion erfüllt: die zeitgenössisch sprengende Konzeption einer „Gegenwelt". Richtet sich doch das kommunistische Programm, Grundelement aller funktionalen Utopien, gegen jede herkömmliche Besitz- und Rangordnung. Ich hoffe, nicht eine Definition mit Gewalt in ein Schema zu pressen, wenn ich dennoch auch die konservativen Gesellschaftsideale für utopisch im eigentlichen Sinne ansehe, für eine auf ihre Weise gegenwartssprengende Zukunftsplanung, auch dann, wenn sie sich zum allgemeinen Trend des Fortschritts gegenläufig verhielt. Denn selbst unter diesen Einschränkungen noch haben auch die konservativen Utopien auf ihre Weise Anteil am vielberufenen rationalen Trend unserer Kultur, wenn auch ihre Rationalität aus anderen Perspektiven hergeleitet wurde, als sie der Gesellschaftskritik einer allmählich wachsenden Schicht von Intellektuellen entsprach. Unter ihrer eigenen Spielart von vergangenheitsorientierter Gesellschaftskritik nämlich tragen die historischen Utopien doch auch mit bei zur Fundamentaldemokratisierung unserer Gesellschaft, denn sie verfechten letztlich das stoische Ideal des Tugendadels mit seinen Vorstellungen eines demokratischen Humanismus. Der intellektuell-elitäre Kommunismus ist diesem stoischen Humanitätsideal nicht gar so fremd. Trat es doch einst ans Licht der Geschichte mit einer grundsätzlichen Kritik an der antiken Aristokratie und hat von diesem fundamentalen Kritizismus auch in späteren Epochen noch vieles beibehalten.

Vielleicht sollte man diese gesellschaftliche Sprengkraft noch genauer erörtern, ehe die einzelnen Aussagen einer konservativen Utopie untersucht werden. Es geht hier zunächst um das Verhältnis konservativer Utopien zur Gesellschaftsgliederung ihrer Zeit: zum zeitgenössischen Bürgertum also erst einmal und seinen besonderen „bürgerlichen" Fähigkeiten und Leistungsanforderungen, seiner gesellschaftlichen Mobilität als der Leistungsgrundlage, besonders aber seinem Verhalten gegenüber Handel und Handelsgewinn; es wird sich zeigen, daß auch die konservativen Utopisten „unbürger-

[2] Seibt 1971

lich" dachten, gerade so wie die Verfasser funktional-utopischer Entwürfe, und daß sie insofern sich gegen diejenige gesellschaftliche Gruppe stellten, die sie zuallermeist und zuallererst selber umgab. Eine zweite Gruppe der zeitgenössischen Gesellschaft bildete der Klerus, den jener Entwurf ebenso in die übrige Gesellschaft eingliedern will, ohne seine weltliche Herrschaft, seine ständische Prärogative, ja auch ohne die transzendente Begründung seiner überlegenen gesellschaftlichen Position, seine objektive Weihegewalt. Mit einem ähnlichen Maßstab tritt unser Verfasser dann auch an die adeligen Standesbegriffe. Hier ist die Ambivalenz seines Unternehmens besonders handgreiflich. Mit der Forderung nach dem wahren, nach dem Tugendadel als der eigentlichen Rechtfertigung aller gesellschaftlichen Privilegien konnte die ständische Position des Adels generell aufgelöst werden; sie konnte aber auch mit der Berufung auf dasselbe Prinzip bei entsprechender Argumentation nun erst weit tiefer begründet werden, als es dem bloßen Herkommen seit unvordenklichen Zeiten entsprach, sie konnte in eine neue gesellschaftliche Funktion überführt werden als Ausdruck einer neuen Gesellschaftsmoral.

Solcherart liegen die Alternativen eines revolutionären, eines sprengenden Programms und konservativer, konservierender Ideologie ganz nahe beieinander. Aber auch in der „konservativen" Version wird die gegebene Gesellschaftsordnung nicht einfach hingenommen, sondern von Grund auf in Frage gestellt. Von Grund auf bewegt wird sie auch durch die Mittel, die da zu ihrer neuen Selbstprüfung mobilisiert werden sollen. Die konservative Utopie wendet sich nämlich so wie jeder andere utopische Entwurf an die breiteste Allgemeinheit, die da nur mitdenken, mithandeln und mitentscheiden mag. Sie wird aufgefordert, die rechte Weltordnung verwirklichen zu helfen, und es findet sich in dieser Absicht in unseren Texten der Appell an den „gemeinen Mann", die Dinge in seine eigenen Hände zu nehmen. Die rechte Weltordnung, die es solcherart zu verwirklichen gilt, entspricht dem vorgeblichen oder echten „alten Recht", all dem gleichzeitig, was die „gesunde Vernunft" vom „gemeinen Nutzen" zu sagen weiß. Durch diesen „gemeinen Nutzen" werden dann aber auch Eigentumsrechte beschränkt, relativiert oder gar aufgehoben. Hier steckt dieselbe Absicht, welche die funktionalen Utopien zu ihren kommunistischen Konzepten anregte. Auch die Handhabung des guten alten Rechts und die „vernünftigen" Überlegungen des gemeinen Nutzens zeigen uns eine gewisse Ähnlichkeit in ihrem rationalen Optimismus mit der funktionalen Utopie, wenn sie auch auf ein anderes System bezogen sind.

Und abermals werden wir schließlich an die freilich ungleich kompliziertere Problematik der funktionalen Utopie erinnert, wenn wir auch im konservativen Entwurf dem Vertrauen begegnen, die gottgewollte Rechtsordnung vermöchte die ganze Welt von ihren Gebrechen zu heilen. Es ist das Vertrauen auf eine wechselseitige Abhängigkeit der einzelnen gesellschaftlichen Beziehungen, die uns als „totale Interdependenz“ in ausgereifterer Form bei den funktionalen Entwürfen begegnete.

Unter diesen Umständen teilt die historische, die konservative Utopie mit den funktionalen Konzepten auch das Vertrauen auf eine unveränderliche Konsistenz der menschlichen Natur und schließt daraus auf die zeitlose Gültigkeit „richtiger“ gesellschaftlicher Normen. Damit ist paradoxerweise die historische Utopie ähnlich ungeschichtlich aufgebaut wie die funktionale Utopie eben auch. Das Konzept des Thomas Morus erschien dem geschichtlichen Wandel entrückt. Die glückliche Insel Utopia hielt seit unvordenklichen Zeiten fest, was ihr sagenhafter Gründerkönig Utopos zur rechten Lebensnorm gesetzt hatte. Gerade so geschichtslos ist nun auch die historische Utopie, nur die Blickrichtung wechselte. Das funktionale Konzept entstand für alle Zukunft, um ein für allemal den historischen Prozeß aufzuhalten. Die Weltgeschichte findet hier ein Ende, sie ist erfüllt. In der historischen Utopie aber liegt die Erfüllung in einer entfernten Vergangenheit, im Goldenen Zeitalter. Der historische Prozeß, der uns davon trennt, wird übersprungen. Es ist möglich, das Goldene Zeitalter neuerlich mit allen seinen Einrichtungen, Gebräuchen und Umständen der Menschheit zu bescheren.

Beide Systeme ähneln einander auf neue Weise im Verhältnis zum Transzendenten. Jedesmal wird es beansprucht, um Lohn und Strafe für den Einzelnen zu rechtfertigen und um allgemeingültige sittliche Normen für die Gesellschaft im ganzen zu stützen.

Freilich ist es gerade die Durchformung der Systematik, welche die historische von der funktionalen Utopie dann doch auch wieder unterscheidet. Man muß nämlich beachten, daß historische Utopisten mit ihrem Entwurf weniger Mühe haben, wenn sie zur Autorität der Geschichte Zuflucht nehmen; denn die historische Realität verbürgt jene Glaubhaftigkeit bereits, deretwegen sich der funktionale Entwurf erst durch den Nachweis seiner Funktionsfähigkeit legitimieren muß.

Für die historische Utopie finden sich im 16. Jahrhundert zwei Beispiele deutscher Herkunft von sehr unterschiedlicher literarischer Qualität und weit abweichender Konzeption mit beinahe entgegengesetzten Publikumsadressen: ein umfangreicher, aber ziemlich wirrer Text eines unbekannten Elsässers in alemannischer Umgangssprache, als der „Oberrheinische Revolutionär" vor 80 Jahren in die Fachwelt eingeführt; ein knapper, sehr konziser Entwurf in Humanistenlatein aus der Feder von Kaspar Stüblin-Stiblinus: De Eudaemonia rei publicae. Beide Texte sind bislang in der Geschichte der Utopie gar nicht oder nur am Rande beachtet worden. Sie blieben auch lange verborgen. Stüblins Abhandlung ist eine Rarität unter den deutschen Drucken des 16. Jahrhunderts. Der „Oberrheinische Revolutionär" aber ist 1967 zum ersten Mal vollständig im Druck erschienen. Der „Oberrheinische Revolutionär" entwarf einen Plan zur Reichserneuerung, zur „Reformation" in umfassendem Sinn, wie er als gesellschaftspolitischer Schlüsselbegriff der Zeit um 1500 gelten kann und erst später im kirchenhistorischen Rückblick eingeengt wurde. Stüblin schrieb, zwei Generationen später, mit dem vollen Gewicht des Konservativismus eine Utopie der Gegenreformation.

II.

Annelore Franke hat das Verdienst, den Text des unbekannten Elsässers unter dem Titel „Das Buch der hundert Kapitel und der vierzig Statuten des sogenannten Oberrheinischen Revolutionärs" vor kurzem veröffentlicht zu haben.[3] Achtzig Jahre zuvor hatte ihn Hermann Haupt entdeckt und mit einer summarischen, aber doch recht eindrucksvollen Wiedergabe bekanntgemacht.[4] Danach war er noch wiederholt in wechselnder Qualität begutachtet worden.[5] Die Edition des im einzelnen nicht selten verdorbenen Textes brachte viele Schwierigkeiten. Nicht jede Aussage ließ sich klären, manche vom unbekannten Überlieferungsgang des einzigen Manuskripts, manche vom alemannischen Idiom des Verfassers verdunkelt. Einige kleine Fehler meint man im Vorbeigehen berichtigen zu können, doch blieb über all dem das Anliegen der Aussage doch verständlich genug.[6]

[3] Franke 1967 [4] Haupt 1893

[5] Werner 1901; Eckstein 1938 mit NS-Tendenz.

[6] So heißt es z. B. gelegentlich vom Ringfinger: „das ist der finger, darin die hertz oder in ist". Es geht also die Rede von einer „Herzader" im Ringfinger. Das Herausgeberteam unter der Leitung von Annelore Franke hat aber die Worte „oder in" als sinnentstellend getilgt (S. 446–468). An einer anderen Stelle werden aufgezählt „stift, closter oder edelut, burger oder begonen", die Zehnten bekämen, ohne dafür etwas zu leisten. Die Herausgeber fragen, ob die letzten Worte „Bürger oder Gauner" bedeuteten (519 Anm. 6). Offensichtlich sind aber mit

Schon Hermann Haupt hat beobachtet, daß unser Verfasser die Reformatio Sigismundi, eine anonyme Reformschrift, die zwei Generationen vor ihm entstanden war, gekannt und wohl in einer ihrer zahlreichen Versionen gelesen haben dürfte. Auffällig verbindet beide Verfasser eine gemeinsame Ablehnung des Ordenswesens, die Forderung nach der Priesterehe, die Verurteilung der Kreuzzüge und der zugehörigen Ablaßleistungen und überhaupt der Ruf nach einer kritischen Ausgabenkontrolle, nach einer Überprüfung der Steuerleistungen, vornehmlich bei der Kirche, aber auch bei der weltlichen Obrigkeit. Diese weltliche Obrigkeit orientiert sich in beiden Texten am Begriff des Kaisertums: Jedesmal wird ein Kaiser als Wegbereiter der umfassenden, erhofften und ersehnten Reform angesprochen, Sigmund von Luxemburg hier, Maximilian von Habsburg dort; jedesmal flüchtet die politische Sehnsucht dann zum Mythenkönig Friedrich, der das ideale Weltreich vollenden soll. Jedesmal ist dem Geblütsadel der Tugendadel entgegengehalten; in beiden Texten ist der Adelsverlust bei unwürdiger Lebensführung ausdrücklich erörtert worden. Beide Texte lehnen die Leibeigenschaft ab; beide greifen zurück auf historische oder pseudo-historische Rechts- und Gesellschaftsverhältnisse, um mit dem Argument des Guten, Alten ihre Vorschläge zu unterstützen. Beide Texte verstehen sich nämlich als Lehrstücke, als Wegbereiter, Richtschnur, ja als Kodifizierungen der rechten Lebensweise und Gesellschaftsordnung, als die unmittelbaren Konzepte für die große Weltreform.
Die Reformatio Sigismundi hat aber dabei den Weg zum Utopischen nicht mehr beschritten. Ihre Anleihen an die Geschichte sind nicht fabelhaft, ihre Reformvorschläge bleiben diesseits der Grenze dessen, was die Wirklichkeit gesprengt hätte. Diese Sprengwirkung in der Hinterlassenschaft des „Oberrheinischen Revolutionärs" gilt es nun kennenzulernen.

„begonen" die Niederlassungen von „Beghinen" gemeint, die vielerorts oftmals bekanntlich halbklösterlich lebten und deswegen zu Recht mit Stiften, Klöstern und anderen „fruchtlosen" Sozialinstituten verglichen wurden; „legen" sind gelegentlich (S. 461) als „Laien" aufzufassen, was freilich einmal auch richtig angemerkt worden ist (S. 282), und demnach müßte auch der Satz erläutert werden: „kein priester sol kein legengut erben" (S. 515). Eine Fehlübersetzung an einer anderen Stelle betrifft das „Versetzen", womit das Verpfänden von Zöllen gemeint ist, dessen ungeachtet die Zölle selber blieben, nicht etwa, nach dem irrigen Kommentar, das „Einführen" (S. 490 Anm. 1). Nebenbei hat die Herausgeberin auch die Gottesstrafe der „Franzosenkrankheit" „am heimlichen end" (S. 279) mißverstanden – gemeint sind hier nämlich syphilitische Krankheitssymptome am männlichen Glied, nicht aber etwa, wie uns ihre Anmerkung erläutern möchte, „an heimlichen Orten" (dazu medizingeschichtlich H. Zinsser 1936).

III.

Sehr vieles hat die Interpretation von Gerhard Zschäbitz bereits vorweg genommen, die der Ausgabe des Buches 1967 vorangestellt wurde. Richtig wird dabei der anonyme Autor als ein Vertreter ritterlichen, also niederadeligen Standesbewußtseins angesprochen, aber dieses Standesbewußtsein scheint mir dann in Zschäbitz' Zusammenfassung als präsumtives Klassenbewußtsein doch einigermaßen überschätzt. Den Revolutionsappell an den „gemeinen Mann" findet Zschäbitz demgegenüber „selten und für die Gesamtdarstellung des ‚Oberrheinischen Revolutionärs' nicht typisch".[7] An einer anderen Stelle spricht Zschäbitz aber ganz deutlich und sehr richtig von einer wachsenden Radikalisierung der Aussagen in den wohl ungefähr chronologisch überlieferten Aufzeichnungen des „Oberrheinischen Revolutionärs", die von 1498 bis 1510 mindestens eine Spanne von zwölf Jahren umfassen; schon Haupt hatte das beobachtet.[8]

Dabei bemerkt nun aber Zschäbitz, daß unser Text in seinem letzten Drittel, in den sogenannten „vierzig Statuten", in denen er nach Haupt sein Reformprogramm in „systematischer Darstellung" entwickelte,[9] sich doch mit der Vorstellung von einem erforderlichen Aufstand des gemeinen Mannes vertraut gemacht hat. Wenn man bedenkt, daß er sich eine Veränderung der Welt durch eine gewaltsame „Reformation" vorstellt, bei der man „die gotschwerer totten, die zutrinker erwurgen, die wucher verbrennen, die ebrecher kurtzen, den frevelen gewalt abstellen ..." sollte und die „amptlut, die mer suchen ieren eigen nutz (als) den gemeinnutz, lossen henken, vnd ouch die prelaten, die sich mit frundschaff inkouffen ...";[10] wenn man überlegt, daß diese Gewalttaten der Endkaiser Friedrich mit Hilfe einer neuzugründenden „Bruderschaft vom Gelben Kreuz" vollbringen soll, die sich aus allen Ständen, aber, wie Zschäbitz richtig beobachtet, „in ihrer Masse aus Vertretern der sozialen Sphäre des gemeinen Mannes zusammensetzen" sollte;[11] und wenn man überdies noch vor Augen hat, daß diese Bruderschaft zu gesellschaftlicher Erneuerung, nämlich zur Anleitung von Umkehr und Buße oder zum Kampf gegen die Uneinsichtigen auch noch unter allen Gutwilligen zum Beitritt werben soll:[12] dann kann man die Schlußfolgerung nicht recht verstehen, mit der Zschäbitz eine „qualitative

[7] Zschäbitz 1967 150

[8] Haupt 1893 101f., Zschäbitz 1967 140 und 150. Der Beginn der Arbeit ist im ersten Kapitel sogar mit dem Jahr 1490 datiert, aber weder Haupt noch Zschäbitz hielten diese Datierung für authentisch.

[9] Haupt 1893, 110; Zschäbitz 1967 36

[10] OR 1967 275f.

[11] Zschäbitz 1967 156, auch 153

[12] OR 1967 386 bis 390

Höherentwicklung der Gesellschaft" – eine wesentliche demokratische Mobilisierung nämlich – in der Schrift nicht erkennen will.[13]
Schließlich geht Zschäbitz' Interpretation im Angelpunkt der gesellschaftspolitischen Aussage in die Irre – in einem Textzusammenhang, der gleichermaßen aufschlußreich ist für den mittelalterlichen Autor wie für ein modernes Mißverständnis. Deshalb lohnt sich ein genauerer Blick auf diesen Abschnitt. Der Autor fragt, ob es nicht Zeit sei zur Revolution gegen die kirchliche Ordnung, mit den Worten: „... daß sich der arm man bedenk vnd einen sinsglichen vffwerf, der die schindery der geistlichs abstell?" Die Frage ist deutlich genug, aber erstaunlicherweise kommentiert sie Zschäbitz mit den Worten: „Nachdrücklich weist der Oberrheinische Revolutionär die Überlegung zurück..."[14]. Offenbar kam Zschäbitz durch ein Mißverständnis zu dieser Auffassung. Das Zitat fährt nämlich fort: „achten nit, das er kein recht hab..." Zschäbitz meint offenbar, dieses „achten" heiße hier soviel wie „beachten", „beobachten", „bemerken". Dann hätte der Autor allerdings die Bauern getadelt, weil sie ihre Rechtlosigkeit nicht beachteten. Tatsächlich ist diese Übersetzung aber falsch. „Achten" heißt hier nämlich soviel wie „erachten", also „meinen", „glauben".[15] Der Autor kritisiert also nicht die Achtlosigkeit des armen Mannes, sondern er berichtet davon, daß nach der verbreiteten Volksmeinung sich der gemeine Mann für gerechtfertigt halte bei seiner Revolution, daß er nicht meine, sich ins Unrecht zu setzen. Der Autor schließt sich dann dieser Ansicht des gemeinen Mannes auch noch selber an mit der Feststellung: „Gott vnd das recht wirt im helfen..." Im Gegenteil! ruft er also nach seiner verdeckten Frage über die Berechtigung zum Aufstand des gemeinen Mannes: Mit überlegenem Recht und deshalb, weil sogar Gott einen solchen Aufstand unterstützt, wird sich der „arme Mann" behaupten. Und er schildert schließlich noch, daß nicht nur Gott und das überlegene Recht, sondern auch alle Reiche der Erde in revolutionärer Solidarität dem „armen Mann" beistehen würden, namentlich aber das Elsaß, seine eigene Heimat, die er wiederholt als das Herz und Kernstück Europas und auch der kommenden „Weltreformation" bezeichnete. Zschäbitz' Urteil ist offensichtlich beeinträchtigt durch den Umstand, daß sich in der Masse des Geschriebenen so radikale Urteile nur vereinzelt finden, aber dieser Umstand will aus der Entstehungsgeschichte des Textes verstanden sein. Freilich ist uns ein gründliches Verständnis dieser Entstehung verschlossen und wird wohl auch ohne die

[13] Zschäbitz 1967 158
[14] Zschäbitz 1967 117; der Text OR 1967 372
[15] Götze 1960 „achten"

Urschrift kaum je möglich sein. Immerhin scheint mir deutlich: von der Gesamtdarstellung, die nach Haupt etwa seit 1498 entstand, heben sich einige Passagen ab, im Aufbau ebenso wie in ihrer Aussage, so daß man sie von dem trotz aller Widersprüchlichkeiten und Verdunkelungen doch kontinuierlichen Fluß der übrigen Aussagen abgrenzen kann. Hier scheint die Zeit zwischen 1498 und 1510 den Autor zu Korrekturen, zum Auffassungswandel, zur Radikalisierung gedrängt zu haben.

Die deutlichsten Anhaltspunkte zu diesem Auffassungswandel bieten wohl die Urteile über den regierenden Kaiser Maximilian I. Ihm ist das Buch am Anfang des 1. Kapitels gewidmet als „dem alldurchluchtigisten, grosmechtigensten vnd vnuberwindlichen römischen keiser Maximiliano, ein merer des Heiligen Richs, billich mille maximus..." Dieses erste Kapitel läßt sich ebenso datieren wie der Epilog. Es muß 1498 entstanden sein. Unser Autor fühlt sich nämlich angeregt, einer allgemeinen Aufforderung zu Reformvorschlägen mit seiner Schrift zu folgen, die der Reichstag zu Freiburg in diesem Jahr veröffentlichte und bis zum 25. November terminierte.[16] Er beginnt seine Schrift also in vollem Reformoptimismus und spricht in diesem Zusammenhang auch später noch in überschwenglichem Wortspiel von Maximilian als dem „Mille-Maximus",[17] als dem Jahrtausendmenschen im Sinn seiner astrologischen Zyklen. Später trat ein neutraler Titel an die Stelle solcher Panegyrik.[18] Schließlich wurde der Herrscher des Geizes und der mangelnden Ritterlichkeit angeklagt.[19] Im Epilog ist er gar verdammt worden: er gehört nun neben dem Papst und dem König von Frankreich zu den „dryg vnrein menschen", die dem apokalyptischen Drachen den Weg bereiten.[20]

Wenn wir unseren Verfasser auch nur einigermaßen konsequenter Urteilsbildungen für fähig halten, dann ist dieser Meinungsumschwung wohl ein Leitfaden für eine allgemeine Wandlung seines Urteils, die er selber gelegentlich bemerkt, ein Ausdruck der Enttäuschung über seine Reformbemühungen, „wenn ich sach, das kein gewaltiger geneigt wer, den rechten weg (zu gehen)..."[21] Es wäre einfach, diesem Umschwung in seinen Gedanken nachzugehen, wenn uns sein umfangreiches Konvolut ohne Ausnahmen in zeitlicher Reihenfolge

[16] OR 1967 199f., 7 und 9

[17] OR 1967 220 u. a. Auch Haupt 1893 101f. sah in dieser vom OR mißverstandenen Aufforderung des Reichstagsabschieds 1498 das wahrscheinliche Entstehungsdatum; dazu zuletzt mit guten Konjekturen Ch. Lauber in ihrer Staatsexamensarbeit an der Ruhr-Universität Bochum 1971.

[18] OR 1967 343, 371, 461 und 472

[19] OR 1967 482

[20] OR 1967 182

[21] OR 1967 204f.

der Niederschrift überliefert worden wäre. Das scheint nicht so. Es sieht so aus, als wäre es an einigen Stellen mit Zusätzen versehen worden, die einige Jahre später, ganz ohne jedes Vertrauen auf Reichstag, Reichsreform und Kaiser, sich nun der volkstümlichen Sehnsucht nach dem Endkaiser Friedrich hingeben. Fast ausnahmslos sind solche Apostrophen in auffälligen Positionen: im Epilog von 1509, in dem Maximilian verurteilt wurde,[22] in einem Rückblick auf das Geschriebene mitten im Text, den Haupt als vorläufigen Schlußpunkt ansprach,[23] in einem Abschnitt mit oberflächlichen Inhaltsangaben künftiger Kapitel, also ebenfalls vom Schluß der Darstellung,[24] distanziert an Kapitelenden[25] und in einem zusammenhängenden Kapitel, das überarbeitet erscheint.[26] Nur ein einziges Mal ist Friedrich einigermaßen unvermittelt zum Vergleich herangezogen worden.[27]

Diese Textprüfung soll hier nicht weiter betrieben werden, als sie für das Verständnis unerläßlich ist. Denn der Abwendung vom Reformoptimismus entspricht auch noch der Versuch, eine Revolution zu organisieren. Aus dem Geflecht seiner Wunschvorstellungen und aus den Eindrücken seines Alltags entwickelte hier der unbekannte Elsässer seinen Aufruf zur Bildung einer Bruderschaft vom Gelben Kreuz, zusammengesetzt aus Eheleuten aller Stände, geführt vom Erzengel Michael, die Welt zu erneuern, dem Endkaiser Friedrich zu helfen und die Bösen zu erwürgen. Wir finden diesen Aufruf ziemlich überall im Zusammenhang mit dem Endkaiser, allerdings viel anschaulicher besonders im Epilog[28] und in dem schon genannten mutmaßlichem ursprünglichen Schluß des Ganzen als „ein schlusredt dis bůchlis".[29] Auf den Epilog von 1509 bezieht sich auch eine Anmerkung irgendwo im Text über die „nuwe ritterschaft ... in der er (= Ära) Sant Michels".[30] Das etwa sind die formalen wie inhaltlichen Anhaltspunkte für meine Auffassung, daß dem ursprünglichen Reformprojekt ein gutes Jahrzehnt später an einigen Stellen sporadische Zusätze aus revolutionärem Gegenwartspessimismus eingefügt worden sind.

Die Bruderschaft vom Gelben Kreuz scheint mir dabei viel interessanter als die vielberufene Endkaisererwartung. Zwar hält es der Oberrheinische Revolutionär noch mit dem monarchischen Prinzip, eben mit dem Endkaiser Friedrich nämlich, in seinen politischen Träumen, so wie sich auch die meisten funktionalen Utopien nach

[22] OR 1967 181–184
[23] OR 1967 378
[24] OR 1967 219
[25] OR 1967 289 und 302, 520
[26] OR 1967 275–278
[27] OR 1967 291
[28] OR 1967 181–184
[29] OR 1967 386–390
[30] OR 1967 462

dem Vorbild von Morus und Campanella noch immer patriarchalisch-monarchische Staatsgebilde wählten. Aber der Endkaiser ist doch in seiner Handlungsfähigkeit beschränkt und nicht mehr ganz der chiliastische Deus ex machina. Bei all seinen politischen Illusionen hat sich unser Autor die Dinge in diesem Zusammenhang etwas handgreiflicher überlegt als andere chiliastische Phantasten seiner Zeit, er hat auch nicht so ausschließlich auf sein astrologisches System vertraut, das dem Milleniumsmenschen alle Last der Welterneuerung aufbürdet. Er hat sich statt dessen, in aller Unvollkommenheit, doch an einem realpolitischen Organisationsprojekt versucht. Er greift dabei zu einem Element, das ihm die Zeit vor Augen stellte. Laienbruderschaften, besonders in Italien, wie er anmerkt,[31] hatten längst Ansätze zur Gesellschaftsreform unternommen, teils im ökonomischen Bereich der Zünfte, teils aber auch mit allgemeinerem Anspruch als Gesinnungsgemeinschaft. Sie repräsentierten eine der vorgeprägten Organisationsformen des gemeinen Mannes, und nach dem Dafürhalten unseres Autors waren sie am ehesten imstande, zu einer Bewegung auszuwachsen, um „mit herßkraft"[32] dem Endkaiser beizustehen.

Ich habe zu zeigen versucht, daß die einigermaßen verworrene Darstellung von Reformoptimismus ausging und, nach einem unbekannten Weg in der Urteilsbildung des anonymen Elsässers, beim Appell an die Gewalt ihr Ende fand. Der revolutionäre Charakter der Schrift steht mir insofern außer Zweifel und Haupts Bezeichnung des Autors als oberrheinischem „Revolutionär" scheint mir ganz treffend. Zugleich wird uns die Verbindung zwischen Reformation und Revolution im zeitgenössischen Verstand deutlich, und überdies werden uns fortan einzelne Versuche in der Reformationsutopie immer wieder begegnen, nicht mit dem bloßen literarischen Anspruch des Thomas Morus, sondern mit handgreiflichen Organisationsversuchen, der neuen Welt auf den Weg zu helfen. Ruft hier der Oberrheiner auf zu einer revolutionären Bruderschaft vom Gelben Kreuz, so wie zehn Jahre später tatsächlich ungarische „crucigeri" eine Sozialrevolution im Namen Christi versuchten, so setzen Gaismair und Hergot wenig später in ihren Entwürfen die Dorf- und Pfarrgemeinden als die herkömmlichen Organisationselemente des gemeinen Mannes mit tragenden Funktionen in ihre Rechnung ein. Die Barockutopie Andreaes und Bacons hatte diese Verbindung zum gemeinen Mann verloren. Sie hielt sich nurmehr an intellektuelle

[31] OR 1967 388
[32] OR 1967 184

Geheimbünde, an Freimaurerlogen und Akademien ihrer Zeit, bis die frühen französischen und englischen Sozialisten um 1800 die Arbeiterbewegung, das Proletariat, in ihrem Sinn zu mobilisieren suchten.

IV.

Revolution ist noch nicht Utopie. Wenn wir die revolutionäre Entwicklung des unbekannten Verfassers der „Hundert Kapitel und vierzig Statuten" einigermaßen einsehen können, so bleibt die Frage nach seinem utopischen Anliegen. In seinem späten Radikalismus ist es nicht zu suchen. Es begegnet uns vielmehr, in der Ambivalenz der konservativen Utopie zwischen Restauration und der Gegenwelt vom Goldenen Zeitalter, in ausführlichen welthistorischen Betrachtungen und ist schließlich einigermaßen programmatisch, freilich mit vielen Ausbrüchen und Abschweifungen, in den sogenannten vierzig Statuten festgehalten.
Der englische Taufpate der utopischen Literatur hatte seine Schrift zweigeteilt: dem Bericht aus Utopia, dem Rezept also für die Zukunft, hatte er die radikale Gegenwartskritik vorangestellt. Diese Vereinigung von Kritik und Besserung, abgelehnter Gegenwart und angeratener Zukunft, findet sich in manchen anderen Reformplänen und Utopien. Sie empfiehlt sich gleichsam für diesen Zweck als eine logische Einheit. Auch unser Oberrheinischer Revolutionär bemüht sich um eine Doppelung in diesem Sinn, aber er hat sie im Aufbau seines Manuskriptes nicht getrennt. Immer wieder greift er seine Gegenwartskritik von neuem auf, oft seitenlang mit denselben, nur wenig variierten Beobachtungen von Rechtsbruch aus Habgier, Bestechlichkeit und Feigheit. Formal versuchte er eine andere Zweiteilung durchzuhalten, und das gelang ihm auch einigermaßen: zwei Drittel seiner Schrift, die sogenannten hundert Kapitel, gelten der Vergangenheit von Adams Zeiten an, der Rest, die vierzig Statuten, sollen sozusagen als die Nutzanwendung aus der historischen Übersicht die zukünftige Reform kodifizieren. Darin will er allgemein die Leser lehren, wie man die ungerechte Obrigkeit in rechten Formen von ihrem Platz weist, nicht ohne Drohung vor der harten Faust des gemeinen Mannes[33]: „Secht an diß bůchli, wie man mit recht ein babst, ein keisser, ein kunig mag absetzen ..."[34].
Die richtige Gesellschaftsordnung, ausgedrückt in der Forderung nach dem Rechttun, greift in metasozialem Bezug nach dem Transzendenten, sie vermählt die Seele des einzelnen mit Gott wie eine Braut: „wie

[33] OR 1967 472 [34] OR 1967 489

rechttûn ein grosser hort sig, vnd was gûtz dorvon enstet ... vnd das also die sel des menschen wie ein brutt mit gott vermahelet"[35]. Damit ist dieselbe pantheistische Bindung zwischen dem einzelnen und der Gesellschaft ausgesprochen, die allgemein dem utopischen Optimismus als philosophische Selbstdarstellung dient.

Dieser Optimismus bestimmt auch das Menschenbild. Wir erfahren: Ein Mensch im Stande der Gnade kann nicht sündigen[36]: „wan wenn du in der liebe gottes bist, so kannst du nit sunden. Darvmb wil ich leren, wie man gott erkennen sol, *allein* von der *vernunft* des menschen ..."[37]. Aus dieser Quelle kann der Mensch seine Vollkommenheit schöpfen, die Bräutlichkeit Gottes, und demnach sind für seinen Stand und seine Wirkungsfähigkeit in der Kirche auch andere Maßstäbe gesetzt. Deshalb lehnt unser Autor schließlich auch den herkömmlichen Begriff der Virginität im Gefüge seiner anthropologischen Konsequenzen ab. Nicht physische Umstände sind ihm Kriterien der Jungfräulichkeit, sondern die innere Einstellung der Frau, und nicht Keuschheit ist dafür die erforderliche Tugend, sondern ein untadeliges Eheleben[38].

Im ganzen tritt eine ethische Grundlegung aller menschlichen Verhältnisse an die Stelle der gesellschaftlichen Gegebenheiten der Welt, in der er lebte. Sie gilt in vielerlei oft wiederholten Wendungen für Adel und Obrigkeit, sie gilt aber auch gegenüber der kirchlichen Bestimmung vom priesterlichen Amt. Der sündige Priester verliert nämlich seine sakramentale Funktionsfähigkeit, „wan der boß tût, endphohet bos, wan sy hand die gnad nit"[39]. Dahinter steckt ein bekanntes revolutionäres Aufbegehren gegen die amtskirchliche Sakramentalverwaltung, auch wenn sich der Autor dabei auf „die mûter der heiligen cristenlichen kilchen" selber beruft[40]. Es ist jene Haltung, derentwegen Berengar von Tours die Gunst seiner kirchlichen Oberen verlor, und seit dem 11. Jahrhundert ist sie immer wieder von der Amtskirche als besondere Gefährdung ihrer Ordnung empfunden worden.

Alle Menschen sind aber grundsätzlich gleich und imstande, kraft ihrer Vernunft den rechten Weg, das „Recht" in der metaphysischen Interpretation des Verfassers, zu erkennen; sie sind als Christen alle „gleich gesalbt"[41] und ihr erstes Gebot besteht im Liebesdienst füreinander[42]. Man muß diese Reihenfolge der Statuten nur einmal mit dem Vorrang der monotheistischen Transzendenz im orthodoxen

[35] OR 1967 422 [36] OR 1967 206 u. a. [37] OR 1967 206
[38] OR 1967 424 u. a. [39] OR 1967 470 [40] OR 1967 469
[41] OR 1967 487 [42] OR 1967 1. Statut S. 423 u. a.

Dekalog vergleichen, der bekanntlich zuallererst in drei Geboten die individuelle Beziehung zum personalen, abstrakten Gottesbegriff regelte, und erst danach in folgenden sieben Geboten die gesellschaftlichen Verhältnisse: dann zeigt sich deutlich, welch ungleich lebhaftere soziale Bezogenheit stattdessen die vierzig Statuten unseres Oberrheinischen Revolutionärs zum Inhalt haben und sich damit vom biblischen Sittenkanon unterscheiden. Auch wenn diese Statuten in einer Geschichtslegende biblisch legitimiert sein wollen, hergeleitet von angeblichen sieben Geboten Seth, des Sohnes Adams, sind sie doch tatsächlich und ausdrücklich auch als die alten deutschen Gesetze bezeichnet und dabei als Gegenstück dem Dekalog wörtlich gegenübergestellt.

Gott „tůt tag vnd nacht nutz anderes, denn den menschen zů einer geselschaft zů haben"[43]. Vor diesem gesellschaftsbezogenen Gottesbegriff ist der Gnadenanspruch der alleinseligmachenden Kirche unwichtig geworden. Es werden demnach auch „heiden, juden, dattern (= Tataren), cristen" unter gleichen, nämlich unter rationalen, sittlichen Bedingungen selig oder verdammt[44]. Diese Vernunftreligion, wie sie auch die anderen Utopisten ähnlich vertraten, wird in unserem Text ab und zu verdeckt von herkömmlichen orthodoxen Gedanken, sie sucht aber immer wieder auf manchem Wege zur gesellschaftlichen Verwirklichung durchzudringen. Wir finden dafür kein systematisches Programm in unserem Text, sondern nur Fragmente, die man des Verständnisses wegen zu einem zusammenhängenden, damit allerdings auch zu einem konsequenteren Gesamtbild fügen muß, als es die Gesamtaussage in ihrer gegebenen Form in unserem Text deutlich macht. In diesem Belang werden nicht nur alle Religionen gleichgesetzt, wie wir gesehen haben, sondern es wird auch aus demselben vernunftreligiösen Motiv ein allgemein theistisches Moment dem heilsgeschichtlichen vorgezogen: Christus ist nicht mehr der Sohn Gottes, der uns mit seinem Blute erkaufte, er ist nicht mehr Erlöser, sondern nur mehr Gottheit, die Heilsgeschichte tritt zurück gegenüber dem theistischen Prinzip; Christus wird mit Jupiter gleichgesetzt[45].

Recht aufschlußreich erscheint demnach auch eine Betrachtung des Verfassers über die Wandlungsworte. Da zeigt sich nämlich deutlich der pantheistische Akzent seiner Gottesvorstellung: von der biblischen Formulierung „das brot ist min lip" kommt er zu der Folgerung, der Mensch könne so wenig ohne Brot sein wie ohne die Liebe Gottes[46].

[43] OR 1967 422
[44] OR 1967 423
[45] OR 1967 422 u. a.
[46] OR 1967 506

Von „lip“ (Leib) zu „Liebe“: es fällt auf, daß sich der Autor hier nicht um den eucharistischen Substanzbegriff bekümmert, sondern um einen pneumatischen Gottesbezug. Natürlich ist diesem Bezug bereits durch seine Vorstellungen von der gesellschaftsbezogenen Gottheit der Boden bereitet.
Mit dem allumfassenden Liebesbegriff als dem Nährboden für Mensch und Gott erschließt sich uns auch die Rechtsvorstellung des Oberrheinischen Revolutionärs. Recht ist objektiv gesetzt, zeitlich unwandelbar und erfüllt zugleich die höchste Gerechtigkeit. Es ist „die Natur der Tugend“[47]. Hier ist der Zusammenhang zwischen Vernunfterkenntnis und Liebesbeziehung zur Welt gelegentlich wörtlich ausgesprochen, geradeso wie an anderer Stelle mit der Forderung, daß der Kaiser oberster Rechtswahrer, ja „irdischer Gott“, „von grosser vernuff, ein astronomus vnd in allen kunsten durchgrundet“[48], gar „ein svn gottes genannt“, also mit all jenen Voraussetzungen ausgestattet sein solle, die es ermöglichten, den Welten-, Sternen- und Schicksalslauf ebenso wie die Händel der Menschen untereinander als Werkzeug göttlicher Vernunft zu ergründen. Der Kaiser richtet demnach auch „in der liebe gottes“[49], er ist der Sachwalter eines allumfassenden, Welt und Gott durchwebenden Ordnungsgedankens.
Denn die Vernunft der Natur ist mit der göttlichen Vernunft eins: „Ein statut oder gebott von gott ist von vernuft der natur geben...“[50]. Einiges davon steckt jederzeit im herkömmlichen positiven Recht, freilich ist es durch den Geschichtsverlauf mitunter verdorben worden, doch behauptet unser Autor in seiner Interpretation der urdeutschen „sieben Gebote“ von den biblischen Vätern, die er ebenfalls für die deutsche Nation beansprucht, und ebenso in seiner Wiedergabe der vierzig Statuten aus der angeblichen alten Trierer Geschichte, die gottgewollte Reformatio des Rechtes und damit die Wiederherstellung der umfassenden rechten menschlichen Ordnung vorzutragen. Denn man muß nur die menschlichen Beziehungen ordnen, um die ideale Welt zu schaffen. Der Mensch ist zur Selbstrettung fähig.
Die rechte Weltordnung ist aber zugleich auch eine deutsche Weltherrschaft. Im einzelnen soll eine solche Rechtsreformation den Fürsten bei Strafe der Vertreibung zur Richtschnur dienen: „Das sag ich allen fursten vnd herrn, das sie sond die gescribnen rechten fur ougen han, sy handthaben, so mugen sie im land bliben!“[51]. Das Anliegen des Textes macht dabei ohnehin klar, was in diesem Zusammenhang auch noch ausdrücklich hervorgehoben wird: „ge-

[47] OR 1967 487 [48] OR 1967 487 [49] OR 1967 492
[50] OR 1967 492 [51] OR 1967 472

schriebenes Recht" heißt nämlich besonders das hier aufgeschriebene. Kaiserliche Gebote und Gewohnheiten der Städte etwa, besonders die goldene Bulle, auf die mehrfach verwiesen wird,[52] gelten nur insofern, als sie dem historischen Verfall und der Rechtsverderbnis entgangen sind und sich in ihrem Sinn mit der gegebenen Fiktion übereinbringen lassen.

Das führt uns zu Nutzen und Nachteil der Historie: Dem korrumpierenden Element des historischen Verfalls hat unser Verfasser das unverdorbene, echte, alte Recht entgegengesetzt und dabei im Rückgriff auf das allerälteste, das sich nur greifen läßt, auf die biblischen Urzeiten nämlich, die bekannte konservative Rechtsauffassung des Mittelalters mit der biblischen Autorität verbunden. Im Fluß der Entwicklung nagt freilich Zersetzung an den menschlichen Ordnungen, aber aus der Kenntnis älterer Zustände läßt sich doch das heilsame Rezept bereiten. Ein solcher Rückgriff ist allerdings nur möglich aus dem Glauben an eine ewig gültige und schon im „Goldenen Zeitalter" fundierte Ordnung der menschlichen Dinge, des „Rechtes" also in der Sprache unseres Textes. Deswegen widmete er ja doch auch mit dem vollen Gewicht seiner Geschichtsgläubigkeit den größten Teil der Niederschrift einer weltgeschichtlichen Betrachtung von Adam an.

Dabei sah er immer wieder in Erfolg und Mißerfolg gesellschaftspolitische Reaktionen auf die Handhabung dieses Rechts durch die Regierenden: „... altzit so sol man die gewissenschaft der vorgangenen geschicht fur ein warnung darthůn. (Sie) ist ein verhutung der kunftigen (fehler) ..."[53] belehrt uns schon die Einleitung. Immer wieder wird dieser Bezug variiert. So unmittelbar ist das Verhältnis unseres Verfassers zu dem äußeren Verlauf der Dinge, daß er nicht nur die Geschichte, sondern auch das individuelle Schicksal als Votum für Recht und Unrecht betrachtet. Daher sein Zutrauen zum Zweikampf als letzter Rechtsauskunft,[54] eine Einstellung, die um 1500 doch schon reichlich antiquiert erscheint; oder sein Bericht vom guten Kaiser Comedius, der mit Hilfe eines Unwetters seine Feinde besiegte.[55]

Im besonderen zeigt sich aber dieser Glaube an den unmittelbaren Zusammenhang des ganzen Weltgeschehens im astrologischen Bezug. Die Weltgeschichte wird nach Perioden des Planetenumlaufs, die damals auch anderwärts in der Astrologie geläufig waren, in „Cykladen" von je 960 Jahren eingeteilt. Eine jede solche Cyklade bringt einen „Jahrtausendhelden" hervor, den „mille-maximus", der seinem

[52] OR 1967 471 u. a.
[53] OR 1967 202
[54] OR 1967 456
[55] OR 1967 508

Äon das Zeichen aufprägt. Damit ist natürlich auch eine gewisse zyklische Form des Geschichtsablaufes, eine Wiederholung zumindest nach einem Schema, dargelegt. Die Cykladen werden zwar astronomisch definiert, aber auch die politischen Zusammenhänge sind in das Gefüge des Planetariums ausdrücklich eingebettet. Die Weltgeschichte zeigt, „wie gott sun vnd mon (und) alles gestirn, iechklich nach siner natur (zu) regieren macht hatt geben ...“[56]. Unter diesen atrologischen Voraussetzungen läßt sich auch erklären, warum der Verfasser mit Nachdruck an die Stelle des tatsächlich römischen Sonntags den angeblich altdeutschen Donnerstag zur Wochenheiligung gesetzt wissen möchte, nämlich den Tag des Planeten Jupiter, den er mit dem eigentlichen alten deutschen Gott gleichstellt.

Ähnlich hatte sich auch Campanella im 17. Jahrhundert nach dem Planetarium gerichtet, als er die Sonne in den Mittelpunkt seiner astrologisch regierten Utopie setzte, um den „Sonnenstaat“ danach auszurichten. Zwar hat sich bekanntlich nicht jeder Utopist in der Astrologie versucht. Aber ein so durchdachtes Konzept wie Campanellas „Sonnenstaat“ läßt sich genau aus denselben Beziehungen erklären, die uns auch beim Oberrheinischen Revolutionär zwischen dem Planetarium und der menschlichen Gesellschaft entgegentreten. In Campanellas Weltauffassung fügt sich das Staatsideal danach zur personalen Vollendung im Regenten des Sonnenstaates, dem Metaphysicus, der gerade so regiert wie der Kaiser im Buch unseres unbekannten Elsässers: als ein irdischer Gott.[57] Er ist „ein sun Jupiter(s), gelert in allen kunsten“,[58] wie Campanellas Metaphysicus als Universalgenie eigentlich die Emanation göttlicher Weisheit verkörpert. Er wird „vns geben von gott – das ist von den unbeweglichen puncten, genant axis.“[59] Damit ist auch die Gottesvorstellung der Himmelsmechanik entlehnt und der Bezug zwischen dem Zukunftskönig und dem Planetarium zwar handgreiflicher und naiver als bei Campanella, aber ähnlich aus kosmischem Universalismus hergenommen. Die soziale Interdependenz der Utopie ist bis zur kosmischen Mechanik gesteigert.

V.

Damit stehen die Staatsanschauungen des Oberrheinischen Revolutionärs zur Debatte. Der Kaiser allein verfügt über die öffentlichen Abgaben, die nach altem deutschen Recht nur ein Zwanzigstel statt des üblichen Zehnten betragen. Diese Gelder muß er nach einem

[56] OR 1967 207 [57] OR 1967 480 u. a. [58] OR 1967 375 | [59] OR 1967 369

festen Schlüssel für sich, für sein Heer und für soziale Aufgaben verwenden. Er ist – nach angeblichem Vorbild der alten Trierer – von zwölf besonders hervorragenden Leuten zu wählen, kann aber auch gegebenenfalls vom Pfalzgrafen gerichtet und von diesem im Zusammenwirken mit zwölf Rittern abgesetzt werden. Unklar bleibt hier, wie sich dieses Kontroll- und Widerstandsrecht mit der „irdischen Gottheit" des Kaisers vereinbaren läßt, der doch in seiner göttlichen Majestät im Einklang mit allen Gesetzen und damit auch über jedem Widerstandsrecht stehen müßte. Augenscheinlich begegnen wir auch hier einer der vielen unausgetragenen Widersprüchlichkeiten in unserem Text, wenn man nicht das eine für einen utopischen Zukunftswunsch, das andere als Zwischenbehelf für die unvollkommene Gegenwart ansieht[60]. Diese unmittelbare gegenwartspolitische Nutzanwendung hatten wir schon als den besonderen Zweck der Niederschrift kennengelernt: „Secht an diß bůchli, wie man mit recht ein babst, ein keisser, ein kunig mag absetzen ..."[61].
Einmal spricht der Text von einer dreigeteilten Gesellschaftsordnung nach alten Vorbildern: Adel als Geburtsstand, Bauern und Handwerker als Berufsstand. Die Handwerker sind dabei noch besonders als Vertreter der „gmein" bezeichnet, repräsentieren also das Bürgertum schlechthin. Alle drei Stände fungieren als die „Hüter des gemeinen Nutzens"[62]. Ausschüsse aus diesen drei Ständen hätten Wahlrechte, um einen Herrscher, wie in der Reformatio Sigismundi „nicht von großem Geschlecht, sondern von großer Tugend", zu wählen und um Gericht zu halten. Im allgemeinen behielt der Verfasser aber die aktiven Herrscherfunktionen dem Adel vor. Es soll Geburtsadel sein, weshalb er den Briefadel ausdrücklich verurteilt.[63] Geradewegs verabscheuenswert erscheinen ihm Bastarde jeder sozialen Herkunft, so daß er sie als Kinder des Antichrist bezeichnet und sogar verhungern lassen möchte.[64] Diese Brutalität ist nur aus seinem rigorosen Eheideal zu erklären. Wenn wir dann auch noch erfahren, „Ritter" im Sinne von Richtern, Verwaltungsbeamten und Friedenshütern sollten nach der neuen Staatsordnung nur von Edlen genommen werden und es sollten deshalb auch nur Standesgenossen Lehen erhalten,[65] so haben wir hier die Quintessenz seiner adeligen Interessenpolitik vor uns, aber überall ist dabei doch die ethische Begründung des Geblütsvorrechts genannt.
Zur Bezeichnung der adeligen Funktionäre wählt der Text im all-

[60] OR 1967 480, 487 u. a.
[61] OR 1967 489
[62] OR 1967 243
[63] OR 1967 463
[64] OR 1967 525 u. 527
[65] OR 1967 488 u. 518

gemeinen die Bezeichnung „Ritter“, im Griechischen angeblich gleichbedeutend mit „Richter“, und damit sind die besonderen Adelsaufgaben auch im Begriff deutlich gemacht. Immer geht es dabei um den ausgesprochenen Dienst am gemeinen Nutzen.[66] Nur aus dieser Funktion rechtfertigt der Adelige seine gesellschaftliche Höherstellung. Stets soll der Ritter für das erkannte Recht streiten, eine Forderung, welche die komplizierten Zusammenhänge zwischen Recht und Realität schlicht ignoriert, besonders die verschlungenen Wege des zeitgenössischen Fehderechts.

Wir müssen uns die Mehrschichtigkeit in den Aussagen unseres Textes immer wieder vor Augen halten, um ihn wenigstens einigermaßen zu entwirren. Was wir bislang vom Adel erfuhren, läßt sich noch als gesellschaftliche Reform bezeichnen, bringt also noch keinen Umsturz des Bestehenden. Auf der späteren Aussageebene geht unser Autor nun aber weiter bis zu einer völligen Neukonzeption der gesellschaftlichen Hierarchie. Hier, in der „Ära Sankt Michael“, wird sich „ein nuwe ritterschaft erheben“[67], eine „gschelschaff“ vnder den frumen eeluten“[68]. Der Mond wird dann dem „cleinen man“ Einfluß geben, über „den grossen zů herschen“[69] und „Hanssen mit dem karst“ aufwecken. Dieser Karst-Hans wird die alten Rechte erneuern, der Bauer wird aufstehen wider seinen Herrn, ja, aus Saturns Konjunktion zur Sonne läßt sich geradewegs herauslesen „der pur wider den kunig“ „vnd Mars by der sunnen, der pur vnderstat, den kunig vmbbringen“[70].

Diese Ereignisse sind mit dem Jahr 1509 prognostiziert, und man darf annehmen, daß sie nicht allzu lange vorher geschrieben worden sind. Sie hängen nämlich in ihren Aussagen mit dem schon mehrmals genannten Epilog von 1508 zusammen. In dieser Zeit war unser Verfasser zu der Ansicht gekommen, „das kein gewaltiger geneigt wer, den rechten weg (zu gehen)“[71], so daß er dazu aufruft, man möge „die ganze welt reguleren“[72]. Die Gemeinde oder der gemeine Mann wird dabei nun besonders angesprochen. Gegen den Übermut der Könige von Frankreich, England, Spanien und Deutschland werden „die Laien“ den gemeinen Mann berufen, der sich nach den vierzig Statuten richten und damit die Welt befrieden wird.[73]

Vordem hatte unser Verfasser noch nicht jeden Reformoptimismus von oben her begraben. Unter diesen Gesichtspunkten sah er den Aufstand des gemeinen Mannes noch immer als Gefahr, im besten Fall als einen letzten Ausweg. „Zu forchten, bobst vnd keisser werden unß

[66] OR 1967 482
[67] OR 1967 462
[68] OR 1967 181
[69] OR 1967 369
[70] OR 1967 369
[71] OR 1967 204
[72] OR 1967 184
[73] OR 1967 461

verfuren ... Zu furchten ist, wenn die fursten nit abston von bosen gewalt vnd den gemein nutz handthaben ..., anders der fluch der gemein wirt des babst ban nicht achten noch des keissers och, sunder das zepter in die handt nemmen vnd vber die houpt gebieten"[74]. Wenn der Kaiser gegen die unrechte Gewalt nicht hilft, „er muß schaden endphohen von dem armen, der dan dordurch getrungen wirt, sin eigenen herrn vmbzubringen"[75]. Von diesem inneren Widerstreit hat er sich in der letzten Zeit seiner schriftlichen Äußerungen offensichtlich befreit. Nun ist er klar entschlossen, aus allen möglichen Prophetien seiner Zeit, die er zusammentrug, und mit seinen astrologischen Angaben das Reich des Endkönigs anzukündigen: „Der soll mit herskraff VII climata vnder sich bringen, ein brůderschaft anfohen, do mit inen sich vereinigen, einen glouben vnd ein folk vnd hirten byein (zu) bringen, gott zu eren das gel crutz an sich nemmen, ewigs leben zů erlangen"[76]. Damit setzt er nun eine völlige Umformung der Welt, „ein gotlich reformation"[77], zur heiligen Pflicht der Auserwählten.
Zschäbitz bestritt, wie gesagt, eine „qualitative Höherentwicklung der Gesellschaft" in den Plänen des Oberrheinischen Revolutionärs. Dagegen ließ sich zunächst einmal halten, daß unser Autor bei seinem letzten Projekt, bei der „Bruderschaft vom Gelben Kreuz", mit Werbung, Gruppenbildung und Aktivierung der Massen durchaus eine qualitative Veränderung der Gesellschaft im Auge hatte. Aber auch ohne jene augenscheinlich letzten radikalen Zusätzen an seinem Manuskript würde ich bestreiten, daß der Text trotz allem seinem legendär begründeten Nationalismus lediglich eine „quantitative Ausdehnung der deutschen Adelsherrschaft über die bekannte Welt" erstrebe[78]. Mir scheint das ein ähnliches Mißverständnis seines utopischen Ansatzes wie etwa Ritters Interpretation des Thomas Morus als verhüllte englische Machtpolitik. Jedenfalls aber ist der Mythenkaiser Friedrich wohl kaum, wie Zschäbitz meint, „ein subjektives Produkt gesellschaftlicher Ratlosigkeit". Die populäre Version des alten Kaisermythos wäre damit völlig mißverstanden und aus ihrer utopischen Eigenart herausgehoben: Hier geht es vielmehr um einen wichtigen und interessanten Übergang vom eschatologischen Konzept politischer Passivität zum realen innerweltlichen Aktivismus. Kalivoda und Töpfer haben uns in den letzten Jahren darüber belehrt, wie dieser Übergang in der Gemeinde des Fra Dolcino und ein Jahrhundert später im chiliastischen Taboritentum sich vollzog.[79] Und

[74] OR 1967 428f. [75] OR 1967 479 [76] OR 1967 520
[77] OR 1967 510 [78] Zschäbitz 1967 158 [79] Kalivoda 1961; Töpfer 1964

Kalivoda verdanken wir zudem noch die Erwägung, daß hier unter Rückgriff auf pantheistische Weltvorstellungen die politische Anteilnahme auch spekulativ gerechtfertigt werden konnte.
Ganz verkannt werden nun schließlich aber auch bei einem solchen Urteil die Vorstellungen vom gemeinen Nutzen, wie sie der Verfasser verwendet. Letztlich leitete sich daraus in allen Entwicklungsphasen das ganze Anliegen seiner Aufzeichnungen her. Gegenüber der bislang unkritisch angenommenen politischen Ordnung; gegenüber dem in weltlicher Herrschaft erstarrten Kirchengebäude und schließlich auch gegenüber den herkömmlichen Privilegien einzelner Stände entfaltet seine Prüfung der Zustände am Maßstab des gemeinen Nutzens durchaus revolutionäre Wirkungen. Das zeigt sich an dem weiten, in der Vorstellung unseres Verfassers einigermaßen komplexen, aber stets wiederholten Begriff des Eigentumsmißbrauchs; deshalb beklagt er stets aufs neue den Diebstahl der müßigen Geistlichen am göttlichen Besitz, am Zehnten für die Armen und für den Altar; den Betrug der Kaufleute durch Fürkauf und Wucher und jede Art von Handelspraktik, die über einen Reallohn für die kaufmännische Arbeitsleistung hinausreicht; die Verschwendung des Steueraufkommens schließlich für die unnützen Händel der Fürsten, weshalb dem Kaiser auch die Verwendung seines Einkommens genau vorgeschrieben wird. Hieraus nährt sich dann auch am Ende noch die These, ein Land gehöre nicht dem Fürsten, sondern der Allgemeinheit, so daß es besser sei, einen unnützen Fürsten zu verderben als ein ganzes Land.[80] Die Frage, „was soll ein kunig in ein land, der weder im nutz ist noch dem land?“[81], läßt mit einem Schlag jeden seiner Leser und Hörer – und damit auch den gemeinen Mann, den Mitträger des gemeinen Nutzens – teilhaben an den Problemen des zuvor streng ständisch begrenzten Widerstandsrechtes. Unter diesen Gesichtspunkten forderte er auch die Abschaffung aller Privilegien „wider den gemeinen nutz“ und will denselben Begriff zum Maßstab der kaiserlichen Gesetzgebung erhoben wissen.[82]
Natürlich hatte die Schul-Theologie schon längst das „bonum commune“ zur Rechtfertigung jeder politischen Herrschaft erklärt. Anderthalb Jahrhunderte vorher hatte bereits Philip von Leiden ähnlich wie unser Verfasser die Abschaffung aller Privilegien gefordert, die dagegen verstießen.[83] Aber bei solchen radikalen Reformen, noch immer mit einem hoffnungsvollen, wenn auch allmählich verzweifelten Blick auf die Obrigkeit gerichtet, war unser Verfasser ja

[80] OR 1967 489
[81] OR 1967 491
[82] OR 1967 494 und 527
[83] Meinecke 1960 52

nun nicht stehengeblieben. Seine Gedankenwelt mündete schließlich in den alten Mythos vom Endkönig. Und wenn er auch dazu die Erscheinung des Erzengels Michael bemüht und Wunderzeichen am Himmel, so ist dieser Endkönig eben selbst doch keine eschatologische Figur. Er wirkt hier auf Erden mit der organisierten neuen Ritterschaft aus den frommen Eheleuten.
Auf diesem Weg gleitet unser unbekannte Elsässer von einer konservativen Utopie zu einer völlig neuen Zukunftsschau auf mythisch-prophetischer Grundlage. Er hat sie nicht allzu weit ausgeführt. Das Vertrauen in den alten Mythos enthob ihn dieser Mühe. Mit allem, was er von der neuen Bruderschaft des gelben Kreuzes sagt, die „ein frommer Mensch" zu berufen und zu werben beauftragt worden sei,[84] hat er aber doch die Verwirklichung der Königsherrschaft des sagenhaften Friedrich aus dem Schwarzwald realistischer aufgefaßt als andere vor ihm, die diesen Namen nannten.

VI.

Wenn wir damit ein wenig beobachtet haben von dem Gedankenkreis einer historischen Utopie und dem Übergang zu biblisch-mythischen Zukunftserwartungen bei unserem Autor, so muß schließlich auch noch der Umstand bedacht sein, daß er sich gelegentlich doch in die Nähe der funktionalen utopischen Konstruktion begibt, alles aus derselben Gedankenwelt des Vernunftoptimismus, des Pantheismus, der zeitlosen Identität des Menschen und eines „natürlichen" Rechts- und Gesellschaftsgefüges; er fordert nämlich die Arbeitspflicht für alle aus dem allgemeinen Blickwinkel der wechselseitigen gesellschaftlichen Abhängigkeit,[85] wie wir das in den funktionalen Utopien zu finden gewohnt sind. Er läßt bei einer anderen Gelegenheit auch einen Gedanken über die neue Planung der Herrschaftsorganisation verlauten: Je hundert Herde, also Haushaltungen, lesen wir, sollten einem kaiserlichen Beamten unterstellt sein, ein Drittel davon müßte jeweils aus bäuerlicher Bevölkerung bestehen.[86] Er erwägt diesen Gedanken nur nebenbei, mit sichtlicher Anteilnahme freilich: „Wer das nit ein schonheit ..."[87]. Schon Zschäbitz hat diese Stelle beobachtet und treffend mit Hergots Flurorganisation verglichen.[88] Noch angelegentlicher beschäftigt er sich mit der kommunistischen Lebensform; er greift auch dabei weit in die Geschichte zurück, um sie zu autorisieren. Er sieht sie nämlich zuerst verwirklicht in der Mönchsregel des Pachomius im frühchristlichen Ägypten, und es ist

[84] OR 1967 181
[85] OR 1967 446, 526 u. a.
[86] OR 1967 474
[87] OR 1967 474
[88] Zschäbitz 1967 135f.

sehr bezeichnend, daß er dabei den Anwendungsbereich dieser Regel vom Klosterleben auf die gesamte Gesellschaft überträgt: „Pachonius, der offenbart der houptwitwen, frowen vnd jumpfrowen, darzu den mannen vnd knaben, wie man vnd frow sol einander lieb han ...“[89]. Hier ist doch offensichtlich wieder auf seine Lieblingsidee, auf die generelle Verbindlichkeit der Ehe für das gesellschaftliche Leben angespielt. Erst danach folgen in charakteristischer Zusammengehörigkeit Produktionskommunismus und Arbeitsverpflichtung; denn er fährt fort: „... all ding gemein halten vnd niemans sol mussiggon etc.“[90]. Ähnlich sind ihm die Böhmischen Brüder Zeugen für die ideale Lebensordnung der Gütergemeinschaft. Er berichtet hier von einem Buch Henoch, ein damals bekanntes Bibelapokryph, das sich durch Vermittlung einer Adelsfamilie in Böhmen erhalten habe. Es sei von Henoch selbst auf Birkenrinde geschrieben worden, natürlich in deutschen Buchstaben, er habe es selber gesehen, und da wären die sieben Gesetze „mit innickeit verzeichnet“[91], so daß sie an einigen Orten in Böhmen noch tatsächlich befolgt würden. Besonders halte man sich dort an das größte unter diesen sieben Geboten, eben an die Gütergemeinschaft. Wir sind ein wenig verblüfft, hier nebenbei den Kommunismus mit einem Superlativ ausgestattet zu finden, während anderwärts eine solche Kennzeichnung fehlt; denn die sieben Gebote sind eigentlich Grundlage der vierzig Statuten aus der alten Stadt Trier, und dabei wird die Gütergemeinschaft nicht einmal erwähnt. Um so nachdrücklicher ist sie an dieser Stelle hervorgehoben und mit dem natürlichen, also mit dem zeitlos gültigen Recht in Verbindung gebracht: „... dieselbigen gebott ... mit nammen das grost, das das naturlich recht bestediget: als gůtt sol gemein sin“[92].

[89] OR 1967 446
[90] OR 1967 446
[91] OR 1967 215
[92] OR 1967 215

Eberlin von Günzburg 1521

I.

In Böhmen wie in Deutschland hatten die reformatorischen Bewegungen des 15. und 16. Jahrhunderts tief nach unten gegriffen. Als Ausdruck des äußersten revolutionären Willens der Unterschichten war der säkularisierte Chiliasmus zum utopischen Programm einer egalitären kommunistischen Gesellschaft geworden. Auch im gesellschaftlichen Bereich der stärker ausgeprägten Intellektualität wirkte der reformatorische Zündfunke, nur weckte er dort andere Wünsche:

nicht so viel religiösen Fanatismus als planendes Kalkül; man rüstete auch am Ende nicht zur Weltvernichtung, sann nicht auf einen „Tag der Rache", wie der Oberrheinische Revolutionär oder die Taboriten und Münsteraner. Man war auch nicht zur pazifistischen Sezession entschlossen, wie die böhmischen Brüdergemeinden oder die deutschen Huterer. Immerhin zeigt uns auch an diesen Beispielen die politische Entwicklung ihren Einfluß: Der erste Entwurf tritt auf als Diskussionsmodell; ein zweiter inmitten der Bauernkriege ist bereits politisches Programm; erst der dritte, nach der Bauernniederlage und in etwas volkstümlichem Gewand, greift wieder zur joachitischen Prophetie und verkündet den Untergang dieser verdorbenen Welt.
Ein Jahrhundert zuvor hatte man, wie uns die Reformatio Sigismundi, die Reformatio Friderici und auch die Hoffnungen zeigen, die der Oberrheinische Revolutionär anfangs auf den „Milleniumsmenschen" Maximilian setzte, bei solchen Gelegenheiten noch immer auf das politische Genie eines großen Kaisers vertraut; nun aber meldeten sich Stimmen, die alles ganz anders einrichten wollten: ohne Kaiser, ohne Adel, ohne Kirche, ja ohne Stände und gar ohne Privatbesitz. Eine völlige Umkehrung oder, in ihrer Sicht, eine Heilung der verkehrten Welt. Die „verkehrte Welt" nämlich war den Leuten damals schon seit einiger Zeit als Narrenspiegel vor Augen gehalten worden. Sebastian Brant hatte sein Narrenschiff nach Narragonien fahren lassen und dabei die vielen Torheiten der menschlichen Gesellschaft gegeißelt, er hatte damit bereits die herkömmliche literarische Schablone der leichtsinnigen „Frau Welt" durch eine andere Fiktion ersetzt: nicht eitel, hohl oder böse, sondern eben verkehrt erschien das weltliche Treiben und eine generelle Umkehrung aller Verhältnisse wirkt danach nicht mehr so absurd, wie es der Wortgebrauch nahe legte. Alle die bekannten Elemente einer Krise unterstützten vor den Zeitgenossen diesen Eindruck: nicht „Fieber" oder „Niedergang", sondern Auflösung, strukturelle Disfunktionalität in den wirtschaftlichen Verhältnissen, in den gesellschaftlichen Abhängigkeiten, in der Selbstdeutung der Epoche.
Unter diesen Umständen fand wohl der Entwurf einer Gegenwelt im „Nirgendland" des Thomas Morus nicht nur als ein literarisch reifes, sondern auch als ein zeitgemäßes Diskussionsexempel so weite Verbreitung; und das nicht nur in Humanistenkreisen, für die es der Form und Sprache nach zunächst bestimmt war, sondern auch in volkssprachlichen Bereichen, auch im deutschen Echo. Alle Überlegungen von der Weiterwirkung der kleinen Schrift des Thomas Morus müssen doch wohl nicht nur nach den gedankengeschichtlich

greifbaren Spuren suchen, sondern zunächst einmal in jener Zeit, im Zeitalter des Buchdrucks, von der Tatsache ausgehen, welch ungeheuer rasche Verbreitung die „Utopia“ unmittelbar nach dem ersten Druck in Löwen 1516 erfuhr. Sie erlebte in den folgenden drei Jahren Neuauflagen in Paris, Basel, Wien, Florenz und Venedig, wurde also gleich zweimal im deutschen Sprachbereich nachgedruckt und zählte überhaupt zu den zeitgenössischen Bestsellern.[1]

Morus hatte sich den literarischen Rahmen geschaffen, um grundstürzende Auffassungen von einer neuen Gesellschaftsordnung doch in der nötigen Reserve vortragen zu können. Bekanntlich war er in dem Dialog über die glückliche Insel fast nur Zuhörer und seine Anteilnahme erstreckte sich darauf, den Bericht eines fiktiven Gesprächspartners in Zweifel zu ziehen. Um diese Fiktion noch deutlicher zu machen, hatte er diesen Gesprächspartner mit dem griechischen Namen Hythlodeus bedacht, das heißt etwa: der Possenreißer.[2] Das „Nirgendland“, von dem ein „Possenreißer“ berichtet, schuf Morus die gehörige Distanz, aber nicht nur zur persönlichen Sicherung, sondern auch, um seine wahren Absichten verständlich zu machen. Erinnern wir uns: Wollte Gerhard Ritter noch 1940 aus älterer Tradition in einem kuriosen Mißverständnis bei Morus ein „hintergründiges“ politisches Programm entdeckt haben,[3] oder Gerhard Möbus 1965 noch einmal die alte These verteidigen, Morus habe nur das utopische Element der Renaissancephilosophie ironisiert,[4] so sprachen Ames, Hexter, Nipperdey und schließlich Süssmuth von einem „Diskussionsexempel“[5], das Morus, gleichsam fortgerissen von poetischer Inspiration, „entworfen“ habe, nicht als „Idealstaat“ an sich, aber immerhin mit leidenschaftlichem Ernst als „positives Gegenbild der Wirklichkeit“. Nicht „die strenge Begrifflichkeit der Staatsidee“, sondern „die Verkehrung des in der Wirklichkeit Vorgefundenen und in diesem Sinn . . . die Möglichkeit des Fiktiven gegenüber dem Handeln in der Geschichte“ habe Morus bei seinem Entwurf geleitet.[6]

II.

Mit dieser Übereinstimmung ist wohl ein alter Gelehrtenstreit entschieden.[7] Es scheint, als hätten zumindest einige Zeitgenossen Morus in dieser Hinsicht schneller verstanden als die Nachwelt. Man kann

[1] Hexter 1965 CX
[2] Heinisch 1966 284 sucht Hythlodeus im umgekehrten Sinn als „possenfeindlich“ zu übersetzen, aber diese Wiedergabe entspricht nicht dem Wortmaterial.
[3] Ritter 1940 57
[4] Möbus 1965 95
[5] Ames 1949 12; Hexter 1965 37; Nipperdey 1966 453; Süssmuth 1967 167f.
[6] Süssmuth 1967 167f.
[7] Die letzte Übersicht dazu bei Süssmuth 1967

beobachten, daß nicht nur Erasmus, der erste Herausgeber der Utopia, in diesem Sinne mit dem Büchlein umging und Echo fand bei einem Kreis von Korrespondenten und Kommentatoren, sondern beispielsweise im Jahre 1521 eben auch Eberlin von Günzburg, ein Franziskanermönch, der gerade in diesem Jahr seiner reformatorischen Neigungen wegen aus dem Ulmer Kloster gewiesen worden war, obwohl er dort als ein angesehener Prediger gewirkt hatte. Eberlin sieht die Welt noch nicht in den Fronten der vollendeten konfessionellen Spaltung; er stellt noch Luther und Hutten, Reuchlin, Erasmus und Cochläus nebeneinander, die doch bald danach schon jeder sehr eigene Wege im Streit der Meinungen suchen werden.[8] Er schrieb damals, teils noch im Kloster, teils auf der Wanderschaft, eine Folge von 15 Traktaten mit Ratschlägen für die Neugestaltung von Kirche und Welt, die als die „Fünfzehn Bundtsgenossen" bald große Verbreitung fanden.[9] Das war die erste seiner reformatorischen Schriften, die ihn im Rückblick als den „neben Luther sprachgewandtesten und sprachgewaltigsten Pamphleten der beginnenden Reformationszeit" erscheinen ließen.[10] Hier nun also bediente sich Eberlin in Teil 10 und 11 nicht etwa des Inhalts, aber desselben fiktiven literarischen Rahmens wie Morus, denn er brachte einen Bericht aus dem unbekannten Lande Wolfaria, den er von einem Mann namens Psitacus erfahren haben will. Psitacus, das ist der Ohrenbläser, ein würdiges Gegenstück zum „Possenreißer" des Thomas Morus. Wolfaria ist Eberlins Utopia, und Eberlin, nun schon einmal in ironischer Perspektive, läßt auch bei anderer Gelegenheit seine Leser in Unklarheit über den Ernst seiner Aussage. Das Titelbild des elften Bundesgenossen beispielsweise zeigt einen Narren mit der Schellenkappe, und den Traktat Nummer 10 schließt er mit der Bemerkung: „Gegeben in dem Jahr, als Ostern auf den Montag fiel".[11] Aber wir irren, wenn wir annehmen, Eberlin hätte deswegen sein Exempel nicht in ernsthafter Absicht zusammengestellt. Der Datierung, dem „Nirgendwann" aus dem „Nirgendland", folgt nämlich gleich ein Vers, der uns belehrt: „O Christenmensch das nimm zu Herz / laß dirs nicht sein ein Fastnachtsscherz. Denn soll der recht ‚Glaub' wieder kommen / so muß des Mißbrauchs viel abgehen ..."
Wir sehen deutlich, wie's gemeint ist. Nicht unbedingt nach seinem Programm, aber doch in ähnlich gründlicher Weise stellt sich Eberlin eine neue Ordnung vor, an deren Notwendigkeit selbst er keinen

[8] Eberlin 1896 4 [9] Schmidt 1900; Stöckl 1952
[10] Enders 1896, Vorwort S. III. Zur Sprache Eberlins zuletzt Stöckl 1952
[11] Eberlin 1896 119

Zweifel duldet. Noch klarer sagt er es im nächsten Traktat, der den weltlichen Verhältnissen gewidmet ist: die Regenten in Wolfaria hätten nur erst vorgeschlagen, eine neue Ordnung zu machen, nicht aber auch schon beschlossen. Ein solcher Beschluß bedürfe nämlich der Zustimmung des Volkes. Deshalb solle man „solich ordnung vmbfueren ... vnd das volck fragen, ob es im gefall ..."[12]

III.

Eberlin hat die zehnte Folge seiner Flugschriftenreihe den kirchlichen Verhältnissen gewidmet, die elfte den weltlichen. Das soll aber nicht heißen, daß er Kirche und Staat in seinen Reformvorschlägen auseinanderhalten möchte; er richtet sich vielmehr nach den bestehenden beiden Gesellschaftskreisen von Klerus und Laien, um sie künftig zu vereinigen. Die Kirche also soll als selbständige Institution beinahe verschwinden. Pfarrer werden künftig von der Gemeinde gewählt, nicht geweiht, können von ihrem Amt zurücktreten und sich aber auch zur Wiederwahl stellen. Sie werden von der Gemeinde besoldet. Für dieses Geld können sie ein Bauerngut kaufen oder ein Gewerbe treiben. Sie sind verheiratet und straf- und besitzrechtlich jedenfalls voll in die bürgerliche Gesellschaft einbezogen. Sie tragen keine besondere Kleidung und keine Tonsur mehr, sie unterstehen der Befehlsgewalt der weltlichen Oberen, aber sie dürfen so viel Achtung beanspruchen wie ein Vogt, das ist ein Verwaltungsbeamter im Staatsordnungsplan Eberlins, den wir noch kennenlernen werden.
Damit sind Geistliche doch ein wenig aus der allgemeinen bürgerlichen Sphäre herausgehoben, und sie haben auch noch eine transzendente Mission: sie spenden Sakramente. Zwar weicht Eberlin in seiner Sakramentenauffassung vom katholischen Kanon ab, aber dennoch hat er in dieser Reihe besonders die Eucharistie der geistlichen Verwaltung anheim gestellt. Dementsprechend blieb, auch ohne Priesterweihe und trotz Pfarrerwahl, der Geistlichkeit noch etwas vom transzendenten Funktionalismus der alten Kirche bewahrt.
Ähnlich sind auch seine Vorstellungen über Kult und Liturgie von rationalem Radikalismus frei. Er will da überall nur das schädliche Übermaß mildern: bei Feiertagen und Heiligenverehrung, bei den Fasten, beim Gottesdienst überhaupt, im Gebetsleben, in der darstellenden Kunst, in der Kirchenmusik, in der Plastik, Kleinkunst und bei den Ornaten. Es zeigt sich schon hier seine Neigung zu einem gewissen Opportunismus, mit dem er seine Vorschläge nicht zum rein theoretischen Diskussionsexempel erhob, sondern doch wohl mit

[12] Eberlin 1896 122

politischem Pragmatismus betrachtete. Sie sollen annehmbar sein, sie sollen Mißstände mindern, klären, die Welt im Ansatz bessern, und wir werden uns am Ende fragen müssen, inwieweit das tatsächlich alles auf eine „Gegenwelt" abzielt.

Das gilt etwa auch von der Kirchenorganisation, die Eberlin im Sinne hat. Einerseits wird ihre Selbständigkeit im alten System, besonders ihre päpstliche Verfassung, strikt abgelehnt; andererseits kann sich Eberlin doch nicht zu einer radikalen gemeindekirchlichen Auffassung entschließen. Zwar bildet die Gemeinde das solideste Organisationselement in der neuen Kirche, grundsätzlich neu geordnet nach je fünfhundert „verständigen", also erwachsenen Mitgliedern, die in einem Kirchspiel zusammengefaßt werden sollen, unabhängig von den Siedlungseinheiten; dort ist die Pfarrkirche mit Pfarrer, Kaplan, Diakon. Aber Eberlin denkt auch noch an eine höhere Organisation der Geistlichkeit im urkirchlichen Sinn: je zwanzig Pfarreien sollen von einem Bischof beaufsichtigt werden, der selbst eine dieser Pfarreien verwalten muß, jeden Monat die Geistlichen seines Sprengels zur Belehrung zusammenruft und für all die Mühe, offenbar, um dieses Amt von materiellen Bestrebungen freizuhalten, „allwaegen fünfzehn guldin minder haben sol dann andere pfaffen".[13] Jedes Privileg, jede weltliche Herrschaft ist selbstverständlich radikal abgeschnitten in dieser Ordnung. Aber dann wird doch noch eine Konzession zu Gunsten einer höheren selbständigen Kirchenorganisation eingeschoben: die Bischöfe sollen nämlich jährlich miteinander Synoden halten „vnd do von christlichem regiment tractieren",[14] an wechselnden Orten, jeweils unter dem Vorsitz des Gastgebenden. Damit ist eine selbständige hierarchische Struktur des Klerus im Vergleich zur gegebenen Kirchlichkeit jener Zeit auf ein Mindestmaß eingeschränkt; abgeschafft ist sie nicht.

Noch mehr politischen Pragmatismus zeigt Eberlin dann dem Ordensklerus gegenüber. Ihn wollte er, im Gegensatz zu manchem herben Kritiker seiner Tage, nicht mit einem Schlag abschaffen, offensichtlich, weil ihm die Widerstände eines solchen Unternehmens einleuchteten. Was sollte aus den das kontemplative Klosterleben gewöhnten und vielleicht alten und gebrechlichen Mönchen und Nonnen werden, deren Gesamtzahl damals wohl etwa fünf Prozent der Bevölkerung umfaßte? Er entschloß sich zu einem in aller Kürze doch wohlüberlegten Weg. Er teilte: ganz abschaffen, sofort und ohne Rücksichtnahme, sollte man die Bettelmönche. Zu ihrer Gemeinschaft hatte Eberlin selbst gezählt, aber es mögen wohl nicht nur persönliche

[13] Eberlin 1896 111 [14] Eberlin 1896 118

Aversionen sein, die ihn in diesem Zusammenhang zu einem schroffen Vorschlag veranlassen, sondern doch auch die bekannten weitverbreiteten Feindseligkeiten im übrigen Klerus wie auch unter den Laien. Hatte man für das Gebetswerk des Klerus damals schon weitgehend das Verständnis verloren, so dann erst recht für die Bettelverpflichtung, weil ihre Einstellung nicht mehr der ursprünglichen Askese entsprach, sondern leicht zur Abgabenkonkurrenz oder mindestens zur Belästigung wurde. Die Bettelmönche also „soll man gar ab thůn by verlust deß laeben",[15] – wir bemerken an der Formulierung die Emotion des Autors.

Die übrigen Mönche aber und Nonnen soll man, wenn sie ihre Klöster nicht freiwillig verlassen wollen, zwar zwingen, ihren Ordenshabit abzulegen, „dann solich sundere kleid machen groβe vnglicht";[16] aber man soll ihnen im übrigen das Klosterleben doch weiterhin gestatten, allerdings unter besonderen Maßnahmen: In keinem Kloster dürfen mehr als zehn Personen sein und nur mehr zwei Männer- oder Frauenklöster an einem Ort. Andere Klostergebäude werden sozialen Zwecken zugeführt, werden Kranken-, Altenhäuser oder Wohnungen. Schließlich trifft Eberlin auch Vorsorge für die adeligen Damen- und Herrenstifte, die bislang vielen nachgeborenen Adeligen zur Versorgung dienten, und verfügt, man möge die Stiftsdamen, die „edlen Nunnen",[17] zu je fünfzig in Klöstern zusammenfassen, wo sie durchaus standesgemäß leben können, „vnd soellen fryfrawen stand halten biß sie absterben",[18] während man den „edlen Pfaffen" die reichen Spitalspfründen geben soll. Auf diese Weise will Eberlin die tatsächlich schwierige Übergangssituation im ganzen meistern. Er will eine Frist gewinnen, „darinn wir laßen absterben die münch",[19] und er möchte im übrigen auch den Weltklerus soweit beschränken, daß er die Gesamtgesellschaft nicht mehr wie bislang belastet. Ein Zeitproblem: zwar fehlen uns statistische Angaben im allgemeinen, doch einige Stichproben erlauben den Schluß, es hätte damals besonders in kulturell und wirtschaftlich vollentwickelten Gebieten Mitteleuropas etwa ein Zehntel der Bevölkerung von kirchlichen Pfründen und Zehnten gelebt, tatsächlich eine merkliche Belastung.

IV.

Damit ist Eberlin eher als Realist gekennzeichnet, denn als Utopist, nach dem Alltagsgebrauch dieses Begriffes. Für unsere Fragestellung ist nun sein Entwurf einer neuen weltlichen Ordnung wichtig.

[15] Eberlin 1896 112 [16] Eberlin 1896 112 [17] Eberlin 1896 116
[18] Eberlin 1896 116 [19] Eberlin 1896 117

Beginnen wir mit der Verwaltungsorganisation: Jedes Dorf soll einen Edelmann als Schultheiß haben, zweihundert Höfe einen Vogt, zehn Vogteien sollen von einer Stadt aus verwaltet werden, der ein Graf vorsteht, während die kleinen Städte, die Festungen und Flecken, ein Freiherr regiert. Zehn Städte mit ihren Territorien bilden ein Fürstentum und einer dieser Fürsten, unklar in welcher Bereichsgrenze, soll „König genannt sein".[20] Diese Amtsträger werden von allen Untertanen gewählt, und zwar offenbar aus den bestehenden Adelsrängen. Denn es heißt: „ein edelmann der soll... schultheiß im dörfflein sein",[21] oder: „soellen ein ritter zů eim vogt haben", oder: „der ein fryherr sol sein", oder: „der sol ein hertzog sein oder ein fürst". Gegen eine andere Auffassung aus dem Jahr 1967 scheint mir das doch recht deutlich.[22] Es werden also nicht Beamte mit Adelstiteln bedacht, sondern Eberlin teilt einzelnen adeligen Standespersonen bestimmte Aufgaben in seiner neuen Staatsordnung zu.

Damit ist schon ein neues wichtiges Problem angeschnitten, der Zeit gemäß wohl das wichtigste überhaupt: Eberlins Stellung zum Geblütsadel, zu seinen politischen Monopolen und zu seinem Besitz. Sprechen wir zunächst von den Besitzverhältnissen: Nirgendwo ist ausdrücklich gesagt, daß der Adel enteignet würde; aber zumindest auf der untersten Stufe ist der Adelsbesitz in Zusammenhang mit dem adeligen Amt gebracht, denn der Edelmann als Schultheiß „sol als vil ackerfeld haben, als vyl zwen pflug moegen buwen".[23] Höhere Positionen sind in einer solchen Weise nicht mehr nach ihrem Besitz angesprochen. Aber dem Adel ist allgemein kein anderer Lebensunterhalt mehr gestattet als die Landwirtschaft und wir erfahren zudem, niemand der Amtsträger, vom Schultheißen bis zum König, „sol etwas sunders haben vom ampt".[24] Das ist dieselbe Forderung, die auch den Pfarrern untersagte, irgendwelche Nebengebühren für die geistlichen Dienste zu nehmen;[25] „doch soll man sie von eim gemeinen nutz besolden, nach groesse ir arbeit".[26] Damit ist doch wohl daran gedacht, den adeligen Amtsträgern einen Lebensunterhalt nurmehr aus ihrer Funktion zu gewähren, nicht mehr aus ihren Liegenschaften, und es sieht so aus, als habe Eberlin stillschweigend sich die Entwicklung des Adels in der neuen Gesellschaft ähnlich vorgestellt, wie die Entwicklung des Mönchstums im klerikalen Bereich: Denn alle diese adeligen Funktionen, mit denen man möglicherweise mindestens in Eberlins Fiktion die Menge des Adels für den Augenblick versorgen

[20] Eberlin 1896 123
[21] Eberlin 1896 122
[22] Groag-Bell 1967
[23] Eberlin 1896 122
[24] Eberlin 1896 123
[25] Eberlin 1896 111
[26] Eberlin 1896 123

konnte, sind nicht erblich; die Nachwahl von Söhnen oder Verwandten wird lediglich nicht ausgeschlossen. Das heißt nun aber wieder nicht, daß Eberlin eine egalitäre Ordnung anstrebte. Seine Funktionäre sind doch offenbar Lebenszeitbeamte und allein diese Tatsache paßte nicht ganz zur egalitären Vorstellung, ähnlich wie der zwar gewählte, aber dann doch höher geachtete und Sakramente vermittelnde Pfarrerstand. Im Gegenteil: es sieht eher so aus, als wollte er den bestehenden Adel zwar relativieren, Adel überhaupt aber noch fester gründen, als Tugendadel nämlich, weil er mehrfach die Pflicht des Adels für den Gemeinnutz und für das Einstehen in vorderster Linie hervorhebt. Allein den „Edlen" will er auch das Recht gönnen „fürhin vff eim baerg schloß" zu sitzen, nicht aber einem Bauern oder einem Unedlen.

Andererseits hat Eberlin dem Bauern das weiteste Feld in seinem Idealstaat eingeräumt. „Kain eerlichere arbeit oder narung sol sein dann ackerbaw. Aller adel soll sich neren vom ackerbaw".[27] „In allen raeten soellen alsvyl edelleůt als baurßleůt sitzen."[28] Damit ist die ökonomische und politische Situation des bäuerlichen Elements in Wolfarien umrissen. Die Bauern behalten offenbar ihr Eigentum, denn Eberlin war bei der Zusammenstellung der Pfarrgemeinden und bei der Verwaltungseinheit der Dörfer und Vogteien vom gegebenen Siedlungsbild ausgegangen. Sie werden in der Devise vom ehrlichen Ackerbau, mit welcher Eberlin seine Ordnung beginnt, sowohl ideologisch als auch ökonomisch als die Grundlage des ganzen Gemeinwesens gekennzeichnet: „kain eerlichere narung soll gehalten werden dann faeltbuwen vnd ysenschmid handtwerck."[29] Trotz dieser wiederholten Einschränkung bleibt doch noch ein wenig Raum für „bürgerliche", nämlich für städtische Berufe, weil sie unentbehrlich sind. Es gibt doch Handwerk in Wolfarien, wenn auch keines für den Luxus, und es gibt Handel, wenn auch keine „Fuggerei"; es gibt sogar Handelsgesellschaften, wenn auch nur mit höchstens drei Teilhabern, und selbst ein begrenztes Importgeschäft wird erlaubt „aus leibesnot". Aus diesem Grunde gibt es auch Städte in Wolfarien, offensichtlich in der herkömmlichen Siedlungsform, weil sie nicht näher bestimmt werden außer mit dem Hinweis, daß nur öffentliche Bauten architektonisch anspruchsvoll, daß die Straßen breit und die Handwerke in eigenen Gassen zusammengefaßt sein sollen.

Wolfarien ist also ständisch gegliedert. Es kennt, wenn auch aus Wahlämtern mit breiter Mobilitätsmöglichkeit, einen Priesterstand, eine Verwaltungsaristokratie, kennt Bürger, die gelegentlich im alten

[27] Eberlin 1896 122 [28] Eberlin 1896 123 [29] Eberlin 1896 130

Sinn vollen städtischen Mitspracherechts von den übrigen Stadtbewohnern abgehoben sind, auch als „hußhaebige burger",[30] also als Hausbesitzer definiert werden. Gelehrte, Schulmeister und Ärzte werden im übrigen von Berufs wegen genannt, aber nicht als Stand abgegrenzt. Die Tatsache einer solchen ständischen Gliederung ist freilich doch etwas anderes als die Ständegesellschaft, wie sie die Zeit kannte. Denn der Klerus der alten Kirche ist ein Weihe- und Sakralklerus, der Adel ist Geblütsadel, den niemand auf der Welt seiner Herrschaftsrechte berauben kann, außer denn ein Revolutionär. Nur Bauern und Bürger sind von Eberlin einigermaßen so in seinen Idealstaat eingegliedert, wie er sie in der Wirklichkeit vorgefunden hatte: als Wirtschaftende und Besitzende.

Man lebt nicht kommunistisch in Wolfarien, aber die neue Gesellschaft tendiert doch zu dieser Wirtschafts- und Lebensauffassung, wie sie sich folgerecht ergibt, wenn man so wie Eberlin den Gemeinnutz in den Mittelpunkt des ganzen Lebens rückt. Zwar kann der einzelne mit seinen Mitteln wirtschaften, und es gibt auch Geld, um den Ertrag dieser Individualwirtschaft umzumünzen und zu speichern. Doch zielt ein strenges ökonomisches Reglement auf einen nivellierten Mittelstand: Sowohl in ihrem Einkommen als auch in ihren Ausgaben müssen sich die Bürger Wolfariens daran halten. Ihren Erwerb dürfen sie nur von der Landwirtschaft und von einem nicht näher begrenzten Kreis derjenigen Handwerke beziehen, die nicht „unnütz" sind. Sie können auch Handel treiben, aber ohne Spekulationen und bei festgesetzten Höchstpreisen. Was sie solcherart verdienen, das läßt sich in Wolfarien nur sparsam ausgeben: Unnützer Aufwand beim Hausbau ist geradeso verboten wie Kleiderluxus. Die Kleider sind in Wolfaria, wie in Utopia übrigens auch, einheitlich gefärbt, allerdings unterschiedlich nach den Geschlechtern. Außer den teuren Kleiderfarben fehlen auch hier die teuren Importweine und jedermann ist im übrigen aufgerufen, auf die Haushaltsführung seiner Mitbürger zu achten; denn wer „vberflüssiger zert, dann sein vermoegen geacht wirt",[31] soll mit Eidespflicht denunziert werden. Nicht einmal seinem Gesinde gegenüber kann der Wolfarier verschwenderisch sein. Erst vom dreißigsten Lebensjahr an dürfen Mägde und Knechte („die eehalten") Wein trinken. Jedermann ist strenger Arbeitsmoral unterworfen, Knechte sind an ihren Herrn gebunden und dürfen nur „vmb vnfrid willen"[32] den Dienst wechseln; allerdings muß man sie bar bezahlen, zwei Monate im Krankheitsfall kostenlos pflegen und darf sie weder beschimpfen noch schlagen. Auch die Arbeitskraft der

[30] Eberlin 1896 127 [31] Eberlin 1896 129 [32] Eberlin 1896 129

Verbrecher wird ausgenützt; zwar werden Mörder zum Tode verurteilt, ähnlich wie Ehebrecher, oder, mit großem Rigorismus, auch Zutrinker, aber Straßenräuber und Diebe sollen zur Strafe für die Gemeinschaft arbeiten, ganz wie in Utopia. An Morus erinnert uns auch die Bestimmung, daß Pilger eine schriftliche Reiseerlaubnis vom Pfarrer und vom Vogt haben und für diesen Urlaub entweder bezahlen oder Gemeinschaftsarbeit leisten müssen. Andere Reisende benötigen nur den schriftlichen Urlaub und werden unterwegs den „gemeinen spitalen"[33] oder der privaten Wohltätigkeit empfohlen. So werden die Arbeitspflichten der Reisenden überwacht. Der Müßiggang der Ortsansässigen aber wird unausgesprochen kontrolliert, denn er ist verboten „by grosser straff"[34] und soll als öffentliche Schande gelten.
Der individuellen Sparsamkeit steht eine hohe Ausgabenlast der Gemeinschaft in Eberlins Wohlfahrtsstaat gegenüber. Die Geistlichen werden vom „Gemeindesäckel" besoldet, Pfarrer, Kaplan und Diakon; die Amtsaristokratie, obwohl hier, wohl zur Entlastung des Finanzhaushalts, nicht nur Geldzahlungen, sondern auch Landzuweisungen vorgesehen sind, und die öffentlichen Wohlfahrtseinrichtungen: Schulen, Spitäler und Altenheime; auch die Ärzte läßt Eberlin von öffentlicher Besoldung leben. Er denkt augenscheinlich auch an eine Fortführung der Universitätsorganisation, wenn auch eingeschränkt, ohne Scholastik und Kanonistik, mit zensierter Philosophie, vornehmlich auf Bibellektüre und Interpretation gerichtet.[35] Auch die öffentlichen Feste, mit denen Eberlin, freilich sparsam, nämlich allmonatlich „ehrbarlich" und auch „ohne viel Zehrung", die Leute unterhalten will, schlagen hier zu Buche.
Demgegenüber stehen auf der Habenseite in Wolfaria zuallererst die säkularisierten Kirchengüter und möglicherweise überschüssiger Adelsbesitz, wovon schon die Rede war. Dieses liegende Gut wird weiterhin öffentlich verwaltet, was sich aus einigen Bemerkungen erschließen läßt, und es stehen dafür auch Arbeitskräfte zur Verfügung, die eine Strafe oder ein Zehrgeld ableisten. Dazu tritt eine regelmäßige, kurzfristige Besteuerung. Sie wird von allen erhoben, die mehr als einhundert Gulden Vermögen haben, eine Summe, die nach einer anderen Bemerkung etwa einhundert Taglöhnen gleichgesetzt wird.[36] Von je hundert Gulden sollte man wöchentlich einen Heller steuern, das ergibt, den Heller herkömmlich als den hundertzwanzigsten Teil eines Gulden betrachtet, eine ungewöhlich niedrige Summe.

[33] Eberlin 1896 130
[34] Eberlin 1896 130
[35] Eberlin 1896 118f.
[36] Eberlin 1896 118

V.

Susann Groag-Bell, die sich 1967 zuletzt mit Eberlins Wolfaria als „der ersten protestantischen Utopie“ beschäftigte,[37] sprach von „Radikalismus und Simplizität“. Gerade das finde ich aber nicht. Ich halte es eher mit Bernhard Riggenbach, der vor hundert Jahren Eberlin als den „Einzigen“ bezeichnete, „bei dem es zu einer annähernd systematischen Darstellung der in ihm gereiften politischen und sozialen Reformgedanken gekommen ist, wonach wir selbst bei Zwingli vergeblich suchen.“[38] Allerdings ließ Riggenbach bei diesem Urteil Martin Butzers Werk „De regno Christi“ außer Betracht, das aber auch nicht im ersten Aufbruch der Reformation, sondern erst eine Generation später geschrieben wurde.

Prüft man alle Umstände, dann hat man so viel pragmatische Elemente vor Augen, daß man den Entwurf als unmittelbar situationsbezogenes Projekt erkennen kann, für den die allgemeine Zustimmung des „gemeinen Mannes“ durchaus denkbar erscheint, ohne daß dabei der Widerstand der Privilegierten in der gegebenen Gesellschaftsordnung bis aufs Äußerste herausgefordert wird, ohne also, daß Klerus und Adel die neue Ordnung auf Leben und Tod bekämpfen müssen. Morus baute ein Phantasiereich. Eberlin hat außer dem Rahmen wahrscheinlich diese und jene Einzelheit daraus entlehnt, aber er hat keine geldverachtende Gegenwelt entworfen, sondern seinen utopischen Optimismus in Grenzen gehalten. Andererseits hatte Eberlin sein Staatsprojekt bis in Einzelheiten ausgearbeitet, was die amerikanische Studie offenbar übersah. So entstand ein in sich durchaus tragfähiger Kompromiß zwischen Utopie und Reform und wird im Zusammenhang mit der ganzen Flugschriftenfolge zur Neuordnung der religiösen und moralischen Lebensführung in den „Fünfzehn Bundesgenossen“ zur Diskussion gestellt. Die Revolution in Deutschland war noch nicht aufgebrochen; noch waren die Ritter nicht aufgestanden; noch hatten die Bauern die blutige Alternative nicht aufgerissen; noch fehlte allerdings auch die Agitation, ein solches Projekt zum Programm zu machen. Nur Thomas Murner, wohl der scharfsichtigste Pamphletist der katholischen Gegenseite, griff Eberlins Anschlag auf und zählte ihn unter die Streiche des „großen lutherischen Narren“, weil er eine Staatsordnung ohne Kaiser plane.[39] Das und jenes, was Eberlin wollte, finden wir dann im Bauernkrieg in Weigands Reichsreformplan wieder, ohne daß eine unmittelbare Abhängigkeit vorliegen muß. Das radikalste Bauernprogramm trägt stärkere utopische Züge: Es stammt aus der Feder Michael Gaismairs.

[37] Groag-Bell 1967 [38] Riggenbach 1874 61 [39] Murner 1908 149

Michael Gaismair 1526

I.

Michael Gaismair stand stärker im politischen Kampf als der Prediger Eberlin. Eine Zeitlang war er sogar eine Figur im Spiel der großen europäischen Politik. Keine Hauptfigur freilich; nur ein Bauer auf dem oberitalienischen Schachbrett, wo Kaiser und Papst, Venedig und Frankreich seit der Wende zum 16. Jahrhundert um eine europäische Schlüsselposition rangen, aber eben doch ein Bauer: Die machtpolitische Konstellation und die Gunst der Lage ermöglichten hier zum einzigen Male im Zusammenhang des deutschen Bauernaufstandes eine Verbindung zwischen Sozialpolitik und Außenpolitik, zwischen dem Schicksal der Bauern, des Kaisers und des Reiches, während im übrigen Bereich der ober- und mitteldeutschen Bauernerhebungen der sogenannte Bauernkrieg im Frühsommer 1525 eine Angelegenheit der Fürsten und einiger Reichsstädte war, ein Fürstensieg am Schluß, ohne daß der Kaiser in dieser grundsätzlichen Frage der gesellschaftlichen Ordnung im Reich eingegriffen hätte. Karl V. war im Winter 1524/25 im Feldlager vor Pavia. Er wandte sich zwar gegen die Aufständischen, als er dort einen glänzenden Sieg erfochten hatte. Aber er trat ihnen eigentlich nicht als Kaiser entgegen, sondern als Landesherr, in Tirol nämlich, wo der Aufstand seinen erzherzoglichen Bruder unmittelbar bedroht hatte.[1] Michael Gaismair war sein Gegenspieler auf der Seite der Bauern.

Bauer war Gaismair aber weder durch Herkunft noch durch Beruf, sowenig wie andere namhafte Anwälte, die damals für die Bauern aufgetreten sind, sowenig wie Wendelin Hippler oder Friedrich Weigand. Selbst der ungenannte Verfasser der am weitesten verbreiteten 12 Artikel, die vielfach nur Beschwernissen Rechnung tragen, ohne Neues zu konzipieren, außer denn einen gewissen Vorstoß zugunsten der Gemeinderechte, stammt wahrscheinlich aus städtischem Milieu. Der Bauer war es also nicht selbst, der sich zu Wort meldete. Wortführer aus dem städtischen Lebensbereich beschrieben seine Mühen und nahmen sich seiner Sache an, teils weil sie, bezeichnend genug, aus ihren Berufserfahrungen im Verwaltungsdienst kleinerer fürstlicher Herren die Sache der Bauern für gerechtfertigt hielten: Wendelin Hippler war zuvor einmal Hohenlohischer Sekretär gewesen, Friedrich Weigand diente dem Mainzer Kurerzbischof als Rentamtmann, und Michael Gaismair stand im Verwaltungsdienst

[1] Karls Bruder Ferdinand war bis 1526 in Tirol nur als Gubernator eingesetzt. Karl war der Landesfürst. Stolz 1955 518f.

des Fürstbischofs von Brixen. Derselben Berufsgruppe hatte wohl vorher auch der sogenannte Oberrheinische Revolutionär angehört: Intellektualität von etwas differenzierten, nicht allzu anspruchsvollen Graden, aber durch ihren Umgang mit politischen Problemen aufgeweckt und im Dienste kleinerer Herren nicht nur um die Bauern besorgt, sondern auch um das Geschick des größeren Ganzen. Friedrich Weigand besonders suchte, ähnlich wie der Oberrheinische Revolutionär, aber nüchterner, die Lage der Bauern mit einer allgemeinen Reichsreform zu wenden. Seine Reform, beeinflußt wahrscheinlich von einer älteren Darlegung aus der Mitte des 15. Jahrhunderts, ist von der Radikalität der Utopisten weit entfernt. Gaismair hatte sich nach einer ersten Niederlage zu einer radikalen Neuordnung der Dinge entschlossen.
Die Entwicklung der Tiroler Verhältnisse, die den italienischen, Schweizer und deutschen Historikern der oberitalienischen Kämpfe bisher nicht so deutlich vor Augen stand, demonstrierte 1961 Josef Macek.[2] Im Herbst 1524 hatten die Bergleute in den wichtigen Montanorten Schwaz und Sterzing kleinere Zugeständnisse erzwungen. Diese Erfolge und die oberdeutsche Bauernerhebung im Frühjahr 1525 erregten auch die Tiroler Bauern. Gaismair wurde im Mai 1525 zum Kommandanten von Brixen bestellt, dem Sitz des Tiroler Fürstbischofs. Die Aufstandsbewegung entwickelte zunächst ein landständisches Programm, betonte dabei aber die bäuerlichen Standesrechte gegen den Adel und besonders gegen den Fürstbischof, wobei sie, wohl nach dem alten Interessengegensatz weltlicher und geistlicher Macht in Tirol, noch mit Unterstützung des Erzherzogs Ferdinand rechnete. Einen Landtag in Innsbruck im Juli 1525, zu einer Zeit also, als die Bauern nördlich der Alpen schon geschlagen waren, mußten die Prälaten verlassen. Die Abstimmung sollte danach nicht nach Ständen, sondern nach Köpfen vor sich gehen. Insofern begegnen wir also in dieser Phase der revolutionären Entwicklung einer ständischen Revolution, bei der, nach Tiroler Rechtsverhältnissen, nicht wie anderwärts die Bürger, sondern die Bauern als der unterste landtagsfähige Stand die Gleichberechtigung aller erstrebten und in diesem Sinn eine revolutionäre Neuordnung der Ständepyramide forderten.
Inzwischen hatte Karl aber, nach dem Sieg bei Pavia Ende Februar, die Tiroler Positionen der habsburgischen Herrschaft verstärkt und zwang den Landtag, ohne Zugeständnisse auseinanderzugehen. Gaismair wurde im August verhaftet. Ein Angriff auf Trient scheiterte.

[2] Macek Historica 1961 und Macek 1965.

Doch dem Kommandanten von Brixen gelang die Flucht, zunächst zu den Venezianern, die einen Aufstand im eigenen Land bei der besseren Lage ihrer Untertanen nicht zu fürchten hatten, aber die Unruhe in der habsburgischen Nachbarschaft gerne schürten. Von da floh Gaismair zu Zwingli in die Schweiz – augenscheinlich mit der politischen Erfahrung, daß nur eine radikale Revolution die gehörige Durchschlagskraft habe.
Einer solchen Revolution widmete er im nächsten Winter im Schweizer Exil seine „Landesordnung". Im Mai 1526 führte er einen neuen Angriff mit Partisanengruppen aus der Schweiz und aus der venezianischen Terraferma, der aber wieder mißlang. Die venezianische Unterstützung mußte schließlich Ende 1526 auf Protest des französischen Königs eingestellt werden, der den Krieg gegen die Habsburger nicht mit Revolutionären geführt wissen wollte. Gaismair selbst erhielt danach eine Jahrespension von der Signoria und lebte im Exil in Padua, wo ihn 1532 nach Fehlschlägen ein habsburgisches Attentat ereilte.[3]

II.

Gaismairs „Landesordnung"[4] suchte neue gesellschaftliche Verhältnisse funktional zu entwickeln, aber nicht um die gegenwärtige Welt für den nachdenklichen Leser zur Debatte zu stellen, wie die „Utopia" des Thomas Morus; auch nicht, um unter der Narrenkappe eine Neuordnung zu suggerieren, wie Eberlins „Bundtsgenossen"; sie war vielmehr unmittelbares politisches Programm einer Schwureinung. Hier hatte wohl das helvetische Beispiel angeregt, das nicht etwa erst seit Zwingli, sondern schon im 14. Jahrhundert als „Fürstenschreck" besonders bei den oberdeutschen Ständen Echo fand und bei aller offiziellen Reichs- und Königstreue seit langem einen republikanischen Keim in sich trug. Im übrigen bildete die Schweizer Eidgenossenschaft freilich nichts anderes, als einen durch die politische Entwicklung ausgestalteten und dort entwickelten Sonderfall eines Landfriedensbündnisses, wie es Gemeinden und besonders Städte mit begrenzten Zwecken seit langem pflegten. Dieser Bund war wie für die Hussiten so auch jetzt für die Tiroler eine herkömmliche Institution, die nun mit revolutionärem Inhalt gefüllt wurde. „Anfennclich so werdt ir geloben und schwörn, leib und guet zusammen setzen, voneinander nit weichen, sonnder mit ainander heben und legen, doch allzeit nach rat zhanndlen, ewr furgesetzten öbrigkhait trew und gehorsam

[3] Das alles nach Macek 1965
[4] Zur Textüberlieferung Hollaender 1932

zesein und in allen sachen nit aigen nuz, sonnder zum ersten die eer gottes und darnach den gemainen nuz zu suechen, auf daz unns der almechtig gott... gnad und beistannd thue, darauff wir gentzlich vertrawen sollen, dann er gantz warhaft ist und niemandt betruegt"[5]. Das Programm fordert stärkeren gesellschaftspolitischen Antagonismus als Eberlins Entwurf; hatte Eberlin wiederholt sich dem Bestehenden gegenüber kompromißbereit gezeigt, zum Beispiel, um die „Mönche" absterben zu lassen und den Adel in seine Ämterhierarchie einzuordnen, so verkündet Gaismair, der geschlagene Rebell im Exil, gleich im zweiten Artikel den unbarmherzigen Kampf gegen alle, die „den gemein armen Man beschwären und den gemainen nuz verhindern".[6] Er will sie ausrotten und ausweisen, „außreitten und (von) dannen thuen". Später redete er davon, die Klöster und die in Tirol zahlreichen Deutschordenshäuser zu Spitälern zu machen und die Güter der „vertriben Edelleitt"[7] oder andere Bauerngüter zur Finanzierung der Gerichtsorganisation zu verwenden. Damit ist jede Grundherrlichkeit in seinem Staatsplan beseitigt. Beseitigt ist aber auch zugleich der ökonomische Ansatz für alle Privilegien, die Gaismair ebenfalls ausdrücklich aufhebt im Namen des göttlichen Wortes von der Gleichheit aller Menschen. Zugleich zeigt er dabei, daß er recht wohl die äußeren Umstände und die gesellschaftliche Ordnung in Verbindung bringt. Er möchte nämlich sämtliche Stadtmauern schleifen lassen und alle Schlösser und Befestigungen, damit es nurmehr Dörfer im Lande gäbe, „damit (kain) underschaid der mennschen" mehr bestehe, denn daraus entwickle sich Unverträglichkeit, Hoffart und Aufruhr.[8]
Auf dieser gesellschaftlichen Gleichheit gründet sich dann die Staatsordnung „ins Gaismairs lanndt".[9] Das Land wird in Viertel geteilt und beschickt „ain regimendt", zu dem aber „auch etlich vom pergkhwerch" gewählt werden sollen. Gaismair kombiniert also ein regionales Organisationsprinzip mit einem ökonomischen. Die Abgesandten der Bauern aus den vier Vierteln und der Bergknappen aus ganz Tirol bilden miteinander das Landesparlament. Zur Exekutive sollen nach dem alten Zahlenschema der „Viertel" und „Quartiere" vier Landeshauptleute und ein oberster Hauptmann bestellt werden. Ihnen obliegt die militärische Führung und die Landesfürsorge in jeder Hinsicht, worunter die öffentlichen Straßen-

[5] Gaismair 1970 79
[6] Gaismair 1970 79
[7] Gaismair 1970 82
[8] Gaismair 1970 79
[9] Kaczerowski 1970 79; aus dieser und einer ironischen Schlußbemerkung von S. 83 schloß Hollaender 1932 425 auf die indirekte Tradition des Textes

und Wasserbauten besonders genannt werden. Den parlamentarischen Charakter der Verfassung sichert Gaismair nicht über den modernen Weg der Ministerverantwortlichkeit, sondern durch die Bestimmung, daß die Landeshauptleute in jeder Einzelheit dem Parlament berichten und nach seinem Rat handeln sollen. Wir haben also eine Art von direkter Räteregierung vor uns. Auch in dieser Hinsicht trägt sein Staatsgebäude demokratischere Züge als der Entwurf Eberlins, der zwar auch Ratsgremien vorsah, aber paritätisch bäuerlich-adelige, und die Exekutive der adeligen Amtsträger nicht daran band.

Auch die Verbindung zum Staatsbürger ist in der parlamentarischen Struktur Gaismairs sehr eng gestaltet. Die elementare Einheit bildet die Gemeinde, geradeso wie bei Eberlin, und ebenso wie er hielt es auch Gaismair für nötig, diese Gemeinde neu zu definieren. Das entspricht ganz den Tatsachen der Unsicherheit dieses Organisationsbegriffes zu jener Zeit. Wie Eberlin möchte auch Gaismair dabei nach numerischem Rationalismus verfahren. Allerdings gibt er keine konkreten Zahlen dafür an, sondern fordert nur, man möchte Gerichts- und Pfarrgemeinden neu auszählen. Richter und Geschworene werden jährlich gewählt, sollen wöchentlich tagen und vom Land besoldet sein, so daß den Gemeinden keine besonderen Gerichtskosten entstehen. Das römische Recht und sein Anwaltswesen werden abgeschafft. Hierin ähneln sich die beiden Entwürfe. Gaismair kennt dann aber nicht Eberlins Beamtenhierarchie vom Schultheißen bis zum König, sondern läßt lediglich die „ganntze gmain" zur Gerichtswahl agieren, während er offenbar in allen anderen Verwaltungsfunktionen, nachdem die Landesvierteilung lediglich Wahlkreisorganisation darstellt, das Parlament überall unmittelbar handeln läßt. Die Gemeinde ist freilich auch noch Wirtschaftseinheit. Am Begriff der Allmende hält er fest, ja er vergrößert sogar noch ihre Masse um brachliegendes Land, das er enteignen möchte. Zur Bodenmelioration kennt er auch eine Arbeitspflicht der ganzen Gemeinde, offenbar als Ersatz für die alte feudale Dienstleistung, weil er auch den Begriff der Robot hierbei verwendet („robudden").[10]

Die Wirtschaft Tirols soll auf der Landwirtschaft gründen, die großenteils im bäuerlichen Eigentum betrieben wird und nicht unbedingt ein Rentenwesen ausschließt. Diese kleine Konzession, die Zinsen betreffend, legte Gaismair in die Entscheidung des künftigen Landesparlaments. Wenn die Zinsen schon nicht abgeschafft würden, dann solle allerdings wenigstens ein „freyjar nach dem

[10] Gaismair 1970 82

gesatz gottes" ausgerufen werden, in dem man die Zinsen für Kriegskosten dem Land zur Verfügung stellt. Jedenfalls ist demnach die Existenz von Zinsgütern nicht ausgeschlossen, natürlich in bäuerlichem und nicht mehr in kirchlichem oder adeligem Besitz. Das bäuerliche familiäre Eigentum bleibt im übrigen unangetastet, und selbstverständlich gibt es demnach auch bäuerliche Dienstleute. Lediglich bäuerliches Brachland soll man zu Gunsten des gemeinen Nutzens beschlagnahmen, und das im Zug umfassender Meliorisationsmaßnahmen, die Gaismair vorschlägt: Er will die Moose, vermoortes Waldland, trockenlegen, den Weinbau in der Ebene verbessern und zusammen mit Getreide hier Mischkultur nach italienischem Vorbild anlegen; er will im Auengelände die Weideflächen ausweiten und damit die Fleischproduktion heben. Geradeso wie bei Eberlin steht sein Staatswesen also auf agrarischer Grundlage und strebt nach Autarkie.

Dementsprechend werden auch Handel und Handwerk neu eingerichtet. Eberlin wollte beide aufs Nötigste beschränken; Gaismair verstaatlicht. Das Handwerk wird zentralisiert, in Trient zusammengezogen und von einem Generalamtmann beaufsichtigt, der alles zu verrechnen hat. Die Handwerksproduktion soll zusammen mit wenigen Importgütern, wie etwa Gewürzen, an etlichen Orten im Land feilgehalten werden, aber nur mit dem Gewinn „allain der cosstung, so darüberget",[11] also allein zum Arbeitskostenpreis. Davon verspricht sich Gaismair eine ökonomische Verbesserung, weil niemand durch Wucher betrogen werde und das Geld im Land bleibe. Das käme, wie er hofft, dem gemeinen Mann zu großem Nutzen. Denselben Nutzen verspricht er sich auch von einer Neuordnung des Bergwerkswesens. Hier will er die Unternehmergesellschaften enteignen, die Bergwerke verstaatlichen und ebenfalls unter Beamtenverwaltung stellen. Er will die bösen Praktiken des Lohnbetrugs, der Naturalentlohnung, des Kaufzwangs und anderes abstellen, auch das Hüttenwesen in staatlicher Regie führen und schlägt einige Verbesserungen in der Produktionsweise vor. Damit ist er dann aber an der Grenze seines ökonomischen Verständnisses angelangt.

III.

Denn das verstaatlichte Bergwerkswesen soll mit seinen Einkünften dem Lande dienen und nicht etwa den Knappen, die sich, vom Druck des Unternehmergeizes befreit, wohl bald in ihren Lohnwünschen

[11] Gaismair 1970 82

von den Forderungen nach dem „gemeinen Nutzen" beschränkt sähen; auch die Einkommensspanne der Handwerker wäre durch die Staatsregie begrenzt; kaufmännische Unternehmungen sind überhaupt verboten, die Lage des Paßstaates Tirol als Transitland bleibt unbeachtet, der Export wird mit Zöllen belastet, und alle agrarischen Erzeugnisse sollen durch die Vergrößerung der Anbauflächen billiger werden. Das trifft die Bauern. Der Versuch zur rationalen Erfassung des Wirtschaftslebens führt zu Staatsregie, Arbeitszwang, Preisregulierung und Autarkie. Die Nachteile dieses Systems sieht Gaismair nicht. Mit all diesen Maßnahmen will er letztlich nur die private Spekulation, „den Wucher" bekämpfen, die kaufmännische Existenz ausschalten und ausdrücklich verbieten. Es soll möglichst zum Selbstkostenpreis produziert werden, die Wirtschaft im ganzen wird dem System des „einfachen Warenaustausches" im Sinne von Marx angeglichen, sie wird Bedürfniswirtschaft nach dem System der Gesamtautarkie geradeso wie nach dem Grundsatz der persönlichen Bedarfsdeckung. Insofern tendiert sie unter der Devise des „gemeinen Nutzens" trotz des bäuerlichen Eigentums doch zum Kommunismus; insofern erkennen wir umrißhaft die utopische Ökonomie – oder zumindest das utopische Unverständnis für den ökonomischen Antagonismus.

Utopisch ist auch die Perfektion, mit der sich Gaismair in der Gleichheitsfrage bis zu einer radikalen Veränderung der bedingenden Umstände hinreißen läßt. Er will, wie wir gehört haben, an Städten und Burgen alle Mauern schleifen und will alle Siedlungen zu Dörfern machen, um der Ungleichheit der Menschen keinen Rückhalt mehr zu geben. Dabei setzt er sich darüber hinweg, daß eine solche Maßnahme auch die Verteidigungskraft des Landes ganz empfindlich schwächen müßte, die er doch in anderem Zusammenhang dringend erwünscht. Er ist radikaler in seiner Adels-, Bürger- und Klerusfeindschaft als Eberlin, weil er Adel und Klerus sofort enteignet und eine Kirchenorganisation überhaupt nicht mehr kennt, sondern nur für ihre „ehrbare Notdurft" nach urkirchlichem Vorbild vom Zehnten bezahlte Seelsorger. Diese Seelsorger haben folgerecht auch keine Sakralfunktion mehr, kein eucharistisches Amt, sondern nurmehr die Pflicht zur Predigt und zur Bibelauslegung. Ihre Rolle ist konkret gesellschaftsbezogen. Sie sollen nämlich unterhalten werden zum Bibelstudium und zur christlichen Beratung des Landtags. Insofern sprach schon Holländer von einem „stark utopischen Charakter"[12] des Programms, und Macek wie auch der letzte Herausgeber Kacze-

[12] Hollaender 1932 425

rowski gebrauchen ohne nähere Erläuterung die Kennzeichnung „Gaismairs Utopie".[13] Den Umkreis einer funktionalen Utopie füllt Gaismairs Entwurf aber nicht aus. Da ist zwar der „gemeine Nutz" als Regulativ des wirtschaftlichen Lebens, mit Staatsfunktionären zur allgemeinen Aufsicht, aber der Wirtschaftsalltag beruht doch auf dem individuellen Erwerbsstreben. Da ist überdies noch eine Gesellschaftsordnung, die zwar im ständischen und im Rechtssinn nur gleiche Mitglieder kennt, aber nicht im ökonomischen Zusammenhang. Die Bauern behalten ihr Land, die Handwerker ihr Werkzeug, und auch die Bergknappen sind nach den zeitgenössischen Betriebsformen der Gewerke doch eher selbständige Handwerker als Lohnarbeiter ohne Produktionsmittel und insofern von der Verstaatlichung der Unternehmensgesellschaften nur zum Teil in andere Produktionsverhältnisse überführt. Es gibt also noch arm und reich in seinem Tiroler Zukunftsstaat, wenn auch unter mittelständischen Verhältnissen, und es fehlt im Vergleich zur klassischen Utopie das breite Mobilitätsmoment aus intellektueller Leistung, es fehlt überhaupt der kontemplative humanistische Ansatz, die innere Glückseligkeit.
Auch sachlich ist der humanistische Bildungsbegriff arg beschnitten. Vom zeitgenössischen Schulwesen, dem Eberlin wenigstens noch einiges aus Trivium und Quadrivium erhalten hatte, vom humanistischen Schulkanon ist bei Gaismair nur eine Hochschule zur Bibelkunde, nur eine rudimentäre theologische Ausbildung mit unmittelbar gesellschaftsbezogener Aufgabe übriggeblieben. Auch in dieser Hinsicht zeigen sich die Pläne Gaismairs stärker noch als bei Eberlin von den Wünschen der bestehenden bäuerlichen Gesellschaft geprägt. Eberlin und Gaismair brachten also eher, wenn man will, Bauernutopien zu Papier, die dem Bauern lassen, was er hat, und in ihren übrigen ökonomischen Reformen den bäuerlichen Unverstand für die ökonomischen Entfaltungsmöglichkeiten mit dem intellektuellen Unverständnis paaren. Was darüber geht, ist Verwaltungsrationalismus, nicht wie ihn die Utopie prägte, sondern wie ihn die Utopie aus der Zeit schöpfte und entwickelte, ist die Neuplanung und Akzentuierung der Gemeindeeinheiten und des staatlichen Gerichtswesens und effektivierte staatliche Sozialfürsorge auf Grund eines potenten zentralen Steuersystems.
Erst als die Bauern geschlagen und endgültig ausgeschaltet waren für die nächsten dreihundert Jahre aus der deutschen Geschichte, als „das Duell einer Revolution von oben und einer von unten" zu Gunsten der Fürsten entschieden war,[14] trat eine Utopie ans Licht,

[13] Macek 1965 374; Kaczerowski 1970 260 [14] Rapp 1958 165

die auf keinen der formierten Stände mehr Rücksicht nehmen mußte, sondern in unbehinderter Konsequenz die Gleichheit aller Menschen auf agrarkommunistischer Grundlage zum Prinzip eines neuen Staatsbaues machte. Erst da, zehn Jahre nach dem ersten Druck der „Utopia" des Thomas Morus, begegnen wir in Deutschland einem vergleichbaren funktional geschlossenen Entwurf von einer neuen Gesellschaft, wenn auch nicht mit humanistischer Eleganz vorgetragen, sondern mit chiliastischem Ernst, mit dem ein einfacher Mann seine Gedanken in Worte faßte.

Johannes Hergot 1527

I.

Als Buchführer, als reisender Buchhändler also, der auch selber druckte, gehörte Johannes Hergot zu jener Gesellschaftsgruppe, die immer wieder neben der handgreiflichen Vermittlung des Gedruckten sich auch um die geistige bemüht hat, und das nicht selten in gefährlichem Auftrag. Hier berührte sich am Material der Aufgabenkreis politischer Intellektualität mit der Handarbeit – ein oft gesuchter Kontakt, den gleich die erste Blütezeit des Buchwesens hervorbrachte. Die Drucker und Buchhändler jener Jahre waren sich ihrer Rolle im Produktionsgang des ersten technisierten Massenkommunikationsmittels bewußt. Sie hatten aber auch Zunftgenossen von wissenschaftlichem Rang, wie etwa den gelehrten Horaz-Editor Magister Mathias Grünenberg, dessen Druckwerk noch jahrhundertelang als wissenschaftliche Leistung gerühmt wurde.[1]
Ein Gelehrter war der Nürnberger Drucker Johannes Hergot nicht; aber am radikalen Programm der Reformation nahm er schon lange Anteil, hatte Verbindungen mit dem Humanisten Hans Denk, der sich später einem spiritualisierten Christentum zuwandte, und mit Hans Hut, der nach 1525 den Täufern vom Anbruch des Weltendes predigte. In Hergots Werkstatt war Müntzers Luther-Polemik „Wider das sanftlebende Fleisch zu Wittenberg" 1524 gedruckt worden, und er selber zog drei Jahre später aus, um seine eigenen Gedanken über das Ende der alten und den Anbruch der neuen Welt an den Mann zu bringen. In Sachsen wurde er dabei verhaftet und am 20. Mai 1527 hingerichtet.[2] Sein Büchlein „Von der newen wandlung eines Christlichen Lebens" erfuhr erst 1953 eine zweite Auflage. Das mag erklären, warum er, 1876 von A. Kirchhoff identifiziert, der Reformationsgeschichtsschreibung kaum bekannt ist.

[1] Lindauer 1970 32c

[2] Zschäbitz 1960; Friedrich 1955

II.

Hergots Schrift umfaßt nicht einmal ein Dutzend Druckseiten. Sie ist in ihrer Aussage zweigeteilt wie die Utopia des Thomas Morus, weil sie nach der Darstellung der vollkommenen Lebensordnung eine scharfe Zeitkritik erhebt. Anders als Morus greift Hergot aber in seiner Darlegung auf die chiliastische Geschichtsdeutung Joachims von Fiore zurück und bietet dementsprechend sein utopisches Zukunftsbild nicht als eine Möglichkeit, nicht als ein Programm, das man diskutieren sollte, sondern als unausweichliche Entwicklung, als kosmisches Ereignis, als „Revolution" im umfassenden Sinn: Nach der Wandlung Gottvaters mit dem Alten Testament, Gottsohnes „mitt der welt ym newen Testament" kommt das Geistzeitalter als die „dritte wandlung". Mit dieser „zukunfftigen wandlung von yhrem argen"[3] wird die Welt zwar nicht in den paradiesischen Urzustand zurückkehren, sie wird also nicht den alten chiliastischen Sehnsüchten entsprechen, aber sie wird vollkommener und besser werden, als sie jemals war. Allein dieser Gedanke umfaßt das ganze Programm in seiner, wie man sagen könnte, chiliastischen Innerweltlichkeit und zeigt die Verbindung zwischen dem „Was" und dem „Wie", die Hergot nach Joachim von Fiore versucht hat und um die sich danach bis zu Marx nur wenige Utopisten mehr bekümmerten.
„Wandlung" ist bei Hergot offenbar ein doppeldeutiger Begriff, das zeigte gerade unser Zitat. Es gibt eine „Wandlung mit der Welt" und eine „Wandlung vom Argen". In dieser zweiten Bedeutung hat der Begriff wohl die Bedeutung von „Umwandlung", von „revolutio" im Sinne eines Weltzeitalters. Aber das darf wieder nicht wie die alte chiliastische Passivität verstanden werden. Deshalb fügt Hergot noch einige Anmerkungen hinzu, die uns zeigen, daß diese Wandlung auch tatsächlich als aktive politische Revolution gedacht war; er spricht von einem „Adel der Tugend", der es für ein lobenswertes Werk halten werde, „dise ordnung zumachen", wobei ihm die „grossen Stedte" als Werkzeug dienen würden. Hergot erkennt also treffend die treibende Kraft der unruhigen Bevölkerungsballungen, die revolutionäre Potenz der Hauptstädte, die uns heute als den Zeitgenossen und Nachlebenden der großen Revolutionen zwar deutlich genug vor Augen steht; zu Hergots Zeiten bedurfte es aber doch noch ziemlicher politischer Phantasie zu einer solchen Erkenntnis, und jedenfalls gab es dafür noch Alternativen bei anderen Spekulanten: Erinnern wir uns nur an den Oberrheinischen Revolutionär,

[3] Hergot 1953 53

der die Neuordnung der Welt in seinem Sinn von der Bruderschaft vom Gelben Kreuz erwartete, von einer Vereinigung aus den „biderben Eheleuten aller Stände“ – ganz kurz vor dem Aufstand der ungarischen crucigeri übrigens, die 1514 ebenfalls mit ihrer Bewegung ganze Landesteile mit einer eher bäuerlich-handwerklichen Bevölkerung erfaßten als etwa spezifisch städtische Elemente.[4] Ähnlich hätte Hergot leicht selber geradeso die Revolution von den Bauern erwarten können, deren Aufstand, wenn auch mit vernichtender Niederlage, er viel deutlicher vor Augen haben mußte als die Unruhe in den großen Städten seines Erlebnisfeldes, etwa in seiner Heimatstadt Nürnberg, die sich 1525 weit ruhiger verhielt als Frankfurt oder Köln.

Der Werkmeister der neuen Wandlung werde Gott sein „und das gemeyne volck“.[5] Wieder ist eine solche Definition durchaus nicht selbstverständlich: Hergot zielt auf einen Bund zwischen einer als „Tugendadel“ – also weder ständisch noch in der gegebenen Ordnung der Städte oder Universitäten – legitimierten politischen Führungsgruppe mit der nicht näher definierten und auch in der politischen Wirklichkeit nicht näher aufgegliederten unteren Bevölkerungsschicht. Vergleichen wir das mit anderen Projekten: mit der Reformatio Sigismundi etwa, die zwei Generationen vorher die Neuordnung des Reiches von Reichsrittern und Reichsstädten erwartete, von vorgegebenen politischen Strukturen also, wenn auch unter der Führung des in der Literatur genügend umstrittenen „kleinen Geweihten“; denken wir an Gaismairs Ratsordnung oder an Eberlins Hausehrbarkeit; nach all dem ist Hergot einen großen Schritt näher an der Massendemokratie und ihren Ideologen.

Auch der revolutionäre Vorgang selber wird gekennzeichnet: Es handelt sich um einen „Aufruhr der Menschen“, bei dem man darauf achten möge, keine Klöster zu zerstören, weil man sie später als Spitäler brauche. Die Zeichen des großen Wandels seien bereits am Himmel; man könne sie auch bei denen lernen, die schon die Sprache des Heiligen Geistes verstünden; die Schriftgelehrten freilich seien das nicht.[6] Hergot führt das mehrfach aus und bäumt sich dabei auf gegen die Schultheologie wie alle die großen und kleinen Propheten in den sektiererischen Unterströmungen außerhalb der alten geradeso wie außerhalb der neuen Kirche, die mit ihrer unmittelbaren inneren Inspiration das Schriftprinzip zu bekämpfen suchten und dabei doch, Anerkennung heischend, auch mit äußeren Zeichen und Wundern, ja

[4] Székely 1960
[5] Hergot 1953 58
[6] Hergot 1953 59f.

mit der Unabänderlichkeit des göttlichen Willens argumentieren, den auch Uneinsichtige bald erfahren müßten.[7]

Hergot beklagt die Niederlage der Bauernhaufen, aber er preist ihre Anfangserfolge als ein Gotteswerk: „Man sprichtt die bawrn habens tan / so sag ich neyn zu / bawrn mit flegeln / zuschlahen lang keyne mawr / es ist nicht denn das man gott die ehre nimpt." Die Schriftgelehrten freilich erkannten Gottes Zorn im Bauernaufstand nicht; sie hetzten den Adel vielmehr auf die Bauern und riefen, was sich geradewegs auf Luther beziehen läßt: „Schlag die Bawrn zu tode / sie seyn rasend, brechen euch die Schlösser ..."[8] Dabei haben die Schriftgelehrten und andere Gruppen („völcker") wohl mehr Unrecht auf sich geladen als die Bauern mit ihrem Aufstand. „Und niemand schreyt / stecht todt, schlagt todt ...".[9] Die Bauern konnte man schlagen, aber eigentlich haben alle, „die ynn der bosheyt sitzen", Gott zum Gegner, und „er wirdt sich nicht schlagen lassen / wie man den Bawrn tan hat".

Dieser Rückzug auf die Kraft Gottes angesichts der politischen Niederlage ist eine ähnliche Koppelung wie die Argumentation mit der inneren Erleuchtung durch den Heiligen Geist auf der einen und der Hinweis auf Mirakel und Wunderzeichen „sowie der sachen zu glewben nott seyn wird"[10] auf der anderen Seite. Auch hierbei fehlt nicht die Zuversicht auf die welthistorische Zwangsläufigkeit, erhofft als künftiger Kampf, in dem die gerechte Sache siegen wird. Die Welt ist demnach in drei Besitzklassen eingeteilt: Reichtum, Armut und Mittelstand ringen miteinander auf Grund des aggressiven Reichtums, und Gott wird am Ende dem Mittelstand zum Sieg verhelfen. Armut und Reichtum werden aus der Welt verschwinden: „Es sind gesehen drey tisch ynn der welt / der erst yberflussig vnd zuuil darauff / Der ander mittelmessig vnd eyn bequeme notturfft / Der dritt gantz notturfftig / Do seyn kommen die von dem vberflussigen tisch vnnd wolten nemen von dem wenigern tische das brodt. Hieraus erhebt sich der kampff / vnd Gott wird vmbstossen den vberflussigen tisch / vnd den geringen tisch / vnd bestetigen den mitteln tisch."[11]

Auf diese Weise hat Hergot die bevorstehende Neuordnung in ihrem Gesamtziel ebenso als sparsamen Wohlfahrtsstaat charakterisiert wie Morus sein Utopia. Ein wenig verrät er noch, wie er sich nach der Bauernkatastrophe den Zerfall der alten Ordnung vortellt. Das Blut der Bauern nämlich habe Gott belohnt, indem er die Türken gegen

[7] Hergot 1953 63
[8] Hergot 1953 61
[9] Hergot 1953 62
[10] Hergot 1953 59
[11] Hergot 1953 64

die Fürsten aufweckte: „...hat Gott für das blut der Bawrn das sie yhm geschencket haben / aufferweckt den Turcken mit allen vnglewbigen widder sie / do gehet erst der recht streyt daher als man vor awgen sicht / ya nicht den Turcken alleyn / sunder vnsern aller heyligsten vater den Bapst vnd die höchsten Priester alle mit eynander ynn vneynigkeyt / vnd eyn ytzlicher begertt des andern bluts."[12] Der äußere Feind und die innere Zwietracht erscheinen als Bundesgenossen der Revolution.
Wieder beweist Hergot trotz seiner Anleihen bei Chiliasmus und alter passiver Wundergläubigkeit merklichen Wirklichkeitssinn. Die Türkengefahr – von der Geschichtsschreibung oft ignoriert – bildete bekanntlich eine wichtige Komponente der Reformationspolitik.[13] In Täuferkreisen wurde sie, nachdem sich die gegebene Ordnung mit der Bauernniederlage neuerlich verfestigt hatte, eine große Hoffnung der chiliastischen Weltdeutung. Aber gerade dem täuferischen Chiliasmus[14] kehrt Hergot den Rücken, während er die konkreten Einzelheiten der „neuen Wandlung" vor dem Leser ausbreitet.

III.

Dieser Entwurf einer idealen Staatsordnung füllt die ersten Seiten in Hergots Schriftchen, klar aufgebaut und besonders anfangs auch mit gewandtem Pathos. Hergot konzipiert darin von Grund auf eine Weltutopie. Der allumfassende christliche Schafstall, den die Bibel verhieß, habe zur Zeit noch immer zwei Hirten, und allein dieses Zahlenverhältnis widerspräche der biblischen Vorhersage. Die beiden Hirten hätten aber, wie er weiß, nunmehr Urlaub von ihrem Amt durch Gott erhalten, und seitdem brächte die große Mühe, die sie und ihre Verwandten noch immer aufwendeten, auch keine Furcht mehr.[15] Hier ist prägnant und knapp die bekannte Parabel aus dem Neuen Testament von der rechten Leitung der Christenheit in Verbindung gebracht mit den Krisen in Hergots Gegenwart. Ein sinnfälliger Vergleich, nicht sehr diffizil, aber deswegen wohl auch sehr wirksam. Ein neuer Hirt, fährt Hergot fort, eben der rechte, werde fortan den christlichen Schafstall hüten und mit einem Griff dabei alle Macht an sich nehmen, und dieser Kunstgriff ist bei Hergot klar gekennzeichnet: „Hernach hab ich erkant das Got hatt von newem an auff bestalt / vnd eynen hirten gemacht vber seynen Schaffstal durch *verleyhung des erdtreychs*..."[16]

[12] Hergot 1953 62f.
[13] Fischer-Galatti 1954–56
[14] Zschäbitz 1958; Mecenseffy 1967; Hillerbrand 1962; Rammstedt 1966; Bernhofer-Pippert 1967
[15] Hergot 1953 53
[16] Hergot 1953 54

Diese „*Verleihung des Erdreichs*" ist aber nichts anderes als die Einführung einer generellen agrarkommunistischen Basis. Satz für Satz baut Hergot auf dieser Grundlage nun eine neue Gesellschaft auf. Kernpunkte der neuen sozialen und ökonomischen Organisation sind die Gotteshäuser als Mittelpunkte der Pfarrgemeinden. Dabei läßt sich Hergot sicher nicht allein von frommem Symbolismus leiten. Vielmehr hatte die Kirche bis dahin die einzige durchgängige und einheitliche Gemeindeorganisation aufgebaut, während die politischen Gemeinden in ihrer Ausdehnung schwankten, in ihren Gerichtssprengeln durch Grundherrschaftsverhältnisse sehr unterschiedlich definiert waren und durch die Realgemeinden bei der Allmendenutzung in manchen Gegenden, etwa im Alpenraum und im Schwarzwald, ganze Talschaften umfaßten. Die Pfarrgemeinde mit dem Gotteshaus als Mittelpunkt entspricht also nicht allein transzendenten religiösen Motiven, wenn sie auch daher vielleicht an Schlagkraft gewann, sondern auch politischer Kalkulation, nämlich revolutionärer Nutzung der gegebenen Organisationsverhältnisse. Allerdings kennt Hergot ihre demoskopische Unzulänglichkeit und möchte auch sie noch ausgleichen: einem jeden Gotteshaus sollten nämlich nur so viel Menschen zugeteilt werden, als „eyn ytzlicher Flur ertragen kan".[17] Es ist dasselbe Normierungsbestreben gegenüber der untersten Planungseinheit, das wir auch bei Gaismair und bei Eberlin schon kennengelernt haben, mit dem sich Thomas Morus am genauesten befaßt hatte, um es in klaren Zahlenverhältnissen auszudrücken.
Alle agrarische Produktion in diesem Flurbereich ist Gemeineigentum, aber es herrscht auch Produktionskommunismus: es sind „alle dinge ynn gemeynen brauch vorliehen".[18] Zunächst ist mit diesem Satz allerdings noch immer an den Konsum und nicht an die Erzeugung gedacht, denn es ist die Rede vom gemeinsamen Essen „aus eynem toppf" und vom Trinken „aus eynem Vasse". Die Formulierung vom „gemeynen brauch" wird aber vier Zeilen später wiederholt, und jetzt nicht im Zusammenhang mit dem Essen und Trinken, sondern mit der Arbeitsweise. Es werden künftig, heißt es nun, die Leute alle gemeinsam arbeiten, jeder nach seinem Geschick und Können, „vnd alle ding werden ym gemeynen brauch komen, so das es keyner besser haben wirdt, denn der ander". Gleiche Startchancen für alle Berufe! Im übrigen sehen wir ganz klare Vorstellungen vom Produktionskommunismus nur im Hinblick auf die landwirtschaftliche Erzeugung. Hier sprach Hergot wiederholt und eindeutig vom gemeinsamen Landbesitz. Die handwerkliche Produktion, später einmal

[17] Hergot 1953 54

[18] Hergot 1953 54

aufgezählt, wird nicht in derselben Weise ausdrücklich auf dem gemeinsamen Werkzeug- und Werkstattbesitz aufgebaut, aber nach allem, was wir erfahren, ist auch eine solche Gemeinsamkeit selbstverständlich, denn hören wir weiter:

Die Menschen in den neuen Wirtschafts- und Verbrauchseinheiten, den Fluren, werden alle „eynem mann gehorsam seyn",[19] nämlich dem Gotteshausernährer oder Kirchenernährer.[20] Es ist bezeichnend für die ökonomische Intention des Projekts, daß Hergot wohl, wie wir noch hören werden, für die oberen Ränge der Ämterhierarchie in seinem Weltstaat Herrschaftsbegriffe übernahm, wenn auch keine herkömmlichen. Wir werden da die Namen „Landherr" und „Viertelsherr" kennenlernen, die in erster Linie auf die Herrschaftsfunktion verweisen, wenn sie auch, weit entfernt etwa von Eberlins Staatsbau, aristokratische Rangbezeichnungen, wie etwa Graf, Herzog und König, vermeiden. Für den untersten Amtsträger seiner Weltstaatsorganisation hat Hergot aber die Hauptaufgabe seines Idealstaates im Begriff deutlich gemacht: das Nähren. Das erinnert uns daran, daß er am Schluß des Traktats auch den gesamten Gang der Weltgeschichte in einer Fabel von drei Tischen zusammenfaßte, und wir können noch die Erwägung anknüpfen, daß alle durchdachten funktionalen Utopien auf demselben ökonomischen Fundament aufbauen. „Kein ehrlichere nahrung soll seyn als Ackerbau" hatte Eberlin in diesem Zusammenhang gefordert, und Gaismair war geradeso um die Priorität der Agrarwirtschaft bemüht.

Johannes Hergot ging demgegenüber aber noch weiter, weil er die Ernährung selbst zur Staatsaufgabe erhob, ähnlich wie Morus. Es herrscht Arbeitspflicht in Hergots „neuer Wandlung": „es werden die leutte alle erbyten ynn gemeyn / eyn ytlicher wo zu er geschickt ist / vnd was er kan ..."[21] Morus hatte diesem Problem eine ziemlich aufwendige Überlegung gewidmet, wonach die Utopier im Turnus sowohl handwerkliche als auch bäuerliche Arbeit leisten, zu beidem dann allerdings entsprechend angeleitet werden müssen. Gaismair hatte diese Dinge nicht erwogen und begnügte sich offenbar mit der herkömmlichen Berufsteilung, ähnlich wie Eberlin, nur jeweils mit dem Bestreben, „überflüssige Handwerke" einzuschränken. Hergot greift die Frage der natürlichen Begabung und Veranlagung auf und stellt sich einen sozusagen liberalistischen Ausgleich unter diesen Voraussetzungen vor. Dazu gehört eine entsprechende Freiheit der Berufswahl, die er noch einmal bei der Kindererziehung betont: „wartzu

[19] Hergot 1953 54
[20] Hergot 1953 54–56, mehrfach
[21] Hergot 1953 54

sie denn lieb haben, dartzu wird man sie furdern zu der ehre Gotes vnd gemeynem nutz".[22] Er faßt die Frage also damit zumindest tiefer auf als die beiden anderen deutschen Utopisten und versucht, Neigungen und Notwendigkeit überein zu bringen. Wenig später zählt er die nötigen Handwerke auf: Schneider, Schuster, Wollenweber, Leineweber, Schmiede, Müller und Bäcker „vnd was für Handtwerck not werden seyn auff eynem itzlichen fluer".[23] Dabei fordert er den gemeinen Nutzen als Handwerksprinzip im Rahmen der Flureinheit und verlangt von jedem Handwerker die Heranbildung eines anderen, um den Bestand zu sichern.

Der Nürnberger Hergot hält, ähnlich wie der mit den Verhältnissen der großen süddeutschen Reichsstadt Ulm zweifellos vertraute Prediger Eberlin, auffällig viel von einem geregelten, schon früh einsetzenden Schulsystem, aber es handelt sich um Internatsschulen, nicht um eine Ausbildung zusätzlich zum Familienleben, wie sie Morus oder wie sie Eberlin vorgesehen haben. Familienleben an sich ist in Hergots Konzept sogar im Siedlungsbild berücksichtigt, das fortan aus einer „vorsammlung" von Häusern „nach Carthäusers weyß" besteht.[24] Aber von da werden die Kinder schon mit drei oder vier Jahren der Gemeinschaft überstellt. Das geschieht in liturgischen Formen im Dienst der utopischen Staatsreligion. Die Kinder werden in die Kirche getragen, dort Gott geopfert, vom Kirchenernährer übernommen und sind damit also aus dem Familienleben ausgetreten und in die Gemeinschaft aufgenommen. Nun werden sie – Knaben und Mädchen getrennt – in eigenen Häusern erzogen. Vom Sachbereich dieses Unterrichts erfahren wir nur die Formel von der Ehre Gottes und dem gemeinen Nutzen und den schon zitierten Hinweis auf eine Berufsausbildung nach der Vorliebe der Zöglinge. Im übrigen wird noch angegeben, daß jeder zwölfte „der selbigen menschen",[25] aber doch wahrscheinlich der jungen Männer, „zu dem dienst Gottes vnd gemeynem nutz" ausgewählt und als Priester eingesetzt werden soll.

Es gibt eine allgemeine Wehrpflicht in Hergots Zukunftsstaat. Wir hören gelegentlich, daß sie die Aushebung jedes dritten Mannes vorsieht.[26] Wir erfahren aber dabei eine Einschränkung der herkömmlichen Kriegsgewohnheiten. Kriege dürfen nur zur Ehre Gottes und gemeinem Nutzen geführt werden, eine Formel, die auf den bloßen Defensivkrieg weist. Das erläutert Hergot an einer anderen Stelle, in der er anmerkt, ein jeder „Landesherr", von dessen Einsetzung wir

[22] Hergot 1953 54 [23] Hergot 1953 55 [24] Hergot 1953 54
[25] Hergot 1953 54 [26] Hergot 1953 56

noch hören werden, werde sich mit seinem eigenen Lande begnügen, also keine Eroberung unternehmen.[27] Im übrigen ergibt sich stillschweigend aus dem Weltstaatssystem, daß Kriege unter der bestehenden Herrschaftsaufsichts- und Gerichtsfunktion übergeordneter Regierungsämter weit genug eingeschränkt sein würden und eigentlich nurmehr Rebellionen und damit eben Auflehnungen gegen den gemeinen Nutzen bedeuten.

Zurück zur Flurordnung: da herrscht eine ausgeprägte Sozialfürsorge. Es gibt Altersheime mit vorzüglicher Versorgung, „bas denn ynn keynem Spittal";[28] es gibt Krankenhäuser und in ausgesprochener Analogie dazu Zuchthäuser für Verbrecher; die sollen darin so lange gehalten werden, „bis sie yhre sund berewen".[29] Damit hat sich auch Hergot für das Prinzip der Erziehungsstrafe ausgesprochen, entschlossener noch als die anderen Utopisten seiner Zeit.

Ähnlich wie Eberlin kennt auch Hergot ein Sparprinzip, das zur Autarkie der Flureinheiten tendiert. Es betrifft auch hier wieder die bedeutendsten Fernhandelsprodukte der Zeit, nämlich Textilien und ihre Farben. So erfahren wir also, was wir schon bei Morus und Eberlin gehört haben: die Utopier sollen einfache hausgearbeitete Kleider tragen, möglichst grau bei Morus, zweifarbig nach den Geschlechtern bei Eberlin und etwas großzügiger, weiß, grau, schwarz oder blau, bei Johannes Hergot: klösterliche Kleiderregeln! Dennoch läßt sich in völliger Autarkie nicht leben: Morus wußte das so gut wie Eberlin, Gaismair oder unser Nürnberger Buchdrucker. Er berücksichtigt zum mindesten eine gewisse Unausgeglichenheit der Produktion, Mangel hier und Überschuß dort. Damit hat seine Weltwirtschaft freilich schon ein anderes Gesicht: sie entwickelt eine totale Planung, wie sie weder das utopische Eiland des Morus noch die Überlegungen Eberlins oder das politische Programm Gaismairs kennen. Diese Planwirtschaft wird bereits im Rahmen der Flurorganisation angemerkt: Überschüsse sollen „vmb andere wahr"[30] getauscht werden. Genauer erläutert wird der Vorgang dann beim höheren Aufbau der Weltorganisation.

IV.

Die Gotteshausernährer wählen nämlich, offenbar in herkömmlichen Grenzen, „als weyt eyn ytzlich landt ist",[31] einen Herrn ohne genauere Qualifikation. Er ist fortan ihr Vorgesetzter, übt sein Aufsichtsamt auf

[27] Hergot 1953 56
[28] Hergot 1953 55
[29] Hergot 1953 55
[30] Hergot 1953 55
[31] Hergot 1953 55

ständiger Wanderung von „eynem fluer zu dem andern“,[32] er lebt auf Kosten seiner Untertanen, alle seine Arbeit tut er aber um Gotteslohn. Dieser Landesherr wird nun alle Kirchenernährer zwei- oder dreimal im Jahre oder noch öfter zu sich berufen, um mit ihnen Überschüsse oder Mängel zu beraten; er wird die Vorratshäuser bauen für das eigene oder für andere Länder.

Zwölf Landesherrn wählen einen Viertelsherrn. Auch in dem Zusammenhang erfahren wir etwas von Planwirtschaft und Importwesen. Ein jeder Viertelsherr nämlich „wird nicht mehr denn eynen eynkauff haben / vnd der so gros, daß er gnug fur die landt / so er unter yhm hat“.[33] In dieser Weise ist der unvermeidliche Import im großen Rahmen der Weltstaatsorganisation geregelt.

Vor der Erörterung der übrigen Weltorganisation sind noch zwei Einrichtungen auf Landesebene wichtig: das höhere Schulwesen und das Spezialistentum. Jeder Landesherr soll eine „Hohe Schule“[34] unterhalten mit demselben Unterrichtsziel, das allein auch den Flurschulen vorgesetzt war, nämlich der Ehre Gottes und dem gemeinen Nutzen. Allerdings ist diese Schule auf einem höheren theoretischen Niveau als die Grundschulen zu halten und auch mit den entsprechenden Büchern auszustatten. Damit ist die Schulhierarchie noch nicht erschöpft. Der Handwerker aus Nürnberg denkt noch an Hochschulen bei den Viertelsherrn, in denen die Grundsprachen der Heiligen Schrift gelehrt werden, nämlich lateinisch, griechisch und hebräisch. Die selben drei Sprachen hatte Eberlin wenigstens in Umrissen als Unterrichtsfach für die Grundschulen in „Wolfaria“ gefordert. Sie tauchen auch anderwärts in biblischer Tradition auf, aber bei Hergot sind sie zugleich das Organisationselement für den größeren Rahmen des Weltstaates: vier Viertel bilden eine „Zunge“, und drei „Zungen“ kennt die gesamte Weltorganisation in seinem Modell, eben lateinisch, griechisch und hebräisch. Deshalb brachte Hergot diese Sprachkenntnis ausdrücklich mit dem politischen Zweck und nicht etwa mit dem biblischen in Verbindung. Dieser drei Sprachen nämlich werde es „not seyn ... zu bestellung des eynigen hirten“,[35] der Weltregent wird sie für sein Regiment brauchen, und folglich muß man sie auf der dritten Ebene des Schulwesens betreiben; in der mehrsprachigen Welt, wie sie Hergot sich vorstellt, ist Sprachenpflege eine politische Voraussetzung und deswegen Aufgabe des Hochschulwesens.

Die zweite wichtige Institution, die wir auf Landesebene kennen-

[32] Hergot 1953 56
[33] Hergot 1953 57
[34] Hergot 1953 56
[35] Hergot 1953 57

lernen, ist ein Spezialistentum, das Hergot in besonderer Weise ausgebildet hat, ohne daß wir dafür bei Morus, Eberlin oder Gaismair eine Parallele fänden. Es handelt sich um „fluerweyse vnd schrifftweyse“,[36] die der Landesherr, soweit man einem offenbar verdorbenen Satz entnehmen kann, bei sich haben werde, die einen, wie genau erklärt wird, als Fachagronomen, die anderen als Theologen; die einen also „zur Ernährung des Leibes“ und die anderen „zu der seele heyl“.[37]

Vom Seelenheil hält Hergot nämlich bei aller ökonomischen Fundierung seines Weltstaates sehr viel, es ist die unentbehrliche Parallele für den utopischen Staatszweck; das beste Leben umschließt bei allen unseren Utopisten immer zugleich den gesamten Leib-Seele-Dualismus, wie er etwa der herkömmlichen theologischen Definition entspricht. So betont also Hergot auch: „die wandlung derselbigen menschen wird besser seyn denn aller orden“,[38] oder er hebt den intensiven Gottesdienst hervor, den man auf den Fluren halten wird, den Dienst an Gott „vnd allen Gottes heyligen“,[39] in katholischer Tradition, wie sie auch Eberlin noch festhält; er hebt hervor, daß die Menschen in seiner neuen Ordnung nicht nur gottgläubig, sondern auch bereit zu christlichen Werken sein werden, zum Beten, Fasten, zur Kontemplation. Die Aufsicht über diesen religiösen Dienst gehört mit zu den Regentenpflichten, es gibt also keine selbständige Kirchenorganisation, sondern die Kirche als Staatsreligion ist der politischen Organisation völlig eingegliedert. Die Parallele im individuellen Leben, die mehrmals erwähnt wird, etwa auch in der Gleichsetzung von leiblicher und seelischer Speise,[40] korrespondiert mit der Einheit von politischer und kirchlicher Organisation.

Aus dem Lehrbereich des Religiösen erfahren wir im übrigen nur, daß von den sieben Sakramenten der alten Kirche künftig drei in diesem Rahmen bestehen bleiben, offenbar Taufe, Eucharistie und vielleicht das Bußsakrament. Von den anderen, die fortan nurmehr fromme Übungen sein sollen, sind unmißverständlich Firmung und Krankenölung genannt, denen auch Eberlin den Sakramentenrang nicht mehr zuerkannte. Auf die Ehe ist in einem verdorbenen Satz angespielt, der die Unauflöslichkeit betont. Hierin dachten sowohl Morus als auch Eberlin anders.

Hergots Weltstaatsorganisation kennt Länder, Viertel und Zungen als Untergliederungen der gesamten Menschheit im Zahlenverhältnis

[36] Hergot 1953 56
[37] Hergot 1953 56
[38] Hergot 1953 54
[39] Hergot 1953 55
[40] Hergot 1953 56

12:12:1. 12 Länder bilden nämlich ein Viertel und wählen einen Viertelsherren; 12 Viertel der drei Zungen aber bilden miteinander die Welteinheit, ihre Herren wählen den „haupthern" für die ganze Welt.

Wahrscheinlich wählte Hergot die Zwölfzahl aus symbolischen Gründen zur Maßeinheit für sein Organisationsgerüst. Demgegenüber orientiert er sich aber auch „realistisch": Das beginnt bei den Flureinheiten, die er, mit Korrekturen, prinzipiell den bestehenden Pfarrgemeinden entnahm, setzt sich fort bei den Ländern, die er begrenzt „als weyt eyn ytzlich landt ist"[41] (obwohl er nach seiner Rechnung doch, einigermaßen inkonsequent, die ganze Welt in 144 Länder einteilen müßte), und führt schließlich zu den „Zungen", deren Existenz Hergot der Bibel entnahm. Demnach spricht er von der lateinischen, der griechischen und der hebräischen Zunge, und diese „Sprachgrenzen" sind der Bestimmung seiner Viertel zugrundegelegt. Eine größere Rolle spielen die Zungen aber nicht. Es gibt keine „Zungen-" sondern Viertelsherren, die Zwölfzahl dominiert.

Die Amtsträger in Hergots Weltstaat müssen besonders qualifiziert sein. Einem Landherrn billigte Hergot noch zu, daß er „Flurweise und Schriftweise"[42] zu seiner Beratung habe, ein Viertelsherr aber muß selber „schrifft vnd landtweys seyn",[43] während der „einzige hirt", der die ganze Welt regieren soll, dazu auch noch über die genannte Sprachenkenntnis verfügt.[44]

V.

Soweit erscheint Hergots neue Weltordnung recht einfach in ihrer Verwaltungsfunktion, weil sie auf jedes Steuer- und Abgabensystem verzichtet, klar aufgebaut und auch glaubhaft in ihrer wirtschaftlichen Konsistenz wie ein jeder Agrarkommunismus. Dieses Bild wird nun aber beeinträchtigt durch den Entwurf eines Münzsystems, das Hergot jedem Stockwerk seines Weltengebäudes angemessen hat. Wir fragen uns: weshalb muß ein agrarkommunistischer Weltstaat eine eigene Münzordnung besitzen? Schlug hier ein altes Anliegen der Reichsreform nach den Entwürfen des 15. Jahrhunderts durch, die immer wieder den tatsächlichen und vermeintlichen Mißständen der Münzvielfalt, des Münzverrufs und der Münzentwertung durch eine einheitliche Reichsmünze zu begegnen suchten? Oder folgte Hergot einer bekannten, besonders von Hermann Oncken und Gerhard Ritter besprochenen Doppelgleisigkeit im Entwurf des Thomas Morus, der

[41] Hergot 1953 55
[42] Hergot 1953 56
[43] Hergot 1953 57
[44] Hergot 1953 57

die Geldverachtung auf der Insel Utopien mit ihrer erfolgreichen Außenhandelsbilanz vereinigte? Auch bei der Formanalyse der Schrift Hergots wirft dieser Zusammenhang Fragen auf. Während nämlich der Traktat, und besonders der ganze Zusammenhang des utopischen Entwurfes, doch recht passabel gegliedert ist und kaum einmal vom zielbewußten Grundriß der Konstruktion abweicht, erscheinen die Aussagen über das Münzwesen in eigenartiger Unordnung: wir erfahren erst auf Landesebene von ihnen, doch wird dann nachgetragen, daß auch die Kirchenernährer Münzen schlagen dürften; das mag noch verständlich erscheinen, weil ihnen das Münzrecht nur mit Erlaubnis ihres Landesherrn zusteht. Als aber dann von den Viertelsherrn und ihren Münzen die Rede ist, taucht dieser Zusammenhang gleich dreimal innerhalb einer Druckseite auf und wird schließlich in bezug auf die griechischen und hebräischen Viertelsherrn noch ein viertes Mal wiederholt.

Sehen wir nach dem Inhalt der Aussagen: Münzhohheit besitzen in Hergots Weltstaat die Landesherren, die Viertelsherren und der Weltherr, die Kirchenernährer nur aus Erlaubnis der Landesherren. Der Wert der Münzen hängt ab von der Stellung dessen, der sie prägen ließ und entspricht auch in seinem Zahlenverhältnis den Organisationsprinzipien; so wie 12 Landesherren einen Viertelsherrn wählen, 12 Viertelsherren den Herrn der ganzen Welt, so gelten auch die Münzen der Viertelsherren zwölfmal so viel wie die landesherrlichen, die Münze des Weltenherrschers aber entspricht nach ihrem Wert zwölf Einheiten aus der Prägung der Viertelsherrn. Das Münzwesen jener Zeit kannte noch kein Dezimalsystem, wie man weiß. Im Streben nach einer durchgängigen Orientierung bedeutet demnach die Einführung der Zwölfzahl als Entsprechung zum Verwaltungsaufbau einen bemerkenswerten Konstruktionsfortschritt gegenüber der Wirklichkeit. Die Münzen der ganzen Welt sind einheitlich gestaltet, sie tragen Prägeorte und Herkunftsländer und auf einer Seite den Namen Jesus. Die große Währungseinheit, die der Weltherr prägt, zeigt eine Legende, die sich als Staatsdevise überhaupt bezeichnen läßt: „Eyn hirt vnd eynerley schaffstal“.[45]

Hergot schafft also der Sache nach ein klares Währungssystem, orientiert es am Verwaltungsaufbau und weiß es auch staatspropagandistisch zu nützen; dies ist freilich ein Zug, der dem Münzwesen längst eigen war. Der gedanklich klare Aufbau verriet uns zugleich etwas vom Zwecke dieses Münzsystems im Agrarkommunismus, in dem es doch weder Zins noch Rente gibt.[46] Das Währungssystem noch des

[45] Hergot 1953 58 [46] Hergot 1953 56

16. Jahrhunderts lebte ja bekanntlich, anders als heute, nur bedingt von volkswirtschaftlichen Beziehungen und gründete sich vielmehr auf seinen Gold- und Silberwert. Dementsprechend stand es auch in Relation zur Montanproduktion an diesen beiden Edelmetallen, so daß man unsere Vorstellungen von Nationalökonomie und ihren Handelsbilanzen nicht ohne weiteres auf diese Zusammenhänge übertragen darf.

Das ist der Rahmen, in dem Johannes Hergot auch in seinem idealen Weltstaat das Münzwesen sieht. Geld ist geprägter Exportartikel, es dient offenbar auch in den Zusammenhängen seines Systems wirtschaftlichen Zwecken, dient „zu notturfft eyns gemeinen nutzs“,[47] wie er das Münzrecht der Kirchenernährer erläutert. Aber es dient nicht dem individuellen Erwerbsstreben, weil ja doch innerhalb der Flurgemeinschaften alle Dinge „ynn gemeinen gebrauch“ gekommen sind, also kann es nur für die Wirtschaftsbeziehungen zwischen den Gemeinschaften gedacht sein. Und tatsächlich: wir erfahren immer wieder von den notwendigen Besprechungen, um Mängel oder Überproduktion ständig zu kontrollieren, und wir hören zwar bei der Flurorganisation gelegentlich von Tauschgeschäften der Flurgemeinschaften untereinander „vmb andere wahr“,[48] aber die Viertelsherren müssen, so erfahren wir später, sich von Amts wegen um einen „eynkauff“ für ihre Regierungsbereiche bemühen.[49] Damit ist also von „Kauf“ die Rede, und Gold und Goldeswert ist aus Hergots Utopie nicht verbannt, ist nicht Kindertand oder Sklavenzierde wie bei Thomas Morus, sondern ein Regulativ des inneren wirtschaftlichen Zusammenhalts. Denn wo die Viertelsherren einen „eynkauff“ haben, so müssen andere verkaufen, und so muß man auch innerhalb des Viertels folgerecht nicht nur naturalwirtschaftliche, sondern eben auch durch den Besitz, durch die Produktion und durch den Tausch von Edelmetallen geregelte geldwirtschaftliche Beziehungen unterhalten. An die Stelle der individuellen setzte Hergot die kollektive Geldwirtschaft, denn als Besitz- und Verwaltungseinheiten tauchen jeweils die Organisationselemente seines Staatswesens auf, und weil ihren Abhängigkeiten auch die Größeneinheiten des gesamten Finanzsystems entsprechen, scheinen ihm, in einer groben Abstraktion freilich, die geldwirtschaftlichen Beziehungen auch hinreichend stabilisiert. Eine solche Verbindung von Kommunismus und Geldwirtschaft ist den übrigen Utopien fremd. Man wird Hergots Konstruktion des Finanzwesens nicht sonderlich überzeugend finden, und es fehlte zudem im Aufbau der Schrift nicht an Hinweisen, wonach er

[47] Hergot 1953 56 [48] Hergot 1953 55 [49] Hergot 1953 57

seine Münzordnung vielleicht dem Grundriß seines Konzepts nachträglich eingefügt hat. Dennoch: die Konsequenz, mit der Hergot sich auf diesem Felde wenigstens versuchte, ohne dabei das Koordinatengefüge einer utopischen „Gegenwelt" zu verlassen, scheint mir im Rahmen vergleichbarer anderer Konstruktionen doch aller Beachtung wert.

VI.

Die sächsische Obrigkeit verhaftete 1527 nicht Hergot allein, sondern noch zwei andere Männer, Studenten, die seine Schrift offenbar kolportierten. Mehr wissen wir von ihrer Verbreitung nicht. Es läßt sich auch nicht sagen, wie das Publikum auf seine Pläne reagierte, wenn wir uns auch denken müssen, in wie vieler Hinsicht sie, mindestens, was den „gemeinen Mann" und seine Lebensverhältnisse betraf, doch den Kommunen der Huterer ähnelten, die sich gerade damals in Mähren organisierten. Immerhin erfahren wir aus dieser Quelle einiges von der generellen Ablehnung der alten Kirche wie der obrigkeitlichen Reformation, die sich dabei trotz der rationalen Spekulation von einer besseren Welt nicht nur vom biblischen Symbolismus und seinen chiliastischen Erwartungen nährte, während sie ein drittes Zeitalter des Heiligen Geistes predigte, sondern die ihren Kommunismus auch ohne Umschweife aus der Bibel rechtfertigte: „dann wird erfult werden das Vater vnser / Vnnd werden zu synn nemen wortt das der Herr offt ynn Vater vnser nennet / vns / vns/ vns./"[50] Weil Christus in seinem Hochgebet keinen einzelnen, sondern immer wieder die Gemeinschaft anspricht, so sieht Johannes Hergot mit seinem kommunistischen Projekt auch das biblische Lebensideal verwirklicht und das Reich des Teufels endlich zerstört. Sein Büchlein trägt die Devise: „Hutt dich Teuffel / Die Hell wird zurbrechen."

[50] Hergot 1953 55

Die Gegenreformation: Stiblinus 1555

I.

Die utopische Fachliteratur weiß kaum etwas von Kaspar Stüblin aus dem Allgäu, ein Kind armer Leute. Er wurde 1526 in Amzell bei Wangen geboren. 22 Jahre später ist er in der Matrikel der Universität Freiburg zu finden. Dort promovierte er schon 1549 zum Bakkalaurius, 1551 zum Magister artium und lehrte lateinische Grammatik. Inzwischen war aus dem Stüblin nach Humanistenart ein Stiblinus geworden. Vor der Pest floh er 1553 nach Schlettstadt, lebte hier sechs Jahre und verfaßte seine Eudämonie. Ein Ruf nach Freiburg scheiterte danach an irgendwelchen Intrigen. 1559 aber holte ihn der Fürstbischof von Würzburg an sein Gymnasium, wo er sich 1561 und 1563 als Professor der Rhetorik nachweisen läßt. Dann verliert sich seine Spur.[1]

In modernen Lexika hat man ihn, wie es scheint, überhaupt vergessen. Wir müssen bis ins 18. Jahrhundert zurückgehen, um in Zedlers Universallexikon einen Hinweis,[2] bei Fabricius einen Artikel über ihn zu entdecken.[3] Dann setzte sich zwar Josef Prys 1913 in seiner Übersichtsarbeit über die Staatsromane mit ihm auseinander. Aber eine genauere Betrachtung fand er erst 1963 in einer Studie von Luigi Firpo.[4] Nun schien freilich Firpo von diesem spät genug entdeckten Thema nicht recht angetan. Zwar hat er Stüblins Utopie nach 400 Jahren zur zweiten Auflage verholfen,[5] aber er bezeichnet sie zusammenfassend als „religiöse Illusion, neben rudimentären ökonomischen Aspekten von aristokratischem Patriarchalismus und spartanischer Lebensstrenge, gekennzeichnet von Mängeln in der Originalität und in der Kühnheit des kritisch-sozialen Modells".[6]

Andererseits hatte schon Prys 1913 in der Organisation von Stüblins Idealstaat doch recht fortschrittliche Elemente beobachtet und zeigte, daß Stüblin auch bei einem Klassiker der europäischen Utopie ein deutliches Echo gefunden zu haben scheint. Kein Geringerer nämlich als Campanella, wie Firpo noch einmal hervorhob, dürfte sich nach seinen Anregungen gerichtet haben, als er das Erziehungssystem und die Manipulation der öffentlichen Meinungsbildung in seinem Sonnenstaat entwarf.[7]

Stüblin schrieb seine Eudämonia, nachdem er 1553 als Lehrer an die berühmte Humanistenschule in Schlettstadt berufen worden war. Der Rahmen seiner Erzählungen entspricht der literarischen Fiktion des Thomas Morus, obwohl sich Stüblin niemals darauf bezieht, außer denn, daß er Eudämonia auf die Insel Makarien verlegt, die nach Morus nicht weit von Utopia zu finden ist. Mißt man sein Essay ohne weiteres an dem englischen Entwurf, der 40 Jahre früher, übrigens geradeso auch in Basel, verlegt worden war, dann fällt das Produkt des deutschen Gymnasialprofessors freilich merklich ab, so daß wir Firpos Urteil von 1963 gut begreifen; vielleicht nicht so sehr wegen des zwar klaren, aber schulmeisterlichen Lateins, und nicht einmal wegen des

[1] Firpo 1963 111; Meyer 1968 126
[2] Zedler 1735 [3] Fabricius 1716 [4] Firpo 1963 und Prys 1913
[5] Firpo 1959 [6] Firpo 1963 118 [7] Firpo 1963 119

pedantischen Aufbaus: Vielmehr fehlt ihm im inneren wie im äußeren Stil, fehlt dann eben auch in der Aussage selbst der poetische Schwung, der die Erzählung des englischen Humanisten auszeichnet.
Stüblins Büchlein steht also deutlich hinter dem Prototyp der utopischen Erzählung zurück; nur ist damit noch nicht alles ausgesagt, noch nicht jeder Maßstab des Vergleichs erschöpft. Stüblins Entwurf lebt nämlich – wie Firpo richtig sah – vom Rückgriff auf antike Belegstellen, der bei Morus fehlt, hinter dem man aber nicht mit Firpo die bloße Einfallslosigkeit erkennen muß.[8] Da wirkt doch auch Absicht: Stüblin–Stiblinus verfaßte, darin freilich befangener als Morus vom Bild einer antiken Renaissance, in erster Linie eine historische Utopie, bestimmt vom Lob der Staatsweisheit der Alten, mit unverhohlener repressiver Tendenz. Platon, Xenophon und Aristoteles stufte er dabei nur gering ein[9] und traf seine Auswahl aus dem echten und dem vermeintlichen Ablauf der alten Geschichte, aus stoischer und römischer Staatsweisheit. Darin steckt jene konservative Aussageabsicht der historischen Utopie, steckt jene „contre reform", die der italienische Kritiker 1963 richtig erkannte.[10]
Aber auch dieser Entwurf mit historischer oder pseudohistorischer Grundlage und zumindest mit einem Ansatz zu funktionaler Geschlossenheit gehört zum vergleichbaren gedanklichen und trotz seiner reaktionären Tendenzen auch zum echten Bestand im breiteren Fluß der europäischen Utopie. Genauer: Stüblins Utopie schöpft etwa aus den Gedankengängen des Zeitalters der Gegenreformation. Sie ist nicht gerade kirchentreu, auch nicht so recht katholisch im dogmatischen Sinn, trotz eines verbalen Bekenntnisses,[11] aber als eine ideale Vereinigung von stoischem Rigorismus, kirchlicher Disziplin und absoluter Staatslenkung ist sie doch in mancher, und eben in bezeichnender Hinsicht eine Nachbildung des Gegenweltkonzepts, das eine Generation zuvor Thomas Morus präsentierte.

II.

Stüblins gesellschaftliche Vorstellungen sind konservativ, weil er seine Vorbilder der Sozialordnung der Antike entnimmt und seine Gegenwart immer wieder danach richtet: Da gibt es Arme und Reiche, Gelehrte und Handarbeiter, Fürsten und Staatsbürger. Auch die republikanische Verfassung Eudämoniens störte nicht in einer Welt, in der die landesfürstlichen Monarchien und die oligarchischen Reichstadtrepubliken einander noch einigermaßen tolerierten oder

[8] Firpo 1963 119
[9] Stiblinus 1555 77
[10] Firpo 1963 115 und 119
[11] Stiblinus 1555 111

zumindest nebeneinander bestanden. Und doch vertritt Stüblin zugleich revolutionäre Perspektiven: Auch er mißt die gesellschaftliche Schichtung allein an ihrer ethischen Berechtigung, verfeinert noch, am humanistischen Bildungsideal, das er durchweg für die führenden gesellschaftlichen Gruppen fordert, für die gehobenen „Sparten", wie er sagt, und damit schon in dieser Begrifflichkeit von der übrigen Gesellschaft abgrenzt.[12]

Aber Stüblin münzt seine Erkenntnisse über die Unvollkommenheit der Gegenwart nicht um zum Ruf nach dem Umsturz der Verhältnisse. Er sieht die Obrigkeit zwar nachlässig, ja lasziv, aber einen eingefleischten Hang zum Bösen, von dem er häufig spricht, will er gerade nicht bei ihr erkennen, sondern mit gehöriger Humanistenarroganz beim einfachen, ungebildeten und wankelmütigen Volk: corruptus vulgus.[13] Unter diesen Umständen bleiben also die moralischen und sozialen Schichtungen in der gegebenen Ordnung.

Leicht könnte man die 50 Druckseiten über Eudämonien in exaktem, durchsichtigem Latein, immer wieder unterbrochen durch griechische Zitate, für die Stilübung eines Grammatikprofessors halten – beziehungslos, wirkungslos in der Welt der Politik. So hat man Stüblins Arbeit bisher offenbar auch angesehen, soweit man überhaupt von ihr Notiz nahm. Aber mir scheint diese Einschätzung nicht richtig, denn der Appell an den rationalen Maßstab aller Politik, ja aller gesellschaftlichen Ordnung überhaupt ist doch ausgesprochen, ist mit aller Mühe systematisiert und nicht nur zur oberflächlichen Kritik an vereinzelten Mißständen verwendet worden. Allein, daß Campanella in seinem Meisterstück utopischer Spekulation sich bei Stiblinus Anregungen geholt zu haben scheint, sollte uns anders über diese Schrift urteilen lassen. Und es ist nicht nur einmal Stüblins Vorstellung von einem neuen Schulwesen, das Firpo danach bei Campanella wiederzufinden meinte, es ist sogar auch ein Stichwort – das Stichwort Campanellas – das bereits Stüblin gebrauchte: idem sol in coelo, idem magistratus in civitate.[14] Die Regierung soll im Staate herrschen wie die Sonne am Himmel. Dementsprechend führen die Leute in Eudämonien auch die Sonne im Wappen. Sie ist Vorbild ihrer Regierung: unbesiegbar, allgegenwärtig und – zentral.

Stiblinus wählte also dasselbe Staatssymbol, das sich einst Jambulos in der Spätantike ausgedacht hatte,[15] allerdings abstrakter, mit stärkerem Symbolcharakter, als er dem unmittelbaren Bezug zur glücklichen Sonneninsel in der spätantiken Utopie eigen war. Wir wissen nicht,

[12] Stiblinus 1555 90
[13] Stiblinus 1555 108
[14] Stiblinus 1555 85
[15] Bloch 1969 27f.

wieweit er eine mittelbare Kenntnis dieses literarischen Vorbilds besaß. Aber 50 Jahre später begegnet uns das Bild wieder in Campanellas „Sonnenstaat“.
Thomas Morus übermittelte in vielen Szenen von seiner Glücksinsel unmittelbare Anschauung aus der funktionalen Utopie mit reger Phantasie für den konkreten Alltag. Den Überblick, die abstrakte Systematik muß sich sein Leser oftmals selbst verschaffen, allerdings in anregendem Mitvollzug. Stiblinus ist demgegenüber ein schlechter Schulmeister. Er bietet von vornherein ein deduziertes System, das schon in seiner Gliederung den Leser leicht ermüdet. Andererseits zeigt er dabei aber ein auffälliges Verständnis für gesellschaftliche Systematik. Er gibt sich als umsichtiger Sozialtheoretiker; eine Ambition, die dem humanistischen Bildungskanon herkömmlicherweise fern lag. In ihrem Zusammenspiel funktioniert seine Idealgesellschaft freilich viel mühsamer als das Gemeinwesen auf der Insel „Nirgendland“ des Thomas Morus. Morus vertraute seinen Prämissen, wenn auch nur in der Fiktion seines literarischen Gesprächspartners. Stiblinus, der unmittelbar erzählt, berichtet mit Überzeugung, aber er sieht die gesellschaftlichen Zustände in Eudämonien vom Katheder: immer mit der Zuchtrute in der Hand. Der Zwang des Systems, bei Morus fein in den Institutionen verborgen, wird in seiner Darstellung auf jeder Seite unmittelbar ausgesprochen. Nun war aber auch Campanella vom Zwang eines Systems besessen; und dennoch wirkt sein „Sonnenstaat“ vergleichsweise großzügig: Er hat die Faszination, das Atemberaubende der totalen Gegenwelt. Stiblinus bleibt diesem genialen Schwung einigermaßen fern. In schrittweiser Konstruktion entwickelt er sein Idealgebilde von der Kosmologie bis zum Preisreglement.

III.

Die kosmologischen Aussagen sind gleich zu Anfang seines Berichtes von der Insel der Eudämonier zu finden. Da ist zunächst einmal die Feststellung von der allwaltenden Kraft der göttlichen Vorsehung. Aus ihrer Vorausschau, numinis providencia, und nicht aus blindem Zufall entstand vor Zeiten einmal das Staatswesen der Eudämonier auf der Insel Makarien.[16] Der allwaltende Gott, der Lob und Strafen austeilt, bestimmt fortan die eine Achse im Koordinatensystem des Projekts. Die andere wird bezeichnet von einem Menschentum, dem es unmöglich ist, seine transzendent bezogene soziale Bestimmung zu

[16] Stiblinus 1555 78

verkennen. Demnach gibt es niemanden in Eudämonien, qui in se expressam divinae naturae imaginem non agnoscat, „der das in sich vorgeprägte Abbild der göttlichen Natur nicht erkennt".[17] Damit ist zumindest für den Bereich des utopischen Eilands die Erkenntnistheorie formuliert, von der sich überall die utopische Philosophie ernährt; wir begegnen dem Begriff von einer grundsätzlich guten, inkorrupten oder restitutionsfähigen menschlichen Natur, geleitet durch die Unfehlbarkeit der menschlichen Vernunfterkenntnis: et nihil tam secundam naturam esse putant, quam caste sobrie severe iuste et pie vivere – nichts halten die Eudämonier für so naturgemäß, als keusch, nüchtern, ernst, gerecht und pflichtbewußt zu leben – der stoische Tugendkatalog in utopischer Verallgemeinerung.[18]

„Ernst, gerecht und fromm" – nicht sorglos und heiter lebt man in Eudämonien, weil man die große Aufgabe der irdischen Glückseligkeit niemals aus den Augen verlieren darf; dieselbe puritanische Anstrengung ist allen auferlegt, wie in Utopia auch; dasselbe Menschenbild begegnet uns, dem das unbeschwerte Lachen fehlt und das individuelle Gesicht. Dafür gibt es eine vollkommene Übereinstimmung zwischen Menschen und Weltbild unter der Vorstellung, der Mensch sei nur ein kleines Abbild des gesellschaftlichen Organismus oder die Gesellschaft sei nach dem Menschenbild gebaut.[19] Der Geist beherrscht den Körper so wie der rechte Magistrat die Republik[20] und sei dabei geradeso imago divinae naturae, wie die politische Obrigkeit, wie princeps oder Magistrat im Idealstaat dem Archetyp des Göttlichen entsprächen. Auch der Kosmos spiegelt diese hierarchische Ordnung wider, und aus diesem Grunde bekommt die Sonne im Wappen der Eudämonier noch einen neuen und wichtigen Symbolbezug.[21] Die rechte Ordnung bedeutet nämlich die allumfassende, die buchstäblich das All umfassende concordia und harmonia.[22] Das ist die Weltenharmonie, in der allein der Mensch sich wahrhaft glücklich fühlt, deren Übereinstimmung auch die utopische Strenge mildert, ja eigentlich aufhebt, weil sie im System nicht als Zwang empfunden wird. In steter Bemühung um individuelle und soziale Disziplin findet der Mensch zu jener Grundhaltung, die uns eigentlich allen eingeboren ist: Er findet also zu sich selbst. Die Bürger Eudämoniens leben so, ut natura, non disciplina consulti esse videantur. Die Natur selbst führt sie zum Guten hin, bonitas ipsis innata est ut nihil nisi purum liquidumque haurias.[23] Sie können also nur gut tun.

[17] Stiblinus 1555 79
[18] Stiblinus 1555 80
[19] Stiblinus 1555 80
[20] Stiblinus 1555 87
[21] Stiblinus 1555 85
[22] Stiblinus 1555 81
[23] Stiblinus 1555 84

Nach diesem Aufriß eines utopischen Gedankengebäudes auf der Ebene des intellektuellen Szientismus, in wenigen Strichen, wie die unerhörte Geometrie mancher frühbarocken Fassade, fällt unserem Autor der Weiterbau im Detail freilich nicht leicht. Die funktionale Utopie ist – wie wir beobachtet haben – ökonomische Utopie. Nun hat aber Stiblinus die Ökonomie in das letzte Kapitel seiner Darlegung verbannt, so daß er davon die nötigen funktionalen Bezüge nicht herleiten kann. Deshalb kann er sein Projekt auch nicht lebendiger machen; deshalb die „mangelnde Kühnheit", die Firpo beobachtete, die mangelnde Dynamik eigentlich, die ungenützten Funktionsbezüge; deswegen eben der Appell an das historische Vorbild, der Rückgriff auf repressive Disziplin, wo die funktionale Zwanglosigkeit sich nicht einstellen will. Einigermaßen künstlich haucht er seiner Darstellung den nötigen Lebensatem ein, durch historische Reminiszenzen, durch die antike Staatstugend, belegt mit einer Reihe von Quellenzitaten und im übrigen mit einem selbstverständlichen Humanistenwissen von der römischen Staatlichkeit. Dabei ist er aber stets stärker auf das voluntative Element angewiesen als die scheinbar unwillkürliche Konstruktion des Thomas Morus auf ökonomischer Grundlage.

Der Zweck des utopischen Gemeinwesens wird eingangs lakonisch definiert. Es ist das alte bene beateque vivere.[24] Aber schon die Definition der Parole fällt schwer. Das bene vivere bleibt unbeachtet, wie selbstverständlich, die beata vita wird einfach mit der Tugend gleichgesetzt. Nun ist der tugendhafte Wandel in Stüblins Essay aber doch nicht wieder ganz so einfach, wie man es nach den erkenntnistheoretischen Grundlagen annehmen sollte. Gegenüber seiner Feststellung von der wesenhaften Überinstimmung der menschlichen Tugend mit der menschlichen Natur wirkt seine Auffassung von der natürlichen Neigung des Menschen zum Bösen, besonders im ungebildeten Volk, wie eine Inkonsequenz: vulgus pessimus rerum gerendarum autor est.[25] „Das ist nicht sehr kohärent, aber sehr klar", sagte dazu Robert Klein 1963, und: „Stüblin konstruierte seinen natürlichen Staat auf der Kraft pädagogischer Vorschriften und Reglements."[26]

Mir scheint, hier stößt man auf den Kern der konstruktiven Schwäche Stüblins, auf den Vorwurf seiner Unentschiedenheit, ja Inkonsequenz. Unter dem anthropologischen Optimismus, mit dem er seine Erzählung von Eudämonien schwungvoll eröffnete, blickt auf einmal ein griesgrämiger Dualismus hervor, allerdings auch er nach einem

[24] Stiblinus 1555 79 [25] Stiblinus 1555 110 [26] Klein 1963 219

„natürlichen" Vorbild, und mutet dem Körper eine inferiore Position zu nach der bekannten antagonistischen Deutung von Körper und Geist. So wie der Geist zum Guten des Körpers herrsche, sagt er gelegentlich, so möge der Magistrat zum Guten des Volkes regieren.[27] Anderswo erfahren wir, in Eudämonien würden Regierungsgeschäfte nach der Devise geführt, Entscheidungen des Volkes mit Mißtrauen zu betrachten, denn das Volk werde nicht vom Verstand gelenkt, sondern von Affekten mißleitet; deshalb rate es oft das Schlechteste.[28] Das ungebildete, ungeistige, den Affekten unterworfene Volk entspricht in diesem von Stüblin bemühten Körper-Geist-Dualismus den blinden Trieben.

Hier sitzt auch der Widerspruch zum utopischen Ansatz in Stüblins Projekt: Nach dem Grundgerüst der Utopie führt uns die Natur zum Guten. Auch bei Stüblin war sie anderwärts ganz in diesem Sinn gerade nicht der Inbegriff blinder und damit auch schon böser Trieblichkeit, sondern sie war den Eudämoniern eingeboren als Neigung zur klaren Erkenntnis des Guten, zur persönlichen Tugend und zur gesellschaftlichen Harmonie. Contra Deum et *naturam* erschien es da, gegen Gott und die Natur, vom Weg der Tugend abzuweichen,[29] und: bonitas ipsis *innata* est ... ut natura, non disciplina consulti esse videantur. „Das Gute ist ihnen *eingeboren* ..., so daß sie durch die Natur, nicht durch Sittenzucht beraten scheinen."[30] Wie leicht war es da für die Allgemeinheit, die rechte Gemeinschaft zu bilden! Demgegenüber stehen Aussagen wie: „... omnes promptiores esse *ingenio* ad nequitiam, quam ad virtutem – daß alle durch ihre *Anlagen* eher zum Nichtsnutz bereit seien als zur Tugend[31], oder daß rechten Männern gerade das suspekt sein müsse, was allen gefällt, quod omnibus placet.[32]

Eine solche Konfrontierung suchen wir bei Morus vergeblich. Auch er ist kein bedingungsloser Optimist, weil die Menschen zumindest aus Systemzwang zum Guten geführt werden müssen, und er sprach gelegentlich auch mit intellektueller Arroganz in Religionsfragen vom Urteil der Vielen. Aber er vermied die grundsätzliche Äußerung von der verdorbenen Natur – er vermied im Rahmen der utopischen Konstruktion das Bekenntnis zu Erbsünde und der „natürlichen" Unvollkommenheit des Menschen. Stüblin will dann freilich diese Unvollkommenheit nicht durch Gnade heilen, sondern durch Bildung, nicht durch die Kirche, sondern durch die Schule, nicht durch Theologie, sondern durch Humanismus.

[27] Stiblinus 1555 87 [28] Stiblinus 1555 110 [29] Stiblinus 1555 80
[30] Stiblinus 1555 84 [31] Stiblinus 1555 108 [32] Stiblinus 1555 110

Da ist er dem Thomas Morus wieder näher. Auch Morus vertraute den natürlichen Fähigkeiten des Menschen nur unter dem Einfluß der utopischen Institutionen und eines geistigen Auslese- und Läuterungsprozesses. Geldwirtschaft und Adel sind in Utopia verschwunden: Die Humanistenschulen aus dem zeitgenössischen England kann man sich aber sehr wohl darin vorstellen.
In diesem Bezug ist Stüblin also eigentlich nicht anders als der Meister des utopischen Fachs, auch nicht inkonsequenter, sondern allenfalls – gröber, denn alle utopische Anthropologie, um es deduktiv zu sagen, ist geistbetont und in ihrer szientistischen Voraussetzung dabei bestimmt von der Hochschätzung der rationalen schulgerechten Geistigkeit ihrer Zeit. Hier sind der freien utopischen Spekulation sehr deutliche Schranken gesetzt; hier gilt das Ideal des bene literatus, des homme des lettres, und nur, wer die Fähigkeit nicht nur zu geistiger, sondern im strengeren Sinne zu literarischer Umschau hat, wer in Humanistenmuße diese Fähigkeit genießt, darf wirklich als Vollmensch gelten. Trotz des Lobpreises auf den „guten Wilden" im barocken, besonders dann aber in der „aufgeklärten" Wendung des französischen Utopismus zu Zeiten der isles flottantes und der Robinsonaden hat sich diese Einstellung als Leitmotiv der großen Utopien erhalten und scheint noch Marx berührt zu haben.
Stiblinus, der dabei seine eigene Herkunft sicher nicht vergessen hat, vertritt andererseits in diesem Dualismus kein prinzipielles Schema gesellschaftlicher Ordnung. Er findet keine grundsätzliche Unüberbrückbarkeit zwischen seiner Position und dem Schicksal der Unterschichten. Er ist zwar in intellektuellem Sinn „klassenbewußt", aber er vertritt eine Frontstellung, wenn auch in engstirniger Arroganz, die dem grundsätzlichen humanen Optimismus der Utopisten nicht entgegensteht. Er hebt allerdings noch stärker als anderswo die Voraussetzungen von Bildung und Schulung für dieses allgemeine Humanum hervor, und es ist nur konsequent, daß Stüblin deswegen dem Aufbau des Schulwesens in seinem Idealstaat eine bei Morus unerreichte Aufmerksamkeit widmete. Dieses Schulwesen bringt die Voraussetzung zur menschlichen Selbstveredelung. Die „Edlen" sind deswegen aber auch nicht in Vergleich zu setzen mit den Adeligen.
Wir begegnen bei Stüblin der Humanistenaversion gegen den Geblütsadel in verhältnismäßig aggressiven Wendungen.[33] Es sind die Intellektuellen, die docti et graves,[34] nicht durch das Volk, sondern von ihresgleichen gewählt,[35] welche in den utopisch gereinigten Verhältnissen, occasione mali sublata, das Staatswesen regieren.

[33] Stiblinus 1555 82 [34] Stiblinus 1555 83 [35] Stiblinus 1555 83

IV.

Worin bestehen diese Verhältnisse? Status ac ordines et dignitas rei publice retineant, lesen wir.[36] Die Stabilität der Verhältnisse bildet einen wesentlichen Teil der harmonischen Utopie. Allerdings ist dabei die Grenze zwischen utopischer Zielvorstellung und unmittelbarem Gegenwartsbezug so undeutlich, daß uns das Programm des Stiblinus immer wieder nicht utopisch, sondern nur einfach konservativ erscheinen möchte. Er setzt nicht voraus, wie grundsätzlich die Welt sich wandeln müßte, um in stabiler Harmonie verharren zu dürfen. Er baut ein wenig „Gegenwelt", um vor dem Vorwurf sicher zu sein, daß er nur mit gewissen Korrekturen das Bestehende bewahren wolle; Korrekturen, welche die Machtpolitik ersetzen sollen durch rationalen Humanismus, insofern prinzipiell unbegrenzt revolutionär, aber im einzelnen nicht konkretisiert. Die Eudämonier wollen, sagt Stüblin, daß jeder spartam suam qua quisque est nactus, ornet[37] – eine alte Redensart, aus der im 19. Jahrhundert die entsprechende deutsche Redewendung entstand: Jeder möge in seiner „Sparte" tüchtig sein.[38] Wir finden noch Ähnliches, etwa: Jeder möge sorte sua contentum vivere, interessant durch Stüblins Überlegung, daß dabei aus der Vielfalt gesellschaftlicher Gestaltungen in wechselseitiger Korrektur sich die Stabilität des ganzen Organismus vergrößere: „So mögen die einen von den anderen gemäßigt werden, so daß dann alles in starkem Bund untereinander bestünde", quem ad modum elementa in mundo concordi *quadam discordia* eodem statu perpetuo durant. Die gesellschaftliche Harmonie beruht demnach auf einem dynamischen Kräftegleichgewicht aus divergenten Richtungen.[39] Die concordia baut sich auf aus Elementen einer gewissen discordia, die sich im Gleichgewicht halten – eine bemerkenswerte sozialpolitische Erkenntnis im 16. Jahrhundert!

Dieses Gleichgewicht darf von außen nicht gestört werden. Die Insel Makarien ist deswegen ebenso abgeschlossen von ihrer Umwelt wie die Insel Utopien. Sie duldet nur wenig Kaufleute, weil sie ihre fremden Sitten scheut, besonders aber, weil solche Kaufleute luxu barbarico die Menschen zum Aufruhr anreizen könnten. Denn es steht fest, und die Geschichte der Alten beweist es zum Überfluß, daß die Menschen aus Neuerungssucht ihre private Bequemlichkeit anstreben[40] und daß also der Luxus die Quelle allen Übels ist. Damit sind wir bei der utopischen Sozialaskese.

[36] Stiblinus 1555 110
[37] Stiblinus 1555 90
[38] Kluge-Götze 1951 737
[39] Stiblinus 1555 90
[40] Stiblinus 1555 98

Der Magistrat von Eudämonien übt sie mit strengen Verbrauchervorschriften.[41] Dabei beruft er sich auf das Beispiel der Alten, exemplum priscorum, allerdings ohne nähere Ausführungen. Der Schwerpunkt liegt ohnedies auch in diesem Fall auf dem ideellen Element. Wer sich weigert, seine Kinder juxta patrium ritum zu erziehen, nach Vätersitte, verliert das Bürgerrecht.[42] So hütet sich die Insel Makarien ähnlich wie die Insel Utopien mit allen Mitteln vor einer Veränderung des utopischen Endzustandes. Nur bauten die Utopier auf die Verfassung eines sagenhaften Königs Utopos. Die Makarier berufen sich immer wieder auf eine weit weniger überlegte Eklektik aus Sparta, Stoa und altrömischer Pietas. Auch das Tacitusbild von der Germanentugend fehlt darin nicht.[43] Dabei sucht Stüblin in seinem Selektionsverfahren allerdings die Vorstellung von einer „universalen Interdependenz" aller möglichen sozialen Bezüge zu verfolgen. Besonders der Luxus als Quelle allen Übels, für den einzelnen geradeso wie für das Gemeinwesen, wird deswegen auch zur Ursache verderblicher Revolutionen, ipsius rei publicae *eversio*. Es ist interessant, daß Stüblin in einer Zeit, in welcher der Begriff der Revolution noch nicht mit seiner bildhaften Aussage von der „Staatsumwälzung" akzeptiert war,[44] doch zu einer vergleichbaren Vokabel findet, um die gewaltsame Umdrehung aller Verhältnisse auszudrükken.

Schon Robert Klein kennzeichnete den pädagogischen Zwang in Stüblins Staatswesen,[45] der ersetzt, was Morus durch den ökonomischen Anreiz erreichte. Politische Pädagogik begleitet den Bürger Eudämoniens sein ganzes Leben. In geschickter Ausformung hält sie ihm in Ruhmestafeln, in großen und kleinen Standbildern die staatserhaltenden Leistungen und Persönlichkeiten überall vor Augen. Mit Inschriften und Ehrenpensionen werden die Verdienste um das Staatswesen honoriert. Inschriften und Bilder hämmern Staatstugend ein mit den Vergleichen von Wagenlenkern und vom Schiffssteuermann, aber auch mit so unpopulären Losungen wie: quod omnibus placet, bonis viribus suspectum habetor – „was allen gefällt, sollte rechten Männern verdächtig sein".[46]

Neben die Propaganda tritt ein hartes Strafensystem zur Wahrung der Staatstugend. Todesstrafe droht dem Aufrührer. Das Leben der einzelnen Bürger scheint ständig überwacht, denn alle Versammlungen und Konventikel sind verboten.[47] Gotteslästerern wird sofort

[41] Stiblinus 1555 100
[42] Stiblinus 1555 108
[43] Stiblinus 1555 102
[44] Seidler 1957
[45] Klein 1963 219
[46] Stiblinus 1555 110
[47] Stiblinus 1555 100

die Zunge abgeschnitten.[48] Obszönitäten, Ausdruck sittlicher Lockerung, werden absolut nicht geduldet; es zeigt sich der Puritanismus idealistischer Ethik. Verleumder werden verbrannt. Kriminelle aller Art gelten zugleich als Staatsfeinde, als Feinde der Gesellschaft eben, und müssen deswegen mit den schlimmsten Strafen rechnen. Verbannung bedroht auch jeden, der sich e trivio und nicht e professio mit religiösen, letztlich mit ideologischen Fragen befaßt; die utopische Intellektualität in Eudämonien hütet ihr Monopol.[49]

Staatskirchlichen Konzepten gegenüber gab sich Stüblin im übrigen aber zurückhaltend. Er beschränkt sich auf die Andeutung von Analogien zwischen der kirchlichen Ordnung in seinem Traumstaat und zwischen dem Katholizismus seiner Gegenwart. Auf biblischer Grundlage, nach kundigen Interpretationen durch Sacerdotes, wird die Religion in Eudämonien gelenkt, deren Hauptpflicht die imitatio Christi sei. Die Kirche tritt aber nicht als eigene Körperschaft und auch nicht in besonderer Funktion für den Staat hervor. Die wichtige und zeitkritische Aussage Stüblins bezieht sich nur auf ihren Schutz gegenüber allen, weil zersetzenden Neuerungen.[50]

Die Staatserziehung wird im übrigen aber nicht etwa von einer Staatskirche besorgt, sondern von der Staatsschule. Wegen dieses Kapitels fand Stüblin schon 1913 bei Joseph Prys Anerkennung. Nun ist dabei freilich die Rolle des Schulwesens im Staatsganzen weit größer veranschlagt als etwa seine innere Neugestaltung. In dieser Hinsicht erfahren wir nämlich nicht mehr als die Konstruktion eines besonders wohl aufgebauten herkömmlichen Gymnasiums in Kombination mit dem Lehrangebot der alten artes liberales. Neue Unterrichtsformen werden dabei aber nicht entwickelt, außer dem stets von neuem in mancher Variation eingeführten Wettkampfprinzip. Das Besondere dieser Schule ist also nicht eigentlich auf pädagogischem Feld zu suchen, sondern in der Verbindung zwischen Pädagogik und Politik. Die Schule ist, wie Stüblin dabei sagt, eine publica bonorum virorum officina – eine Staatsfabrik für tüchtige Männer![51] Diese boni viri regieren den Staat. Sie stellen den Tugendadel, der offensichtlich nicht erblich ist; sie besetzen den Magistrat; sie tragen das Staatswesen als ihre ureigenste Angelegenheit und haben stets ein waches Auge auf ihre Mitbürger, um jede Veränderung im Keim zu ersticken. Diese klügsten Männer haben nämlich durchschaut, daß „alle innerlich eher zur Bosheit bereit sind als zur Tugend".[52] Die gehörige Schulung ist das beste Heilmittel dagegen, und die Schule

[48] Stiblinus 1555 106 [49] Stiblinus 1555 113 [50] Stiblinus 1555 99 u. 112
[51] Stiblinus 1555 98 [52] Stiblinus 1555 108

selbst ist offenbar im Staatswesen der entscheidende Mobilitätsfaktor. Auch dieses Kriterium einer intellektuellen Leistungsgesellschaft ist uns bereits aus anderen Entwürfen bekannt.

Die Schule weist dabei allerdings nicht den einzigen Weg nach oben. Stüblin läßt auch persönliche Tüchtigkeit im öffentlichen Leben dafür gelten in einer unklaren Wendung,[53] wobei er wohl an politische Tüchtigkeit denkt, denn der Erwerbstrieb wird ausdrücklich verurteilt. Obwohl es keinen Kommunismus gibt in Eudämonien, so wird das Streben nach Geld für ebenso schändlich gehalten wie in Utopien, und auch für seine Kinder soll man keine Reichtümer häufen. Mit dieser bloßen Forderung ist Stüblin allerdings ein noch kurzsichtigerer Illusionist, als es die utopischen Kommunisten sind, die ihre Hoffnung auf die menschliche Selbstlosigkeit doch mindestens zu einer konsequenten ökonomischen Konstruktion zusammenfügten. Stüblin sucht den wirtschaftlichen Individualismus nur zu bremsen, aber er läßt ihn bestehen. Weder Konsumtions- noch gar Produktionskommunismus ist in seinem Idealstaat vorgesehen. Sind beide diese Prinzipien der zeitgenössischen, der praktischen Wirtschaft schon fern genug, so zeigt sich Stüblin noch weiter von der Wirklichkeit entfernt, weil er sich, befangen in einem alten Humanistenirrtum, von der klassisch-aristokratischen Geringschätzung der Handarbeit aus dem Sklavenzeitalter beraten läßt. Sie ist, eigentlich im historischen Sinn, auf das Handwerk bezogen, den Ackerbau nimmt sie aus. Sie wird mit der sitzenden Arbeitsweise der Handwerker motiviert, die den Körper schädige und auch die Seele beeinflusse; eine naturalistische Anthropologie aus dem Sprichwort der Alten von der mens sana.[54] Auch die Bevorzugung des Ackerbaus vor jeder übrigen Handarbeit, wenn nicht gar vor jeder Arbeit überhaupt – freilich eben nur metaphorisch –, ist typisch in Humanistenkreisen. Im übrigen entspricht Stüblin mit der lapidaren Forderung nach staatlicher Preisbindung dem üblichen Unverständnis der Humanistenwelt für wirtschaftliche Zusammenhänge.

Die Insel Makarien ist ein Stadtstaat im antiken Sinn. Ihre Hauptstadt Eudämonien besitzt in jeder Hinsicht die Vorhand für die Gestaltung des Staatsganzen, politisch wie wirtschaftlich; sie ist das Zentrum, sie gab auch dem Staatswesen ihren Namen. Angesichts der politischen Wirklichkeit um die Mitte des 16. Jahrhunderts ist eine solche Staatsstruktur wohl utopisch, aber nicht ganz unerhört, sondern sie entstammt ebenfalls wieder dem humanistischen Bilderbuch. Den Planvorstellungen der utopischen Idealwelt entspricht

[53] Stiblinus 1555 98

[54] Stiblinus 1555 117

auch die Raumgestaltung. Das kreisförmige Staatsganze wird von der Insellage scharf abgegrenzt, und gegenüber dem städtischen Führungsanspruch ist bei aller Hochschätzung des Ackerbaus die Landbevölkerung, in Dörfern oder in Einzelhöfen, in mancher Hinsicht benachteiligt, wie man sich aus all den unausgesprochenen Bezügen nach dieser Grundplanung denken kann. Wir erfahren nichts von den bäuerlichen Möglichkeiten, am Schulwesen und damit am Mobilitätssystem teilzuhaben, sich selbst zu verwalten oder eigene tüchtige Männer in die von der Hauptstadt organisierte Verwaltung zu entsenden.

V.

SPQE – Senatus Populusque Eudaemonensium: die Hochschätzung einer erträumten Vergangenheit genügte Stüblin, um einen Wunschstaat hervorzuzaubern, in dem Eloquenz die höchste Tugend, Philosophie die Quelle allen politischen Wissens, Arbeitsamkeit, Sparsamkeit und humane Sittlichkeit jene vage Quintessenz bildeten, die zum Elixier der idealen Gemeinschaft werden sollte. Wie wenig Stüblin diesen Zusammenhang überlegte, zeigt die amüsante Forderung nach „honestem Salär" für die Professoren am eudämonischen Kolleg: Nicht einmal in einer Spitzenstellung seines Idealstaates erwartete er also im konkreten Fall die gehörige Selbstlosigkeit. Insofern ist sein Entwurf zweifellos dürftig geraten, und das mögen auch seine Leser gefunden haben. Die literatische Faszination der „Utopia" hatte Morus 40 Jahre zuvor gerade durch die phantastische Umkehrung der Alltagsverhältnisse, der Besitz- und Arbeitsweise, des Umgangs mit Geld und Gut und, abgesehen von der gewandten Darstellung, durch die Suggestionskraft der funktional scheinbar geschlossenen Gegenwelt erreicht. Demgegenüber bietet die „Eudämonia" zwar manche Einzelheit, die man als Programm einer effektiveren Staatlichkeit akzeptieren könnte, aber im übrigen kann sie mit der klassisch drapierten Forderung nach Staatsdisziplin und mit dem Beispiel der großen Alten an Stelle einer originellen Neuerfindung nicht gleichermaßen beeindrucken.
Es bleibt die Frage, wieweit der englische Diplomat im königlichen Dienst mit der erstaunlichen Selbständigkeit seiner Staats- und Gesellschaftskritik und mit der Unabhängigkeit seines Diskussionsprojekts dem deutschen Gymnasialprofessor nicht nur den persönlichen geistigen Abstand, sondern auch ein anderes, ein ungebundeneres Staatsverhältnis voraus hatte. Es bleibt die Frage, ob der Entwurf des Morus mit seiner unabhängigen Spekulation etwa der

freieren parlamentarischen Entwicklung in England entspricht, der Deutsche Stüblin aber vom Eindruck des frühen deutschen Absolutismus zehrt. Nicht, daß es Stüblin nur an Mut zu konkreter Kritik gefehlt hätte, so daß er Kaiser und Papst, daß er Fürsten und Prälaten, an denen er 1555 wohl manches hätte aussetzen können, ganz ausnimmt von seiner Betrachtung; auch Morus hatte seine Gesellschaft zwar, aber nicht seinen König angegriffen. Entscheidend scheint mir vielmehr die Unbeweglichkeit, mit welcher Stüblin bei seinei Kritik wie in seiner Gegenvorstellung im ganzen doch immer wieder nur das Verhältnis zwischen Untertan und Obrigkeit in dieser wie in jener Richtung vor Augen hat. Deswegen sind ihm Staatsbewußtsein und Pflichtgefühl so wichtige Bezüge; deshalb hat er nur auf der vorgegebenen Ebene der gesellschaftlichen Verhältnisse einen Zusammenhang gestaltet, der sich gerade in jenen Jahren der wachsenden Festigkeit der deutschen Fürstenherrschaft gleich welcher Konfession und ihres endgültigen Sieges über Kaiser und Reich mit dem kaiserlichen Verzicht auf die Konfessionshoheit 1555 in den Vordergrund des politischen Bewußtseins drängte.

Aber nicht nur deshalb möchte ich Stüblins Entwurf mit der Gegenreformation in Verbindung bringen. Gegenreformation, das heißt doch, in der Erkenntnis der neueren Historiogıaphie, nicht einfach Tridentinum oder Aktivierung der katholischen Konfessionspolitik; das heißt doch wohl vielmehr in einem umfassenderen Sinn auch zugleich Sieg des absoluten Staatsbaues über das Projekt der gemeindlichen Mitbestimmung; Sieg einer fürstlichen Willensbildung über das freiere Spiel der Meinungen bei Räten und Gelehrten. Im katholischen Bereich ist diese Entwicklung bereits im 15. Jahrhundert eingeleitet worden durch den Rückzug des Konziliarismus vor der päpstlichen Autorität[55] und fand im Konzil von Trient dann kanonistisch verbindliche Formen. Aber sie zählt allgemein zum Zug der Zeit; der päpstlichen Autorität entspricht bekanntlich der protestantische Summepiskopat, die Kirchenleitung durch den Landesfürsten. Auch der letzte Untertan soll nun in beiden Konfessionen erreicht werden durch den schulenden, den am konfessionellen Vehikel bildenden, den disziplinierenden Staat. Die Konfessionspolitik wird zugleich Staatspropaganda, Staatsbewußtsein und Kirchlichkeit stützen einander, eine alte Wechselbeziehung seit der mitteleuropäischen Mission „von oben“ erhält neue Impulse.[56]

Ein solcher Absolutismus suchte nach ganz neuen Wegen, um mit dem Kriterium der oft marxistisch definierten, aber zugleich in der

[55] Black 1970 [56] Zeeden 1965

marxistischen Mediaevistik so erstaunlich vernachlässigten „außerökonomischen Gewalt" seine Herrschaft über die demokratischen Elemente der mitteleuropäischen Reformation des Hussitismus, Luthers, Zwinglis und Calvins neu aufzubauen. Ein wichtiger Pfeiler in dieser außerökonomischen Gewalt war die Schulpolitik. Die Gesellschaft hatte, soweit sie schon zu einem gewissen Selbstbewußtsein gelangt war, dem Staat gegenüber ökonomisch gehandelt und argumentiert. Die Utopie des Thomas Morus ist insofern ein Ergebnis gesellschaftlichen Denkens. Die Utopie des Stiblinus ist außerökonomisch konzipiert. An die Stelle neuer Einrichtungen für das gemeinsame Leben und Wirtschaften setzt er staatliche Schulpolitik und unmittelbaren Staatszwang, staatliche Propaganda und straffe obrigkeitliche Aufsicht. Es kümmert ihn nicht, wie die Eudämonier ihren Alltag gestalten, wie ihre Wirtschaft funktionieren soll, wenn sie doch schwankt zwischen Eigennutz und Maßhalten. Er hat sie zurückgedrängt in den überwundenen Status des Ackerbürgertums, er hatte nicht, wie Morus, zumindest einen scheinbaren Ersatz in völlig neuen Prinzipien des Produktionskommunismus geschaffen. Er hat sie „re-feudalisiert", geradeso, wie der Absolutismus das östliche Mitteleuropa von der Stadtwirtschaft wieder zur Agrarproduktion zurückführte.

Zwar baute Stüblin seinen Idealstaat nach städtischem Leitbild wie alle Utopisten und ließ ihn verwalten wie etwa eine zeitgenössische Reichsstadt, in deren Aura er selber lebte, aber gelegentlich hatte er dem absoluten Fürstentum doch auch begrifflich vorgearbeitet: Insitum est et hoc Eudaemonensium animis, Deum esse typum principum et omnium magistratuum ... – „Auch das ist allen Eudämoniern eingepflanzt, Gott für das Urbild der Fürsten und aller Magistrate anzusehen ..."[57]

Auch Morus kannte eine Staatsreligion in Utopia, aber er hielt sie in den liberalen Grenzen des Monotheismus, im Gegensatz zu Stüblins Bekenntnis zur fides catholica. Der Weg von Stüblins Staatsdisziplin zum höchsten Wesen ist viel kürzer bemessen und ungleich eindeutiger. Hier kann man, so scheint es, den Staatswillen der Gegenreformation mit Händen greifen und in der oligarchischen Ratsverfassung aus Humanistenadel lebt schon das sittliche Selbstbewußtsein der absoluten Staatlichkeit.

[57] Stiblinus 1555 87

Utopie aus Manufaktur: Andreae 1619

I.

Johann Valentin Andreaes „Christianopolis" teilt das Schicksal der deutschen Reformationsutopie auf besondere Weise. Nicht, daß sie vergessen wäre, wie die Entwürfe Hergots oder Kaspar Stüblins. Andreae, württembergischer Generalsuperintendent, Kunstsammler, Mathematiker, Brieffreund Keplers, schon früh verstrickt in die theosophischen Kreise um Besold und Arndt und später von Comenius als Lehrer verehrt, trotz einer nur spröden Korrespondenz[1], 1646 noch als „der Mürbe" aufgenommen in die fruchtbringende Gesellschaft, war literarisch eine viel zu aktive Persönlichkeit, um der Gedanken- und Literaturgeschichte des 17. Jahrhunderts zu entgleiten. Seine Weiterwirkung bringt man für gewöhnlich mit Pietismus und intellektuellen Geheimbünden zusammen. Nicht zu unrecht: denn seine „Fama fraternitatis des löblichen Ordens der Rosenkreutzer" von 1614, „halb scherzhaft" nach Meinecke, entfachte durch die Mystifikation eines angeblich bestehenden Ordens dann auch tatsächlich die Versuche, ihn zu gründen.[2] Die Rosenkreuzer wurden später zu einem Mysterium, das noch Goethe, ja noch Stifter beschäftigte. Andreae hat aber auch teil an einem anderen, an einem zentralen Motiv aus Goethes Gesichtskreis, am Faustthema nämlich, das er unter dem Titel „Turbo" bearbeitete. 1619 veröffentlichte er seinen Reisebericht von Christianopolis, „the best known perhaps" unter den zeitgenössischen Utopien nach dem Urteil von White.[3]
Ein solcher Autor blieb der Tradition erhalten; nicht das Vergessen, sondern das Mißverständnis breitete sich über das Anliegen seiner Schrift, vielleicht mitbefördert von dem tatsächlich „nicht leicht lesbaren Latein".[4] Sehen wir ab von Kleinlichkeiten, wie etwa, daß Andreaes Utopie als der „erste deutsche Staatsroman" gewürdigt wird,[5] während doch Stüblins Utopie, die man eben leider ganz vergessen hatte, genau derselben literarischen Definition entspricht; wundern wir uns nur einen Augenblick über die Aussage von 1963, die dem Buch bei dieser Gelegenheit nachsagt, es sei „in Briefform" verfaßt:[6] Schlimmer ist die Achtlosigkeit für das Verhältnis zwischen Andreae und Campanella. Manchen Literaturhistorikern erscheint der Reisebericht aus Christianopolis wie eine bloße Nachahmung der Erzählung von der Civitas Solis,[7] manchmal spricht man von einer

[1] Blekastad 1970 152
[2] Meinecke 1960 107
[3] White 1955
[4] Seebass 1947 9
[5] Merker–Stammler 1928/29 292; Newald 1963 148
[6] Albrecht 1963 9
[7] Schottenloher 1953 277; Heinisch 1966 217

nur äußerlichen Abhängigkeit, während „der bieder-engherzige württembergische Geistliche voll Entrüstung dem unsittlichen Phantasiestaat des italienischen Mönches" mit seiner Darstellung "gegenübergetreten" sei.[8] Am wenigsten mit den Einzelheiten bekannt zeigte sich da Ernst Bloch, der die Christianopolis „unselbständig" findet, „fast nach Art der etwas späteren ‚Civitas Solis' Campanellas".[9] Aber schon seit Robert Mohl weiß man, daß Campanellas Sonnenstaat zwar erst nach der Christianopolis im Druck erschien, aber schon Jahre zuvor Andreae im Manuskript bekannt war.[10]

II.

Bloch hielt Campanellas Utopie für einen bedeutenden Entwurf. Das ist nicht selbstverständlich, denn Campanellas kleiner Dialog über den Sonnenstaat ist immer wieder einmal auf das äußerste verurteilt worden: nach Meinecke als eine Mischung von „Aberglauben und Astrologie, dazu Großmannssucht"[11]; mit „Mönchsphantasie" in unnötiger Ausführlichkeit bei der Rationalisierung der menschlichen Intimsphäre nach Oncken und überdies belastet von der „Afterwissenschaft der Astrologie".[12] Freilich haben sowohl Meinecke als auch Heinisch in seiner in mancher Hinsicht illustrativen Zusammenfassung dreier Sozialutopien durchaus den großartigen Entwurf gewürdigt, sie finden Campanella nicht einfach „albern", wie ihn Quabbe qualifizierte.[13] Hans Freyer sah 1920 schon viel besser, daß man Campanella, jenen „hellenisierten Dominikaner", nur aus seiner Philosophie recht verstünde, aus der metaphysisch gerechtfertigten Hierarchie, als ein „Emanationssystem des politisch-kulturellen Wertes ... das in modern sozialistischem Geist die ganzen notwendigen Funktionen bewußt systematisiert".[14] Auch Doren betonte ähnlich 1927, daß man Campanellas utopisches Konzept nicht recht ohne sein Gesamtwerk von 122 gedruckten Titeln verstehen könne, hielt Campanella demnach eigentlich für einen Chiliasten, für einen Anhänger der „Wunschzeit" im Sinn seines Systems, der seine Endzeiterwartung „auf eine utopische Bildwand projiziert" habe.[15] Zwar hatte Doren damit sein eigenes System von „Wunschzeiten" und „Wunschräumen" als Gliederungsprinzip des Utopischen etwas in Frage gestellt, weil doch auch Campanella konkret einen utopischen Raum konzipiert, aber es lag ihm daran, von einer „Kluft" zu

[8] Newald 1963 148; Merker–Stammler 1928/29 292ff.
[9] Bloch 1955 208 [10] Joachimsen 1926 493; Merker–Stammler
[11] Meinecke 1960 109 [12] Heinisch 1966 231 [13] Quabbe 1933 37
[14] Freyer 1920 338f. [15] Doren VBW 1927 188

sprechen, die Campanella von Morus trennt, von „himmelweit verschiedenen Gesellschaftsbildern im Sonnenstaat“ mit seiner „harten Konsequenz“ und der „heiteren Ruhe ... in Morus glücklichem Zaubereiland“, von dem Widerspruch zwischen der „allmächtigen Staatsräson“ hier und dem „epikuräischen Eudämonismus“ dort.[16]
Diese Bekanntschaft mit älteren Urteilen ist wichtig, weil sie uns in Blochs Interpretationen wieder begegnen. Mit dem großen Atem seiner eindringlichen Formulierungen sucht Bloch Campanellas Sonnenstaat als ein „Gegenstück zu Morus“ herauszustellen, die englische „Utopie der Freiheit“ abzugrenzen von der „personlosen Ordnung“,[17] obwohl er dabei weder den messianistischen Enthusiasmus Campanellas verkennt noch die Verbindungen zu seiner Emanationsphilosophie übersieht. Er beachtet auch den historischen Zusammenhang zur „zentralisierten Königsgewalt“ des Barock, die damals progressiv gewesen sei, aber im Vergleich zwischen Morus und Campanella läßt er den dialektischen Prozeß nicht gelten, sondern setzt Wertungen allein schon durch die entgegengesetzten Interpretationsprinzipien von Freiheit und Ordnung, „von paradiesischer Unschuld“ und „zentralisierter Staatsstrenge“. Auch Bloch findet, daß Campanella seine Träume „auf eine utopische Bildwand projiziere“, aber er bezieht Dorens Formulierung nicht auf den Chiliasmus, sondern auf die damaligen Machteinheiten. Auf dieser Bildwand erscheint ihm bei Campanella „ein Staatssozialismus, besser: ein papistischer, mit viel byzantinischem und astrologischem Pathos...“[18]
Dabei werde nicht der Staat verringert wie bei Morus, „sondern der Staat wird vielmehr höchster Zweck der Gesellschaft“. Die Wahlfreiheit und die Freiheit überhaupt sind derart aus dem Menschen herausgenommen, nicht zwar in mechanisierender, wohl aber in der Weise einer Sterndiktatur ..., so seien denn schließlich „das Morus-“ und „das Campanella-Modell“ für einen Dualismus der nachfolgenden Utopien grundlegend geworden. „Der liberalföderative Sozialismus (von Robert Owen an) hat Morus zum Ahnen, der zentralistische (von Saint-Simon an) berührt sich mit Campanella ...“[19]
So einprägsam diese Ambivalenz des Utopischen auch klingen mag, sie scheint in dieser Geschlossenheit doch nicht haltbar. Natürlich blieb auch Bloch nicht verborgen, daß es sich beim Interpretationsprinzip dieser Zweiteilung, bei Freiheit und Ordnung, nicht schlechthin um ein Gegensatzpaar handelt, sondern um einen ambivalenten Dualismus in mancher Verspannung seiner Probleme. Und natürlich

[16] Doren VBW 1927 192
[17] Bloch 1969 67
[18] Bloch 1969 66ff.
[19] Bloch 1969 72

kann man in der konkreten Utopie überall den Rücktritt der Freiheit zugunsten der Ordnung beobachten, selbst noch in der anarchischen Utopie, weil sie ja nichts anderes postuliert, als die Auflösung der menschlichen, angeblich falschen und willkürlichen, zugunsten der natürlichen Ordnung.

Thomas Morus unterscheidet sich jedenfalls als Utopist in diesem Zusammenhang nicht prinzipiell, sondern nur um einige Schritte von Campanella, vielleicht gerade um die Schritte, welche die Anschauung vom bürgerlichen Ratssystem zu seinen Zeiten von der Anschauung des spanischen, des päpstlichen und des französischen Absolutismus trennte, die Bloch treffend mit Campanella in Verbindung brachte. Im übrigen herrscht auf der Insel Utopia dieselbe Vorstellung von Staatsdisziplin, sie ist nur weniger durchgeformt, ist mehr Aperçu und weniger System. Es gibt ja auch keine Egalität, wie wir beobachtet haben, sondern es gibt Klassen, ja es gibt sogar Sklaven, die im Sonnenstaat fehlen, und Bloch selber zitiert bei dieser Gelegenheit einmal Onckens Urteil über den „kommunistisch und primitiv agrarischen Idealstaat, der sich bereits in der Sklavenfrage als Klassenstaat enthüllte ..." mit der Entschuldigung, es zeige sich die „‚Utopia' keineswegs aus einem Guß, keineswegs als aus einer einheitlichen Person und ihrer sozialen Christusliebe entsprungen ...", sondern trage „das eminent Englische vieler dieser Inkonsequenzen" zur Schau.[20] Ich habe zu zeigen versucht, und in der Geschichte der Utopiekritik durchaus nicht zum erstenmal, daß es sich hier nicht um Inkonsequenzen handelt, sondern allenfalls um den Unterschied zwischen einem immanenten bei Morus und einem ausdrücklich postulierten und überdies noch breit philosophisch fundierten Ordnungssystem bei Campanella. Der Philosoph Bloch ist am Ende mutiger gegenüber den Paradoxa des utopischen Denkens als der Historiker Bloch, denn er bleibt uns die Antwort schuldig, wie in der Utopia des Thomas Morus Ordnung und Freiheit als „Inhalt und Form" kongruent geworden seien, und tröstet uns mit der Denkaufgabe: „Freiheit und Ordnung gehen als harte Gegensätze in den abstrakten Utopien, ebenso in der materialistischen Dialektik ineinander über ..."[21] Blochs Bekenntnis zur Freiheit in der Utopie muß man mit Respekt gelten lassen. Eine grundsätzliche Differenz zwischen Morus und Campanella, zwischen Owen und Saint-Simon, die dann Marx endlich überwunden und verbunden habe, kann er nicht beweisen und sein Bekenntnis selber, 1969 noch einmal wiederholt, bleibt Postulat.

[20] Bloch 1969 61

[21] Bloch 1955 97f.; Bloch 1969 78f.

III.

Damit ist auch zu einer Aussage über Andreae gefunden, den man für gewöhnlich in die unmittelbare Nachfolge Campanellas stellt. Über diesen Zusammenhang fällte Bloch 1955 ungefähr das neueste Urteil und fand Andreaes Christianopolis „nicht sonderlich wichtig und jedenfalls unselbständig“.[22] Die selbständige, die große Leistung Campanellas erblickte er nicht etwa im profilierten Aufbau eines „Staatssozialismus“ in strenger Hierarchie, sondern im ökonomischen Bereich. Campanella habe demnach „das beginnende Manufaktursystem, das Arbeiter und technische Produktionsmittel in großen Werkstätten vereinigte, staatssozialistisch utopisiert“.[23]

Zweifellos ist der Einbau der manufakturellen Produktion in die Geschichte der bislang so auffällig und geradewegs rückständigen agrarkommunistischen Ökonomik der Utopie von Bedeutung. Noch Kaspar Stüblin, der etwa mit seiner Staatspropaganda als Wandmalerei schon Gedanken Campanellas vorwegnahm, wie wir gesehen haben, hatte zwar klassische Urteile über den Ackerbau parat, aber das Handwerk fand er verächtlich.

Tatsächlich hat sich Campanella demgegenüber viel positiver über das Handwerk geäußert, aber eigentlich, und hierin besteht die Übertreibung Blochs oder sein Mißverständnis des Verhältnisses zwischen Campanella und Andreae, eigentlich hat sich Campanella dabei in seinem losen, auch kunstlosen Dialog von knapp 50 Seiten (im modernen Druck) nur ganz angelegentlich an mehreren Stellen dazu ausgesprochen. Wir erfahren die Zuordnung der freien zu den mechanischen Künsten, die mit Werkzeugen und Arbeitsweise den sechsten der sieben Mauerringe der Sonnenstadt zur allgemeinen Belehrung illustrieren;[24] wir hören, daß die drei Minister des Staatswesens „die zu ihrem Amtsbereich gehörigen Handwerke“ kennen müssen, während das einigermaßen allwissende Staatsoberhaupt selbst in allem erfahren ist; wir hören, nicht gerade zu unserer Überraschung, daß allgemein die schweren Arbeiten den Männern, die leichteren und besonders die sitzende Tätigkeit den Frauen vorbehalten sind;[25] wir erfahren, daß die mühsamsten Handwerke im Interesse des Gemeinwohls als die lobenswertesten gelten;[26] solche Bemerkungen sind uns aber schon von Thomas Morus bekannt. Darüber hinaus lesen wir allenfalls etwas von der Hochschätzung des Handwerks, besonders von der Hochschätzung der Beherrschung mehrerer

[22] Bloch 1955 208
[23] Bloch 87
[24] Campanella nach Heinisch 1966 122
[25] Campanella nach Heinisch 1966 128
[26] Campanella nach Heinisch 1966 142

Handwerke durch eine Person,[27] aber das ist auf das Individuum und nicht auf die Produktion gerichtet.
Im übrigen erweist sich Campanella in diesem Zusammenhang aber durchaus als Ignorant. Er berichtet zwar ziemlich ausführlich über die Arbeitsweise auf dem Land, ist also bedeutend mehr angetan von dem alten utopischen Interesse an der Agrarproduktion, er berichtet auch relativ viel von der Zubereitung schmackhafter und heilkräftiger Speisen im Sonnenstaat, er bringt mit der bekannten Ausführlichkeit seine Einzelheiten von der utopischen Bevölkerungspolitik, aber die Hochschätzung des Handwerks gibt er augenscheinlich nur vom Hörensagen weiter.
Bloch erschließt „das beginnende Manufaktursystem, das Arbeiter und technische Produktionsmittel in großen Werkstätten vereinigte"[28]. Nicht mehr ist bei Campanella zur Handwerksorganisation zu finden, als die beiläufige Angabe, in den zentralen Wohnringen der Sonnenstadt seien die Werkstätten grundsätzlich in den unteren Räumen, ebenso wie Küchen, Vorratskammern, Zeughäuser, Speisesäle und Waschräume. „Die Handwerke werden sämtlich unter den Gewölben ausgeübt, die wissenschaftlichen Arbeiten aber oben in den Wandel- und Kreuzgängen ..."[29] Das ist nichts anderes, als was man heute noch in jeder mittelalterlichen Stadt sehen kann. Von einer Zentralisierung des Handwerks sagt Campanella nichts. Der Produktionskommunismus seines Systems legt sie meinetwegen nahe. Praktiziert aber wurde sie schon längst in den Haushaben der mährischen Huterer, und theoretisch entwickelt hat sie eben niemand anderes als Johann Valentin Andreae.

IV.

Andreae schrieb nicht die erste, wie man meint, aber wohl die umfangreichste deutsche Utopie, von der Belletristik des 18., 19. und 20. Jahrhunderts abgesehen. Er ist weit origineller, als Bloch glaubt, und weit weniger lutherisch, als in unseren Lexika zu lesen steht,[30] er ist Verfasser eines mathematischen Lehrbuches und hat, als der einzige exakte Zeichner unter den klassischen Utopisten, den Grundriß seiner Idealstadt selbst skizziert. Davon sollte man ausgehen.
Es handelt sich um drei konzentrische Quadrate mit einem sakralen Rundbau in der Mitte, umgeben von einer zeitgenössischen Befestigungsanlage aus Wall und Graben. Andreae verläßt also die klas-

[27] Campanella nach Heinisch 1966 125
[28] Bloch 1955 87
[29] Campanella nach Heinisch 1966 130
[30] Schottenloher 1953 277f.; Merker–Stammler 1928/29 292ff.

sische Kreisform der Idealstadt, wie sie Filarete berühmt gemacht hatte, wahrscheinlich, weil sie ihm in Campanellas Version nicht brauchbar erschien. Denn er übernahm von Campanella die Idee zusammenhängender Gebäudefronten, aber dergleichen ist, in Kreisform gebaut, doch allzu abstrakt. Rechtwinklige Baulichkeiten erschienen ihm da wohl mit Recht praktischer, und so gleicht, was da entstand, auf den ersten Blick einer alten Klosteranlage und nimmt doch bei genauerem Hinsehen die moderne Mietskaserne vorweg. Die künstlerisch ausgeformte Perspektive der Anlage übrigens, die der bisher einzigen Auflage seines Buches von 1619 beigegeben ist,[31] hat er wohl nicht selber angefertigt. Sie zeigt vier anstelle der drei Häuserquadrate, und auch mit ihren Turmanlagen entspricht sie nicht Andreaes Ausführungen im Text.

Zu diesem Text führt uns Andreae nach der klassischen utopischen Reisebeschreibung, einigermaßen geistreich allegorisiert, wonach er vom allgemein bekannten Hafen, vom portus vulgatus, mit dem Schiff seiner Phantasie ins mare academicum vorstieß, da aber von den Stürmen des Neides und der Verleumdung verschlagen worden und am fernen utopischen Eiland gestrandet sei. Er erreicht seine Utopie also eigentlich nach einem Schiffbruch in der Realität, er setzt mit dieser Symbolik eine ähnliche ironische Distanz, nach welcher Morus den Bericht von der Insel Utopia aus dem Munde eines Hythlodaeus hörte.

Er berichtet nun von seinen Erlebnissen in Christianopolis vieles, was wir bereits als klassischen Bestand der utopischen Gegenwelt kennengelernt haben, mit jenen Abweichungen, die ihm sein persönliches Urteil und die Lebenserfahrungen aus seiner Studienzeit, seiner Begegnung mit dem Kalvinismus und wohl auch seine Beobachtungen von einer württembergischen Pastorenkanzel eingaben. Die Lebensführung der Bürger in Christianopolis ist nach Familien getrennt, ist victus privatus, sed ex publico desumptus.[32] Es herrscht also Konsumtionskommunismus, aber Schmutz und Lärm bei einer Gemeinschaftstafel lassen ihn von den Empfehlungen Morus' und Campanellas absehen. Die Wohnungen liegen in den oberen Stockwerken der Gebäudequadrate. Hatte Morus schon den utopischen Familien den eigenen Herd entzogen, so beließ er ihnen doch das eigene Dach. Campanella und nun auch Andreae haben selbst diese Individuation aufgehoben und die Familie auch nach der Wohnstruktur der Ge-

[31] Eine englische Übersetzung veröffentlichte F. E. Held 1914, eine deutsche bereitet gerade R. van Dülmen vor.
[32] Andreae 1619 48

meinschaft eingegliedert. Zum Überfluß sah Andreae auch noch den nun schon seit Morus bekannten Wohnungswechsel vor.
Die Idealsiedlung ist nicht allzu groß. „Cives hic vivunt 400 circiter ...“[33], in 264 Wohnungen, so daß sich die Angabe von 400 Bürgern wohl nur auf die erwachsenen Männer bezieht. Alle sind der Arbeit als manuum exercitia unterworfen, fast eine benediktinische Bezeichnung, natürlich mit der üblichen Arbeitszeitbeschränkung aus Organisation.[34] Vier Pflichtenkreise gibt es für die Bürger in Christenstadt, nämlich gegen Gott, den Staat, die Wissenschaft und die Wirtschaft. In drei Stände ist ihre Gesellschaft aufgeteilt, mit deutlichem intellektuellem Übergewicht: Nährstand, Lehrstand und Kontemplation. Intellektualisiert ist auch das Verhältnis zur Arbeit, weil alle Handwerker zugleich Gelehrte sind, alle Gelehrten zugleich ein Handwerk betreiben und weil die Arbeit selber nur ein Bruchstück bildet in einem vierteiligen Pflichtenkreis aus Frömmigkeit, Staatsdienst und Wissenschaft, denen jeder Bürger auf seine Weise genügen muß.[35]
Die gesellschaftliche Organisation von Christianopolis hat manches zu tun mit der Civitas Solis, was man schon längst beobachtet hatte, sie hat aber auch ganz aufschlußreiche Abweichungen, die man mit dem Unterschied zwischen Rom und Vaihingen illustrierte, jedenfalls aber durchaus als ein Produkt der deutschen Verhältnisse „in Andreaes Zeitalter“ erkannte.[36] Die Stadt wird von einem Triumvirat geleitet, das durch Tugendauslese aufsteigt ohne näheres Wahlverfahren.[37] Von Triumviren war auch bei Campanella die Rede. Wie Campanella hat auch Andreae seine Triumviren allegorisch für ihren Amtsbereich ausgewiesen. Aber erstens fehlt dem Ratskollegium des Andreae der Oberherr, der Fürst Campanellas, der als Metaphysicus wie eine Emanation der Gottheit erscheint, und zweitens regiert in Andreaes Stadt nicht ein Triumvirat aus Liebe, Macht und Weisheit, sondern aus Religion, Gerechtigkeit und Erziehung. Man kann dies wohl für einen pietistischen Akzent ansehen, mir scheint es aber, daß eine Staatslenkung nach den Prinzipien von Religion, Gerechtigkeit und Erziehung nur eine konkretere Variante des utopischen Szientismus darstellt.
Der Kanzler des Gemeinwesens wird mit dem Begriff der Eloquentia bedacht, wie denn die Beredsamkeit im politischen Rationalismus der Utopie allgemein das stärkste organisatorische Bindemittel darstellt, auch in deutschen, von Stüblin bis Stifter. Auch die Frauen der

[33] Andreae 1619 35
[34] Andreae 1619 50
[35] Andreae 1619 50
[36] Joachimsen 1926 492
[37] Andreae 1619 68

Triumviren sind in einen ähnlichen allegorischen Zusammenhang einbezogen.
Den Triumviren steht ein Senat aus 24 Personen zur Seite, die aus den drei Ständen der Bürgerschaft in gleicher Zahl gewählt werden.[38] Die Exekutive ist von diesem Rat getrennt, ein wichtiger Unterschied zum totalitären Unitarismus Campanellas. Sie liegt in der Hand von acht Präfekten und ebenso vielen Unterpräfekten, die in den Tor- und Ecktürmen der beiden äußeren Häuserquadrate residieren. Die Lage dieser Amtsgebäude ist mit der Einteilung der städtischen Wirtschaftsorganisation unmittelbar verbunden, so daß allein dadurch die ökonomische Grundlage des utopischen Gemeinwesens deutlich wird, ähnlich wie bei Morus' Unterbeamten oder bei Hergots Flurernährern.
Die ganze Stadt bezeichnet Andreae nämlich als eine einzige große Fabrik, in der die verschiedensten Handwerker arbeiteten: est enim urbs tota velut unica officina, sed diversissimorum artificiorum.[39] Die Produktion ist dem Bauplan der Stadt eingegliedert, so daß jeweils das Gröbere nach außen kommt, das Feinere nach innen. Die landwirtschaftlichen Gebäude liegen im Osten, Viehzucht und Mühlen am Wasser im Süden, Feuerwerkstätten, wie Schmelzen und Schmieden, im Westen, im Norden sind Vorratshäuser. Der äußere Mauerring ist also für die Herstellung der Rohstoffe bestimmt, er liefert Grundproduktion. Die feinere Verarbeitung geschieht im zweiten Quadrat der großen Produktionsgemeinschaft. Innerhalb dessen sind die Handwerke nach ihren Rohstoffen zusammengefaßt, nach Metall-, Stein-, Holz- und Textilverarbeitung. Die Arbeitsorganisation in Andreaes Idealstadt ist damit einem bisher unerhörten Rationalismus unterworfen, und darin liegt das Eigenartige seiner Konstruktion, während man bei Campanella nur eine Variante desselben agrarischen Produktionskommunismus findet, wie ihn Morus bekannt gemacht hatte. Rationalisiert ist aber auch das Verhältnis der Arbeiter zu ihrer Tätigkeit, wie wir schon gehört haben. Andreae ist sich dieser Novität bewußt: „Hoc autem plane novum est, hos artifices prope omnes literatos esse ...“[40]: „Das aber ist völlig neu, fast alle diese Handwerker sind zugleich Gelehrte.“
Auch die Gelehrsamkeit Andreaes entspricht nicht mehr dem Humanistenideal des Thomas Morus. Wie noch niemand vor ihm, und wie auch Comenius nach ihm nicht, der außer dem höchsten Triumvirat noch manches aus der Christianopolis übernahm, hat Andreae der Mathematik und Physik eine Vorzugsstellung im Bildungskanon ein-

[38] Andreae 1619 92 198 [39] Andreae 1619 50 [40] Andreae 1619 45

geräumt. Die gelehrten Handwerker sind also nicht darauf gerichtet, ihre Handarbeit mit der Lektüre klassischer Literatur zu verbinden, sondern sie sollen ihre Kenntnisse, mindestens partiell, dem Arbeitsprozeß selber widmen. Sie sollen, was damals gerade erst einige Physiker vom Rang eines Galilei erahnten, was fünf Jahre später Francis Bacon ähnlich in seiner Nova Atlantis vorgesehen hatte, Mathematik und Handwerk verbinden, sie sollen Techniker sein: In den Schmieden der Idealstadt soll man arbeiten nicht wie das liebe Vieh, non jumentorum instar, sed rerum physicarum accurata cognitione,[41] „sondern aus genauer Kenntnis der physikalischen Zusammenhänge". Deshalb werden dort auch keine Laien verwendet, sondern Handwerker jam ante imbuti, die schon zuvor eingeweiht sind, damit sie von da tiefer eindringen inter naturae viscera, in den Schoß der Natur.

V.

Auch Campanella hatte eine Ahnung von der notwendigen Kenntnis der Natur für den ökonomischen Fortschritt. Er ließ deshalb alle Tiere, alle Gesteine, alle Erdteile und alles Werkzeug an die Mauern der Sonnenstadt malen. Aber das war deskriptive Kenntnis und deskriptive Wissenschaft, wie sie auch Comenius noch verstand und in seinem „Paradiesgarten" in natura ausstellen wollte. Beide waren keine Mathematiker. Andreae hatte die Ahnung davon, wie man Wissenschaft mit produktivem Fortschritt verbinden könnte, und er folgte dieser Vorstellung mit einer zu seinen Zeiten unerhörten Klarheit. Das zeigt sein Bildungsplan.

Andreae beginnt seine Darlegungen mit naturwissenschaftlichen Forschungen, in Laboratorien zu betreiben, um die Eigenarten von Metallen, Mineralen, Pflanzen, Tieren zu erkunden und, wie bald darauf in der Utopie des Physikers Bacon, die Elemente zu erforschen. Es geht dabei um Prüfung, nicht um Übernahme des antiken Wissens,[42] wie denn Andreae gelegentlich dem Wissenskanon des Aristoteles skeptisch gegenübertritt, allerdings zugunsten seiner philosophischen Vorstellungen.[43] Mit der Physik müßten sich die Bürger von Christianopolis besonders befassen, versichert er, in physicam maxime propendant cives[44]. Daneben werden aber auch Pharmazie und Anatomie betrieben, und es fehlt nicht die visuelle Demonstrationsmöglichkeit einer naturalis historia, wie sie Campanella auf den Ringmauern, Comenius in seinem Orbis pictus vereinigt hatten. Theatrophysicum

[41] Andreae 1619 41
[42] Andreae 1619 102
[43] Andreae 1619 129
[44] Andreae 1619 102

nennt Andreae das entsprechende Institut, mit derselben pädagogischen Maxime, daß jede Lehre überhaupt leichter durch die Augen eingehe als durch die Ohren, die wir im System des Comenius bewundern.[45] Er berichtet von Instrumenten für Astronomie und Geometrie unter Hinweis auf die Forschungen des Tycho Brahe und zieht dabei vom Leder gegen die Ignoranten der Mathematik, die unbedingt zum Bildungsganzen gehöre.[46]

Der Ausbildungsgang in Christianopolis folgt im übrigen zunächst einigermaßen dem Herkömmlichen mit leicht umgewandeltem Trivium und Quadrivium. Zur Grammatik und Rhetorik ordnet er die Kenntnis der drei Alten Sprachen, zur Dialektik die Methaphysik mit der Theosophie, zur Arithmetik und Geometrie seine Auffassung von Zahlenmystik. Es folgen, in der alten Reihenfolge, die Musik und schließlich die Astronomie, der er die Astrologie zugesellt hat, aber mehr wegen der Kuriosität als wegen der Sicherheit ihrer Aussagen, also in deutlicher Abschwächung Campanellas. Damit sind die Sieben Freien Künste absolviert. Den weiteren Aufbau des Studienganges bilden Physik und Geschichte, Ethik und Politik und schließlich die Theologie, formal in der alten Spitzenstellung als omnium regina et philosophiae domina[47], aber doch mit eigenwilligem Inhalt, von dem wir gleich hören werden. Medizin und Jurisprudenz hat er schließlich noch nachgetragen und weiß mit beidem sichtlich nicht viel anzufangen; die eine auf gute Ratschläge und Chirurgie beschränkt, die andere, weil es in Christianopolis so wenig Advokaten gibt wie in der Civitas Solis oder in Utopia, auf römische Rechtsgeschichte bezogen und auf die Politik nach dem utopischen Einklang von Macht und Recht.

Die Quintessenz der Bildungsreform Andreaes verglich Joachimsen 1926 mit dem „Streben der Zeit nach einer pandynamistischen Weltanschauung" um „das Chaos der Welt in einen Kosmos der Bildung" umzuschaffen.[48] Newald sprach etwa gleichzeitig von einem „universalen Wissen, das aus seiner religiösen Weltanschauung fließt. Hinter allen Wissenschaften steht eine ewige Wahrheit. Durch sie tritt der Mensch in Beziehung zu Gott und gelangt zur Harmonie zwischen Diesseits und Jenseits".[49] Harmonia, consensus und concordia vitae doctrinaeque seien in Andreaes Bildungsbegriff Werte von höchstem Rang, seien in dieser Version aber eigentlich „neuplatonische Kräfte". Die harmonia mundi sucht Andreae gelegentlich

[45] Andreae 1619 106
[46] Andreae 1619 110f.
[47] Andreae 1619 161
[48] Joachimsen 1926 626
[49] Newald 1963 148

in Zahlenverhältnissen oder der Architektur, auch seines eigenen Entwurfes, in der Geschichte, besonders in der Kirchengeschichte und im Zentrum der Kontemplation seiner Idealstadt schließlich, im Geist der Prophetie.[50] Dazu führen ihn nicht symbolistische Spekulationen, die er eher ablehnt,[51] sondern ein szientistischer Optimismus, der eine Vereinigung von Naturwissenschaften und Theologie ersehnt. „O wir Toren, die wir den Aristoteles vorziehen, das Menschlein in uns, und nicht die Wunder Gottes umfassen ...“[52] Nur dem Christen kann deshalb die volle Erkenntnis zuteil werden.

VI.

Schrieb Andreae also doch eine christliche Utopie? Ist die Christianopolis ein „evangelischer christlicher Musterstaat“ und ihr Verfasser gar der „bieder-engherzige Geistliche“, für den er gelegentlich in der Literatur ausgegeben wird?[53] Joachimsen zeigte schon 1926, daß sich der württembergische Pastor in seinen Schriften und besonders eben in seiner Utopie nicht wie ein Lutheraner gab, sondern als Anhänger der geistigen Selbstbestimmung und der Willensfreiheit des Erasmus von Rotterdam: „Die ganze Grundeinstellung des lutherischen Denkens, der polare Gegensatz des geistlichen und irdischen Menschen, ist ihm unverständlich gewesen. Natur und Gnade ... sind für Andreae keine Gegensätze gewesen, eher Entsprechungen.“[54] Ähnlich äußerte sich Richard van Dülmen in der neuesten Untersuchung über die Christianopolis: „Die Vanitas der Welt wird allein überwunden durch Erkenntnis, durch Geist und nicht durch Gnade (wenn Andreae auch davon spricht) ... dementsprechend vollzieht sich die Umkehr nicht durch Gnade, sondern durch Erkenntnis.“[55] Diesen Befund bestätigt genau ein Glaubensbekenntnis der Stadt Christianopolis, das Andreae in zwölf Punkten formuliert hat.[56] Es berichtet von der Erlösung der Menschheit durch Christus aus der Sünde Adams, von der Bruderschaft mit Christus und vom Heiligen Geist, dem Tröster und Lehrer, quo sanctificamur ... quo erudimur supra naturam, armamur contra naturam, conciliamur cum natura – „durch den wir geheiligt werden, der uns über die Natur hinaus bildet, gegen die Natur wappnet, mit der Natur versöhnt“; es berichtet mit wörtlichen Anklängen an Calvins Institutio,[57]

[50] Andreae 1619 166 [51] Andreae 1619 167 [52] Andreae 1619 130
[53] Schottenloher 1953 277; Hofstaetter 1930; Merker–Stammler 1928/29
[54] Joachimsen 1926 642 [55] van Dülmen 1969 81 [56] Andreae 1619 71ff.
[57] Für den Hinweis danke ich Herrn Winfried Eberhard.

aber nur nach ihren optimistischen Wendungen, von einem Menschenbild, das heilsgewiß und wissenschaftsstolz den endgültigen Sieg über den Satan erwarb. Der christliche Dualismus gilt hier nur vordergründig. Er wird nicht durch die göttliche Gnade überwunden, sondern durch den Heilswillen des Individuums. Andreae setzt voraus, daß seine Idealmenschen „für sich und ihre Mitmenschen schon im diesseitigen Leben die Wiedergeburt ersehnen... Primär geht es diesen Menschen nicht mehr um Gott, sondern um dieses Ziel.“[58]

VII.

Wir müssen noch einmal zu den Urteilen von Ernst Bloch zurück. Bloch bezeichnete Francis Bacons Nova Atlantis als „die erste technisch reflektierte Utopie“ und als „die einzige Utopie klassischen Rangs, welche den technischen Produktivkräften des besseren Lebens entscheidenden Rang gibt“.[59] Diese Kennzeichnung ist falsch. Das knappe Fragment der Nova Atlantis zeigt sich nämlich gerade nicht als eine technische, sondern weit eher als eine naturwissenschaftlich-theoretische Utopie, die dem Spiel der experimentellen Möglichkeiten ein breites Feld absteckt, aber kaum einen konkreteren Hinweis liefert für die von Bloch hervorgehobene Förderung der technischen Produktivkräfte. Auch läßt der Aufbau des Fragments nicht etwa den Schluß zu, daß Bacon zu diesem Thema noch mehr hätte schreiben wollen. Andreae, nicht Bacon, verdient hier den historischen Akzent. Er hat sich Gedanken gemacht, wie man neue Erkenntnisse auch im Arbeitsprozeß verwenden könnte, wie man Handwerk und Theorie vereinigt, um zu technischen Erkenntnissen zu finden. Seine Idealbürger sind Techniker.
Denkwürdig ist Bacons Entwurf im Rahmen der europäischen Utopie nach meinem Dafürhalten aber aus einem anderen Gesichtspunkt, in dem er mindestens noch entschiedener als die etwas ältere Christianopolis eine neue Devise formuliert: Sein Bildungsideal hat sich völlig von der Philologie gelöst. Die Eliten der Insel Nova Atlantis sind von ganz anderem Schlag als die Eliten der Insel Utopien. Sie sind Mathematiker und Physiker, Biologen und Mediziner, moderne Naturwissenschaftler. Für ihre Aufgabe sind sie auch besonders organisiert als „Die weisen Väter vom Hause Salomonis“. Der Name erinnert an die zeitgenössischen Freimaurerlogen, für deren Entwicklung England damals dem Kontinent das Beispiel gab. Andreaes Rosenkreuzer wiesen bereits in die Richtung des intellektuellen Ge-

[58] Scholtz 1957 4 [59] Bloch 1955 226

heimbundes, Bacon gab ihm dazu noch den Arbeitsauftrag einer naturwissenschaftlichen Akademie, wie sie sich gerade damals nach der ersten päpstlichen Gründung von 1603 allgemein zu formieren begannen.
Im Gegensatz zu Luther habe Andreae, so urteilte Joachimsen, „sein Leben an den Versuch gesetzt, die Welt selbst zu verschristlichen. Damit nimmt er Bestrebungen der reformatorischen Sekten wieder auf".[60] 1622 mußte Andreae seine Rechtgläubigkeit verteidigen, nachdem er in den Streit um Johann Arndt mit einbezogen worden war, dem er seine Christianopolis gewidmet hatte. Womöglich hatte er danach seine Auffassungen geändert, denn später greift er die Pansophie des Comenius an, die seinen eigenen Vorstellungen der Christianopolis doch recht gut entsprach.[61]
Das Echo auf seine „Fama von den Rosenkreutzern" und auf seine Christianopolis zeigt die Reformationsutopie in einer besonderen Situation. Einerseits ist sie nun endlich um Anschluß, um Weiterführung der ökonomischen Entwicklung bemüht, sie hat zum erstenmal einen Spürsinn für sozialökonomische Projektionen auf dem Boden städtischer Wirtschaftsformen entwickelt, der ihr bislang fehlte. Die französischen Sozialisten werden diese Sozialutopie im frühen 19. Jahrhundert dann auch dem industriellen Zeitalter anzupassen wissen. Andererseits hat sich eine genügend dichte Intellektuellenschicht gebildet, um utopische Konzepte nicht nur zur amüsanten Lektüre zu benutzen, sondern auch zur politischen Organisation. Allmählich bricht das Zeitalter der aufgeklärten Geheimbünde heran, der Freimaurerlogen und Illuminatenorden. Die politischen Möglichkeiten der Utopie sind währenddem freilich eingeschränkt, sie scheinen überholt von machem Reformansatz, den das absolute Fürstentum nach der Katastrophe des großen Krieges in Deutschland mit generationenlangen Nachwirkungen für Bevölkerung und Wirtschaft schließlich aufgegriffen hat. Vernunftrechtler und Peuplierungspolitiker verdrängen die utopische Spekulation. Erst die Enttäuschung über das Fürstentum machte sie wieder lebendig, in Frankreich eher als in Deutschland.

[60] Joachimsen 1926 641
[61] Polišenský 1963; van Dülmen 1969

3 Die biblische Utopie der Auserwählten

Das Problem der Offenbarung

I.

Vergeistigter zwar, als die großen Paradieshoffnungen vom Schlaraffenland, vom Kuchenland oder selbst noch von den sieben Himmeln der Verheißung Mohammeds, aber doch ähnlich undifferenziert auf ein Wohlsein, auf eine nicht näher reflektierte harmonische Gemeinsamkeit der Menschen, ohne Feinde, ohne Krankheit und ohne Tod gerichtet, gibt sich die biblische Utopie in einigen prophetischen Verheißungen. Sie ist archaische Utopie; die Frage nach den Möglichkeiten einer solchen harmonischen Neuordnung der Welt, wie sie die moderne Utopie fast ausschließlich bewegt, bleibt offen. Das Anliegen der archaischen Utopie gilt vielmehr eher der Tatsache der neuen Welt selber und dem Zeitpunkt ihres Anbruchs, aber nicht den Wegen zu ihrer Verwirklichung. Nun findet sich freilich eine solche neue Welt in der biblischen Überlieferung nur angedeutet. Das irdische Paradies scheint als die Erlösung von allen menschlichen Nöten insoweit bekannt und in seinem Bereich abgegrenzt, daß Hinweise oder Andeutungen genügen. Über diesen Zusammenhang ist sich die ganze Christenheit von Anbeginn bis heute im klaren. Die Mosaiken und Fresken vom neuen Jerusalem schmücken die ältesten erhaltenen Kirchen, die Miniaturen davon sind ein bekanntes Thema der mittelalterlichen Illuminatoren, und bis zum modernen Kirchenlied in allen Sprachen ist die neue Welt, das neue Jerusalem, das Königreich Christi, in welcher Version auch immer, ein Gegenstand des verbalen Bekenntnisses und Zielpunkt einer freilich eben nur vagen Hoffnung, insofern eher nur Symbol des christlichen Optimismus als konkrete Aussage. Die Meinungen gehen bei dem Vorhaben auseinander, die biblische Utopie tatsächlich ernst zu nehmen, und besonders bei dem Versuch, ihren Anbruch in irgendeiner Weise zeitlich zu bestimmen oder gar in greifbare Nähe zu rücken.

Ein solches Vorhaben ist natürlich ebenso wie die Aussage selbst nur glaubhaft herzuleiten von derselben Grundlage, von dem Text der biblischen Verheißung. Das Alte Testament ist ein umfassendes Geschichtswerk, das zwei Jahrtausende umspannt, dem die moderne Wissenschaft viele wertvolle Aussagen abgewonnen hat und dem erst recht die ältere Offenbarungsgläubigkeit mit ihrem unreflektierten Bezug zum Text vertraute. Viele Aussagen über die Grundhaltung des auserwählten Volkes inmitten einer widrigen und feindseligen Umwelt blieben dabei freilich unverändert im christlichen Verständnis übrig bis zum heutigen Tag. Aber neben die Grundaussage vom Deus tremendus, bei dem doch patriarchalische Geborgenheit zu finden sei, traten manche historische Nutzanwendungen, und darum rankten sich noch Interpretationen, die unter anderem auch schon seit der Patristik dem chronologischen Ablauf der Weltgeschichte galten. Man konstruierte die bekannten Beziehungen von vier aufeinanderfolgenden Weltreichen nach biblischer Anspielung; man teilte die Welt in sieben Zeitalter nach den Schöpfungstagen, nach dem Alten und dem Neuen Testament in zwei Epochen, oder man fügte schließlich, und damit ist bereits einer der Hauptwege chiliastischer Spekulation betreten, nach dem Modell der Trinität ein künftiges Zeitalter des Heiligen Geistes dazu, mit jenem Tiefsinn, der die Konstruktionen Joachims von Fiore tatsächlich zu einer schöpferischen Kraft in der Geschichte unserer Kultur werden ließ. Solche Überlegungen laufen in unserem Geschichtsbild meist unter der Rubrik des „Mittelalterlichen", aber sie sind nicht auf diese Epoche begrenzt. Die vornehmsten Geister des Barockzeitalters haben sich ebenso damit beschäftigt, nicht nur Comenius etwa, sondern auch Leibniz. Als „abgesunkenes Kulturgut" sind sie noch heute bei verschiedenen kleinen Glaubensgemeinschaften in spezifischen Sozialbereichen lebendig.
Jesus widerstand der Versuchung des Satans, Steine in Brot zu verwandeln, aber er vermehrte doch einige Gerstenfladen auf wunderbare Weise. Im Zwielicht der zeitgenössischen Messiashoffnungen blieb seine eigene Stellung so rätselhaft, daß der Marxist Bloch ebenso wie der Lutheraner Kamlah Zitate wie „mein Reich ist nicht von dieser Welt" für spätere Interpolierungen betrachten und das Neue Testament für den Bericht von einem utopischen Aufbruch.[1] Jahrhundertelang hat man die Bibel jedenfalls eben auch in diesem Sinne gelesen und gedeutet und dazu nach dem passenden chronologischen Bildweiser gesucht. Jede Auseinandersetzung um Buchreligion muß sich aber auf Interpretationen stützen, und insofern

[1] Bloch 1955; 1969. Kamlah 1969 u. a.

trachteten alle Abweichungen von der Orthodoxie in einer so wesentlichen Frage der christlichen Selbst- und Gegenwartsdeutung nach einer überlegenen Deutungsebene. Wiklifs oder Luthers Bibelinterpretationen standen als reformatorische Ansatzpunkte im Zusammenhang scharfsinniger rationaler Auslegungen. Das Ringen um den spiritus sapientiae et revelationis, um das lumen ad revelationem gentium[2] wurde aber nicht nur im rationalen Bereich geführt. Der Schlüsselbegriff der göttlichen revelatio selbst, der uns hier entgegentritt, ist doppeldeutig. Er steht im Neuen Testament sowohl für rationale Enthüllung, Entschleierung eines Zusammenhangs, wie etwa in der seit Luther weltgeschichtlichen Stelle im Römerbrief 1,17; aber er findet sich beim selben Apostel Paulus im 2. Korintherbrief andererseits zum Ausdruck visionärer Offenbarung: Justitia autem Dei revelatur ex fide in fidem heißt es das einemal, und: veniam ad visiones et revelationes Domini lesen wir in dem anderen Fall.

Auch die Patristik kannte diese Doppeldeutigkeit. Augustinus, ihr bedeutendster Sprecher lateinischer Zunge, verwendet den Begriff „auch, wenn intelligibles Verstehen geschenkt wird".[3] Allerdings hat man doch zumeist die wunderbare, die unmittelbare göttliche Erleuchtung als revelatio bezeichnet.

II.

Uns interessiert die Auffassung des Begriffs im Mittelalter. Offensichtlich hat im allgemeinen Sprachgebrauch die Vorstellung von der unmittelbaren göttlichen Erleuchtung durch Vision und Wunderzeichen den Vorzug, und doch beherrscht sie nicht allein das Begriffsfeld. Gerade Joachim von Fiore scheint von einem differenzierteren Verständnis auszugehen, wenn er etwa formuliert: In tertio statu revelanda est perfecta gloria Spiritus Sancti; oder anderswo: (hominibus) tertii status revelata facie loquetur idem spiritus omnem veritatem ...[4] Es handelt sich demnach offenbar um eine generelle revelatio, die allein den homines intelligentiae zuteil werden soll, und damit kennzeichnet dieser für Joachims Epochenlehre zentrale Begriff, unverstanden übrigens gelegentlich in der bekannten venezianischen Gesamtausgabe durch die Augustinereremiten,[5] eine besondere Eigenart: einerseits geht es um den rationalen Erkenntnisvorgang, den schon Augustinus gelegentlich mit diesem Wort benannte, andererseits wird die Erkenntnis doch aus dem Transzendenten vermittelt.

[2] Epheserbrief 1,17; Lucas 2,32
[3] v. d. Meer, Rech. Augustiniennes II 356f.; nach Hinweis von Herrn Dr. H. Ebert.
[4] Kestenberg-Gladstein 1955 270f. [5] Vgl. Kestenberg-Gladstein 1955 271

Aber der Vorgang läßt sich nicht im Augenblick erwarten, sondern erst nach der großen Weltenwende im dritten, im Zeitalter des Heiligen Geistes wird er die Gedankenwelt der Auserlesenen erfüllen: Littera manet in velamine super faciem Moysi, spiritus aufert velamen, ut appareat veritas. Sicut enim in secundo statu oportuit predicare evangelium secundum litterae veritatem, sic in senectute mundi, id est in tertio statu, secundum spiritualem intelligentiam. Damit hat Joachim unter den Prämissen seiner Weltzeitalterlehre offensichtlich eine neue Bedeutungsebene erschlossen. Es ist unklar, wieweit seine Anhänger in späteren Jahrhunderten sich an diese Erkenntnistheorie gehalten haben, aber es scheint offensichtlich, daß seine Nachläufer davon abgewichen sind. Nur mit dem Argument der unmittelbaren göttlichen Eingebung vermochten sie ja doch der orthodoxen Bibelinterpretation entgegenzutreten, sie mußten aber eine solche Gegenstellung beziehen, um die prophetische Weltdeutung Joachims je und je zu aktualisieren.

So wird aus dem späteren 15. Jahrhundert von einem Ketzerartikel gegen eine joachitische Sekte circa Egram, um die Stadt Eger, berichtet, die den Gesalbten als Führer gegen den Antichrist erwartete: quod ille unctus est verus pastor, cui deus se ipsum revelavit qualis est et quid est sanctissima trinitas, und die Sektierer versichern: quod omnes isti articuli prenominati sint ex quadam revelacione divina.[6]

Die Inquisition vollends faßte solche Revelationen als Teufelswerk auf: „Es ist schließlich bemerkenswert, daß der Urheber dieser Irrtümer angibt, er hätte dies alles per revelationem erkannt und per internam apparicionem. Man muß aber befürchten, daß ihn in der Schwäche seines Hirns eine teuflische Illusion anfiel, von der er so getäuscht wurde.“[7] Mit dieser Antwort hatten offenbar unbequeme Revelanten immer wieder zu rechnen. Wir begegnen ihr nämlich auch in der Auseinandersetzung zwischen dem hussitischen Theologen Jacobellus von Mies und zwischen seinem katholischen Kontrahenten in einem berühmten Kelchdisput des Jahres 1415, und zwar mit demselben Begriff, den die Egerer Sektierer hinnehmen mußten: illusio diabolica. Und auch als Luther hundert Jahre später von der Hinrichtung Thomas Müntzers erfuhr, mit dem er zuvor manchen Streit um die rechte Bibelinterpretation in seinem Sinne ausgefochten hatte, bemerkte er, ganz in den Bahnen orthodoxer Kirchlichkeit: „Weiter ist er nicht gefragt worden von seinen revelationibus oder

[6] Ritter 1924 158f.
[7] Kestenberg-Gladstein 1955 275

was ihn bewogen hätte, solchen Lärm anzufangen. Es ist auch unweise gehandelt, dieweil er sich göttlicher Offenbarung gerühmet hat, daß man nicht hat gefragt, ob er solches erdichtet habe oder ob der Teufel ihn mit Gesichten verführet habe.“ [8]

III.

Auf der anderen Seite nährte die Behauptung oder die Erwartung einer persönlichen Offenbarung immer wieder das Selbstbewußtsein theologischer Außenseiter. Wir begegnen auf halbem Wege zu dieser Einstellung etwa Cola di Rienzo in seinen Dictamini Tribuni mit der Feststellung, daß der Heilige Geist nicht nur über die Apostel, sondern noch jetzt immer über uns komme und jeden Tag bei uns einträte, „wenn wir ihn demütig und still erwarten“.[9] Wir finden ihn in der Hoffnung der hussitischen Chiliasten auf den dies revelacionis[10] oder bei Savonarola, der ein Compendium revelacionum verfaßte und darauf vertraute, daß Gott seinen Propheten übernatürliche Erleuchtung brächte; entweder unmittelbar oder durch Träume oder durch äußere Sinneserscheinungen.[11] Wir finden die Vorstellung auch noch mit lexikographischer Gründlichkeit erläutert im pansophischen Gedankengebäude des Jan Amos Comenius. Er unterscheidet die menschliche Enthüllung von der göttlichen, die uns erstens im Traum, zweitens in der Ekstase und drittens bei offenen Sinnen zuteil werden könne.[12] Auch Campanella räumte die Gnade der vollen Erkenntnisfähigkeit nur den „Magiern und Propheten“ ein, „zu denen Gott in Traum, Vision und Ekstase spricht“.[13]

Den ganzen Spielraum der radikalen Prätention umgreift ein Satz, der dem Zwickauer Propheten Nikolaus Storch zugeschrieben wird. „Der Pfaffen Wort“, soll er nämlich gesagt haben, „ist nicht Gotts Wort, sondern ein lauter Schall und Getön. Meinet Ihr nicht, daß Gott noch ein ander Wort sollte haben und es Euch durch den Geist offenbaren?“ Im Verhör sollen seine Anhänger im Dezember 1521 sogar noch weitergegangen sein, sie gaben an, „es wär die göttliche Schrift zur Lehre der Menschen unkräftig, allein müsse der Mensch durch den Geist gelehrt werden...“[14] Damit ist nicht nur die Verbindlichkeit, sondern sogar auch noch der Anhaltspunkt der heiligen Texte verlassen, zugunsten einer unmittelbaren Inspiration, so ausschließlich, wie sie Joachim auch für das dritte Weltzeitalter nicht

[8] Brandt 1933 222
[9] Bartoš 1951 12
[10] Lorenz von Březova 1888 421
[11] Schnitzer 1927 639
[12] Comenius 1966 1184
[13] Doren FS Götz 1927 244
[14] Brandt 1933 51f. und 59

behauptet hatte. Demnach ist das Lehramt der Kirche nicht nur überflüssig, sondern sogar schädlich.
Ob nun der Anbruch dieses Zeitalters dabei schon vorausgesetzt oder erst noch erhofft wird, offenkundig bleibt, daß mit dieser Argumentation allem theologischen Rationalismus entgegengetreten werden kann mit einer Einstellung, die uns in extremster Form aus jener Zeit etwa von den Uttenreuther Träumern überliefert wurde. Diese Gruppe, in einem abgelegenen fränkischen Flecken, hatte sich um einen örtlichen Propheten geschart und ließ sich nurmehr von Träumen, Visionen und Auditionen leiten, die gemeinsam diskutiert und gedeutet wurden. Sie wurden aus dem Kreis der Täufer selber der Obrigkeit angezeigt, als sie ihren Paradieseshoffnungen durch einen großzügigen Tausch ihrer Ehepartner nachzukommen suchten. Bei ihnen wird die Verbindlichkeit des biblischen Textes auch mit dem historischen Argument bestritten: „Gott hab geredt durch seinen geist, ee wann die schrift gewesen ist.“[15]
Diese Erwägungen eines exegetischen Zentralbegriffes wären einseitig, wenn man nicht wenigstens beispielhaft vor Augen hätte, daß er durchaus nicht zum unentbehrlichen Bestand des „linken Flügels der Reformation“ gezählt werden darf. Die Züricher Täufer etwa, für die gesamte deutsche Bewegung mindestens der bewußte Ausgangspunkt, spalteten sich an dieser Frage. Der Pfarrgeistliche Jörg Blaurock, ein Neuling im ursprünglichen Kreis der Züricher, trat auf mit prophetischem Sendungsbewußtsein und brachte es nach den Verhörakten zuwege, „daß sich einige Täufer auf die unmittelbare Leitung durch den Geist Gottes beriefen“.[16] Aber einer umsichtigen neueren Untersuchung fiel auf, „daß wir bei einem so wichtigen Täufer wie Felix Mantz keinen Hinweis auf persönliche Inspiration finden“.[17] Mit ähnlicher Absicht hatte auch sein Gesinnungsfreund Konrad Grebel in einem Schreiben an Thomas Müntzer die Geistwirkung nur auf das Schriftstudium beschränkt wissen wollen.[18] Am klarsten hat sich in diesem Zusammenhang einer der führenden Köpfe der hussitischen Theologie ausgedrückt, nämlich Jacobellus von Mies, in jenem schon erwähnten Disput um den Laienkelch aus dem Jahre 1415. Gerade war er mit dem Mißtrauen von katholischer Seite angegriffen worden, einer „diabolica illusio“ zum Opfer gefallen zu sein; wir hörten schon davon. Nun erläuterte er in seiner Antwort ganz genau, daß er unter einer revelatio einen „modus cognoscendi“ verstehe, der aus der Erforschung der biblischen Texte und aus soliden Auslegungen der

[15] Bauer 1966 165
[16] Krajewski 1957 84
[17] Krajewski 1957 84
[18] Bernhofer-Pippert 1967 43

alten Heiligen herrühre, wie Augustinus, Cyprian, Bernhard, Chrysostomus und anderen. Aber er rechnet damit, daß seine Gesprächspartner einen solchen Revelationsbegriff nicht kennen, deshalb setzt er hinzu: „Eine solche auf diesem Wege gewonnene Erkenntnis kann man allgemein eine revelatio nennen; weil durch sie sozusagen das velamen, der Schleier der Unkenntnis, innerlich beseitigt wird."[19] Mindestens bis zur Hussitenzeit ist also der alte augustinische Begriff einer intellektuellen Revelation noch zu finden.

IV.

Nur wenige Worte muß man jetzt wohl noch der Tatsache widmen, daß außer der Ambivalenz des Revelationsbegriffs noch eine andere Doppeldeutigkeit die revolutionäre Exegese bestimmte: die grundverschiedene Auskunft über das rechte Weltverhalten, die man hier dem Alten und dort dem Neuen Testament ablesen konnte. Pazifistisch das eine, trotzig kriegsbereit um Gottes willen das andere. Prophetische Abschnitte entflammten eschatologische Erwartungen. Nach dem Alten Testament benannten deswegen die radikalen Hussiten ihre Festungen Tabor, Sion, Oreb, Hermon. Der Gotteskrieg des auserwählten Volkes diente auch ihren „gemäßigten" Magistern 1419/20 zum Argument für den erlaubten, schließlich sogar für den geheiligten Krieg zur Verteidigung der Revolution.[20] Demgegenüber beriefen sich die hussitischen Pazifisten auf das Kriegsverbot des Neuen Testaments und auf seine Aufforderung zu Duldung und Gewaltlosigkeit.

Ähnliche Meinungsverschiedenheiten gab es auch in der deutschen Reformation. Die Devotio moderna hatte im 14. und im 15. Jahrhundert einer demütigen Imitatio Christi gelebt. Zwingli und Calvin jedoch führten ihre politische Reformation mit dem Alten Testament. Die Kindertaufe selber war von Zwingli mit der alttestamentarischen Beschneidung verteidigt worden, während sie die Wiedertäufer ablehnten – unter Berufung auf das Neue Testament! Calvin beklagte „das entsetzliche Dogma der Täufer: Abgetan ist das Alte Testament!"[21] Bei obrigkeitlichen Verhören rechtfertigten sich oberdeutsche Wiedertäufer auch tatsächlich fast nur in diesem Sinn.[22]

Das Neue Testament lehrte sie die Gemeindebildung fern der Obrigkeit und in stiller Erwartung des Herrn. Die militanten Münsteraner hingegen gaben sich ganz alttestamentarisch, sie benannten ihre Funktionäre nach den großen Gestalten der altjüdischen Geschichte

[19] v. d. Hardt 1698 Sp. 617
[20] Seibt 1965 16ff.
[21] Neff 316
[22] Bernhofer–Pippert 1967 44 und 164–179

und bauten um sich her mit Namen aus der biblischen Geographie das Szenarium für die Wiederaufnahme des biblischen Gotteskrieges. Es ist klar, daß die aggressive Geschlossenheit des Alten Testaments auch die Orientierung an einer anderen Sozialstruktur nahelegte als die pazifistische Offenheit der Nachfolge Jesu: Das war die rechte Gelegenheit für große Führende, für Propheten und Gotteskrieger, Patriarchen und Könige, für Thomas Müntzer, für Jan Bockelson und für gewaltige Kämpen vom Schlage Žižkas. Auch der streitbare Savonarola hielt es mit dem Alten Testament. Bis zum dramatischen Dialog reifte der Gegensatz gelegentlich, als der gefangene Müntzer den Fürsten gegenübertrat, die er mit prophetischem Anspruch hatte vernichten wollen. Johann Rühel schreibt darüber an seinen Schwager Martin Luther: „Ich höre aber, daß der Landgraf sich des Evangeliums nicht geschämet, sich mit Müntzern in einen heftigen Streit damit begeben. Müntzer hat das Alte Testament gebraucht, der Landgraf aber sich des Neuen gehalten, sein Neues Testament auch bei sich gehabt und daraus die Sprüche wie der Müntzer gelesen..."[23]

V.

Müntzer war Individualist. Sein Erkenntnisweg führt den einzelnen allein zum „abgrund der selen", und sein politisches Reformprogramm, soweit er es nicht in der Rolle eines „neuen Daniel" mit Hilfe der Fürsten durchsetzen wollte, betrachtete die Allgemeinheit nur als Mittel, zwar mit Fürsorge, aber nicht ohne Skepsis. Das trennt ihn von der großen Frömmigkeitsbewegung der Reformationszeit aus biblischem Gemeindedenken, das verbindet ihn aber auch mit dem tschechischen Laieneremiten Peter Chelčický, der zwar eine Gemeinde um sich sammelte, aber ähnlich wie Müntzer eine Erkenntnistheorie von individueller mystischer Selbstversenkung entwickelte.
Nicht die Schrifterkenntnis im Sinn Jacobells, aber auch nicht die joachitische unmittelbare Geisteingebung bestimmte das Offenbarungsverständnis Chelčickýs. Er hielt die mystische Meditation für eine unentbehrliche Vorbedingung zur rechten Schriftauslegung, so daß man von einer „Wortmystik" in seiner Einstellung gesprochen hat,[24] suchte aber doch nirgendwoanders die göttliche Offenbarung, als eben in einem solchen Schriftstudium. Sein Erkenntnisbegriff reifte also zwischen dem rationalen Bibelverständnis und der inneren Versenkung. Allerdings grenzte er seine Erkenntnisse energisch gegen das bloße Wortverständnis der Schulgelehrten ab, ähnlich wie die Ver-

[23] Brandt 1933 221 [24] Peschke 1935 151, 170

fechter der subjektiven Privatoffenbarung. Einen vergleichbaren Weg schlug auch Müntzer ein und erläuterte ihn besonders in der „Ausgedrückten Entblößung eines falschen Unglaubens der ungetreuen Welt“. Auch Müntzer suchte eine Verbindung zwischen rationaler Klärung und seelischer Läuterung: „Dann so vnser natuerlicher vorstand do selbst soll zur dinstpargkeit des glaubens gefangen werden (2. Cor. 10) so muß er kummen auff den letzten grad aller seyner vrteyl ... Der vrteyl mag er aber keins beschlissen mit gutem grund seyns gewissens on gottis offenbarung.“[25]

Kam Müntzer dabei zu der Überzeugung, der Mensch könne nicht „mit dem Kopf durch den Himmel laufen“,[26] so hatte er sich von den Rationalisten geradeso abgesetzt wie von den Schwärmern. Deshalb spricht auch Brandt 1933 in seiner Interpretation vom „Vorrang“ des Geistglaubens vor dem Schriftglauben, zugleich aber auch von einer Verbindung beider: „Nur die innere Schrift als Offenbarung des heiligen Geistes ist von Bedeutung und wird zugleich zum Maßstab für die äußere historische Bibel.“[27] Insofern suchte auch Müntzer, selbst wenn man ihm gelegentlich Traumoffenbarungen nachsagte,[28] nicht den schwärmerischen Begriff der revelatio, den Luther wohl bei ihm erwartete. Er geriet, freilich weniger unschuldig als Jacobellus, in dasselbe Mißverständnis, das die Kelchrevelatio in der katholischen Replik umgab. Auch die Historie Thomä Müntzers beklagt nach seiner Hinrichtung, er sei „nicht gefragt worden von seinen Revelationibus oder was ihn bewogen hätte, solchen Lärmen anzufangen“.[29] Man hat Melanchthon für den Verfasser dieser Historie gehalten und es fällt jedenfalls auf, daß sich Luther zuvor in dieser Sache genau derselben Wendungen bediente.

Während Müntzer sein prophetisches Selbstbewußtsein niemals verleugnete und selbst vor dem Schafott noch einmal mit dem Vorwurf bekräftigte, die kleinliche Eigensucht seiner Anhänger habe den Aufstand zerstört, suchten die Täufer, wohl unterstützt und geführt in ihrer gedanklichen Entwicklung durch einzelne, auch gebildete Glaubensapostel, ihre Leitlinien auf dem entgegengesetzten Pol der Meinungsbildung: durch Gemeindeentscheidungen. Das scheint mir das wesentliche Kennzeichen für diese Bewegung, die sich im übrigen in Gruppen aufspaltete, sehr unterschiedliche Verhaltensweisen und abweichende Ziele entwickelte und schließlich auch noch im historischen Rückblick einige Verzerrungen erfuhr, weil die amerikanischen Mennonitenforscher einen gewissen sozialen Radikalismus

[25] Müntzer 1950 14
[26] Müntzer 1950 14
[27] Brandt 1933 226
[28] Brandt 1933 101
[29] Brandt 1933 49

gern eliminieren, die deutschen Marxisten ihn gern verallgemeinern möchten.

Auch wenn ihr Patriziersöhne, Studenten der Humaniora, Kaufleute oder Standespersonen angehörten, blieb die Bewegung im ganzen doch ein Aufbruch des „gemeinen Mannes“. Zu den Lehren der alten Kirche und der neuen Reformatoren, zu den herkömmlichen Auffassungen von der Obrigkeit, zu den gewohnten Formen des gesellschaftlichen Lebens haben die Täufer insgesamt aber keine einheitliche Stellung bezogen. „Täuferisches“ zeigt uns im Gegenteil breite Varianten: Von der einigermaßen katholisierenden Lehre der niederländischen Mennoniten, wie sie 1968 erst W. E. Kenney vorführte,[30] reicht der dogmatische Pendelschlag bis zum Pelagianismus der Schleitheimer Artikel; von der bekannten Toleranz gegen die Obrigkeit bei Hubmaiers „Schwertlern“ bis zum radikalen pazifistischen Anarchismus unter den „Stäblern“; von der organisierten Revolution, die in Münster gelang, die aber auch in Erfurt und Esslingen versucht, in Augsburg geplant worden war, bis zur selbstaufopfernden Gewaltlosigkeit; von lediglich verstärkter Armenpflege bis zum wohldurchdachten Kommunismus.

Der täuferische Aufbruch war keine Reaktion auf theologische Probleme und auch nicht auf unmittelbare soziale Nöte. Er war ein Protest gegen das Unchristentum und eine Sehnsucht nach einem besseren Leben im Sinn des Evangeliums. Die Bestätigung des rechten Weges fanden die Täufer demnach auch nicht in theoretischer und schon gar nicht in politischer Rechtfertigung, sondern im Wachstum ihrer kleinen Gemeinschaften, in ihrem eng lokalisierten Gruppendenken, und diese geistige Stütze entsprach eben geradewegs dem Anlehnungsbedürfnis, der Unselbständigkeit und dem Nachbarschaftsdenken der meisten Tauferweckten aus dem Handwerk, aus der bäuerlichen Welt, entsprach den Lebensvorstellungen des „kleinen“, des „armen“ und „gemeinen Mannes“. In allen möglichen Fragen war man in diesen Kreisen auch bisher schon gewohnt, aus guter Nachbarschaft die Bestätigung des rechten Tuns herzuleiten und aller Obrigkeit zu mißtrauen. Als eine Nachbarschaftsbewegung läßt sich die Ausbreitung der Täufer auch immer wieder im einzelnen belegen.[31]

Daraus rührt auch die besondere Bedeutung des Gemeindebegriffes für die täuferische Erkenntnislehre. W. Köhler sprach schon 1925 von

[30] Kenney 1968 mit den Thesen von der Erbsünde, der Nachfolge Christi, dem freien Willen 68–71 und mit entsprechender Schlußkritik 194f., allerdings auch mit dem Hinweis auf Inkonsequenzen.

[31] Kolb 1951; Bauer 1966

dem „Versuch, das Urchristentum in seiner Ganzheit wieder lebendig werden zu lassen, die urchristliche Gemeinde als religiöse und soziale Größe neu zu verkörpern."[32] Die „herrliche Gemeinde" „ohne Flecken und Runzeln", „heilig und unsträflich" nach dem Epheserbrief[33] wurde ihr Vorbild. Weder ein politisches noch ein theologisches Programm gewann demgegenüber gleichermaßen einheitliche Anerkennung.

Die Erwachsenentaufe als „soziales Sakrament" wurde für diese Gemeindebildung zwar ein wesentliches Kriterium, aber ein funktionales, nicht hergeleitet aus dem Mittelpunkt des reformatorischen Aufbegehrens. In dieser Rolle aber hat sie eine lange Vorgeschichte in der kirchenfeindlichen Laienbewegung. Schon waldensische Gruppen um 1200 erklärten die Aufnahme der Kleinkinder in die kirchliche Gemeinschaft für ungültig und weihten sich ihren eigenen Gemeinden neuerlich durch die Wiedertaufe.[34] Ähnliche Wiedertaufen nahmen auch die Böhmischen Brüder vor, mindestens zwei Generationen vor den deutschen Täufern, und die Bedeutung dieses Vorbildes für die deutschen Taufgesinnten sollte man wohl doch nicht unterschätzen.[35] Unklar also in ihrer Herleitung wie der Hussitenkelch, gewann die Erwachsenentaufe vergleichbare Bedeutung als Symbol und als Prüfstein für die gesamte Bewegung, weil sie jeden einzelnen vor eine Lebensentscheidung stellte, besonders seit sie 1529 mit der Todesstrafe belegt worden war, gerade wie auch der Laienkelch ein Jahrhundert zuvor.[36]

Vergleichsweise scheint mir also für eine Definition des Täufertums der Brauch der Erwachsenentaufe als solcher doch nur eine Äußerlichkeit, austauschbar etwa eben mit dem Laienkelch. Auch Friedensliebe oder Angriffslust, Obrigkeitsflucht oder Revolution einzelner Gruppen sind nur Kriterien aus der Entwicklung, nicht aus dem Kern der täuferischen Reformation. Als wesentliches Kennzeichen für den täuferischen Aufbruch bleibt demnach das Gemeindeverständnis zurück, das sie zwar nicht allein entwickelt, aber in jenen Jahren allein festgehalten haben. Allerdings erweitert ein solches Kennzeichen auch zugleich die Ausmaße der Bewegung und läßt uns die vermeintlichen Besonderheiten des Täufertums in der gesamten jahrhundertelangen Auseinandersetzung des Laientums mit der Amtskirche wiederfinden: als Selbstrechtfertigung gegenüber der alten Kirche mit ihrem kunstreichen hierarchischen Gefüge, als egalitäres Gegenmodell zur Herr-

[32] Köhler 1925 63f.
[33] Epheserbrief 5,27
[34] Gonnet 1953 252f.
[35] Husa 1957
[36] So schon treffend Zschäbitz 1958 92

schaft einer elitären Gruppe, als ein besonderes Laienmodell gegenüber dem rationalen Organisationsgefüge des Klerus.
Die Täufergemeinde entschied in Offenbarungsfragen. Das wirkte unmittelbar auf die Gestalt der täuferischen Gruppenbildungen. Davon hing ab, ob eine Gemeindebildung von einiger Dauer gedieh oder nicht. Denn der Subjektivismus persönlicher Offenbarungen, gehörter oder geträumter Hinweise und Revelationen brauchte die Gemeinde nur mehr zur Akklamation, trieb sie deshalb mit der Zeit entweder auseinander, weil sie keine wirkliche Aufgabe mehr für die Gruppenbildung besaß, oder er befestigte vor einer allzu gläubigen Anhängerschaft die Übermacht einzelner und führte, wie am Münsteraner Beispiel, zur Diktatur. Nur das allem Wunderwerk abholde, unmittelbare Wortverständnis der neutestamentlich Orientierten, der friedfertigen Huterer oder der Augsburger Märtyrersynode 1527 gegenüber den eschatologischen Tendenzen Hans Huts, trug in sich den Ansatz zu dauerhaften freikirchlichen Gemeindebildungen.

Die Säkularisation des Chiliasmus: Tabor

I.

„Ein jeder Mensch hat halt 'ne Sehnsucht" sagen Hauptmanns Weber und erklären damit nichts weniger als den Aufruhr der Unterdrückten in einer oft mißverstandenen, philosophisch zu Unrecht gespaltenen und doch so einfachen, ja naiven Einheit von Vitalität und Frömmigkeit. Es handelt sich eigentlich um die meist recht gedankenlos zitierten „zwei Seelen" in der einen Brust, um denselben „dunklen Drang", aus dem sich Faust am Ende läutert, in der utopischen Illusion nämlich, „als freies Volk auf freiem Grund zu stehen". Noch Fausts Tragödie ist in den Rahmen des transzendenten kirchlichen Lehrgebäudes gebettet. Sie wurde damit, vor weniger als 150 Jahren, zur zeitgemäßen Version der menschlichen Tragödie, bis heute als klassischer Bestand der tragischen Weltdeutung geachtet. Um so mehr bemühte sich vor einem halben Jahrtausend die ungelehrte Laienfrömmigkeit auf biblischer Grundlage um das irdische Paradies.
Die Anfänge dieser Bestrebungen, die zweifellos einen echten Fortschritt, eine Andersartigkeit, eine Wandlung in der spätmittelalterlichen Laienwelt bedeuten, sind nicht leicht zu finden. Man darf dabei wohl auch nicht nach den Spuren einer einzigen Traditionskette suchen, herausgelöst aus der älteren Hoffnung vom „kommenden Reich des Friedens".[1] Anders aber als die älteren Kaiserprophetien

[1] Töpfer 1963

aus dem „Trachten nach dem Millenium“[2] zielten diese Sehnsüchte nun eben nicht auf die Vollendung, sondern auf die Verwandlung der Welt. Legte man in rationalen Umformungen der Kaiserhoffnung, etwa in der Reformatio Sigismundi, bereits bemerkenswerte Akzente nicht mehr auf die traditionelle Gesellschaftsordnung, sondern auf die Schultern der „Kleinen“[3], so ist das Vertrauen auf den starken Herrscher, welcher Herkunft auch immer, auf die Monarchie und damit auf den prägnantesten Ausdruck der herkömmlichen Ordnung in manchen Zukunftsprojekten nicht mehr zu finden. Sie sind statt dessen in aller Unvollkommenheit tatsächlich um ein Gegenbild zu ihren eigenen Verhältnissen bemüht und deshalb wohl auch als Utopien anzusprechen.

Dabei setzten sie überhaupt an die Stelle der mindestens strukturell allgegenwärtigen gesellschaftlichen Hierarchie ein egalitäres Ordnungselement. Das war nicht neu geschaffen worden; aber die Zeit kannte dieses Element in genossenschaftlichen und gemeindlichen Formen bislang nur als Funktion der hierarchischen Konstanten. Nun wurde es absolut genommen.

Das ist jenes Gesellschaftsbild, wofür die urkirchliche, die klösterliche, wohl auch die bäuerliche oder die bürgerliche Gemeinde das Vorbild abgegeben haben dürfte. Man hat diesen spätmittelalterlichen Egalitarismus schon einigemal dargestellt. Mir scheint es wichtig, daß er biblisch argumentierte und mindestens praktisch, mitunter aber eben auch in theoretischer Reflexion, nicht auf das Individuum, sondern auf die Gemeinde gerichtet war.

Es geht mir also nicht darum, die Spuren eines weltweiten „Prinzips Hoffnung“ im spätmittelalterlichen Mitteleuropa zu verfolgen, wie sie Ernst Bloch oft mit guten Durchblicken und mit zutreffenden Reflexionen, nicht selten aber, und besonders im Bereich der mittelalterlichen Jahrhunderte, nur mit vagen Sachkenntnissen in die historische Entwicklung zu betten suchte. Es soll auch Konkreteres beobachtet werden, als jene freilich im Ganzen sehr eindringlichen Ansätze zu einem an sich utopischen Futurismus in den Formen chiliastischer Zukunftserwartung, wie sie Cohn 1957 zusammenfaßte. Cohn hatte diesen Chiliasmus als Laienbewegung seit dem Ende des 11. Jahrhunderts im westlichen Europa, regional und zeitlich verschoben danach in Mittel- und Osteuropa, beobachtet und mit der europäischen Sozialgeschichte in besonderen Zusammenhang gebracht. Er verband demnach auch den Fortschritt chiliastischer Erwar-

[2] Cohn 1957

[3] Zum Begriff gegen Dohna 1960: Grundmann 1961 und Koller 1963

tungen seit dem Hochmittelalter mit der Laienemanzipation und mit einer „sozialen Expansion" in dieser Zeit.[4] Konkretere politische Organisationsversuche auf dieser Grundlage sieht er dann im nördlicheren Europa erst im 14. Jahrhundert aufbrechen, spurenhaft mit dem Ruf nach Gleichheit im flandrischen Aufstand der zwanziger Jahre, in der Jaquerie der Jahrhundertmitte und am deutlichsten wieder eine Generation später im sogenannten englischen Lollardenaufstand. Einen Anklang an utopische Pläne weiß er schließlich von dem zu berichten, was er am linken Flügel des böhmischen Hussitismus als „anarcho-kommunistisches Experiment" bezeichnet.[5] Hier scheint, nach dem lokalen Ereignis um Fra Dolcino nach 1302 im Süden, biblisch fundierter, gemeindlich organisierter Egalitarismus zum erstenmal im mittleren Europa revolutionäre Sprengkraft entwickelt zu haben.

II.

Karl Mannheim sah vor 50 Jahren einen epochalen Wendepunkt in der politischen Willensbildung breiterer Bevölkerungsschichten im Umschlag des Chiliastischen zu säkularer Verwirklichung: „Der entscheidende Punkt in der neuzeitlichen Entwicklung war – der Augenblick, wo das ‚Chiliastische' mit dem aktiven Wollen unterdrückter Schichten ein Bündnis schloß ... Hier beginnt erst Politik in neuzeitlichem Sinne, wenn man nämlich darunter ein mehr oder minder bewußtes Mitwirken aller mitlebenden Schichten an der diesseitigen Weltgestaltung versteht und dies einem schicksalhaften Hinnehmen des Geschehens oder einem Regiertwerden ‚von oben' gegenüberstellt."[6] Zweifellos ist die Säkularisation des Chiliasmus in diesem Sinne fähig gewesen, politische Eruptionen auszulösen und die Aufstandsbewegung des Fra Dolcino am Anfang des 14., die Revolution der böhmischen Bauernmassen am Anfang des 15. Jahrhunderts, der Sturm auf die bischöfliche Marienfeste in Würzburg, mit dem die Anhänger Hans Böheims des Paukers 1476 ihren gefangenen Propheten zu befreien suchten, das Täuferreich von Münster und viele andere Ereignisse, bis hin zu den Diggers der englischen Revolution, sind immer wieder neue Ansätze auf diesem Wege. Alle diese Ereignisse bestätigen aber auch, was schon Mannheim wußte: „Das chiliastische Erleben ist den niedrigsten Schichten zuzurechnen."[7] Das heißt: Chiliasmus ist nicht die Ideologie der Unterschichten im Sinne einer zwangsläufigen Reflexion ihres gesellschaftlichen Seins.[8] Schon allein

[4] Cohn 1957 21f. [5] Cohn 1957 226f. [6] Mannheim 1965 184f.
[7] Mannheim 1965 197 [8] Dazu vgl. auch Kaminsky 1967, 397f.

deshalb nicht, weil seine Propheten – weder ihrer geistigen Reife noch ihrer sozialen Herkunft nach – den allgemeinen Unterschichten entstammen; aber der Chiliasmus findet besonders bei bäuerlichen kulturellen Unterschichten seinen eigentlichen, seinen noch lange nachwirkenden und jedenfalls geschichtsmächtigen Wirkungsbereich. Vor diesem Publikum nahm der Chiliasmus, sei es in biblischer Spielart, sei es in Verbindung mit sybillinischen Prophetien oder Endkaisermythen, bereits Funktionen des Utopischen vorweg, wie er auch in diesem oder jenem Belang schon konkrete Ansätze zur Darstellung einer „Gegenwelt“ ausbildete. Das beobachtete schon H. Werner vor 70 Jahren und verglich ganz zutreffend die prophetische Literatur vor der deutschen Reformation in dieser Rolle mit dem französischen Utopismus vor der französischen Revolution: „Die prophetische Schwärmerei von einer neuen, glücklichen Zeit, deren Begründung ebenso utopisch, aber verschieden durch ihre Mittel ist, wie die französische Aufklärung, stimmt ganz überraschend mit der philantropischen vom goldenen Zeitalter zusammen ...“[9]

Zum „Himmel auf Erden“, wie ihn der Chiliast ersah und bei allen Ansätzen doch nicht ohne die Mühen einer symbolistischen Deutung des Weltverlaufs und einer bedrohlichen Interpretation der Gegenwartsereignisse vor dem Abgrund des Antichrist aus der Transzendenz in diese Welt herüberretten konnte, bietet nun aber die Utopie einen viel einfacheren, ja einen vergleichsweise glaubhaften Zugang in nüchternem Rationalismus. Insofern erfüllt die utopische Spekulation eine uralte Bemühung der chiliastischen Gedankenwelt mit einer überraschenden Wendung, eben aus dem Griff nach einer neuen, nach einer rationalen Auffassung von den Zusammenhängen und den Möglichkeiten in der menschlichen Gesellschaft. Die politische Funktion dieses Utopismus war bislang nicht unbekannt; aber üblicherweise nahm man sie erst für die revolutionären Bewegungen des 18. Jahrhunderts in Anspruch. Dafür ließe sich eine Reihe von Belegen nennen, von H. Werner 1901 bis L. Talmon 1957.[10] Noch Roger Mucchielli, ein Kenner der Renaissance, sieht die Utopisten jener Zeit mit ihren politischen Projekten isoliert, „sans participation à un mouvement collectif de revolte“.[11]

In Wirklichkeit finden sich die Utopisten aber auf der radikalen Seite einer jeden Revolution, bis zu Babeuf und Condorcet, bis zu Lenins Konzept von „Staat und Revolution“ aus dem Jahr 1917.[12] Man muß demnach bereits in der Reformationsepoche Umschau nach solchen

[9] Werner 1901 106
[10] Talmon 1957
[11] Mucchielli 1963 104
[12] Raupach 1963 132; Talmon 1957

Verbindungen halten, und dabei offenbart sich auch die Auswirkung der chiliastisch ermunterten Utopie. Schon Joachim lebte auf diese Art in entsprechenden Versionen sektiererischer Unterströmungen fort. Doch läßt sich allgemein die Säkularisation des Chiliasmus als Revolutionsideologie am „linken Flügel der Reformation" beobachten.

III.

Fast fünf Jahre hatte die hussitische Revolution nach Hussens Feuertod in Konstanz Zeit, sich zu organisieren. Dieser Zeitraum war auch erforderlich, denn Hus hinterließ kein revolutionsfähiges Land, sondern allenfalls widerstandsbereite Anhänger.[13] Der Kristallisationskern für diese Gruppe wurde der Kelch; nicht nur, weil er die geistige Auseinandersetzung auf jene Symbolsprache reduzierte, ohne die sich keine Propaganda entfalten kann, sondern weil die Kelchkommunion, für den Laien 1415 ausdrücklich nach einer Prager Anfrage vom Konstanzer Konzil verboten,[14] seitdem für jeden Anhänger der hussitischen Prediger zur Bekenntnisfrage wurde, zur entscheidenden Schwelle, die ihn mit einem Schritt von der alten Kirche trennte. So bildeten sich neue Pfarrgemeinden, deren Gläubige nicht ohne weiteres zu den Seelsorgern der alten Kirche zurückkehren konnten; so entstand eine neue Kirche neben der alten, manchmal, besonders in den königlichen Städten, nicht ohne Zeichen einer gewissen konfessionellen Toleranz, jedenfalls aber von vielen adligen Grundherrn gefördert und von König Wenzel geduldet.

Im Februar 1419 sah sich der König plötzlich zu restriktiven Maßnahmen gegen die Neuerer gezwungen. Er ließ ihre Prediger aus seinen Städten und von seinem Grund vertreiben. Aber die Bewegung war schon zu stark, um an dieser Herausforderung nicht noch mehr zu wachsen. Die vertriebenen Priester riefen auf zu Massenzusammenkünften unter freiem Himmel. Sie erklärten diesen oder jenen Höhenzug der breitwelligen böhmischen Landschaft zum „heiligen Berg", zum Mons Tabor, Horeb, Hermon, Sion oder Mons Olivetti.[15] Dort wurde gepredigt, die Kelchkommunion gereicht; dort teilten die Wallfahrer, die mitunter an die Zehntausende gezählt haben sollen, auch miteinander ihre Vorräte, sicher in Erinnerung an das urchristliche Liebesmahl, und aus diesen Verhältnissen erwuchs bald ein Gemeinsamkeitsbewußtsein, das sie allmählich in wachsender revolutionärer Bereitschaft von der übrigen Gesellschaft absonderte. Als Gewaltsam-

[13] Zuletzt gründlich Kaminsky 1967 [14] Denzinger–Rahner 1957 626
[15] Eine gute Zusammenstellung der Taboritengeschichte 1419–21 bringt Machilek 1966, in breiter, kritischer neuer Darstellung Kaminsky 1967.

keiten ausbrachen, nicht bei den Bergwallfahrten, sondern in der Hauptstadt Prag, wo sich die Bewegung unter anderen Bedingungen einer großstädtischen Agitation organisiert hatte, fanden die Auseinandersetzungen rasch ein tatkräftiges Echo im ganzen Land. Ein Waffenstillstand im November 1419 brachte die Radikalen in Verlegenheit, denn er drohte unter dem gemeinsamen Programm des Royalismus die Gemäßigten beider Konfessionen zu vereinigen und mit ihrer Überlegenheit die Revolution aufzuhalten. In dieser Lage fühlten sie sich nicht nur im eigenen Land, sondern sogar im eigenen Lager isoliert und suchten nach biblischer Rechtfertigung. Sie fanden sie unter anderem in der Prophetie des Isaia, wo die Rede ist vom Strafgericht Gottes über Ägypten vor seiner Bekehrung zum Glauben Israels, wo sich also eine bevorstehende Bedrohung doch wieder überwinden läßt durch Hoffnung auf eine weltweite Mission – auf einen internationalen Erfolg der revolutionären Sache. Es scheint mir wichtig, nicht nur einen oft zitierten Halbsatz aus dem Isaias-Text, sondern diesen ganzen Zusammenhang ins Gespräch zu bringen.
Fünf Städte nannte Isaias im übrigen als die Zufluchtsorte für die Gerechten vor dem Strafgericht, eine Zahl, die man im städtereichen Böhmen damals wörtlich nahm und mit fünf Nennungen im Süden und Westen des Landes nicht ganz einhellig identifizierte. Jedenfalls war damit nicht nur eine Richtschnur gewonnen, sondern es war Lenins Frage „was tun" für den Augenblick beantwortet und die revolutionstötende Ratlosigkeit gebannt. Es war zugleich das städtische Organisationselement in die künftige, in die neue Welt gerettet. Nicht nur Zufluchtsorte für die Gerechten waren diese Städte, sondern eine von ihnen trug sogar die höchste, die äußerste Überhöhung in ihrem Namen und prägte damit die städtische Lebensform noch tiefer in die Neuordnungsvorstellungen der Revolutionäre: Als Civitas Solis, als Sonnenstadt hatte Isaias eine der fünf ägyptischen Zufluchtsstädte bezeichnet, und unwichtig, ob er dabei Theben, das antike Heliopolis, im Sinne hatte oder nicht, die radikalen Böhmen übernahmen auch diesen Begriff und beanspruchten ihn für das südböhmische Pilsen. Sie machten es in den Wintermonaten 1419/20 zu ihrer Bastion. Zwar ließ sich Pilsen nicht halten; aber die städtische Organisationsform lebte fortan in diesem radikalen Lager überwiegend bäuerlicher Herkunft. Fünf Städte traten nun allgemein an die Stelle von fünf Bergen, die man vorher nannte. Und wenn man dabei auch die Hauptstadt Prag, die Großstadt des Landes, als das verfluchte Babylon bezeichnete, so blieb doch andererseits die „Sonnenstadt" als Gegenpol ein Garant dafür, daß man die städtische Organisationsform des

künftigen und endgültigen Zufluchtsortes der neugegründeten Gemeinde mit dem Begriff des Berges Tabor allgemein übernahm und billigte. Bei den übrigen radikal gegenweltlichen Vorstellungen des hussitischen Chiliasmus scheint solch eine Städtefreundlichkeit alles andere als selbstverständlich.

Dieses städtische, aber durchaus nicht etwa bürgerliche Element zeigt uns aber außerdem recht deutlich die Übergangssituation des hussitischen Chiliasmus zwischen der passiven Vorstellung vom Einbruch des Transzendenten und der innerweltlichen Aktivität. Nun mußte man sich dann aber auch um eine Gestaltung des Diesseits bemühen. Das ist, in einen Schlüsselbegriff gefaßt, der ganze Unterschied zwischen dem „neuen Jerusalem", das in verbaler und bildlicher Apostrophe die Jahrhunderte mittelalterlicher Endzeitsehnsucht begleitete, und dem „neuen Tabor", der Siedlung, die im Frühjahr 1420 in städtischen, aber kommunistischen Lebensformen als fester Mittelpunkt der südböhmischen Chiliasten auf einem Burgberg an der Lužnice entstand. Die Gründung markiert den Übergang der pazifistischen passiven Endzeiterwartung herkömmlicher Form zum militanten Aktivismus unter der Parole, Christus sei heimlich erschienen, man müsse ihm mit dem Schwert den Weg bereiten. Die Entwicklung hat ein Taboritenfeind 1429 glaubhaft geschildert und ein Taboritenforscher 1957 aus allen Umständen evident gemacht. Howard Kaminsky, dem wir eine Reihe Spezialstudien zur Ideologie und zur Theologie der Taboriten verdanken, beobachtete dabei ganz treffend Elemente aus der joachitischen Weltzeitalterlehre, aus dem Erleuchtungsdenken des Geistzeitalters, aus symbolistischer Bibeldeutung und aus dem Verzicht auf biblische Instruktion und auf Gnadenvermittlung durch die Sakramente, deren die Geisterleuchteten nicht mehr bedürften, schließlich aber auch aus dem sexuellen Libertinismus der Erleuchteten, die sich nun sündenfrei wähnen, als „Elemente einer einzigen Gedankenstruktur"[16]. Das sagen die Quellen aber auch selbst. „Item isti electi, qui sic vivi relinquentur, ad statum innocencie ipsius Ade in paradiso ... reducentur..."[17] In diesem paradiesischen Zustand der Auserwählten gäbe es weder Hunger, noch Durst, noch andere körperliche oder geistige Beschwerden. Hier würden die Kinder ohne Sünde gezeugt, ohne Schmerzen geboren und ohne Erbsünde; hier brauche man infolgedessen auch keine Taufe in der alten Form, weil im Heiligen Geist getauft werde, und keine Eucharistie, weil Gott in allen Geschöpfen wohne.

In den Aufzeichnungen, die nach den Erläuterungen von Josef

[16] Kaminsky 1957 20 [17] FRB 5 416

Macek[18] zu den ältesten zählen, läßt sich gut beobachten, was die böhmischen Chiliasten im übrigen „post reformacionem“[19] von der neuen Welt erwarteten: Alle Königs- und Prälatenherrschaft werde verschwunden sein, „quia filii dei calcabunt colla regum“,[20] weil die Auserwählten ihren Fuß auf die Nacken ihrer Könige gesetzt hätten und selber regierten. In dieser „ecclesia seu in regno reparato“[21] wird es keine Sünde geben, keinen Anstoß, keine Unmenschlichkeit und keine Lüge: Der vollkommene Mensch der Utopie begegnet uns, allerdings nur verkörpert in der kleinen Schar der Auserwählten nach der gnadenlosen Vernichtung aller Sünder. In einem solchen regnum reparatum wird das Licht der menschlichen Intelligenz nicht mehr vereinzelt leuchten, es wird nicht mehr einer den anderen belehren müssen, denn alle werden „docibiles Dei“ sein – belehrt unmittelbar von Gott selber. Es wird keine Kirche mehr geben und keines Kirchenbesuches mehr bedürfen, und während der Text wiederholt versichert, daß die Auserwählten in heiliger Vereinigung Söhne und Enkel zeugen werden, also eine längere Dauer des Gottesreiches erwarten läßt, so trifft er doch keine Vorsorge für eine ökonomische Ordnung. Allein ein tschechischer Bericht stellt den Konsumtionskommunismus der neuen Gemeinde als vorbildlich hin mit dem Zusatz, jedes Eigentum sei Todsünde.[22] Damit ist die Grenze zwischen Chiliasmus und Utopie erreicht; die Grenze zwischen einem noch immer im Transzendenten befangenen Desinteresse an der Welt, das vornehmlich mit der Wiederkunft Christi argumentiert, und zwischen dem rationalen Pragmatismus, der gerade umgekehrt die neue Welt aus den handgreiflichen Verhältnissen einer neuen Wirtschaftsordnung erbauen möchte.

Die neugegründete Gemeinde Tabor hielt sich nicht lange in der revolutionären Begeisterung ihrer Propheten; sie „verbürgerlichte“ allmählich, wie Josef Macek sehr genau beobachten konnte.[23] Aber dieser Prozeß erfaßte, was eigentlich nicht verwundert, doch nicht alle Taboriten. Ein Teil schritt – weil sektiererisch abgeschlossen – immer weiter ins Extrem der Paradieshoffnungen und lebte schließlich im Bewußtsein der Sündlosigkeit der Auserwählten, nackt wie Adam und Eva, von der Gemeinde verstoßen, auf einer schwer zugänglichen Insel. Sexuelle Orgien in ihrer Gemeinschaft, Blutorgien in der Nachbarschaft wurden von ihnen berichtet. Wiederholt versuchte Žižka,

[18] Macek 1953 SH; gegen Maceks generelle Chronologie vgl. aber Kaminsky 1957 27f. und Töpfer 1963 161f.

[19] FRB 5 416

[20] FRB 5 415

[21] FRB 5 415

[22] Archiv český III Art. 24; dazu Macek 1955 74

[23] Macek 1955 u. 1957

der große Feldherr der Taboritenheere, diese Gruppe mit Gewalt der Taboritengemeinschaft einzufügen. Schließlich ließ er sie vernichten. Er rechtfertigt dieses Autodafé in einem Brief an die Prager Universitätsmagister. Und darin haben wir noch einmal ein Zeugnis für die konsequente Fortentwicklung der chiliastischen Gedankenwelt im Sinne des Pantheismus, so wie denn eben allein die Identifikation mit dem Göttlichen den Einbruch des Transzendenten in die Gegenwart gedanklich rechtfertigt.

Robert Kalivoda wandte vor einigen Jahren diesem Bericht Žižkas besondere Aufmerksamkeit zu.[24] Sehen wir die Quellenstellen: Žižka verklagt die Liquidierten, daß sie den Himmel über sich bloß als ein Dach bezeichneten, daß sie also dem populären Weltbild des Christentums nicht folgten und weder Gott da oben noch den Teufel unten in der Hölle wissen wollten. Gott und Teufel, so sagten sie vielmehr, seien in den Menschen selber.[25] In diesem Sinne hätten sie auch die Bibelworte des Vaterunsers umgekehrt. Sie beteten: Vater unser, der du bist *in uns*, heilige *uns*...[26] Es spricht für die Folgerichtigkeit dieser gedanklichen Wendung, daß sie 100 Jahre später, unter anderen Umständen, an einem anderen Ort, in einer ähnlichen Abweichung vom Bibeltext wieder auftaucht: bei den Täufern in Münster.

Aber auch bei anderen Gelegenheiten finden wir noch Bruchstücke desselben gedanklichen Zusammenhanges im 15. Jahrhundert da und dort, um uns wiederholt den Chiliasmus mit innerweltlichen Interessen zu zeigen. Man muß dabei nicht gerade eine zusammenhängende Entwicklung vor Augen haben; vielmehr gab es nach den hussitischen Ereignissen nun Anstöße genug, um eine potentielle diesseits gerichtete Kraft im Chiliasmus, die schon im Aufstand des Fra Dolcino um 1304 zu beobachten ist,[27] leichter auszulösen. Kaminsky zeigte ausführlich die breiteren Zusammenhänge des Hussitismus mit waldensischen, wahrscheinlich doch auch joachitischen Strömungen,[28] und die Hussitenchronik des Lorenz von Březova spricht ausdrücklich davon, daß von chiliastischen Irrtümern Beghinen am stärksten betroffen waren.[29]

Mitteleuropäische sektiererische Untergrundbewegungen, die ursprünglich von Deutschland nach Böhmen griffen, lassen sich in diesem Zusammenhang immer wieder einmal aufdecken. In Deutschland scheinen sie in der zweiten Hälfte des 15. Jahrhunderts, lange nach dem Auslöschen des militanten böhmischen Chiliasmus, wieder zugenommen zu haben, wahrscheinlich doch belebt durch die böhmi-

[24] Kalivoda 1961 [25] FRB 5 518 [26] FRB 5 517
[27] Töpfer 1964 297ff. [28] Kaminsky 1967 7ff. [29] Lorenz von Březova 1893 424

schen Entwicklungen. Da ist die Bewegung der Wirsberger, die von Westböhmen in das benachbarte Deutschland übergriff, angeführt von zwei böhmischen Edelleuten, inspiriert aber womöglich von einem entlaufenen Egerer Franziskaner.[30] Aus ihren Kreisen verlautete, sie hätten eine so große Anhängerschaft „in verschiedenen Teilen Deutschlands", daß sie, „wären sie nur einmal zusammengefaßt, einem jeden großen Fürsten widerstehen könnten".[31]
1476 predigte Hans Böheim, der Pauker von Niklashausen, im Taubertal nicht nur soziale Forderungen der Bauern nach Wald, Wasser, Weide, und ständepolitische Losungen der Niederadeligen gegen den Würzburger Fürstbischof, sondern er predigte auch gegen Zehnten und Renten, gegen die Ständeordnung, und forderte statt dessen brüderliches Zusammenleben. Der Adel sollte nurmehr so viel wie das gemeine Volk besitzen und ein jeder von seiner Hände Arbeit leben. Der Kaiser wurde als Schurke, der Papst als nutzlos abgetan. Bis zu 70000 sollen sich bei solchen Predigten zusammengefunden haben, und nach der Verhaftung ihres Propheten zogen die Massen waffenlos mit Wallfahrtskerzen gegen die Marienfeste in Würzburg, um sie mit himmlischer Hilfe zu erstürmen. Noch war, das zeigt ihr unter weltlichen Gesichtspunkten sinnloses Bemühen, der Anbruch eines neuen Milleniums, das der Pauker von Niklashausen gepredigt hatte, von der Erwartung des Transzendenten geprägt. Allerdings hatte er bereits für die nächste Zeit die Männer allein und mit Waffen nach Niklashausen entboten. Verhaftet wurde er am Vorabend dieses Termins, während er gerade nackt in einer Schänke predigte. Norman Cohn, der bereits 1957 die Ereignisse im großen Zusammenhang des Millenarianismus in Mitteleuropa schilderte, sah darin einen Hinweis auf dieselbe Einstellung, die innerhalb des Hussitentums die Gedanken der Adamiten bestimmt hatte.[32]

IV.

Gleichheit, Gemeindeprinzip und biblische Interpretationsgrundlage: besser geformt und auch rational ausgestaltet sind uns diese Zusammenhänge von einer anderen Fraktion der hussitischen Linken überliefert, die sich in bewußtem Traditionszusammenhang mit westeuropäischen „Freigeistigen" entwickelte und nach einer kleinen Emigrantengruppe aus dem Westen als Pikarden bezeichnet wurde. Einer dieser Emigranten, Jules Mersault, kehrte 1423 nach seiner Heimat Tournai zurück, um unter seinen Landsleuten für die hussitische Revolution zu werben. Ein Flugblatt, das sich davon erhalten

[30] Kestenberg-Gladstein 1955 [31] Döllinger 1890 626 [32] Cohn 1957 249

hat,[33] zeigt einen eigentümlich antiklerikalen Intellektualismus, unter anderem in dem Vorwurf, der Klerus verschlösse seine Bibliotheken vor den Laien, damit sei seine Irrtümer nicht bloßlegten.
Mehr verrät uns der südböhmische Laieneremit Peter Chelčický. Er berichtet nämlich in polemischer Auseinandersetzung mit diesen Pikarden von einem tschechischen Landsmann, der später der hussitischen Inquisition zum Opfer fiel. Es handelt sich um den Priester Martínek Houska. Nach manchen Einzelheiten muß er uns eher als Rationalist erscheinen, denn als vulgärer Fanatiker. Nach Chelčickýs Bericht zeigt er sich als diesseitsgerichtet, anthropozentrisch und leidensfeindlich: „Er war nicht einfältig und gedachte vollends nicht mit gutem Willen Christi wegen zu leiden ... Er hat vor uns bekannt, daß jetzt das Königreich der Heiligen auf Erden neu errichtet werden sollte und daß die Guten nicht mehr leiden werden, und wenn die Christen immer so leiden müssen ‚wollte ich kein Diener Gottes sein', das hat er gesagt."[34] Martínek Houska wandte sich nicht nur gegen den Dualismus von Sünde und Gnade, weil er der menschlichen Selbstheiligung vertraute, nicht nur gegen die Welt voll Unrecht und Leid, weil er die irdische Belohnung der Guten erhoffte, sondern er zeigte in seiner Ablehnung der orthodoxen Eucharistie, wie sie Chelčický und der hussitische Utraquismus mit gewissen Varianten beibehielten, einen ganz besonderen, formelhaften Ausdruck von sozialer Effektivität. Denn an die Stelle des „papistischen und ketzerischen Abendmahls" setzte er nämlich nicht nur den rationalistischen Zeichencharakter, wie manche Gruppen im breiteren Strom der Reformationstheologie; vielmehr berichtet Chelčický, Houska wolle „das lebendige Brot als werktätige Arbeit deuten".[35] Bei dem wenigen, das wir überhaupt nur vom hussitischen „Pikardentum" wissen, hat diese Bemerkung wohl Gewicht, und es ist erlaubt, aus ihr auf den Versuch zu schließen, die ökonomische Produktivität, zuvor schuldiges opus servile der Unterschichten, nun in den Mittelpunkt des gesellschaftlichen Lebens zu rücken und zum transzendenten Symbol zu erheben mit der gleichen Wertung, die man bisher dem eucharistischen Geheimnis entgegenbrachte. Die ökonomische Produktivität: das scheint doch wohl tatsächlich ein Schimmer künftiger Neugestaltung der Welt, ein Splitter späterer Reflexionen über die glückliche Insel Utopien. Eine andere Version davon im Rahmen des biblischen Utopismus hinterließ uns eben jener Laieneremit Peter Chelčický selber in seinen religiösen Lehrschriften und im praktischen Ansatz der Brüdergemeinde, die er zu einfachem Leben um sich gesammelt hatte.

[33] Bartoš 1931 195f. [34] Peschke 1935 137 [35] Peschke 1935 137

Die innere Erleuchtung: Chelčický und Müntzer

I.

Peter Chelčický, um 1380 geboren, wahrscheinlich aus kleiner landadeliger Familie[1] und demnach dann wohl bei seinem Onkel erzogen, der Pfarrer in Krummau war, kannte Hus selber und nahm auch den übrigen breiteren Traditionsstrom der böhmischen Reformbewegung in sich auf. Er entstammte der Landschaft des religiösen Radikalismus in Südböhmen, der Landschaft der Waldenser und der Taboriten, und wirkte möglicherweise als Nachfolger des 1420 in Budweis hingerichteten Pfarrers Adalbert in seiner Heimatgemeinde.[2]

Bis 1420 scheint er mit den Taboriten in bestem Einvernehmen. Dann beginnen sich ihre Wege zu trennen; zunächst wegen des militanten taboritischen Aufbruchs zur Verwirklichung des „Gottesreichs", bald aber auch in grundsätzlichen Fragen der Theologie. In Auseinandersetzung mit ihnen entwickelte Peter Chelčický seine theologischen und gesellschaftspolitischen Auffassungen in einzelnen tschechischen Traktaten, deren Chronologie bis heute nur ungefähr bestimmt ist, die uns aber im ganzen den südböhmischen Denker doch recht eindringlich vor Augen führen. Er, der Laieneremit, sammelte eine Gemeinde um sich, und über seine Wirkung auf Gregor von Prag, den Neffen des erwählten utraquistischen Erzbischofs Rokycana, entstand eine Generation später aus diesen Ansätzen die Organisation der böhmischen Brüdergemeinden.[3]

Ein Organisator war Peter selber nämlich nicht. Er lebte mit seinen Anhängern in reiner Weltferne, lehnte den Krieg ab, die ständische Gesellschaftsordnung, ja jede herrschaftliche Autorität, offensichtlich in der Überzeugung eines anderen, eines besseren Weges für seine Gemeinschaft. Die Frage liegt nahe, ob er dabei greifbarere utopische Züge entwickelte als die Pikarden.

Kaminsky lehnte sie ab. Chelčický habe sich zwar von dieser Welt abgewandt, aber nicht, um eine andere an ihre Stelle zu setzen, sondern um sich überhaupt zurückzuziehen.[4] Man muß prüfen, wie Kaminsky dabei das Wesen des Utopischen aufgefaßt hat. Denn Brock war 1957 anderer Auffassung. Er sprach von einer „politischen Utopie auf historischem Hintergrund" bei Chelčický, womit er die Urkirche meinte,[5] und von einem „utopischen Anarchismus".[6] Damit ist freilich darauf verwiesen, daß Peter sozusagen auf halbem Wege

[1] Bartoš 1946
[2] Kaminsky 1964
[3] Seibt 1970 103f. mit Lit.
[4] Kaminsky 1964 128
[5] Brock 1957 45
[6] Brock 1957 48

stecken blieb. Immerhin bedarf ein „utopischer Anarchismus“ doch einer Rechtfertigung seiner Weltüberlegenheit. Brock geht noch einen Schritt weiter, um das utopische Element in der frühen Gruppenbildung um Chelčický zu erläutern: Er sah da nämlich „stark emphatischen Utopismus“, oder auch „Perfektionismus“, der sich bemühte, „das Maximum moralischer Potenz in der Gegenwart zu realisieren, dessen die menschliche Art überhaupt fähig“ sei.[7] Hier begegnen wir also zumindest der Anthropologie des utopischen Optimismus, immerhin geeignet, Brocks Formulierung vom „utopischen Anarchismus“ zu erläutern. Tatsächlich wandte sich Chelčický im Namen seines Kreises gegen die Verbindung von Staat und Kirche, gegen jede Obrigkeit überhaupt, gegen den Krieg, gegen die Todesstrafe und in diesen Zusammenhängen auch gegen Definitionen von Hus und Wiklif, die er anderwärts als Autoritäten schätzte. Weil er den Krieg ablehnte, kannte er auch keine Berechtigung für die Existenz des Adels, und ebensowenig ließ er ein Sonderdasein des Klerus gelten. Chelčický war der einzige Theoretiker seiner Zeit, der die berühmte, von der Scholastik erst feiner definierte funktional dreigeteilte Ständeordnung nach Regierenden, Betenden und Arbeitenden verwarf. Wenn man ihn auch nicht mit Kaminsky als den „ersten“ unter den „echten revolutionären Ideologen“[8] bezeichnen kann, weil die genauere Kenntnis mittelalterlicher Revolutionsideologie eine solche Priorität aufhebt, so muß man ihm zumindest einen besonderen Platz in der mittelalterlichen Gesellschaftstheorie einräumen. War er nun Utopist?

II.

Dem theologischen Denker Chelčický scheint es angemessen, diese Frage vom theologischen Aspekt zu prüfen. Die Grundlage dafür legte 1935 Erhard Peschke in einer Untersuchung über die Abendmahlslehre der Böhmischen Brüder.[9] Peschke bezeichnete die Abendmahlsfrage als „das Zentralproblem der böhmischen Geistesgeschichte“.[10] Sie war wohl überhaupt ein Zentralproblem des kirchlichen Selbstverständnisses der lateinischen Christenheit, besonders, ehe man in der Auseinandersetzung mit den reformatorischen Kirchen den Kirchenbegriff dogmatisch zu fixieren begann. Jedenfalls ist die Abendmahlsauffassung im hussitischen Böhmen das theologische Kriterium zur Unterscheidung von Utraquisten, Taboriten und der

[7] Brock 1957 275
[8] Kaminsky 1964 131
[9] Peschke 1935
[10] Peschke 1935 1

Gemeinde um Chelčický. Sie vermag seine Vorstellungen von der Geistigkeit und von der Zweckbestimmung des Menschen aufzuschließen.

Peter verwarf die katholische Transsubstantiationsauffassung, zu der sich auch die Prager Utraquisten nach einigen Schwankungen bekannten. Er lehnte aber auch die taboritische Ansicht ab vom bloßen Zeichencharakter des Sakraments. Beide Meinungen schienen ihm, ungeachtet der auseinanderklaffenden Konsequenzen, gleichermaßen in ihrer Auffassung von einem nach Peschkes Wiedergabe „naiven Rationalismus" befangen.[11] Dem hielt er einen ganz selbständigen Erkenntnisweg entgegen: Er ging aus von der Realpräsenz Christi in der Eucharistie nach dem Bibelwort, verzichtete dann aber auf eine spekulativ zusammenhängende Lösung, unter anderem deshalb, weil Gott ohnedies *wesenhaft* allgegenwärtig sei, „mit all seinem Gut und seinem Wissen, mit seiner Macht und Weisheit, immer, zu jeder Zeit und an jedem Ort und in jedem Geschöpf und besonders in jedem Menschen". Peschke konstatierte, daß diese Formulierung „in ihrer Unerschrockenheit an Panentheismus grenzt".[12]

Panentheistisch, nämlich getragen vom Vertrauen in die Konnaturalität der menschlichen Gottes- und Welterkenntnis, ist aber auch die Vernunftvorstellung Chelčickýs. An die Stelle des herkömmlichen und von seinen theologischen Widersachern bei den Taboriten besonders gepflegten Begriffes der ratio stellt er die leibliche, die begrenzte, die in „geistigen Dingen blinde Vernunft".[13] Sie ist grundsätzlich durch die menschliche Sündhaftigkeit unfähig zur Gotteserkenntnis, zu der nicht die ratio, sondern allein die mystische Versenkung in das Bibelwort verhilft.[14] Dieser Erkenntnisweg ist allerdings im Prinzip einem jeden Menschen offen, aber nicht auf intellektuelle Leistung, sondern auf einen Willensakt gegründet.[15] Dadurch unterscheiden sich, ungeachtet ihrer Vorbildung und ihrer Stellung in der geistigen Hierarchie, die Erwählten von den Sündern, um fortan mit einer „erleuchteten Vernunft"[16] zur rechten Gotteserkenntnis vorzudringen.

Wohl setzte Peter diesen „herben Weg" der wenigen Erwählten gleich mit der Leidensbereitschaft unter dem Kreuz, doch kannte er dabei auch den eudämonistischen Einklang zwischen Gottes- und Eigenliebe, sprach vom „süßen Joch Christi" und vom Genuß der menschlichen Pflichterfüllung.[17]

[11] Peschke 1935 131
[12] Peschke 1935 141
[13] Peschke 1935 158
[14] Peschke 1935 170
[15] Peschke 1935 159
[16] Peschke 1935 158, 171
[17] Peschke 1935 186

III.

In der theologischen Analyse Peschkes begegneten uns hier Elemente, die sich zu einem utopischen Menschenbild zusammenfügen lassen. Der Mensch ist demnach grundsätzlich perfektibel, er hat das rechte Erkenntnisvermögen, um einem eudämonistischen Ziel zu folgen. Aber diese Grundelemente erfahren eine eigenartige Verklärung. Hält man dagegen den allgemeinen Vernunftoptimismus eines Thomas Morus, so kann man beinahe von einer Anti-Utopie bei Chelčický sprechen. Es genügt hierfür aber auch der einfache, allgemein utopische Begriff der Gegenwelt, wenn man nur den rechten gesellschaftlichen Ansatz findet. Morus, im geistigen Leben seiner Zeit wohlarriviert, stellt sich gegen die Gesellschaftsordnung aus Adel und Geld. Die rationale Erkenntnis- und Urteilfähigkeit des Gebildeten war dabei, wie in den vielen anderen intellektuellen Utopien eben auch, das alleinige Vehikel, um die menschliche Position in der Gesellschaft, die gesellschaftliche Auseinandersetzung mit der Natur und die Begriffe vom Transzendenten voranzubringen. Peter dagegen schrieb in der Volkssprache und zählte sich selber nicht zu den Gebildeten. So originell er tatsächlich auch selber dachte, dem Intellektualismus seiner Zeit in seiner sozialen Erscheinung konnte er sich doch dabei nicht verbunden fühlen, wenn er ihm gegenüber nicht gar zum Ressentiment gedrängt wurde. Sein Verhältnis zur ratio war jedenfalls tief pessimistisch, der rationale Optimismus aller intellektuellen Denker trennte ihn zunächst vom Utopischen. Statt dessen glaubte er an die grundsätzliche Sündhaftigkeit der „blinden Vernunft“. Aber im Zusammenhang mit seiner Prädestinationsvorstellung ist diese Ansicht für die Erwählten und Erleuchteten aufgehoben. Sie ersetzt, gleich nach welcher geistigen Vorbildung und Erkenntniskraft, mit einem Willensakt Gott gegenüber die intellektuellen Voraussetzungen des utopischen Weltverhaltens. Die Geläuterten schreiten dann auf dem Weg der ungelehrten, der Laien-„Theologie“ in der einzig wichtigen, in der Gotteserkenntnis voran durch die „Wortmystik“[18] bei der Bibelbetrachtung. Sie finden auf diese Weise gerade das, was dem gelehrten Zugriff versagt ist. Mir scheint, daß diese Gegenstellung, aus der Auseinandersetzung der Zeit erwachsen, Peters utopischen Ansatz am stärksten bestimmt: er ist anti-intellektuell.[18a] Weil er zugleich auch antirational ist, fehlen ihm die großen spekulativen Entwürfe zur Neuordnung der Welt. Der Welt gegenüber führt dieser Antirationalismus aber eben nicht zur Anarchie, sondern

[18] Peschke 1935 170

[18a] Ähnliches soeben bei Šmahel 1972

konsequent zur Abkehr. Die rationalen Utopien neigen im allgemeinen nur zum Abschluß von der übrigen Welt. Auch hieran zeigt sich eine Übersteigerung des utopischen „Gegenwelt"-Begriffes, so daß man wieder die Formulierung von einer Anti-Utopie auf der Zunge hat.

Aber anti-utopisch wäre in diesem Zusammenhang doch nur die Eremitage. Peter bildete dagegen eine kleine Gemeinschaft um sich mit all den Kennzeichen, die wir im utopischen Ansatz der geschlossenen Klostergesellschaft zu erkennen haben: mit einfacher, meist landwirtschaftlicher Handarbeit bei der Tendenz zur Besitzgemeinschaft in der Autarkie kleiner Einheiten; mit grundsätzlicher Gleichberechtigung aller Mitglieder in einer Gemeinschaft, die aus optimistischem Verzicht auf alle die vielen der allgemeinen weltlichen Ordnung vergleichbaren Regeln und unter Rückzug aus jedem politischen Engagement nach außen bestehen soll; mit Asketismus als dem rechten Weg zur Selbstverwirklichung und Antiindividualismus als Regulativ für das Ganze; mit einem Selbstverständnis als Gemeinschaft der Guten und Erwählten in engbegrenzter Toleranz nach innen; schließlich aber doch mit einer Hierarchie für die Besten, einer Mobilität, die aus einer freilich hier nicht rational, sondern religiös definierten geistigen Leistung herrührt. Peter selber wie auch der spätere Begründer einer weitergreifenden Organisation, Gregor von Prag, verdanken, obwohl nicht in priesterlicher Funktion, dieser Anerkennung ihre Führungsstellung.

Bald nach dem Tode Gregors (1474) war die Brüdergemeinde wieder auf dem Rückzug von der Utopie in die Realität. Seit 1490 begann unter der Führung einer jüngeren, teils an der Prager Universität geschulten Generation ihre Rückgliederung in die Gesellschaft.[19]

IV.

Auch Müntzers Problem ist nicht die beste aller Welten, wie bei den Intellektuellen in den „klassischen" utopischen Spekulationen, sondern das beste Bibelverständnis. Deshalb ist sein utopischer Ansatz ebenfalls nur wenig auf die „neue Welt" gerichtet. Er gilt einer neuen Bibelinterpretation, derentwegen er sich von Luther zu den Schwärmern oder „Schwimmelgeistern" gerechnet wußte.[20]

Müntzers Kritik am Christentum ist radikal, nachdem die Kirche anstatt der „reynen kunst Gottis" „einen hübschen feynen gulden hergot gesetzt" habe,[21] einen Schaugötzen für das Volk, das sie mit

[19] Brock 1957 [20] Müntzer 1950 76 [21] Müntzer 1950 8

ihrem Gepränge verdumme. Er sieht die Christenheit in den Händen eines „verkerten regiments“[22] und will, anders als Luther, die Welt wieder in die rechte Ordnung bringen, wobei ihm das Alte Testament immer wieder in unklarer Vorbildlichkeit erscheint. Auch Luther hatte bekanntlich christliche Fürsten für „seltene Vögel“ angesehen. Aber die biblische Offenbarung und die weltliche Ordnung hielt er auseinander. Müntzer erwartete hingegen nach seiner Bibeldeutung ganz zwangsläufig eine große Wende aller Dinge, und Nipperdey sah 1966 richtig den „letzten Grund für die Aktualisierung der revolutionären Theologie“ dieses wohl denkwürdigsten aller Luther-Apostaten in seiner „eschatologischen Erwartung“.[23] Hier scheint mir auch eine Übereinstimmung zwischen der marxistischen und der nichtmarxistischen Müntzerinterpretation sehr nahe, ausgedrückt in den Auffassungen Nipperdeys und Bensings 1966. Denn die Alternative, ob Müntzer zuerst Theologe oder zuerst Sozialrevolutionär gewesen sei, ob man seine Gedankenwelt gar als „Vorform der proletarischen Klassenideologie“ bezeichnen könne, die ihre Zeit „gleichsam übersprungen“ habe,[24] erinnert nur mehr an den Schematismus der Frühzeit in der marxistischen Nachkriegshistoriographie. Wichtig ist, daß man ihn ohne das theologische Moment einer echten eschatologischen Erwartung aus seiner Bibelinterpretation nicht versteht. Die Bibel war ihm nicht Vorwand, sondern Wegweiser.[25]

Nipperdey sagte, Müntzer habe seine Theorie der Gewalt erst allmählich entwickelt.[26] Dabei scheint aber doch, und das ist wohl die andere Seite der west-östlichen Konvergenz über Müntzer, die politische Entwicklung eine entscheidende Rolle gehabt zu haben, wie sie Bensing zuletzt hervorhob. Denn schon 1521 suchte Müntzer in Prag das revolutionäre Hussitentum für seine Vorstellungen von der kirchlichen Erneuerung zu gewinnen, und erst als das fehlschlug, ging er andere Wege und stützte sich in Deutschland auf die Gemeinden im herkömmlichen politischen und im neuen reformatorischen Sinn, suchte im Juli 1524, vielleicht nicht spontan, Beistand bei sächsischen Fürsten für die Welterneuerung, nicht ohne ihnen dabei bereits mit dem Aufstand des gemeinen Mannes zu drohen, dem er sich seitdem dann in seinem letzten Lebensjahr endgültig verschrieb. Eine gewaltsame Verwandlung der Welt scheint ihm schon früher vor Augen gestanden zu haben, und jedenfalls sagte er den sächsischen

[22] Müntzer 1950 41 [23] Nipperdey 1966 178 [24] Steinmetz 1961 16
[25] Ähnlich auch Zschäbitz 1958 36f. u. a. Dazu vgl. auch die treffende allgemeine Bemerkung Kaminskys 1957 29 Anm. 68; anders Bensing 1966.
[26] Nipperdey 1966 177

Fürsten ins Gesicht: „Es ist war / vnd weiß vor war das der geist gotis itzt vielen außerwelten frumen menschen offenbart eine treffliche vnuberwintliche zukünfftige reformation von großen nöthen sein vnd es *muß volfüret werden* . . .“[27]

Als das Grundübel in der gegebenen Gesellschaftsordnung erscheinen ihm die sozialen Gegensätze, wie sie die weltliche Gewalt verteidige, so daß er nach der vergeblichen „Fürstenpredigt“ den Fürsten vorwarf, sie bildeten selber „die grundsuppe des wuchers, der dieberey vnd rauberey“.[28] Im Selbstbewußtsein eines „vnverdrossen Landtßknecht Christi“[29] erinnerte er an das biblische Beispiel: „Gott verachtet die großen Hansen . . . Vnd nam auff zu seynem dienst die kleynen . . .“[30] Und weil die Fürsten ihn nicht als „neuen Daniel“ wie weiland Nebukadnezar zur Enthüllung der göttlichen Ratschlüsse annehmen,[31] war er schließlich nur mehr bereit, allein Christus fürstliche Ehren und Titel zuzuerkennen.[32] Das ist „der Wille zur revolutionären Umgestaltung aus einem utopischen Entwurf“, von dem Nipperdey sprach.[33] Aber worin besteht seine Utopie?

V.

Hier sah sich eben auch Müntzer im Vertrauen auf die göttliche Führung und die biblische Offenbarung nicht zu so konkreten Aussagen veranlaßt, wie man sie einem utopischen Entwurf gerne abläse. Fest steht das egalitäre Moment einer gleichberechtigten Gesellschaft in seinen Plänen, wenn er darin auch einsichtigen, reformbereiten Fürsten und Herren gelegentlich noch gewisse ständische Vorrechte zubilligte.[34] Besonders nahm er die Zweiteilung der Gesellschaft nach Klerus und Laien, nach Gelehrten und Ungelehrten, nach oben und unten aufs Korn. Die Laien sind demnach keinesfalls mehr im Nachteil, denn die Offenbarung des Heiligen Geistes sehen sie, wie er den sächsischen Fürsten sagte, „viel scherffer an dann yr“.[35] Aber Müntzer glaubte dabei nicht etwa an die grundsätzliche Überlegenheit des ungelehrten Kopfes, nicht an die naive Einfalt, sondern nur an die Unbefangenheit, an die Vorurteilslosigkeit im Verhältnis zur Interessenpolitik der Oberschichten. Im übrigen hielt er es für nötig, daß der gemeine Mann selber gelehrt werden müsse[36] und auch, daß er dem besonderen Weg der Offenbarung folge, der den Theologen bei aller Schulgelehrsamkeit verschlossen blieb.

[27] Müntzer 1950 20 [28] Müntzer 1950 81 [29] Müntzer 1950 93
[30] Müntzer 1950 46 [31] Müntzer 1950 22
[32] Müntzer 1950 72, dazu der Kommentar des Herausgebers C. Hinrichs.
[33] Nipperdey 1966 178 [34] Nipperdey 1966 175 [35] Müntzer 1950 21
[36] Müntzer 1950 32

Dieser eigenartige Erkenntnisweg, zu dem Müntzer eine Vergleichung der Evangelien, besonders aber eine Vergleichung zwischen dem Alten und dem Neuen Testament immer wieder als die notwendige Grundlage ansah,[37] beruht auf der Voraussetzung mystischer Selbstversenkung und Erfahrung des „abgrunds der selen" mit den herkömmlichen Begriffen der deutschen Mystik, wie sie schon Carl Hinrichs 1950 hervorhob.[38] Alle die Feststellungen Müntzers von der Ohnmacht der Vernunft gegenüber der gläubigen Erkenntnis in der „Fürstenpredigt", in der „ausgedrückten Entblößung" und anderswo erinnern an das Bibelverständnis von Peter Chelčický. Nun sind es aber auch die äußeren Bedingungen, welche dem gemeinen Mann die rechte Erkenntnis und damit die Wandlung seines Lebens, ja seine Selbstverwirklichung unmöglich machen: So wie er nicht Lesen lernen kann „vorm bekümernuß der narung"[39], so hat er auch ein „tölpisch urteyl", weil er seinen „Unglauben nicht erkennen" könne „vorm geschäft der narung"[40].

Müntzer dachte durchaus kritisch von den Fähigkeiten des einfachen Volkes, mit dem er es zu tun hatte, und von seiner revolutionären Brauchbarkeit. Es besteht deshalb auch gar kein Grund, Müntzers Absage an den Egoismus seiner Bauernhaufen, an dem das Werk des Aufstands zerbrochen sei, mit Ernst Bloch für erpreßt zu halten, weil er sich währenddem schon im Gewahrsam seiner Henker befand.[41]

Aber so kritisch er die gedanklichen Fähigkeiten der einfachen Leute betrachtete, so hoch schätzte er ihre Möglichkeiten, nicht nur im Konkreten, bei rechter geistiger Muße, sondern ganz allgemein aus der Vorstellung von der Konvergenz zwischen der menschlichen Erkenntnisfähigkeit, der Welt und der Bibel: „Die *gantze heylige schrifft* / saget nit anderst (wie auch alle *creaturen* außweysen) . . ."[42] daß nämlich „die ordnungk gots in *alle creaturen* gesatzt" ist.[43]

In dieser Erkenntnistheorie begegnen wir bereits dem utopischen Menschenbild. Die menschliche Vollkommenheit bleibt deshalb auch nicht auf die Christen und ihre religiösen Voraussetzungen beschränkt, sondern auch „vil. . . von wilden fremden heyden sollen auffgenumen werden".[44] Dabei sieht Müntzer ähnlich wie Chelčický das Kriterium zur menschlichen Vervollkommnung nicht in der geistigen Begabung, sondern in der Willensentscheidung zur Vollkommenheit und deshalb auch wirklich für alle Menschen gleicher-

[37] Müntzer 1950 31 u. a.
[38] Müntzer 1950 34 und die Anmerkungen des Herausgebers
[39] Müntzer 1950 35 [40] Müntzer 1950 44
[41] Bloch 1921, zuletzt 1963 S. 362. Dagegen Zschäbitz 1958 S. 47
[42] Müntzer 1950 74 [43] Müntzer 1950 74 [44] Müntzer 1950 52

maßen erreichbar, mit derselben „innerweltlichen Askese" freilich, wie sie auch anderwärts dem utopischen Menschen abgefordert wurde.

Die erwartete Zeitenwende ist aber nicht utopisches Kunstwerk, sondern objektive Gegebenheit des göttlichen Waltens. Deswegen fehlen ihr auch Einzelheiten menschlicher Planung. Soviel allein steht fest, daß sie eine allgemeine Vergottung der Menschheit heraufführt, „wie es vns denn allen in der ankunfft des glaubens muß widerfahren / vnd gehalten werden / das wir fleyschlichen irdischen *menschen sollen götter werden* / durch die menschwerdung Christi / vnd also mit jm gotes Schüler seyn / von jm selber gelert werden vnd *vergotet seyn* / Ja wol vil mehr / *in jn gantz vnd gar verwandelt* / auff das sich das yrdische Leben schwenke in den hymel / Phil. 3" (Vers 20f.).[45] Damit ist eine Religiosität der geistigen Selbstheiligung formuliert, die wohl die Einzelheiten des „yrdischen lebens" der göttlichen Führung überläßt, die aber die für den Christen wesentliche, gnadenbedürftige Unvollkommenheit des Menschen verneint und in ihrem Pelagianismus an die religiösen Vorstellungen von Morus' Utopia erinnert – meilenfern von Luthers Gnadentheologie. Schon Friedrich Engels sprach deshalb auch, woran Zschäbitz mit Recht erinnert, von Müntzers Pantheismus.[46] Diese Zuordnung müßte man zwar vor Mißverständnissen schützen, besonders zum Verständnis von Müntzers Sündenbegriff.[47] Dennoch trifft Hinrichs das Weltverhältnis Müntzers wohl richtig mit der Feststellung: „Für Müntzer mit seiner Forderung, daß das Gesetz Gottes ... ‚bis auf den Grund' erfüllt und verwirklicht werden muß, darf es einen Zweifel an der Fähigkeit des menschlichen Willens zur Verwirklichung des Guten nicht geben."[48]

Im letzten größeren politischen Manifest Müntzers war Christus ausdrücklich mit fürstengleichen Attributen bedacht worden. Das diente zur theologischen Rechtfertigung einer „Ablösung der herrschaftlichen Ordnung durch eine gemeindlich-demokratische", wie Nipperdey sagte,[49] wenn ich auch nicht mit ihm der Meinung bin, daß diese „Brüdergemeinschaft allein aus theologischem Ansatz" erfolgte und „jenseits aller mitteldeutschen Anschauung" gelegen habe. Vielmehr könnte gerade das mitteldeutsche Kolonisationsgebiet mit seinen Gemeinderechten besonderen Anreiz zu einer solchen Organisationsform geboten haben, ganz zu schweigen vom Einfluß der böhmischen Brüdergemeinden, deren Kenntnis Müntzer durch seinen Prager Aufenthalt 1521 und durch seinen vorhergehenden

[45] Müntzer 1950 38f. [46] Zschäbitz 1958 38 [47] Goerz 1967 127f.
[48] Hinrichs 1952 180 [49] Nipperdey 1966 177

Besuch in Saaz, einst der Ausbildungsstätte des deutschen Taboritentums, doch offenbar mehr verdankt, als die deutsche Literatur gemeinhin in Rechnung stellt.[50] Müntzer selber verwies jedenfalls ausdrücklich auf die lebendige Anschauung und nicht auf die spekulative Theologie, als er von den künftigen politischen Rechten der Gemeinde sprach. Denn wenn fortan „ein gantze gemain gewalt des schwertz hab / wie auch den schlüssel der auflösung ..." dann kann sie sich darauf berufen, daß auch „aus altem gutem brauch das volck" mit bei Gericht zugegen ist, um die Obrigkeit zu kontrollieren.[51]
Damit läßt er es allerdings bewenden. Die kommunistischen Vorstellungen, die er auf der Folter preisgab, brachten Zschäbitz und Nipperdey bereits in Verbindung mit ähnlichen Auffassungen bei Morus, Eberlin von Günzburg und Erasmus.[52] Im August 1524 hatte sich Müntzer zudem für eine republikanische Theokratie als Staatsideal entschieden: „Das volck wirdt frey werden, vnd Got will alleyn der herr darvber sein."[53] Sein Biblizismus und damit gerade seine theologische Bindung erklären, warum er seine Utopie nicht konkretisierte. Ein siegreicher Müntzer hätte uns wahrscheinlich mehr verraten von der wirklichen Ausgestaltung seines biblischen Utopismus, oder besser, er hätte sich gezwungen gesehen, einer funktionalen Planung realistischen oder utopischen Charakters mehr Raum zu gönnen. Aber seine politische Herrschaft umfaßte, nach mehreren Versuchen, die Macht mit „Eynungen" der Tuchmacher oder der Bergknappen in den mitteldeutschen Ballungszentren zu erringen, bei Mühlhausen dann doch nur einige Tage. Die militärische Aktion, die er nach einigen Plünderungszügen am 15. Mai 1525 gegen die Truppen des Landgrafen Philipp von Hessen und des Herzogs von Braunschweig in Szene setzte, läßt ihn voll Vertrauen auf die Bundesgenossenschaft Gottes vor die feindlichen Kanonen treten – zeigt ihn also als Chiliasten, nicht als Realisten. Seinen Anhängern versichert er, die feindlichen Geschosse könnten ihnen nichts anhaben und führt sie mit dieser Vorspiegelung in die sichere Katastrophe. Kaum, daß die jäh aus ihrem Wahn Gerissenen zur Gegenwehr imstande sind. Auch Müntzer rennt kopflos davon, und „nun hätte er wohl können mittlerweil davonkommen oder sich besser verbergen ..."[54] Aber er scheint völlig verstört. Er läuft gerade nur bis Frankenhausen, „ist nahe am Tor in ein Haus kommen, hat den Rock von sich getan, sich in ein Bett gelegt".[55] Zwei verschiedene Berichte, aus denen hier

[50] Husa 1958 [51] Müntzer 1950 80
[52] Zschäbitz 1958 45; Nipperdey 1963 178 [53] Müntzer 1950 101
[54] Brandt Historie Th M 1933 48 [55] Rühel an Luther, Brandt 1933 220

zitiert wurde, geben beide den Eindruck von der Unbesonnenheit des Flüchtigen. Am Ende verrät ihn noch die Tasche mit seinen Briefschaften einem zufällig eindringenden Reitknecht. Diese Kleinigkeiten zeigen vielleicht noch deutlicher als die mangelnde militärische Vorsorge, wie wenig der Prophet des Gottesreiches die irdischen Verhältnisse in Rechung stellte.
Nipperdey nannte seinen Spiritualismus modern; seinen Totalitarismus und Antiindividualismus, seinen „Gottesstaat", soweit er sich aus Ansätzen erkennen läßt, wollte er nicht so bezeichnen.[56] Aber gerade diese Ambivalenz trifft doch auch wieder einen Wesenszug der klassischen Utopie.

[56] Nipperdey 1963 179

Utopie und Realismus: die Huterer

I.

H. J. Hillerbrand bezeichnete es 1962 als „das eigentlich Aufregende an der Geschichte des oberdeutschen Täufertums im 16. Jahrhundert, daß es in seinem Bestreben, die Forderungen der Schrift bis auf das Äußerste zu befolgen, das Kommen der modernen Welt vorausgenommen" habe.[1] Sein Urteil hat inzwischen noch an Aktualität gewonnen. Der Aufbruch der Täufergemeinden gegen die etablierten Autoritäten, gegen die konservativen Katholiken geradeso wie gegen die gemäßigt reformbereiten neuen evangelischen Obrigkeitskirchen; die täuferische Forderung nach der radikalen Trennung von Kirche und Staat; ihr Pazifismus, ihr gemeindebezogener, eigentlich demokratischer Optimismus, besonders aber ihr sozialpolitischer Impuls der Armenfürsorge scheinen uns tatsächlich wenn nicht aktuell, so doch gegenwartsnah. So hat denn auch bereits der Vergleich zwischen den Täufern und der außerparlamentarischen Opposition einen Buchtitel hergegeben: Die Wiedertäufer der Wohlstandsgesellschaft.[2] Führen uns solche Vergleiche auf die Spur derselben Gegenwartsbezüge, die man auch manchen utopischen Gedanken nachsagt?
Die Vielfalt oft nur zufällig oder nach dem Schema der Inquisition überlieferter täuferischer Äußerungen bleibt hier außer acht.[3] Im breiteren Strom der Meinungen finden wir aber bereits den erkennt-

[1] Hillerbrand 1962 Ethik 82 [2] Scheuch 1968
[3] Eine solide Zusammenstellung für Oberdeutschland bringt Bernhofer–Pippert 1967, zugleich mit der neuesten Literatur.

nistheoretischen Optimismus der Utopien, bibelbezogen oder auf die Erkenntnisfähigkeit der auserwählten Gemeinden begrenzt. „Es ist wisheit und rates mee dan gnug in der schrift", schreibt der junge Gelehrte Konrad Grebel an Müntzer, „wie man alle stend, alle menschen leren, regieren, wisen und from machen sol."[4] Auf Müntzers Einflüsse führt man die erkenntnistheoretischen Vorstellungen eines österreichischen Taufpredigers zurück, der den ehemaligen Müntzeranhänger Hans Hut von Gott gesandt erklärt, „durch antzeigung der creatur, in welcher der willen gottes verschlossen ist".[5] Derselbe Zeuge setzte die gleichnishafte Weltdeutung als die Offenbarung für die Ungelehrten neben die Schrift, denn „der gemain man ist mehr zu unnderweisen in den creaturen dann durch die geschrifft". Alle Menschen sind lehrbar, die ganze Welt ihrer Erkenntnis zugänglich oder wenigstens doch die Bibel ihr untrüglicher Wegweiser zu einer Harmonie der Welt, die auch nach Correll in dem Briefzitat Grebels an Müntzer konzipiert war.[6] Damit hat die täuferische Gedankenwelt schon wichtige Ausgangspositionen für das Utopische erreicht, und es wird verständlich, daß sich aus diesem Boden unter Umständen auch die volle utopische Konstruktion entfalten konnte.

Zum erkenntnistheoretischen gehört im utopischen Menschenbild auch der sittliche Optimismus. Weit über die utopische Kalkulation, bis zum spiritualistischen Perfektionismus, dringt eine täuferische Aussage vor, die sicher nur eine extreme Position markiert: „Ir geist kunt nit sundigen; wan das fleisch schon sundige, so sei es kein sunde ..."[7] Auf gleiche Ebene mit der utopischen Anthropologie führt aber ein Wort, das man von Nikolaus Storch berichtet: „Ein jeglicher Mensch kann das Gesetz Gottes erfüllen, denn ein jeglicher hat einen freien Willen und kann das Gute annehmen und das Böse verwerfen."[8] In theologischer Wendung entspricht dieser sittlichen Zuversicht die Geringschätzung der orthodoxen Erbsündelehre, in katholischer wie in lutherischer Version, die Lydia Müller bei „allen Täufergruppen" beobachtete. Natürlich kommt diese Geringschätzung nicht von ungefähr: ist sie ja doch die Voraussetzung für die Ablehnung der Kindertaufe. Aus demselben Grund verzichteten die Täufer auf die orthodoxe Sakramentenauffassung überhaupt, die bei der alten Kirche und bei Luther, im Gegensatz zu Zwingli und Calvin, eine reale Gnadenvermittlung besagte, wenn auch nicht ohne die innere, gerade in den zeitgenössischen Mißbräuchen oft miß-

[4] Muralt u. Schmid 1952 17
[5] Mecenseffy 1967 194
[6] Correll 1925 9
[7] Bernhofer-Pippert 1967 71
[8] Brandt 1933 159
[9] Müller 1927 31f.

achteten Voraussetzungen im gläubigen Individuum. Von den sieben katholischen Sakramenten behielt allein die Taufe nach ihrer Lehre noch den Charakter eines äußeren Zeichens zum Ausdruck eines inneren Geschehens, doch liegt auch dabei der Akzent im inneren, vom Gläubigen ohne fremde Hilfe vollzogenen Akt der Selbstheiligung, bei der „inneren Taufe".[10] Es handelt sich dabei nämlich, nach freilich unterschiedlichen Aussagen einer breiteren täuferischen Meinungsbildung, zwar um einen Akt der Gnadenvermittlung, der göttlichen Hilfe für den Menschen, mit „sündentilgender Kraft" und innerer Wesensverwandlung; dennoch ist diese Wandlung auf den menschlichen Aktivismus mitbegründet, so daß man den Vorgang als „zweiseitigen Vertrag" zwischen Gott und dem Getauften bezeichnete, der sich auch daran bestätigte, daß der Getaufte sich fortan als neuer Mensch verhielt.[11]

Aus diesem Baustoff grundsätzlich zu gutem Weltverhalten befähigter Menschen waren die neuen täuferischen Gemeinden gefügt – als die einzelnen Lebenszellen einer anderen, einer heilen Welt inmitten der Verderbnis. Ihnen galt dann auch die höchste Bewertung nach täuferischen wie auch nach allgemein christlichen Maßstäben: Sie allein, nicht die einzelnen Taufgesinnten, sondern erst ihre Gemeinden, in steter Selbstreinigung durch die Bannung Unwürdiger erhalten, bildeten die Glieder des corpus Christi mysticum. Auch dieser Unterschied zwischen dem zwar perfektiblen, aber doch irrenden Individuum und der Gemeinde, die allein erst den Vollkommenheitsanspruch erheben kann, erinnert an utopische Vorstellungen. Ähnlich schlossen Morus oder Campanella den Abfall einzelner aus den neuen Gemeinschaften nicht aus und trafen Vorsorge gegen das Verbrechen. Aber die neuen Staatswesen im Ganzen, Utopia oder der Sonnenstaat, sind doch so makellos wie die ganzen Gemeinden der Taufgesinnten, von denen uns die Schleitheimer Artikel aussagen: „Alle, die ein Brot brechen wollen zum Gedächtnis des gebrochenen Leibes Christi und alle, die von einem Trank trinken wollen zum Gedächtnis des vergossenen Blutes Christi, die sollen vorher vereinigt sein in einem Leib Christi, das ist in der Gemeinde Gottes, an welcher Christus das Haupt ist, nämlich durch die Taufe."[12] Die Gemeindebildung ist Voraussetzung für die Wesensvereinigung mit Christus. In der Gemeinde findet das Individuum seinen Daseinszweck, mit einem sozialen Imperativ, den der alte Kirchenbegriff nicht kannte – wohl aber der utopische Antiindividualismus.

[10] Bernhofer-Pippert 1967 46 [11] Bernhofer-Pippert 1967 47
[12] Hochdeutsch nach Bernhofer-Pippert 1967 57

Das Zusammenleben der Gemeinden forderte immerhin ein Mindestmaß an Zurichtung der idealen Welt aus dem Täuferdenken. Auch hierin unterscheiden sich die Ansätze in der gesamten Bewegung sehr weit. Eine Gütergemeinschaft im apostolischen Sinn läßt sich meist nur in der Tendenz zu einer besonders intensiven Armenpflege erkennen, teils genährt aus freiwilligen Besitzentäußerungen, aber mit ihrem Besitzverzicht doch bereits, wie Zschäbitz hervorhob, im Gegensatz zur „frühkapitalistischen Kapitalakkumulation", und damit der allgemeinen wirtschaftlichen Entwicklung widerstrebend.[13] Die Forderung nach der wirklichen Gütergemeinschaft scheint allerdings weit verbreitet, wird von Zwingli auch den Züricher Täufern nachgesagt und von einem freilich späteren mitteldeutschen Chronisten, der sich aber bei unmittelbar Beteiligten informiert haben soll, auch den Zwickauer Propheten.[14]

Mit der individuellen Bindung an den Besitz korrespondiert die persönliche Bindung in der Ehe. Die Utopisten des 16. Jahrhunderts dachten noch nicht daran, sie in Frage zu stellen, sie suchten sie gerade umgekehrt durch strikte Strafen zu festigen, und auch ein Jahrhundert später noch blieb Campanellas freie Liebe mit obrigkeitlicher Zuchtwahl ein unerhörter Vorschlag, der im Gegensatz zu anderen Einfällen in seinem „Sonnenstaat" auch nicht auf andere Utopien abfärbte. Unter den Täufern hingegen gingen einige Grüppchen schon von Anfang an mit dem Gedanken der freien und wechselnden Partnerwahl um, jedenfalls mit der Auflösung der alten Ehebindungen, und man kann denken, daß hier Einflüsse der pantheistischen „Brüder und Schwestern vom freien Geist" eine Rolle spielten; man kann auch an vulgärutopische Erwartungen denken, die hier und da diesen sonderbaren Umschlag von der Täuferaskese zum Hedonismus bewirkten. Schon auf der Augsburger „Märtyrersynode" mußte die Forderung nach Frauengemeinschaft überstimmt werden – sie stand in Verbindung zu eschatologischen Thesen. Nikolaus Storch verpflichtete nach der Überlieferung sogenannter Artikel seine Anhänger geradewegs zum Ehebruch und zur Bindungslosigkeit: „...ein jeglicher möge Weiber nehmen, so oft es ihm im Fleisch ankommt und die Brunst in ihm sich regen wird..."[15] Bei den Uttenreuther Träumern kam es immerhin zum generellen Frauentausch, eine Entwicklung deutlich unter dem Einfluß vulgär-

[13] Zschäbitz 1958 104

[14] Brandt 1933 169; die Qualität der Quelle verteidigt der Herausgeber ausdrücklich S. 225, doch ließ Zschäbitz seine Argumente S. 137 nicht gelten.

[15] Brandt 1933 54

utopischer Sehnsüchte, so wie die Träumer von Uttenreuth sich überhaupt erst nach dem Zusammenbruch einer Täufergemeinde und dem Versiegen täuferischer geistlicher Betreuung zusammenfanden.[16] Die Grundsätze aber, mit denen sie die Auflösung der alten Ehe verbreiteten, galten auch anderswo im täuferischen Bereich, so wie sie ein Jahrhundert zuvor schon im radikalen Hussitentum zu hören waren: Glaubensgegensätze lösen bestehende Ehebindungen; einen nichttäuferisch gesinnten Partner kann, ja soll man verlassen, um mit einem andern ein neues Leben zu beginnen.

Zschäbitz, der viel von dieser täuferischen Auffassung in gutem Überblick zusammenstellt, kann allerdings nicht glauben, daß die täuferische Ehemoral nicht doch auch von naivem Wunschdenken beeinflußt wurde. Er sucht aus nüchternem Biblizismus mit einem Zeugungsauftrag der 144000 apokalyptischen Gerechten die täuferischen Ehelösungen zu rechtfertigen. Ohne Zweifel war die täuferische Ehemoral im allgemeinen puritanisch wie die übrige Lebensführung auch. Die Gemeinde spielte beim Eheschluß mitunter sogar eine entscheidende Rolle, ihr Banngebot oder ihre Aufforderung zur Ehemeidung band die Ehepartner nach einem sonst unbekannten Weisungsrecht bis in die persönlichste Lebenssphäre. Dennoch lebten ekstatische Wünsche nicht nur im Münsteraner Täufertum eng unter aufgeregtem Asketismus der Tauferweckten. Bernhofer-Pippert fand nach oberdeutschen Täuferverhörakten die „Polygamie potentiell in gewissen Täuferkreisen wirklich“ vor und meint, nur bestimmter Voraussetzungen hätte es zu ihrer Realisierung bedurft.[17] Die dialektische Beziehung zwischen asketischem Sozialrigorismus und Polygamie ist bekannt.

Dieser Asketismus selber mit seinen Persönlichkeitsverzichten gegenüber der Gemeinde wurde schon von der Täuferforschung des vorigen Jahrhunderts als „semimonastisch“ und als eine Fortsetzung der franziskanischen Tertiarierbewegung bezeichnet. Noch 1963 kommt ein amerikanischer Forscher zu demselben Vergleich.[18] Aber auch den Zeitgenossen, und das zählt wohl mehr, war ein solcher Vergleich schon aufgegangen. Sowohl Zwingli als auch sein Nachfolger Bullinger sprachen von der „munchheit“ bei den Täufern.[19] Auch die Täuferbewegung war also außerstande, ein selbständiges, laikales Lebensideal in ihrem Antiklerikalismus zu entwickeln, sie kehrte vielmehr

[16] Bauer 1966 [17] Bernhofer-Pippert 1967 112

[18] A. Ritschl 1880 nach Bender in Hershberger 1963 38; auch Friedmann in Hershberger 1963 82 u. a.

[19] Peachey 1 1954 97 und Corpus Ref. 1927 253f.

zu den mönchischen Lebensformen zurück, an die uns schon die großen utopischen Konstruktionen in einer so auffälligen Weise erinnerten. Das wird noch deutlicher, wenn wir uns Täufergemeinden zuwenden, die sich aus der steten Verfolgung des mitteleuropäischen Täufertums freimachten und dabei ihren Aufbau deutlich und dauerhaft herausbildeten.

II.

Ernst Bloch erblickte im Täufertum einen verheißungsvollen utopischen Ansatz, solange es von joachitischer Eschatologie beflügelt war. Nach dem Verlust „joachitisch taboritischen Geistes aber ... wurden die westlichen Sekten, nicht nur die Mennoniten, stille evangelische Gemeinden, besonders stille".[20] Die Behauptung ist in doppelter Hinsicht korrekturbedürftig: Die Entwicklung zum stillen Gemeindedasein, die Bloch mit dem Namen von Menno Simons verbindet, ohne sie doch auf die Mennoniten zu beschränken, läßt sich, wenn man nur weiter fragt, eher mit einem Generationengegensatz zusammenbringen. So wie Menno Simons waren offensichtlich auch andere Täuferprediger der zweiten Generation nicht mehr vom aufgeregten Chiliasmus der Frühzeit überzeugt. Sie suchten einen neuen Weg zur christlichen Existenz, eben einen „besonders stillen". Dieser „stille Weg" hat nun aber wieder mit dem utopischen mehr zu tun, als Blochs Hinweis meinen ließe. Bloch übersah ihn, weil er nach utopischen Modellen bei den Täufern nicht weiter fragte. Die mährischen Huterer prägten ihn ganz vorzüglich aus.

Ihre Lebensform hielt sich bis heute, und damit ist die Hutterergeschichte in unserer Kultur eigentlich ohne Beispiel. Die Huterer führten ein Dasein, fast so, wie es Thomas Morus erträumte und wie es anderthalb Jahrhunderte später der „Abenteuerliche Simplicissimus" verquickt mit legendären biblischen Urschriften aus den böhmischen Wäldern berichtete. Noch heute leben in diesen Formen in Nordamerika etwa 12000 Menschen auf 120 Bruderhöfen. Sie sprechen, wie ein amerikanischer Bericht aussagt, mit den Behörden englisch, in ihren Schulen deutsch und untereinander noch so, wie die Mehrzahl ihrer Vorfahren, die einst in Mähren Zuflucht gefunden hatten: tirolerisch.[21] Dieses Kuriosum kann ihre Abgeschlossenheit demonstrieren. Es erklärt uns aber nicht, warum die Huterer schon fast ein halbes Jahrtausend in einer Gesellschaftsordnung leben, die in den Experimenten der neueren Utopisten, wie Owen, Fourier und Cabet, vor gut hundert Jahren sehr rasch zum Scheitern verurteilt

[20] Bloch 1955 74 [21] Friedmann in Hershberger 1963

war. Die Huterer haben also einen Beweis angetreten, den die funktionalen Utopien bisher nur der Spekulation überlassen mußten, und ihre Lebensweise dürfte für alle Sozialtheorie ungleich größere Bedeutung beanspruchen, als man ihr bislang einräumt. Wo liegt nun das Geheimnis für diesen Erfolg, oder mit anderen Worten, wo steckt der Realismus in der huterischen Utopie?

Seit 1524 gab es im südmährischen Nikolsburg unter dem grundherrlichen Schutz der Liechtensteiner eine evangelische Gemeinde, und seit 1526 hatten sich oberdeutsche Täufer dorthin geflüchtet. Schon 1528 entzweiten sie sich über eine Grundfrage des Umweltverhaltens: Die „Schwertler" unter Führung des bekannten südwestdeutschen Reformators Balthasar Hubmaier schlossen die Möglichkeit eines gerechten Verteidigungskrieges für den Christen nicht aus; ihre Gegner waren kompromißlose Pazifisten. „Schwertler" und „Stäbler" trennten sich danach, die Anhänger Hubmaiers konnten sich in Nikolsburg zunächst behaupten, aber den Pazifisten gehörte die Zukunft. Schon unterwegs fanden sie zur absoluten Besitzgemeinschaft, die es bis dahin im Täufertum noch nicht gegeben hatte. Im selben Jahr noch entstanden in Austerlitz und in Rossitz in Südmähren die ersten Brüderhöfe. Die größte Zahl der Taufgesinnten stammte aus dem westlichen und südwestlichen Deutschland, aus Baden, Württemberg und der Pfalz. 1529 stießen tiroler Täufer zu ihnen, die ersten Boten einer nun Jahrzehnte währenden heimlichen Wanderung, die aber auch aus dem oberdeutschen Raum noch anhielt. Noch 1586 meldet eine amtliche Angabe aus Bayern, daß „in die sechshundert" zu den mährischen Täufern geflohen seien.[22] Aber der tiroler Einfluß dominierte offenbar. In Jakob Huter, einem Hutmacher aus dem Pustertal, stellten die Tiroler auch bald den ersten Schiedsrichter in Organisationsfragen, dem es nicht an dem Bewußtsein mangelte, daß ihn der Heilige Geist zur Leitung berufen habe. Mit seinem Namen ist die Bewegung seither verknüpft, auf seine Einrichtung führt man die huterischen Lebensformen zurück, während die Glaubensauffassungen der Täufer, in zahlreichen Verhörakten, in Rechenschaften und einem Artikelbuch, in Liedern und Erbauungsschriften niedergelegt, im allgemeinen dem breiteren Strom täuferischen Denkens angehören – soweit sie bisher theologisch bestimmt wurden.[23]

Huter wurde 1533 zum Vorsteher gewählt. Er starb vier Jahre später auf einem tiroler Schafott, während seine Gemeinde in Mähren

[22] Bernhofer–Pippert 1967
[23] Müller 1938 und Friedmann 1967 mit weiterführender Lit.

gerade einer Pressionswelle unterlag. Sicher war nämlich das mährische Exil für die deutschen Täufer während ihres fast hundertjährigen Aufenthaltes im Lande niemals. Ein Einigungsversuch mit den böhmischen Brüdern, die sich schon seit zwei Generationen hierher zurückgezogen und im Adel des Landes bald nicht nur Schutzherren, sondern auch Anhänger gefunden hatten, zerschlug sich 1529, wahrscheinlich am huterischen Kommunismus. Denn in Glaubensfragen standen sich die beiden Gruppen nicht fern, was wohl auch die zeitgenössische Bezeichnung „Teutsche Brieder" ausdrückt, mit der die Täufer gelegentlich den böhmisch-mährischen Brüdern zur Seite gestellt wurden. So konnte der mährische Landtag kaiserlichen Ausweisungsbefehlen nicht immer widerstehen.

Das Schicksal der mährischen Täufer hing ein wenig ab von der öffentlichen Meinung in Deutschland, die sich während des Kampfes um das Täuferreich von Münster 1534/35 verschärfte, besonders aber von der Stärke der Habsburger im Kampf gegen die Türken und die deutschen Protestanten. Die Niederlage des Schmalkaldischen Bundes von 1548 brachte in Mähren eine mehrjährige Verfolgung in Gang, aus der die Huterer erst durch den neuen Vorstoß der deutschen Protestanten von 1552 und durch eine neue türkische Offensive erlöst wurden. Denn immer, wenn die Habsburger sich in Bedrängnis befanden, brauchten sie die Hilfe auch der mährischen Stände und mußten sie in ihrer Konfessionspolitik gewähren lassen.

Der mährische Adel unterstützte die Täufer zunächst wahrscheinlich nur aus konfessionellem Duldungsstreben, das meinungsbildend Platz gegriffen hatte und innerhalb der deutschen Landesfürstentümer am ehesten bei Philipp von Hessen einen Gesinnungsverwandten fand, freilich nur bis zur besseren Belehrung, nicht zur Duldung der Täufer.[24] In einzelnen Fällen gewannen die Täufer in Mähren aber auch besondere Sympathien, so wie Balthasar Hubmaier schon 1526 dem Herrn von Nikolsburg, Leonhard von Liechtenstein, die Wiedertaufe spendete. Nebenbei hatte der ständische Widerstand gegen die habsburgische Konfessionspolitik aber auch noch grundsätzliche Bedeutung, denn im oligarchischen Selbstbewußtsein betrachteten die Standesherren ihr Land „fast als Republik".[25] Frühzeitig traten dann auch noch wirtschaftliche Erwägungen hinzu, den täuferischen Zuzug eher noch zu fördern. Mähren war nämlich durch die Kriegsläufte der vorhergehenden Jahre besonders im Süden entvölkert worden, und die Grundherren brauchten Bauern für ihre Wüstungen. Für diesen Einsatz müssen sich die Täufer bald besonders empfohlen

[24] Littel 1957 [25] Hrubý 1933 174

haben. Denn obwohl sie zum guten Teil kaum aus materiellen Gründen nach Mähren geflohen waren – ließen sie doch beispielsweise nach Tiroler Akten nicht selten als wohlhabende Bauern ihre Habe nur schlecht oder gar nicht verkauft zurück –,[26] zeigten sie sich rasch als ein Element hoher wirtschaftlicher Effizienz. Vielleicht bezeichnete das sogar überhaupt einen Umschlag von chiliastischer Weltentsagung zu neuer diesseitiger Aktivität.
Den frühen Chiliasmus der mährischen Täufer belegt Jakob Huter selber, während er sich mit dem Bewußtsein trug, in seinen Gemeinden die Heiligen der letzten Tage zu versammeln.[27] Peter Riedemanns Glaubensbekenntnisse von 1529 und 1541 sind von dieser Vorstellung frei. Auch die Wirtschaftsorganisation der Huterer paßt nicht zu einer unmittelbaren Endzeiterwartung. Sie entfaltete nämlich bald eine Wirksamkeit, welche die frühkapitalistische Wirtschaftsweise ihrer Zeit überflügelte und auf eigenen Wegen bereits Züge manufaktureller Produktion aus dem übernächsten Jahrhundert vorwegnahm. Das trug den Huterern unter dem einheimischen Handwerk zwar zu religiösen auch noch wirtschaftsbedingte Verfeindungen ein, so daß man sie manchmal angeblich haßte wie die Juden.[28] Es vermittelte ihnen aber auch die besondere Gunst mächtiger Interessenten, und dem Lande verhalf es, nach der bündigen Formulierung eines tschechischen Historikers von 1933, zum „Anschluß an den westlichen Fortschritt".[29]

III.

Die huterische Gemeinschaftsordnung erinnert in ihrer gemeindlichen Parzellierung an die „Newe Wandlung" des Johannes Hergot von 1527, in ihrer Geschlossenheit mitten in der Diaspora einer andersgläubigen Umwelt an Joachims Modell für den Neuen Orden des Dritten Zeitalters. Doch ist sie weit stärker egalitär. Die Vereinigung der Gläubigen unter einem Dach war wohl von der feindlichen Umwelt nahegelegt und nicht von ökonomischen Erwägungen; bald wurde sie aber zu einer glänzenden Hilfe für die besondere huterische Produktionsform. Nicht auf der Landwirtschaft vornehmlich beruhte die Wirtschaft der Huterer, wie bisher alle utopische Ökonomie, sondern auf dem Handwerk; hier aber nicht nur auf der Grundproduktion, wie sie die Autarkiebestrebungen einer Wirtschaftseinheit bei Morus, Hergot oder auch bei Joachim von Fiore unerläßlich machten, sondern in der arbeitsintensiven Veredelung und

[26] Kolb 1951
[27] Heimann 1952 29f.
[28] Loserth 1894 70
[29] Hrubý 1933 5

im Export. Natürlich war diese Arbeitsintensität von den Verhältnissen erzwungen, weil der Zustrom neuer Brüder durch mehrere Jahrzehnte und die offensichtlich hohe Geburtenrate bei nur wenig wachsender agrarischer Nutzfläche einen Bevölkerungsdruck erzeugte, den man damals auch anderwärts, etwa in Gegenden rückläufiger Bergbauerträge, durch Heimarbeit aufzufangen suchte; nicht annähernd mit demselben Erfolg. Nur die Huterer konnten solche Ansätze wirksam entfalten.

Grundlage ihrer Gemeinschaft ist also das gemeinsame Haus oder die „Haushabe" nach dem mittelalterlichen Wort für den Hausbesitz. Zwei- bis vierhundert, aber auch tausend oder gar zweitausend Personen sollen in solchen Gemeinschaftshäusern gewohnt haben, die ein Zeitgenosse mit Taubenschlägen verglich. Wer außerhalb wohnen mußte, etwa „in der Einöd" auf einem entfernten Bauernhof, einer Mühle oder beim gutsherrlichen Gesinde, stand ebenfalls in wirtschaftlicher Verbindung mit der Haushabe. Es sollen in besten Zeiten an die 80 solcher Gemeinschaftshäuser in Mähren bestanden haben, ohne daß man sich bisher auf ihre Einwohnerzahl einigen konnte. Die Annahmen schwanken zwischen achtzig- und zehntausend.

Das Haus enthielt einige große „Stuben" für die Küche, die Mahlzeiten und die Handwerksbetriebe, für die Schule und für den Gottesdienst. Daneben gab es eine Vielzahl kleiner Kammern als Schlafräume für die Ehepaare. Nicht mehr als dieses Rudiment ließen die Huterer vom utopischen Familienleben übrig. Morus hatte bereits durch die gemeinsame Küche und den gemeinsamen Speisesaal der Familie sozusagen den Herd aus dem Haus genommen, das Haus selber aber blieb ihr erhalten, wenn auch nicht als Eigentum im herkömmlichen Sinn. Auch die Familieneinheit ließ Morus nicht völlig unangetastet. Die Kopfzahl der Großfamilie konnte nach statistischem Ermessen durch Fremde aufgefüllt oder um Überzählige verringert werden. Schon Hergot zeigte sich radikaler: Bei ihm wurde die Familie um Alte und Kinder geschmälert. Aber das Haus als Wohneinheit blieb erhalten, wenn ich die Wohngemeinschaft „nach Karthäuserweise" richtig verstanden habe. Die Huterer reduzieren die Familie nun nur auf die Ehepaare und führen im übrigen ihre Eingliederung in die Gemeinde am weitesten. Ohne Haus, ohne Herd, nur mit den Brustkindern lebten die Ehepaare eigentlich nur mehr des nachts beieinander. Selbst bei den Mahlzeiten bekamen sie einander nicht zu Gesicht; denn sie aßen nicht einmal, wie bei Morus, am selben Tische. So ist die Familie kaum besser geeignet zum Ansatzpunkt für den Individualismus als das in dieser Rolle so vielberufene Eigentum.

Auch die Besitzfunktion der ehelichen Beziehung, im allgemeinen vom männlichen Standpunkt betrachtet, ist weitgehend aufgehoben. Zwar nicht durch eine Aufhebung der Ehebindung, wie bei den Adamiten, sondern durch die weitreichende Entpersonalisierung. Die Partnerwahl war den heiratsfähigen Mitgliedern der Huterergemeinde nicht freigestellt, sondern sie lag in den Händen der Gemeinde oder wurde mit Loscharakter dem unmittelbaren göttlichen Eingriff überlassen, sie war also weitgehend Individualverzicht. Die individuelle Liebe fand dabei gewiß ungleich geringere Entfaltung als nach der sorgfältigen, wenn auch körperbetonten Prüfung, der sich die Ehekandidaten in der utopischen Spekulation des Thomas Morus unterzogen.
Morus' Utopier verrichteten körperliche Arbeit zwar nur, „wenn es sein mußte", mit der nötigen Ausdauer, sie waren im übrigen eher „unermüdlich auf geistigem Gebiet".[30] Die Arbeitszeit hatte Morus auf 6 Stunden täglich veranschlagt. Die huterische Praxis kennt keine solche Begrenzung. Ihre Arbeitszeit währt von Sonnenaufgang bis zum Sonnenuntergang. Doch hält sich ihre geistige Arbeit in Grenzen, scheint eher auf ökonomisch verwertbare Realien gerichtet und entspricht insgesamt wohl dem Interessenkreis des gemeinen Mannes. Eines aber ist beiden Entwürfen doch wieder gemeinsam: Es herrscht grundsätzlich Zwang zur körperlichen Arbeit für alle hier und da. Nur sie hat den Rang des ökonomisch Produktiven, Gemeinschaftsnotwendigen, obwohl man sie weder hier noch da als Selbstzweck für die persönliche Entfaltung betrachtet, sondern jedesmal nur als Mittel zur rechten geistigen Muße; humanistisch gerichtet bei Morus, im Sinne biblischer Religiosität bei den Huterern. Der allgemeinen Handarbeit soll in jedem Fall mit Freuden nachgegangen werden, der Gemeinschaft wegen; aber dabei ist doch beide Male an Staatsaufsicht oder Zwang gedacht. Bei den Huterern hat ein jedes Handwerk seinen „Fürsteher", der geradeso wie der Haushalter selber beständig wachen muß, „damit die Nachlässigen Furcht vor ihm haben".[31] Der Arbeitsaufwand wird in kleineren Gruppen geplant wie auch im Wirtschaftsganzen, und es gibt einen Katalog verbotener, weil unnützer oder gar schädlicher Beschäftigungen, während andere Arbeiten nach ihrem Rang für die Gemeinschaft als besonders förderlich gelten. Unbestritten ist dabei natürlich die Rolle des Ackerbaus. Verboten ist in beiden Ordnungen das Luxushandwerk, der Kaufmannsberuf, das Gastgewerbe, nach dem strengen Pazifismus der Huterer aber auch noch alles, was mit dem Krieg zu tun hat. Als

[30] Deutsch nach Heinisch 1966 78

[31] Loserth 1894 85

Tuchmacher, Wagner, Bräuer, Müller, Viehzüchter, Schneider, Töpfer und Messerschmiede sind sie hingegen bald weithin bekannt. Daraus entwickelt sich dann ein Luxushandwerk, wie es Utopia nicht kennt, aber nicht für den eigenen Bedarf, sondern für den Export. Huterische Fayencen bilden noch heute Schmuckstücke mährischer und ungarischer Museen, kunstreich verzierte Luxuskarossen, eiserne Bettgestelle mit vergoldeten Ornamenten, Uhren und feine Messer für die Tafel und für den Toilettentisch der Wohlhabenden sind begehrte Artikel aus ihren Werkstätten, gehen selbst bis in die habsburgische Herrscherfamilie und zum Olmützer Kardinal Dietrichstein, der nach 1622 die Vertreibung der Huterer überwachen wird. Dabei organisieren die Huterer, hier fachmännischer als das Konzept des englischen Humanisten, Großbetriebe in Verbundwirtschaft, differenzieren und spezialisieren einzelne Arbeitsgänge, wie zweihundert Jahre später erst die manufakturellen Betriebe, und bilden nach dieser Arbeitsorganisation eine unerreichbare Konkurrenz für das noch zünftisch gebundene Kleinhandwerk in den mährischen Städten. Dabei ist das wirtschaftliche ingenium wohl mit den äußeren Umständen eng im Bunde: Vergleichbar hatten im 13. Jahrhundert auch die Zisterzienser und die Deutschordenskommenden aus ihrem Gruppenbetrieb Marktproduktion organisiert und waren damit der Laienwirtschaft um ein Jahrhundert vorausgeeilt.

Geld ist in Utopia so unwichtig wie innerhalb der huterischen Haushaben. Aber für die Beziehungen zur Außenwelt wird es in beiden Fällen mit Umsicht gebraucht. Besondere Einkäufer verschaffen die Rohstoffe oder -produkte, die aber möglichst innerhalb der Gemeinschaft hergestellt werden sollen, planen dementsprechende Verbindungen zwischen einzelnen Niederlassungen und besorgen den Absatz. Wie die Utopier sind auch die Huterer geneigt, den ungerechten Mammon für alle Fälle zu horten. Als man sie 1622 aus Mähren nach Ungarn vertreibt, bringen üble kaiserliche Praktiken ihre Schätze ans Licht.[32]

Weder bei Hergot noch bei Morus noch auch bei den Huterern gilt die allgemeine Arbeitspflicht ganz ohne Ausnahme. Die Haushalter, die Handwerksfürgestellten, die Einkäufer sind selbstverständlich davon frei, ebenso wie ihre Prediger nach den Umständen, und jedenfalls müssen sich die Schulmeister ganz ihrer pädagogischen Aufgabe widmen. Nach der Stellung im Wirtschaftsleben könnten wir also auch hieraus gesellschaftliche Differenzen ableiten, die mit allgemeinen Führungsfunktionen übereinstimmen. Aber diese Differenzen sind im

[32] Hrubý 1933 116

Vergleich zu Morus und Hergot hier doch am geringsten ausgebildet. Ein besonders privilegierter Gelehrtenstand fehlt, und nicht einmal das ökonomische Spezialistentum von Hergots „Flurweisen“ findet ein Gegenstück. Die huterische Gesellschaft blieb den egalitären Vorstellungen des gemeinen Mannes am nächsten.

Schon Johann Loserth sprach 1894 davon, daß „im huterischen Schulwesen der kommunistische Grundzug vielleicht am stärksten“ hervortrete.[33] Bereits 1533 wird ein Schulmeister besonders genannt. 1586 wurde die erste Schulordnung erlassen. Etwa vom zweiten Lebensjahr an lebten die Kinder der Gemeinschaft unter der Obhut einer Schulmutter, der Schulschwestern und Kindsdirnen. In der „kleinen Schul“ bis zum 5. oder 6. Lebensjahr brachte man ihnen das Sprechen bei, ähnlich wie bei Comenius, der aus seiner mährischen Heimat die Huterer gut kannte, und bei Fröbel danach in unseren späteren Kindergärten. Die „große Schul“ begleitete die jungen Huterer dann bis zur Lehrzeit. Schreiben, Lesen, Rechnen und vor allem Bibelkunde und Glaubenslehre wurden unterrichtet, unerreicht war damit das Bildungsniveau der Gemeinden inmitten einer noch überwiegend analphabetischen Bevölkerung. Die Kinder wurden zur Gemeinschaft erzogen, und die Erziehung mußte jene Auslese ersetzen, jene Läuterung, welche die erste Täufergeneration aus der Verfolgung zusammengeführt und zum Verzicht auf ein individuelles Dasein, zu Gliedern der Besitz- und Arbeitsgemeinschaft hatte reifen lassen. Die huterischen Schulen arbeiteten mit psychologischer Feinfühligkeit. Sie sollten den Kindern „die Köpfe nicht zu brechen“ versuchen. Sie unterschieden mit Lohn und Strafe bei der Gutwilligkeit für die Einordnungsbereitschaft ihrer Schutzbefohlenen. Sie handhabten den modernen Begriff der Spontaneität: „Kein Schulmeister soll mit Widerwillen an die Arbeit gehen. Es wäre kein Segen dabei, und die armen Kinder müßten es entgelten. Wo der Wille nicht gut ist, da sind die Worte ungeschickt.“[34] Weder Morus noch andere zeitgenössische Utopisten bieten solche Einzelheiten pädagogischen Feingefühls, obwohl die Schule als unerläßliche Stütze der utopischen Sozialordnung nirgendwo außer acht gelassen wurde.

IV.

Die rationale Utopie des Thomas Morus suchte auch dem körperlichen Glücksempfinden des einzelnen zu seinem Recht zu verhelfen, entwickelte eine eigene „Lehre von der Lust“, jedoch, wie wir gesehen

[33] Loserth 1894 88

[34] Loserth 1894 89

haben, gemeinschaftsbezogen und im Rahmen transzendenter Normen. Die biblische Grundlage der huterischen Utopie zieht die Grenzen enger. Aber auch bei ihnen begegnen wir keiner ätherischen Weltentsagung und eigentlich auch keiner Individualaskese. Die Welteinheit und -verbundenheit, aus der sie leben, steckt schon in ihrem Vorwurf gegen Luther, daß er nicht „auf Werke dränge".[35] Freilich ist ihr Glücksstreben jenseitsbetonter als bei Morus' rationalem Deismus. Immerhin predigen sie keine Weltabtötung, sondern lassen die „menschlichen Begierden" nach Essen, Trinken und Schlafen als „notwendig" bestehen, die „Liebe der Leiber" als natürlich, wenn auch nicht gleichermaßen unabdingbar.[36] Sie treffen Abstufungen zwischen der ehelichen Vereinigung von Mann und Frau, der „geistigen Ehe" von Seele und Leib und der mystischen Vereinigung der Seele mit Christus, die am höchsten zu schätzen ist. Und dennoch herrscht bei ihnen ein allgemeiner Ehezwang – wie bei Morus.

„In der Lehre von Taufe und Abendmahl wird jeder Gedanke an ein gnadenspendendes Mysterium schroff abgelehnt."[37] Eine Bemerkung Riedemanns, die doch ein Heilsmoment in der Taufe einräumt, hält die moderne Interpretation für eine Inkonsequenz zu seiner Gesamtauffassung, vielleicht unter dem Einfluß Hubmaiers.[38] Die katholische und lutherische Auffassung von der Erbsünde lehnt Riedemann ab. Durch innere Selbstheiligung, nämlich durch Buße und Umkehr, aus seinen eigenen Kräften also, ist der Mensch zur „aktiven Kooperation mit Gott" aufgerufen.[39]

Die Selbstheiligung führt den einzelnen aber ganz zur Eingliederung in die Gemeinde. Die Gemeinde bestimmt Besitz-, Gatten- und Berufswahl. Sie wird auch zum unentbehrlichen religiösen Medium für den Gläubigen. Denn die Taufe bewirkt, „daß alle, die dem Evangelium von Herzen glauben, danach durch die Erkenntnis des göttlichen Willens sich selbst verleugnen, eigenes Leben hassen und verlieren, ihrem eigenen Willen und allem, was sie haben, absagen, nicht mehr sich selbst begehren zu leben noch ihr selbst sein wollen, sondern sich allein Gott in Christo *und seiner Gemeinde* schenken, aufopfern und einzuleiben lassen." So heißt es im huterischen Kinderkatechismus von 1586.[40] Dieser mystischen Vereinigung mit Christus und seiner Gemeinde entspricht auch ein Erkenntnisvorgang aus der Offenbarung über die göttliche Information im Abgrund der Seele, den wir bei Chelčický oder bei Müntzer schon kennengelernt haben und der auch

[35] Müller 1938 XIII
[36] Walpot bei Friedmann 1967 32
[37] Müller 1938 XVI
[38] Heimann 1952 143
[39] Friedmann 1952 214
[40] Wiswedel 1940 58

bei den Täufern das Vokabular der deutschen Mystik benützt. „Darumb ist ein rechter verstand eine gewisse versicherung des ewigen willen Gottes im abgrund seiner seelen ..." übernehmen die mährischen Täufer von einem Anhänger Müntzers.[41] Riedemanns Vergleich des Heiligen Geistes mit dem menschlichen Atem erinnert an pantheistischen Pneumatismus, zum Pantheismus weist auch seine Gleichsetzung der Kommunion mit dem inneren Leben der Trinität. Heimann spricht deshalb von einem „starken spiritualistischen Trend" in Riedemanns Denken.[42] Aber durch die Gemeinde kommt diese geistige Einheit mit dem Transzendenten immer wieder erst zur bündigen Form, die Gemeinde, nicht der einzelne, ist Glied am Leibe Christi, die Gemeinde erfährt auch unmittelbare Hinweise, wenn sie im Gebet einen Fingerzeig für ihre Entscheidungen erwartet, die Wahl ihrer Ältesten dem Loswurf anvertraut, die Wahl der Ehepartner nach göttlicher Erleuchtung vornimmt. In den entscheidenden Fragen des Lebens sucht man auf diese Weise die persönliche Offenbarung, sucht man die revelatio mit dem Gemeindeleben zu verbinden.

Ohne philosophische Geschlossenheit und unter dem Einfluß ihres normativen Biblizismus läßt sich die huterische Gesellschaftsordnung den funktionalen utopischen Projekten sehr wohl zur Seite stellen. Aber weil sie auch erfolgreich gelebt wurde, steht sie in gewisser Hinsicht sogar über ihnen. Worin beruht nun der reale Erfolg der huterischen Utopie? Zunächst in der Tatsache, daß die abgeschlossene huterische Gemeinschaft, Forderung aller klassischen Utopiemodelle, die nicht in einem Weltstaatsprojekt ohnehin andere Einflüsse ausschlossen, durch die latent stets lebendige und immer wieder aufflammende Verfolgung der Brüder gegeben war. Sie begleitete ihre Gemeinden 1622 von Mähren nach Ungarn, 1764 von dort in die Walachei und nach Rußland, zu Ende des 19. Jahrhunderts nach Nordamerika. Aber nicht nur Druck von außen hielt die Gruppen beieinander. Auch der Austritt aus den Haushaben war von Anfang an schwierig. Der Abtrünnige mußte sich aus einem elitären Überlegenheitsbewußtsein lösen, aus dem Anspruch auf die einzig wahre Nachfolge Christi und auf das einzig rechte Weltverhalten: Denn „wenn alle welt wer wie wir", schrieb Huter 1535 an den mährischen Landeshauptmann, „so würd alles krüegen und ungerechtigkait ein end haben."[43] Aber „ir möchtet vielleicht nit würdig sein und wert, dz wir lenger und weiter bei euch wonen". Diesem Auserwählungsbewußtsein entsprach auch das stets rege Gefühl göttlicher Führung. Gottes Hinweis soll nun weiter helfen: „Es möchts aber der allmechtig

[41] Müller 1938 9 [42] Heimann 1952 34 [43] Müller 1938 163

Gott gleich bald schicken und über nacht uns solches offenbaren und zu erkennen geben, das wir solten und müesten von euch ziehen." Aber auch die wirtschaftlichen Umstände verwehren den Austritt aus der Gemeinde. Wer den Produktionskommunismus einer Haushabe verläßt, ist im allgemeinen mittellos, ausgeschlossen von seiner wirtschaftlichen Geborgenheit. Andererseits überzeugte die huterische Wirtschaftsform durch ihre größere Effizienz. Jede Utopie verspricht eine bessere Wirtschaftlichkeit auf einer Ebene des allgemeinen Luxusverzichts, aber eines mittleren Lebensstandards für alle. Weder Morus aber noch Hergot boten in ihren Entwürfen dazu progressive Formen an. Der Tiroler Michael Gaismair empfahl 1526 die Konzentration von Handwerk und Handel – ihn könnte der huterische Traditionsverband noch am ehesten als Vorläufer betrachten. Doch fehlt bei Gaismair jeder Hinweis auf einen gemeinsamen Bodenbesitz. Eine vergleichbare Neuorganisation des Handwerks zum manufakturellen Großbetrieb begegnet uns dann erst Anfang des 17. Jahrhunderts in der Christianopolis des Johann Valentin Andreae. Gerade diese Seite des huterischen Lebens läßt uns also nach historischen Vorbildern vergebens fragen. Die Bibel bot dafür keine Anhaltspunkte. Hergot, Gaismair und Eberlin, drei vergleichbare zeitgenössische Entwürfe, tragen aber doch insgesamt soviel zu einem gemeinsamen Bild zusammen, daß wir verstehen, daß nicht nur Morus konzipierte, was in Humanistenkreisen ohnehin zum Gesprächsstoff gehörte, wie neuere Vergleiche zeigen konnten. Auch die Huterer hatten wohl teil an der Meinungsbildung ihrer Tage. Sie lebten, bibelfromm und kommunistisch, nach den Vorstellungen von einer besseren Welt in den Gedanken des gemeinen Mannes.

V.

Utopische Entwürfe sind im allgemeinen ökonomisch nicht progressiv, sondern eher rückschrittlich, wie schon die Analyse des klassischen Thomas Morus lehrt. Die Huterer verhielten sich aber in einer Wirtschaftswelt, die sich gerade kapitalistisch zu organisieren begann, nicht nur konformistisch, sondern sie zeigten sich selber sogar noch als die besseren Kapitalisten. In der Organisation ihrer Produktionsverhältnisse nahmen sie die künftige „Expropriation" der selbständigen Handwerker im Sinne der Definitionen von Marx bereits vorweg und machten sie zu billigen und abhängigen Lohnarbeitern, denen nicht einmal die Möglichkeiten eines kapitalistischen Arbeitsmarktes gegönnt waren. Es gab keinen Arbeitsplatzwechsel in den Haushaben und erst recht keinen Streik. In den Händen der Haushalter bildete sich zudem die seit Marx vielberufene Kapitalakkumulation, allerdings nicht gewaltsam, sondern autogen aus der Sozialaskese der fleißigen Gemeinden. Die Haushalter organisierten als Unternehmer die Produktionstechnik der manufakturellen Großbetriebe und leiteten die Entwicklung der einzelnen Siedlungen jener ökonomisch so progressiven Utopie, die sich offensichtlich frei wußte von der Ignoranz der Intellektuellen in Wirtschaftsfragen. Der tägliche Augenschein der wirtschaftlichen Überlegenheit beeindruckte, wie die Quellen belegen, die Außenstehenden, die Gläubigen aber hielt er, trotz einzelner Klagen über Egoismus, Willkür, heimliche Entfremdungen und allgemeinen Sittenverfall, mit fester Klammer beieinander.

Die Arbeitsfähigkeit dieses ganzen Organismus mußte durch die Zustimmung der einzelnen Mitglieder erkauft werden. Dafür boten die Huterer nicht die Verheißung eines irdischen Paradieses in persönlicher Selbstverwirklichung und auch nicht das Gelehrtenglück des Thomas Morus; nicht die kontemplative Gottesschau Joachims und nicht Andreaes technischen Erkenntnisfortschritt. Sie boten dem einzelnen, wie in der ökonomischen Organisation auch hier mit dem maßvollen Realismus des gemeinen Mannes, die Entlastung von allen Entscheidungen, die Sicherung aller seiner Bedürfnisse, und machten ihn frei für den unbehinderten Einsatz im Arbeitsprozeß. Gegenüber den theoretischen Konzepten der Intellektuellen mit aller ihrer ökonomischen Ahnungslosigkeit und mit der vorsichtigen Distanz von der Handarbeit, die wohl als unerläßlich, aber so knapp als möglich ausgewiesen wird, wirkt der huterische Lebensplan wie ein Echo aus der Praxis des einfachen Mannes. Thomas Morus konnte transzendente Normen nicht entbehren, um den Verzicht auf persönliches Genußstreben zu rechtfertigen. Die Zufriedenheit mit der eigenen Arbeitsleistung, mit der Enthebung von allen Lebensproblemen, die fromme Betrachtung der Bibel und der eigenen Auserwählung bildete das Glück der Huterer.

Das Neue Jerusalem in Münster

I.

Die allgemeine Reformationsforschung sah noch fast bis zur Gegenwart kaum eine Aufgabe in der Täuferbewegung. Das lehrt ein Blick in die großen Übersichtswerke seit der Nachkriegszeit. Bis in die letzten Jahre behandeln sie die Täufer nur als „Stiefkinder der

Reformationsgeschichte", wie 1919 schon Heinrich von Schubert beobachtet hatte. Selbst ein so spektakuläres Ereignis wie das Täuferreich von Münster galt nur am Rande, ja es wurde eher isoliert, weil es im Weißbuch des Täufermartyriums in Mitteleuropa wie ein Makel erschien. Und doch ist das sozialrevolutionäre Täufertum mit dem pazifistischen tief innerlich verwandt, so daß schon Correll 1925 von einer „doppelten Signatur des ursprünglichen Täufertums" sprechen konnte, „leidend und duldend einerseits, aggressiv und umgestaltend andererseits".[1] Es waren also eher die historischen Umstände, die beides auseinanderhielten und nach denen die täuferischen Gruppen nicht etwa nur in Münster und seiner Nachbarschaft, sondern auch in Esslingen und in Erfurt die Obrigkeit zu stürzen suchten. Sie schwammen im Strom einer sozialrevolutionären Tendenz, die in Norddeutschland bekanntlich die Reformation begleitete,[2] und nützten auch die besondere Herrschaftskrise, die besonders die Bischofsstädte im Nordwesten des Reiches erfaßt hatte. Osnabrück, Utrecht, Paderborn kämpften wie Münster in diesen Jahren in einer verspäteten Auseinandersetzung mit den Fürstbischöfen um ihre Reichsfreiheit.

In chiliastischer Version hatte der Kürschnergeselle Melchior Hoffmann die „Taufe als Bundzeichen des ankommenden Reiches Christi"[3] von Straßburg nach Norden getragen, und in Haarlem und Amsterdam waren daraus revolutionäre Konspirationen erwachsen. Aus Haarlem stammte der erste Münsteraner Volkstribun, der mit seinen prophetischen Ansprüchen das Stadtregiment hinwegfegte. Jan Bockelson, der danach die Diktatur in der Stadt bis zur Errichtung einer neuen Monarchie weiterführte, kam aus Leyden nach Münster. Die einheimischen Täuferführer, der Prädikant Bernhard Rothmann und der Ratsherr Knipperdolling, standen an Radikalismus hinter den Fremden zurück. Überhaupt spielte der Druck der Fremden, erstaunlich geschickt ausgenützt in der täuferischen Stadtorganisation, eine treibende Rolle bei der Radikalisierung der gesellschaftlichen Ordnung. Dabei darf man allerdings nicht nur an holländischen oder friesischen Zuzug denken, sondern auch an den Zulauf aus der unmittelbaren westfälischen Nachbarschaft, wohin sich die Münsteraner mit einem „Himmelsbrief" gewandt hatten, um ihre Stadt als „neues Jerusalem", als rettende Zuflucht vor dem nahenden göttlichen Strafgericht anzubieten, wie ähnlich gelegentlich auch süddeutsche Täufer, besonders aber die radikalen Hussiten am Vorabend der böhmischen Revolution von 1419. „Gedenkt an Lots

[1] Correll 1925 10 [2] Lau 1959 [3] Correll 1925 19

Weib", schrieben die Münsteraner, „keiner versäume zu kommen. Bleibt jemand zurück, so will ich an seinem Blute unschuldig sein. Emmanuel."[4] Allgemein stand die norddeutsche Bewegung von vornherein stärker als in Süddeutschland unter eschatologischem Einfluß[5] und fand deshalb die Rechtfertigung des bewaffneten Aufstands im Namen des Herrn auch leichter.

Die aufregenden Ereignisse liefen in Münster in wenig mehr als 16 Monaten ab. Sie zeigen nicht nur eine massenpsychologisch verblüffende Regie; nicht nur die volle Tauglichkeit des eigentlich noch „mittelalterlichen", nämlich transzendent gebundenen Chiliasmus zur modernen Revolutionsideologie; sie zeigen auch eine Dialektik, die uns wohl zum erstenmal mit seltener, von den Hussitenchronisten noch nicht erreichter Ausführlichkeit einen revolutionären Massenausbruch in allen seinen Phasen auf chiliastischer Grundlage beobachten läßt.

Ende 1533 hatten sich niederländische Taufgesinnte, die das Weltende noch in diesem Jahr erwarteten, nach Münster geflüchtet. Anfang des nächsten Jahres gewannen sie Bernhard Rothmann und andere evangelische Prädikanten in der Stadt. Die Taufbewegung griff um sich, Rothmann soll danach mit seinen Helfern binnen einer Woche an die 1400 Personen getauft haben,[6] also vielleicht ein Siebentel aller Einwohner, wobei sich die Frauen besonders empfänglich zeigten.[7] Die Pestwelle von 1529; die fast dreifache Getreidepreissteigerung in ihrem Gefolge; die drückende Türkensteuer und die allgemeine Regression der mitteleuropäischen Wirtschaft in den zwanziger Jahren hat man angeführt, um die sozialen Spannungen im weiteren Zusammenhang zu erklären.[8] Im Februar 1534 trat die täuferische Minderheit in der Stadt der Mehrzahl der evangelischen und katholischen Bürger bewaffnet gegenüber. Die Mehrheit versäumte ihre Chance. Ende des Monats errangen die Täufer, inzwischen noch weiter erstarkt, die Ratsmandate im Wahlverfahren und zwangen die Andersgläubigen unter Todesdrohungen zum Abzug. Bald nahte ein Belagerungsheer des Fürstbischofs, aber die etwa 2000 Köpfe zählenden Verteidiger wehrten sich recht erfolgreich, errangen im Sommer 1534 wiederholt Defensivsiege, ehe die Stadt endlich durch einen Belagerungsring von der Außenwelt abgeschnürt werden konnte. Vergebens erhofften die Münsteraner im Winter 1534/35 Entsatz, besonders aus den Niederlanden, den sie mit sozialrevolutionärer Werbung angefordert hatten; alle Zuzugsversuche wurden schon in weiter Entfernung zerschlagen.

[4] Stupperich 1965 211 [5] Zijpp 1963 [6] Blanke 1960 48ff.
[7] Stupperich 1965 216 [8] Brendler 1966; Rammstedt 1966

Immerhin gelang es den Belagerern erst im Juni 1535, durch Verrat in die vom Hunger geschwächte Stadt einzudringen, die bis zuletzt hartnäckige Gegenwehr niederzuringen und ein furchtbares Strafgericht über Münster zu vollziehen.

In Blochs expressionistischer Darstellungsweise wird der Münsteraner Chiliasmus eher mystiziert als erläutert. Er war auch hier die Konfession erregter Ungebildeter, nicht so klar sozialökonomisch als intellektuell zu klassifizieren. Brendler sah 1966 viel nützlicher nach dem großen Zusammenhang, erkannte das Täuferreich als radikale Spätphase der reformatorischen Bewegung in Münster und hatte nur Mühe, diese Erkenntnis mit den marxistischen Klassenbegriffen zu vereinigen: „Das Phantastische und Unwirkliche der Programmatik von Münster zeugt auf seine Weise von der Unreife der Elemente des Neuen ... Das neue bürgerliche Element war noch so schwach und in so wenig klaren Konturen zutage getreten, daß es revolutionäres Ideal und umgestaltende Tat nicht mit Selbstverständlichkeit bestimmen konnte, sondern sich hinter der Eschatologie verbergen mußte, wenn es rabiat werden wollte..."[9] Allerdings sieht er dann dieses „neue bürgerliche Element" doch nur als „Kleinbürgertum und städtische Armut" an, und es wird nicht recht verständlich, warum denn gerade diese Schichten das Bürgertum kennzeichnen sollten. Erachtet doch Brendler auch den Inhalt ihrer Programme nicht gerade für „bürgerlich", sondern für „subjektiv antikapitalistisch", so daß er sie dem Charakter der „frühbürgerlichen Revolution", „deren Sieg dem Kapitalismus den Weg geebnet hätte", nur als „Paradoxon der Geschichte" einfügen kann.[10] Aber er sieht dabei doch insgesamt im Programm der Münsteraner eine „Antizipation der Emanzipationsbedingungen künftiger Klassen",[11] als eine „Tragik der historisch notwendigen Illusion", und spricht dabei von Funktionen, wie sie allgemein dem utopischen Denken zuerkannt werden.

II.

Geradeso wie die pazifistischen Huterer glaubten auch die Täufer von Münster an eine unmittelbare göttliche Leitung, die sich ihnen in Träumen und Gesichten, in einzelnen revelationes also offenbarte. Aber anstelle des integralen huterischen Gemeindenkens zeigt sich im sozialaggressiven Täuferreich dabei das individualistische Prophetentum einzelner. Denn nicht die Gemeinde empfängt in demütiger Versammlung göttliche Hinweise, sondern sie wird von Volksführern aus

[9] Brendler 1966 161 [10] Brendler 1966 120 [11] Brendler 1966 167

religiösem Prophetentum geleitet, mitgerissen in religiöse Ekstase, zweifelnden Widerstand manchmal nach tagelangen Diskussionen über ihre unmittelbare göttliche Erleuchtung, über die Tatsache der „revelatio“ brechend. So entschließen sich die Münsteraner zur umwälzenden Erneuerung der herkömmlichen Gesellschaft mit völliger Besitzgemeinschaft, Polygamie und zuletzt Begründung einer Monarchie auf prophetischer Autorität. Jeder der großen Münsteraner Propheten gibt Anlaß zu der Annahme, daß er auch subjektiv von seinen revelationes überzeugt sei. So Jan Mathys von Haarlem, der zu Ostern 1534 nach göttlichem Befehl nur mit einer Handvoll Männer das Belagerungsheer angreift und in diesem aussichtslosen Unternehmen buchstäblich in Stücke gehauen wird. So auch Johann Dusentschuer, der im Oktober des Jahres Münster verläßt, um Entsatz werbend, und im Bewußtsein göttlichen Schutzes so ohne jede Vorsicht auftritt, daß er bald ergriffen und hingerichtet wird. Jan Bockelson sogar, dessen allzu pragmatisches Prophetentum am ehesten zwielichtig erscheint, belegt gelegentlich seine Überzeugung von transzendenten Eingriffen in den Verlauf der Dinge.

Neben dem individualistischen Offenbarungsanspruch wird die aktive Welthaltung der Münsteraner auch durch ihre Auswahl unter den biblischen Texten gekennzeichnet. Ganz eindeutig bevorzugen sie nämlich das Alte Testament als historisches Modell für ihr Selbstgefühl des „auserwählten Volkes“ im „neuen Jerusalem“. Sie halten sich danach in Kleinigkeiten, wie etwa im Streit um die Einführung von Trommeln und Pfeiffen im Heer; in Einzelaktionen, wie in der freilich nicht unumstrittenen Aussendung einer neuen Judith, die aber vor dem Mord an ihrem „Holofernes“ im Lager des Fürstbischofs verraten wurde; in der Zwölfzahl ihrer Ältesten und Herzoge nach den israelitischen Stämmen; vor allem aber in den Tischlesungen beim gemeinsamen Mahl, die ausdrücklich dem Alten Testament entstammen mußten.[12] Brendler beobachtete, wie Bernhard Rothmann, bei grundsätzlicher Wahrung des Schriftprinzips, von 1532 bis 1535 „seinen neutestamentlich orientierten Biblizismus völlig“ in die Argumentation aus dem Alten Testament umwandelte.[13] Er irrt allerdings, wenn er eine solche „Prävalenz des Alten Testaments ... als Tendenz durchgängig im Täufertum“ feststellt, wie uns die Huterer und die Untersuchungen von Bernhofer-Pippert gezeigt hatten.

Außerdem greift man in interessanten Einzelheiten in Münster aber auch noch auf einen natürlichen Ordnungszustand zurück, auf eine historische Rechtfertigung, gerade bei den tiefgreifendsten gesell-

[12] Kerssenbroch 1899 583 [13] Brendler 1966 77

schaftlichen Umwälzungen. Rothmann schrieb im Oktober 1534 in seiner „Restitution": „by uns is de gemeinshap weder von Godt gerestituert, wo eth dan van anfange gewesen ys ..."[14] Eine solche urrechtliche Vorstellung ließ sich damals schon generationenlang in der europäischen Sozialdiskussion beobachten und war vielleicht neuerdings, worauf v. Schubert schon 1919 verwies, durch eine Pseudoepistel unter dem Namen Papst Clemens I. wieder in Erinnerung gebracht worden.[15] Rein spekulativ ist ein anderer Rückgriff auf die „natürliche Ordnung". Zunächst Jan von Leyden, später auch Bernhard Rothmann rechtfertigen die Polygamie unter anderem auch mit der natürlichen Potenz des Mannes. Damit sind wir allerdings schon bei der Frage, wieweit die Münsteraner eine systematische, eine utopische Gegenwelt in ihrem Regiment errichteten.

Der Revolutionsprozeß in Münster durchlief vom Frühjahr 1534 bis zum nächsten Jahr geradewegs dialektische Veränderungen. Von der Ausgangssituation einer ständisch orientierten Ordnung der Stadtgemeinde über die egalitäre Revolution vom Februar führt der Weg bis zur Ausbildung einer neuen Ordnung nach dem Tode des Jan Mathys unter dem Königtum Jan Bockelsons von Leyden; vom Privatbesitz über den Kommunismus zur Konsolidierung einer neuen Besitzhierarchie von Bockelsons Gnaden; von der Ratsordnung über die theokratische Republik der zwölf Ältesten in Israel bis zur Monarchie; von der herkömmlichen Moral über die puritanische Verschärfung des Dekalogs bis zu den neuen Sittengesetzen der Besitzgemeinschaft und der Polygamie. In seinen einzelnen Phasen erinnert dieser Vorgang an die Analysen Brintons von späteren Revolutionsabläufen.[16] Am Ende wird er sogar in seiner revolutionären Weiterwirkung entschärft, vielleicht im Zusammenhang mit Versuchen, über Philipp von Hessen oder den kaiserlichen Hof in Brüssel eine Legalisierung des Täuferreiches zu erlangen.[17] Nun auf einmal verbietet man nämlich die subjektive Bibelprophetie, auf der die Münsteraner Neuordnung doch selber gegründet ist, ja man verbietet sogar den Aufruhr selbst gegen eine nach Münsteraner Auffassung „gottlose" Obrigkeit: Die „neue Klasse" in Münster wollte sich durch einen Bund mit dem konservativen Ausland etablieren.[18]

[14] Vgl. Kerrsenbroch 1899 558 mit d. Anm. von H. Detmer
[15] Vgl. auch Brendler 1966 100
[16] Brinton 1959; den Hinweis verdanke ich Herrn Robert Lutz.
[17] Rammstedt 1966 77
[18] Kerssenbroch 1899 bes. S. 772f.

III.

Die gesellschaftliche Struktur und die ideelle Eigenart dieser radikalen Revolutionsphase untersuchte außer Brendler in der DDR im selben Jahr auch O. Rammstedt in Köln. Er grenzte auch gelegentlich die Eigenart des Münsteraner Chiliasmus vom utopischen Denken ab: „Die Chiliasten setzen der geschichtlichen Situation keine andere geschichtliche gegenüber, nicht einmal wie die Utopien eine posthistorische..."[19] Rammstedt beurteilt die Situation in Münster dabei unter den allgemeinen Voraussetzungen chiliastischen Denkens: „Da die Chiliasten in der Geschichte keine freie Entscheidungsmöglichkeit zur Verbesserung ihrer sozialen Lage sehen, so glauben sie um so radikaler an das Nach-Ende, an das Tausendjährige Reich, in dem sie keine Entscheidung mehr zu treffen haben und in dem ihnen ein sorgenfreies Leben vorherbestimmt ist." Ein solches Urteil wird aber, wie ich meine, der Eigenart des Täuferreiches von Münster doch nicht ganz gerecht. Schon Fra Dolcino, wenn wir einmal chronologisch faßbare Veränderungen in der Erscheinungsform des Chiliasmus annehmen wollen, hatte zu Anfang des 14. Jahrhunderts ansatzweise über einen solchen Chiliasmus hinausgegriffen, der die neue Weltordnung vom Einbruch des Transzendenten erwartete, unbeabsichtigt vielleicht, weil bereits in der Verteidigung der chiliastischen Gemeinschaft gegen den Angriff der Umwelt ein erster Schritt zur Organisation einer neuen Gesellschaft erkannt werden kann. Weiter noch gedieh dieser Prozeß im taboritischen Chiliasmus, also am „linken Flügel" der hussitischen Revolution. Immerhin entstand dort nämlich aus der chiliastischen Gemeindebildung auf einem Zufluchtsberg vor dem Endgericht dann eine Stadtgründung, auch wenn sie schon einige Monate später „verbürgerlichte"[20], also das Leitbild einer transzendenten Gegenweltserwartung verließ und nach herkömmlichen Strukturen suchte. Es spricht nun aber vieles dafür, daß die Münsteraner Täufer auf diesem Weg noch weiter vorangeschritten sind. In ihrem novum Jerusalem, dem „nien tempel", wähnten sie doch die Schwelle zum Eschaton schon erreicht, hielten sich selbst für die perfecti des Endstadiums, weshalb sie auf ihre Münzen schrieben: „Dat wort is fleisch geworden und *wanet in uns.*" Sie verließen dabei also in doch recht auffälliger Weise den Wortlaut des Johannestextes. Erinnern wir uns an das Adamitenpaternoster: „Vater unser, der du *bist in uns*..." Das Wort, nach Rothmanns Christologie im 1. Kapitel der Restitution von 1534 überhaupt die

[19] Rammstedt 1966 53 [20] Macek 1955

einzige Fleischwerdung Christi, so wie Melchior Hoffmann schon die Gottesmutterschaft Mariens ablehnte,[21] wurde nicht unter, sondern *in* ihnen nach dieser Devise zum Fleisch, und dieses Ereignis vollzog sich demnach auch nicht im biblischen Perfekt, sondern in ihrer Gegenwart, das Wort wohnte nicht, sondern es *wohnt* in ihnen.
Deswegen läßt sich im Münsteraner Chiliasmus schon der Übergang vom Transzendenten in die Weltwirklichkeit erkennen, als sich die täuferische Gemeinschaft Ostern 1534 eine neue Ordnung setzte, eine nova politia.[22] Diese Ordnung sollte danach, wenn auch mit den wichtigen Veränderungen einer etablierten Revolution, auf die ganze Welt ausgeweitet werden.[23] Rammstedt meint, der Münsteraner Kommunismus, wie ihn Rothmann formulierte, sei „antiökonomisch" gewesen und habe einer „antiwirtschaftlichen Einstellung", nämlich „speziell einer antigeldlichen", entsprochen.[24] Er „konnte und kann aber nicht als soziale Reform für eine weiterbestehende Welt gewertet werden". Brendler sieht in seinem Buch diese Dinge anders, und wie mir scheint, schärfer. Er spricht davon, daß die Gütergemeinschaft von Münster bei „beschränkter Privatnießung von Gemeineigentum" „im Grunde genommen ein neues Produktionsverhältnis" erstrebte.[25] Es handle sich um den „Versuch zur Beseitigung der Warenproduktion". Wenn auch eine primitive und irreale Unternehmung, wie sich bald zeigte, so doch eine weltlich gerichtete, eine Unternehmung also, die der Produktion „objektiv ein neues Ziel" gewiesen habe. „Die Veränderungsversuche gingen weit über das in der Reformationszeit Übliche, Mögliche und Notwendige hinaus . . . Wesentliches ideelles Motiv für die Gütergemeinschaft war die Überwindung der Ausbeutung des Menschen durch den Menschen. Es ist der Traum von einer klassenlosen Gesellschaft ohne Ausbeutung."[26]

IV.

Ein Traum; weit über die Möglichkeit der Zeit: Damit ist doch gerade jener von Rammstedt „posthistorisch" genannte utopische Zusammenhang angesprochen, der dem eigentlichen Chiliasmus tatsächlich fernsteht, nicht aber, wie sich zeigt, den Plänen der Täufer von Münster. Fern von der ökonomischen Effektivität, wie sie eine jede utopische Konzeption auszuweisen versuchte, und doch nicht im bloßen Konsumtionskommunismus erstarrt. Jan von Leyden erließ eine neue Produktionsordnung für alle Handwerke unter Aufhebung

[21] Brendler 1966 107f.
[22] Kerssenbroch 1899 579
[23] Kerssenbroch 1899 765ff.
[24] Rammstedt 1966 89
[25] Brendler 1966 119f.
[26] Brendler 1966 123f.

der Zunfteinteilung in der nova politia von Ostern 1534, offenbar unter Vergesellschaftung der Produktionsmittel und unter genauer Vorschrift eines Produktionsprogramms, Planwirtschaft also, sicher unter dem Eindruck der Belagerung, aber doch auf eine neue Wirtschaftsordnung bedacht.

Zweitens begegnet uns im Münsteraner Täuferreich die totale Manipulation des Menschen, die Aufhebung des Hausfriedens, der Hausmahlzeit und schließlich auch eine völlig neue Familienorganisation in den Formen der vielberufenen Münsteraner Polygamie. Natürlich suchte sich die Neueinführung theologisch zu rechtfertigen, wie sie andererseits sicher auch vom sexuellen Wunschdenken befördert wurde. Auch in diesem Bezug führt Brendlers Bewertung weiter als die den Sachverhalt selber durchaus treffende Analyse Rammstedts. Nicht nur von der Auflösung der bisherigen Moralnormen in breiterem Vergleich zu anderen häretischen Oppositionsbewegungen sieht Brendler die Münsteraner Ehegesetze angeregt, sondern auch von dem „Versuch, ein Positives als verbindliche Norm und Grundlage des Familienlebens durchzusetzen".[27] Allerdings wird man wohl nicht mit Brendler das „Zukunftsträchtige" dabei in der „freien Gattenwahl und der prinzipiellen Anerkennung der Scheidung bei gleichzeitiger Hochachtung der Familie als eines notwendigen Sozialkörpers" aus dem herauslesen können, was sich seit den Verordnungen über die Zwangspolygamie danach in Münster noch an Lockerungen und Wandlungen ergab. Viel deutlicher scheint die Absicht, den einzelnen von allen seinen herkömmlichen familiären Bindungen zu lösen und damit die konfliktgeladene Polarität zwischen Familie und Gemeinschaft aufzuheben. Dementsprechend haben die Münsteraner auch auf die Neuerung reagiert: Während nämlich zuvor die Gütergemeinschaft, wenn auch erst nach zweimonatiger Agitation, doch im Frühjahr 1534 schließlich durchgesetzt worden war, so weckte die Einführung der Polygamie im Sommer des Jahres, trotz der inzwischen schon verschärften Belagerung und dem gesteigerten inneren Terror, die entschiedenste Opposition. Es kam zum bewaffneten Aufstand, Jan von Leyden und Knipperdolling wurden verhaftet, aber am Ende waren die Aufrührer, etwa 200 an der Zahl, doch in der Minderheit, wurden am Marktplatz eingeschlossen, entwaffnet, ein Großteil hingerichtet.

Wir erkennen diesen Verzweiflungskampf besser, wenn wir fragen, von wem er ausging. Kerssenbroch schildert ihn in seiner Chronik als einen Kampf der Einheimischen gegen die Fremden. Mit knappen

[27] Brendler 1966 141

Worten stellt er wiederholt indigenae und advenae gegenüber.[28] Der ältere Bericht des Heinrich Greesbeck drückt sich differenzierter und wohl auch genauer aus, doch erteilt er einen ähnlichen Akzent.[29] Er berichtet zudem, die Aufrührer hätten nicht nur die Polygamie, sondern auch die Gütergemeinschaft aufheben, die Ratsverfassung wieder einführen und die Stadt übergeben wollen – ein Programm der Reaktion also, an dem Stadtfremde nicht leicht interessiert gewesen sein dürften. Tatsächlich traf aber auch die zwangsweise Mehrfrauenehe die Einheimischen schlimmer als die Fremden. Sie zerschlug Familien- und Sippenbindungen, aus denen die zugewanderten Täufer durch ihre Emigration bereits herausgerissen waren. Dagegen wehrte sich das letzte gesellschaftliche Strukturelement, das von der alten Welt noch übriggeblieben war; hier versteifte sich der Widerstand bis zur Parole der Kapitulation vor dem äußeren Feind oder zum Frontenwechsel.

Der polygame Patriarchalismus von Münster war keinesfalls mit Lockerungen der Ehemoral verbunden, im Gegenteil: Er bestrafte drakonisch Ehebruch, Verweigerung der Ehepflicht und Bigamie von Frauen. Er war zweifellos aus dem kriegsbedingten Frauenüberschuß hergeleitet, wohl auch, um das unruhige und schutzlose weibliche Element in der Stadt fester zu binden. Die Neuerung verfügt also völlig über den einzelnen zugunsten des Staatszwecks, so wie sie die Ehe entindividualisiert und der neuen Familie nur mehr Zeugungsaufgaben beläßt. Unter diesen Gesichtspunkten ergeben sich nun aber doch Vergleichsmomente zur utopischen Spekulation, auch wenn man auf den ersten Blick nicht leicht von den Münsteranern zu Morus findet: Die „Verplanung“ der Familiengemeinschaft; die streng reglementierte Zwangsehe mit Zeugungsfunktion; über allem die bedenkenlose „Umfunktionierung“ der Einzelpersönlichkeit zum Staatszweck; das zeigt die gemeinsame politische Gestaltungsabsicht hinter der umständebedingten abweichenden Ausführung.

V.

Die neue Welt weist sich aus durch neue Tagesbezeichnungen, neue Kindernamen, neue Vornamen manchmal auch für Erwachsene, neue Benennungen für Straßen und Plätze von Münster. Man richtet den Blick nicht auf eine transzendente, sondern auf eine irdische Gegenwelt, wie sie eben auch die Utopisten vor Augen hatten. Man führte eine zielbewußte Verteidigung, was nicht selbstverständlich ist,

[28] Kerssenbroch 1899 626 [29] Greesbeck 1853 73ff.

sondern dem subjektiven Überlegenheitsgefühl und dem Vertrauen auf unmittelbare militärische Hilfe der himmlischen Heerscharen im Sinne des älteren Chiliasmus widerspricht. Noch im ersten Stadium des Münsteraner Reiches zeigt der Untergang des Jan Mathys einen solchen Chiliasmus. Man trieb aber auch Außenhandel, zahlte Zufuhren und traf Bestimmungen für die Schuldentilgung. Man setzte eine Korrektur der verkehrten Welt ins Werk mit jener kuriosen Forderung, hoch und niedrig auszugleichen. Deshalb wurden die Kirchtürme abgerissen und der Täuferprophet Knipperdolling, der ehemalige Ratsherr und Bürgermeister, für eine zeitlang zum Henker gemacht. Unwichtig, daß beide Maßnahmen handfeste Zwecke verfolgt haben könnten. Nicht der Zweck, sondern die Begründung ist aufschlußreich: die Absicht, eine Gegenwelt „wirklich" zu machen.

Deshalb also scheint der Begriff des Chiliasmus für die Münsteraner Vorgänge keine ausreichende Erklärung, wenn auch ein unentbehrliches Hilfsmittel zum sozialpsychologischen Verständnis. Der jenseits gerichtete Chiliasmus war sozial nicht schöpferisch und reicht deshalb nicht aus, um die Wirklichkeit von 16 Monaten Täuferherrschaft in Münster zu beschreiben. Das bemerkte Rammstedt gelegentlich auch selber und hob damit eigentlich sein Generalurteil über den Münsteraner Chiliasmus auf. Die „neue Weltordnung" Jans von Leyden vom Januar 1535 läßt sich nämlich überhaupt nicht mehr mit chiliastischer Jenseitserwartung übereinbringen. „Das Täufertum in Münster wurde", erläutert Rammstedt hierzu, „indem es das Tausendjährige Reich nicht mehr erwartete, sondern die eigene Gemeinde bereits zum Teil des Nach-Endes erklärte, wieder der Geschichte integriert, gegen die es sich als Bewegung gewendet hatte."[30] Allerdings sind wir auch nach dieser Konzession Rammstedts an die Diesseitigkeit noch nicht einig. Rammstedt meint nämlich, damit sei „der eminent revolutionäre Charakter des Täuferreiches aufgegeben" und „letztlich alles rückgängig" gemacht, „was von der Lehre der Täufer für die Gesellschaft gefährlich gewesen war". Das entspricht der Sache aber nicht. Die Täufer hielten weiterhin an Kommunismus, Polygamie und prophetisch legitimierter Monarchie mit dem Anspruch auf Weltherrschaft fest. Gerade in demselben Manifest verteilte ja doch Jan von Leyden die „Welt", signifiziert durch den norddeutsch-niederländischen Raum, an seine 12 Herzöge. Das Münsteraner Reich etablierte hiermit also nur – wie der Text zeigt – die „neue Klasse" der Revolution gegen die weitere Entwicklungsdynamik und wollte damit eine Gesellschaftsordnung konservieren,

[30] Rammstedt 1966 77

die nach meinem Vergleich nun eben in gröberem Umriß nicht wenig von der zeitgenössischen Utopie an sich trägt.

Andererseits kann man diese Wirklichkeit aber ganz bestimmt nicht erklären als irgendeinen mirakulös eingeführten „unzeitgemäßen Vorgriff" auf die sozialistische Gesellschaft unserer Zeit, als „Vorläufer des neueren Sozialismus", wozu sie Karl Kautsky seinerzeit in einer simplifizierten Traditionskette erhob. Eine zeitlang waren solche Urteile auch in der modernen marxistischen Historiographie noch üblich. Erst Gerhard Brendler fand zu einer ansprechenderen historischen Einordnung. Er sprach vom tragischen Untergang der Münsteraner Täufer, nämlich von der „Tragik der historisch notwendigen Illusion" und von der „Tragik der revolutionären Träumer".[31] Lassen wir den Begriff der Tragik nicht als moralisches Urteil gelten – außer denn, man dächte dabei nicht nur an ihre gnadenlose Ausrottung, sondern auch an die Opfer ihres eigenen Terrors. Aber die „historisch notwendige Illusion, die das Unmögliche anstreben läßt und damit dem objektiv Möglichen, das freilich ein von der Illusion völlig Verschiedenes ist, den Weg bereitet", kann man mit Brendler wohl bei den Münsteranern finden; freilich, das ist ein Kennzeichen einer jeden Auseinandersetzung zwischen Utopie und Wirklichkeit.

[31] Brendler 1966 167

4 Die Utopie der Philosophen

Utopie und Reichsreform: Kues

I.

Noch 1948 konnte Rudolf Schultz in einer Studie über die Staatsphilosophie des Nikolaus von Kues erklären, dieses Thema sei bisher noch kaum beachtet worden.[1] Das war zwar nicht ganz richtig. Denn 1942 hatte Gerhard Kallen schon ähnlich begonnen, in einer Arbeit, die Schultz außer acht ließ.[2] Immerhin hatte die Forschung den wohl bedeutendsten Denker seines Jahrhunderts lange Zeit eher als Philosophen untersucht denn als Gesellschaftsdenker, hatte sich eher der Docta ignorantia zugewandt als der Concordantia Catholica, die er 1432/33 als Kommentar zu älteren Lehrmeinungen zusammengestellt hatte, confuse et ruditer pro incitamento studiosorum.[3] Doch hatte man unter anderem diese Schrift gleichwohl zum Urteil über Nikolaus herangezogen. 1957 führte Erich Meuthen eine Reihe wissenschaftlicher Äußerungen vor, um zu zeigen, daß man „mit allgemeiner Einmütigkeit ... in gleicher Weise die begrenzte Modernität seiner verfassungsgeschichtlichen Ideen" anspricht, um sie doch „auch wieder in den universalistischen Rahmen" einzupassen.[4] „Epilog des Mittelalters, kündigt sein Geist auch wieder Neues an." Solche Formulierungen vermitteln eine gute Anschauung davon, wie sehr sich Sachaussagen über eine denkerische Position mit Epochenkriterien zu einer Synthese verbinden können, die man nicht für endgültig halten darf, weil sie in ihren beiden Elementen ständig vom Fortgang unserer Erkenntnisse abhängt.

Nikolaus war tatsächlich der letzte große Systematiker im Zeitalter der Scholastik. Aber die Verbindung mit einer bei 1500 gesetzten Epochenschwelle des Mittelalters will im Zusammenhang mit seiner Persönlichkeit gar nicht überzeugen. Da sind zunächst einmal Scholastik und Mittelalter nicht übereinzubringen. Denn erst im „hohen" Mittelalter wird die scholastische Methode zur tragfähigen Grundlage

[1] Schultz 1948 Vw.
[2] Kallen 1942; vgl. Schilling 1949 151
[3] Cusanus 1959
[4] Meuthen 1957 195

wissenschaftlicher Welterfassung ausgebildet, erst im „späten" entwickelt sie die große Leistung spekulativer Philosophie, aber jahrhundertelang gilt sie, noch in der „Neuzeit", manchen Schulen und den dogmatischen Disziplinen von Jurisprudenz und Theologie zum Gerüst. Andererseits kann man die „Modernität" der politischen Auffassungen des deutschen Kardinals in ihren ideengeschichtlichen Wurzeln zurückverfolgen bis zu den Anfängen der Aristotelesrezeption und der Renaissance des römischen Rechts in der Kanonistik, während ihr „Universalismus" erst im 18. Jahrhundert aus der vielfältigen Gedankengeschichte Europas zurücktritt. „Die Gegensätzlichkeit gewisser Elemente in den politischen Ideen des Cusanus"[5] unbenommen – so galt seine Concordantia doch der zerbrochenen Harmonie in der christlichen Gesellschaft, den widerstrebenden Bauelementen der politischen Ordnung innerhalb der Kirche, in der Staatenwelt und in der Verbindung beider und ist um die beiden begrifflichen Pole von Volkssouveränität und hierarchischer Ordnung entwickelt.

Beiden politischen Begriffen, der „mittelalterlichen" hierarchischen Ordnungsstruktur und der „modernen" Auffassung von Volkssouveränität und Vertragsgrundlage aller Herrschaft läßt sich eine Epochenschwelle um 1500 nicht zuordnen. Man gerät sonst leicht unter einen Schablonenzwang, der in den vorzüglichen Interpretationen von Rudolf Stadelmann 1929 dazu führte, die gedanklichen Inkonsequenzen des jungen Cusanus mit der „Altersweisheit" des herbstlichen Mittelalters zu entschuldigen.[6]

Unbekümmert um die ominöse Epochenschwelle und um die Vorurteile über „Mittelalterliches" und „Modernes" gilt unsere Frage hier dem Ansatz der politischen Projekte des Nikolaus von Kues, dem Abstand seines Reformprogrammes von der politischen Wirklichkeit. Die Concordantia Catholica ist uneinheitlich aufgebaut: Was man ihr materiell für die Reichsreform entnehmen kann, gehört zum dritten und letzten Buch, hält mit eigenem Vorwort nach dem rückblickenden Schluß des zweiten Buches einen deutlichen Abstand zu den vorhergeschriebenen Teilen. Nikolaus hatte eigens für die Fortsetzung seiner Arbeit den Defensor pacis des Marsilius von Padua und seinen Aristotelismus studiert, und das schlägt bei den Bezügen von Gesetz und Mehrheitsrecht als ein Schuß von nüchternem Realismus durch.[7]

[5] Meuthen 1957 195 [6] Stadelmann 1929 70

[7] Watanabe 1963 129; dazu vgl. aber G. Kallen 1959 X. Die Reichsreformpläne bei Baethgen 1951 552; dazu Watanabe 1963 und Sigmund 1962 zu den Einflüssen des Marsilius.

Aber auch hier dringt dieselbe Auffassung nach vorn, welche die beiden ersten Bücher der Concordantia geradezu beflügelt und die Meuthen aus konkretem Anlaß zu dem Ausruf drängte: „Welch vertrauensvoller, mit der faktischen Verwirklichung rechnender Optimismus ...!"[8] Das ist der „Glaube an eine zugleich versöhnliche wie universalpolitische Lösung seiner Zeitprobleme"[9], der Nikolaus danach noch zwanzig Jahre lang auf seinen diplomatischen Unternehmungen begleitete, in universalchristlicher Mission, zur Einheit und im besonderen gegen die Türken gerichtet, und der sogar nach dem Fall von Konstantinopel in einer überraschenden Wendung noch mit dem Versuch eines großen rationalistischen Toleranzprojektes auch die Sultansherrschaft in eine religiöse Ökumene einbeziehen wollte.[10] Erst danach, im letzten und zugleich enttäuschendsten Jahrzehnt seines Lebens, als er inzwischen fast zur höchsten Würde der Christenheit aufgestiegen war, biegt er offenbar „seine universalpolitischen Ideen zur politischen Wirklichkeit hin um"[11], ohne daß uns dafür eine neue theoretische Konzeption bekannt ist. Die Concordantia aber, am Anfang seiner politischen Wirksamkeit, ist noch ganz vom Schwung eines großen theoretischen Ansatzes getragen. „Überhaupt klingt der Tenor des Werkes zuweilen an das Poetisch-Visionäre an, gerade an Stellen, wo der Autor, von der Wirklichkeit abstrahierend, sich von seinem Idealismus fortreißen läßt."[12] Darf man diese poetisch-visionären Anklänge auch als utopisch bezeichnen?
Nach Nipperdey entwerfen die Utopisten von Morus bis Marx ihre Konzeption auf der Vorstellung von der Totalität der menschlichen Lebensbezüge „und schaffen damit einen soziologischen Begriff der politischen Welt", den „die Utopie in gewisser Weise entdeckt hat".[13] Im Grunde handelt es sich bei dieser sehr praktikablen Definition um das Problem des Verhältnisses zwischen dem einzelnen und der Gemeinschaft, das uralte Problem jeder Politik. Nun ist es aber unter die Voraussetzung gestellt, daß die Wechselbeziehung zwischen dem Individuum und dem politischen Ganzen in jeder Richtung die wichtigste Funktion des Politischen sei, wesentlicher, als die Beziehung einzelner Gruppen untereinander, wichtiger, als das Verhältnis zwischen „Staaten". Dieser Bezug allein reicht weiter als unser Begriff vom Utopischen; er bringt freilich dann auch gelegentlich unvermutete utopische Aspekte hervor. Er stand offenbar als abstrakte Antinomie zwischen Einheit und Vielheit eben auch in jener Epoche

[8] Meuthen 1957 199
[9] Meuthen 1957 195
[10] Stadelmann 1929
[11] Meuthen 1957 195 und 220, bes. aber 198
[12] Schultz 1948 23
[13] Nipperdey 1962 369

zur Debatte, die mit ihren Versuchen zur Neugestaltung des Politischen der Radikalität künftiger Utopisten den Weg zeigte; er stand jedenfalls im Mittelpunkt der Philosophie des Nikolaus von Kues.[14] Deshalb lohnt es sich einmal zu beachten, was Nikolaus an „Poetisch-Visionärem" aussprach, um zu sehen, wie sehr man schon vor Morus' berühmter „Utopia" die politische Welt unter utopischen Kategorien zu fassen verstand.

II.

Die Grundlinie des politischen Weltgebäudes in der Concordantia Catholica besteht in dem Optimismus des Verfassers, die Intelligibilität der menschlichen Welt bloßgelegt und ein umfassendes harmonisches Ordnungsgebäude erkannt zu haben; zugleich aber beruht sein politisches Reformwerk auf der Voraussetzung, daß diese Erkennbarkeit der Menschenwelt auch allen anderen zugänglich sei, wenn auch in unterschiedlichem Maß, ja, daß sie durch natürlichen Instinkt einen Teil der Menschen zum rechten Verhalten bringe, nämlich zur Unterordnung, die anderen aber aus denselben Zusammenhängen zwischenmenschlicher und -gesellschaftlicher Organisation zum weisen Erfassen der universalen Harmonie. „Enthusiastisch wird so ein mystischer Objektivismus des ganzen Kosmos gewonnen."[15]
Daraus resultiert nämlich die Totalität aller politischen Bezüge. Sie ist objektiv gegeben in der hierarchischen Ordnung der Welt, wie sie sich in Kirche und Imperium offenbart. Dabei setzt sich Nikolaus über die Unzulänglichkeiten des Imperiums hinweg, welches doch wenigstens de jure die ganze Welt umfasse, auch wenn er sich in seinen Reformvorschlägen im dritten Buch mit gedämpfterem, mit praktischem Realismus nur auf die eigentlichen Grenzen des römischen Kaisertums in Italien, Burgund und in Deutschland bezieht, ja eigentlich nur auf den Herrschaftsbezirk des deutschen Königs. Gegründet ist die Hierarchie der menschlichen Gesellschaft aber nicht auf Herkommen und auf politische Macht, sondern auf den Rang nach der Heiligkeit in der Kirche und nach der Weisheit im Bereich der Laienwelt. Weil nun aber nach jenem in der Kues-Literatur vielberufenen naturalis quidam instinctus[16] auch der Unweise gelenkt wird, deswegen vertraut Nikolaus in einem nicht nur im populären Verstand utopischen Optimismus darauf, daß sich die in seiner Sicht natürliche Ordnung der Welt auch durch seine Interpretation bestätigen und verwirklichen lasse. Deswegen allerdings ist die wahre

[14] Kallen 1942 u. andere
[15] Dempf 1954 537
[16] Cusanus 1959 317 3. Buch Proemium

Herrschaft, der verus ordo regiminis, nur auf der Grundlage der Zustimmung aller oder wenigstens der Mehrheit zu gewinnen, nur durch Wahl also gerechtfertigt, in der sich die Überlegenheit der Weisheit und ebenso der natürliche Instinkt der Untertanen offenbare. Nikolaus hat gelegentlich ein sehr subtiles geheimes Wahlverfahren als Anleitung zur deutschen Kaiserwahl entworfen. Die Wahl und danach die sakramentale Herrscherkrönung ist aber auch der entscheidende Vorgang für die transzendente Fundierung der kaiserlichen Autorität: In der Wahl manifestiert sich die universale Harmonie.

Die gewählten Oberen aller Grade vermögen kraft des objektiven Zusammenhangs zwischen Weisheit, Regierungsgewalt und Recht vernunftmäßig die universale politische Harmonie aufzubauen. Denn sie sind durch ihre rationale Begabung imstande, die rechten Gesetze zu finden. So schließt sich die gesamte Gesellschaftslehre des Nikolaus von Kues zum System in einem einzigen Satz. Ausgehend von der These ... connata est omnis lex homini in radice sua – „alles Gesetz ist dem Menschen in seiner Wurzel eingeboren“ – zieht er die Folgerung: et ideo sapentiores et praestantiores aliis rectores eliguntur – „deshalb werden die Weiseren und Vortrefflicheren den andern zu Lenkern erwählt“ –, ut ipsi in sua naturali clara ratione sapientia et prudentia praedita iustas leges eliciant et per eas alios regant et causas excutiant ut pax servetur ... – „damit sie in seiner *natürlichen* klaren Vernunft, begabt mit Weisheit und Klugheit, gerechte Gesetze hervorbringen und durch sie die anderen regieren und ihre Angelegenheiten untersuchen, damit Friede gewahrt bleibe ...“ Das alles nämlich aus dem Grundprinzip, weil das Naturrecht natürlicherweise dem Verstand innewohnt. Deshalb sind auch die ratione vigentes naturaliter aliorum domini et rectores – „die aus der Vernunft ihr Leben Gestaltenden sind von Natur her die Herren und Lenker der anderen“, aber nicht per legem coercivam aut iudicium – nicht „durch Zwangsgesetz und Urteil“ –, sondern „allein durch die Übereinkunft und den subjektiven Konsens“ – a sola concordantia et consensu subiectivo. Von Natur her sind nämlich alle Menschen frei, und deswegen ist eine jede Herrschaft, ob sie in geschriebenem Gesetz oder im gelebten beim Herrscher begründet ist, allein auf dieser Basis Rechtens. Denn wenn die Natur alle gleichermaßen stark und frei gemacht hat, kann die wahrhafte Gewalt des einen dieser Gleichen über die anderen – die vera et ordinata postestas – nur aus Wahl und Konsens aller anderen errichtet werden, geradeso wie auch jedes Gesetz.

Nikolaus hat sich also hier im zweiten Buch der Concordantia, das eigentlich den Problemen des Konzils gewidmet ist, sehr umfassend über die Begründung einer jeden Herrschaft ausgesprochen und Konsequenzen grundgelegt, die er dann freilich im letzten Buch auf die Reichsreform nur zögernd überträgt. Was er aber sagt, das ist unmißverständlich nicht nur auf die Kirche, sondern auf jede Art menschlicher Obrigkeit bezogen, und es ist ebenso unmißverständlich von den bestehenden Zuständen abgehoben, auch wenn er die Herrschaft in seinem Sinn nicht etwa gelegentlich noch ausdrücklich als vera et ordinata potestas von den bestehenden Herrschaftsverhältnissen unterschieden hätte.[17]

Man könne einwenden, so fährt Nikolaus fort, daß nach den Leitsätzen des kanonischen Rechts, welches bei ihm nicht etwa einen besonderen kirchlichen Rechtsbereich umschreibt, sondern natürliches und göttliches Recht zugleich verkörpert, jenes Recht, das dem Menschen im Kern zumindest eingeboren sei, man könne also einwenden, daß sich hier der Satz fände: Generale pactum societatis humanae est obtemperare regibus suis – allgemeine Übereinkunft der menschlichen Gesellschaft sei es, ihren Königen zu gehorchen.[18] Damit hat Nikolaus in Verfolgung seiner Prinzipien die Grundlage der gegebenen Ordnung zur Diskussion gestellt. Er will diesem Satz nur zustimmen, wenn er nicht einen bloß äußerlichen Zusammenhang ausdrücke, sondern einen Zustand umschreibe, der seinen Vorstellungen von der Einrichtung gerechtfertigter gesellschaftlicher Unterordnung entspricht: Ecce, quia pacto generali convenit humana societas velle regibus obedire, tunc quia *vero regiminis ordine* ipsius rectoris *electio* fieri debet ... tunc ordinata et recta dominia et praesidentiae per electionem constituuntur ... das heißt also: Die wahre und gerechtfertigte Herrschaft, und zwar nicht nur die fürstliche, sondern alle Obrigkeit, alle dominia et praesidentiae, kann sich nur auf ein Wahlrecht stützen, so wie ein jedes Gesetz auf die allgemeine Zustimmung.

Dieser Satz, von Nikolaus in verschiedener Version immer wieder aufgegriffen[19] und mit allem Aufwand im Sinne einer Sentenzenkonkordanz als die eigentliche Form der christlichen Gesellschaftsordnung belegt, die es einzurichten gälte, führt eine intelligible, harmonisch geordnete Welt vor Augen mit dem zugehörigen Menschenbild, die sich nach dem Entwurf des Verfassers eigentlich zwangsläufig ent-

[17] Cusanus 1959 162
[18] Cusanus 1959 162 mit Hinweis auf CIC D. 8c. 2
[19] So Buch 3, Kap. 4: obtemperare enim regulis (!) est ex generali pacto humano, mit dem Obersatz: omnis enim violentia iuri obviat.

wickeln müßte. In ähnlicher Weise haben auch die Konzipisten räumlich abgegrenzter, also solcher klar erkennbarer utopischer „Gegenwelten“ seit Morus „kein willkürliches Hirngespinst“, sondern nach ihrer Überzeugung einen Entwurf vorgelegt, der „an einem bestimmten Punkte des Nachdenkens über die Bestimmung des Menschen als notwendige Idee entsteht“ – ein Urteil, mit dem Hans Freyer schon vor mehr als 50 Jahren allgemein die utopische Konstruktion gekennzeichnet hat.[20] Man könnte einwenden, daß sich eine solche utopische Konstruktion aber eben mit der Vollendung einer frei skizzierten „Gegenwelt“ von jenem Denkansatz bei Kues unterscheide, der die Wirklichkeit utopisch interpretiert, um sie zu verändern. Diese Unterscheidung ist sicher berechtigt. Aber man muß doch, um die Berechtigung des Vergleiches zwischen einem utopischen Denkansatz und einer ausgereiften Utopie deutlich zu machen, auf eine andere bedeutende Konzeption verweisen, die ebenso davon ausging wie die Concordantia Catholica, aus der gegebenen, intelligiblen Weltordnung die Grundlage eines neuen Sozialgefüges zu interpretieren, um es für alle Zeiten zur Basis einer „neuen“, einer „besseren Welt“ zu erheben: Schon Andreas Voigt 1906, Hans Freyer 1920 und noch Thilo Ramm 1955 haben aus diesem Grund nämlich auch Karl Marx mit der Tradition der Utopisten in Verbindung gebracht.[21]

III.

Am Beispiel der Utopia des Thomas Morus entwickelte kürzlich Thomas Nipperdey die Vorstellung von der Totalität aller Lebensbezüge als eines der allgemeinen Kennzeichen des utopischen Denkens. Sie liegt selbstverständlich auch der Gesellschaftskonstruktion der Concordantia Catholica zugrunde. Deshalb hat auch Nikolaus nach seinen antiken und mittelalterlichen Vorläufern die alte Metapher vom Staat und dem menschlichen Körper wohl am eindringlichsten ausgeführt: Nicht nur die Bauern als Füße und den Herrscher als Kopf, nicht nur die Geistlichkeit als die Seele, die Gesamtheit der Gläubigen als den Körper, sondern auch, mit bemerkenswerter medizinischer Kenntnis, den Blutkreislauf sehen wir hier in Vergleich gestellt mit der Vermittlung der kirchlichen Lehren durch alle Glieder, die Nerven als die Urheber aller Muskelfunktionen mit den staatlichen Gesetzen. Seinem eigenen Reformvorschlag aber gibt er das Bild der Medizin, die allein imstande wäre,

[20] Freyer 1920 342 [21] Voigt 1906; Freyer 1920; Ramm 1955

den kranken Körper zu retten, eine „Reform an Haupt und Gliedern" durchzuführen, die aber eben auch vom Haupt zuerst angenommen werden müsse.

Dieses Bild steht am Schluß des gesamten Werkes und füllt die letzten Paragraphen des dritten Buches. Nicht von ungefähr: denn in der Gedankenwelt des Nikolaus von Kues ist es mehr als Metapher, ist es Bild im tiefsten Sinn. In der gesamten Harmonie der Welt trägt der Mensch nicht nur das Naturgesetz angeboren in radice in sich, sondern der Einzelne ist eben bereits Abbild der allein gültigen Gesellschaftsordnung: Was die Gläubigen verkörpern, der Klerus beseelt, das wird durch den Geist Gottes gratiose coniungitur – „in Gnaden verbunden" – ut homo sit in deo.[22] Dieser Satz, der nicht eine Verbindung des gesamten Gesellschaftsorganismus in der üblichen bildhaften Form aussagt, sondern der ausdrücklich Gott als jenen Geist definiert, der durch das Medium der Sakramente dem gläubigen Volk verbunden wird, führt uns am Ende der umfangreichen Konkordanz aus orthodoxen Texten in die Häresie. Er berührt, weil das individuelle Sakrament zur generellen Institution geworden ist, jenen Pantheismus in der philosophischen Konzeption des jungen Rechtsgelehrten, der sich noch später in stets neuen Wendungen ausformen wird und den Alois Dempf aus dem philosophischen Hyperrealismus im gesellschaftlichen Ordnungsbild des Cusanus „ganz nahe gerückt" sah.[23]

Damit aber wird der metaphysische Ernst des Bildes offenbar: In der rechten Ordnung der Welt korrespondieren Individuum und Gesellschaft; Einheit und Vielheit fallen im Bild ihres Aufbaus zusammen. Vielleicht ist jetzt die utopische Radikalität der Konzeption deutlich geworden, die nach einer kühnen These sich anschickt, eben jene utopische Sprengkraft zu entwickeln, nach welcher Karl Mannheim Ideologien und Utopien voneinander unterschied. „Der Fehler des Cusaners besteht nur darin, daß er nicht wirklich sachlich den spirituellen und sozialen Menschen zur inhaltlichen Nachprüfung aufruft, sondern neuzeitlich bei der juristischen Dynamik der Konkordanz stehenbleibt und damit bei der bildungsaristokratisch verstandenen Volkssouveränität."[24] Die Radikalität der utopischen Gegenwelt im Konzept des Nikolaus von Kues wird auch klar, wenn wir uns überlegen, daß das politische Weltgebäude in seinem Sinn ja einen

[22] Cusanus 1959 466: Deus enim spiritus est

[23] Dempf 1954 557; von Pantheismus spricht in weiterem Zusammenhang auch Schultz 1948 33.

[24] Dempf 1959 558

neuen Organismus mit wesenhafter Qualität bildet, ein jedes partizipierende Individuum essentiell an seine geistige Einheit bindet und so die Totalität der Gesellschaft ausformt zum Totalitarismus im Geistigen, ein echtes Kennzeichen auch jeder modernen Utopie, während, was schon Schultz als „Mystizismus“ bezeichnete, ein divinum matrimonium spiritualis colligantiae zwischen Herrscher und Beherrschten sich bildet, „eine ‚göttliche‘ Ehe aus geistigem Zusammenschluß“, wonach der Herrscher quasi omnium collective subiectorum sibi creaturam cognoscit, sich als Neuschöpfung aus der Gesamtheit seiner Untergebenen betrachten soll.[25]

Am Aufriß des Konzepts ist das nur als verwirklichte Gerechtigkeit, als Weltenharmonie, zu betrachten und bildet als Vollzug des subjektiven Konsenses paradox die Verwirklichung der höchsten Freiheit, bildet, freilich unter einem modernen Bezugssystem, die Lösung des Problems der personalen „Entfremdung“, die nach der trefflichen Beobachtung Nipperdeys die späteren Utopien von Morus bis Marx beschäftigte.[26] Der subjektive Konsens erfolgte aber nicht nur unter vernunftmäßig gleichgestellten Individuen, sondern er resultierte daraus, daß die Unweiseren den Begabteren und Vortrefflicheren ihre Stimme naturali instinctu gaben, wie wir uns erinnern: aus natürlichem Instinkt! Die utopische Gemeinschaft als Schöpfung des Intellekts bevorzugt stets die Intellektuellen. Nicht vom Intellekt, sondern von der politischen Macht und allen ihren oft so irrationalen und traditionellen Ursachen war die politische Wirklichkeit rings um den enthusiastischen Juristen gestaltet. Kein Zweifel, daß man seinen Entwurf als ein Gegenbild zur Wirklichkeit bezeichnen darf.

IV.

„Im Mittelalter konnte es keine Utopie geben, denn Gottes Gerechtigkeit war in den Ordnungen des Lebens – wenn auch korrumpiert – gegenwärtig; eine innerweltliche bessere Ordnung konnte darum nicht eine grundsätzlich andere sein. Reform war Reformation ... nicht aber Neubau.“[27] Mit diesem Urteil Nipperdeys muß man sich noch auseinandersetzen, wenn man die Concordantia Catholica am Begriff des Utopischen messen will. Der bequeme Ausweg soll dabei vermieden werden, die Schrift als „Prophetie und Epilog zugleich“ zu bezeichnen.[28] Nipperdey sagt weiter, daß die modernen Utopisten zwar eine gewisse Beziehung zum mittelalterlichen „Organismus-

[25] Schultz 1948 24 u. a. Cusanus 1959 348
[26] Nipperdey 1962 370
[27] Nipperdey 1962 364
[28] Figgis nach Watanabe 1963 194

begriff" der Gesellschaft besäßen, daß aber ihre Konzeption der gesellschaftlichen Totalität vom zentralen „mittelalterlichen" Begriff der hierarchischen Ordnung sich fortentwickle nach dynamischen Prinzipien. Ehe hier verdeutlicht werden soll, daß ein tiefer Unterschied zwischen Nikolaus einerseits und Morus mit allen seinen literarischen Nachfolgern auf der anderen Seite in diesem Zusammenhang wirklich anerkannt werden muß, bleibt doch zu fragen, ob uns die literarische Kategorie der Utopien wirklich eine solche radikale Gegenwelt präsentiert, nämlich eine „grundsätzlich andere" im Gegensatz zur „innerweltlich besseren" Ordnung, und ob Nikolaus, in seinem „Hyperrealismus" ja tatsächlich ein extremer Verfechter eines hierarchischen Ordnungsbildes, keine Brücke zum modernen „dynamischen" Prinzip des gesellschaftlichen Neubaus erkennen läßt. Diese letzte Frage zunächst: Keine der literarischen Utopien, weder die antike Platons noch die moderne des Thomas Morus oder des Thomas Campanella, verzichtet auf strenge hierarchische Struktur. Es ist dieselbe Struktur, die sich nicht auf Besitz, Herkommen, Blutsadel oder bestehende Machtverhältnisse aufbaut, nicht auf allen in der Umwelt ihrer Autoren vermengten Voraussetzungen, sondern allein auf der gerecht und zuverlässig erkannten und im Staatsbau genutzten Abstufung der Menschen nach ihren geistigen Fähigkeiten. Demnach gibt es immer, möglichst dreigeteilt: eine Schicht der Unweisen und, sei das mit utopischer Logik gerechtfertigt wie auch immer, eigentlich auch Unfreien; darüber erhebt sich eine in sich meist abgestufte Beamten- und Regierungshierarchie; zuoberst leben die ganz in den Weltlauf eingeweihten „Weisen". Selbst bei George Orwell läßt sich noch in unseren Tagen die Dreiheit wiedererkennen, nun in Form der Proles, der kleinen Parteifunktionäre und in den Gehilfen vielleicht der kollektiven Verkörperung des „Großen Bruders". Aber die neueste Entwicklung der utopischen Literatur trägt ganz eigene Züge und soll hier den Bezug nur beispielshalber verdeutlichen.

Weder Organismusdenken noch Gesellschaftshierarchie trennen also Nikolaus von den späteren Utopisten. Ebensowenig läßt sich wohl die Auffassung halten, nur Morus und seine Nachfolger, nicht aber schon der „mittelalterliche" Nikolaus hätten eine Gegenweltkonzeption entwickelt, einen „Neubau" anstelle der „mittelalterlichen Reformation". Abgesehen von den Qualitäten des Cusanischen Gesellschaftsbildes, die radikale Gegenwelt, die man allein der herkömmlichen Umwelt ent*gegen*setzen könnte, findet man ohnehin nur im Weltbild des Chiliasmus: die Welt ohne Schmerz, ohne Tod, ohne Böses unter unfehlbarer Gottesherrschaft. Morus, Campanella und Bacon hingegen kennen das Verbrechen und entwickeln eine eigene Strafjustiz für ihre Utopie, sie berücksichtigen Krankheit und Tod und fragen nach der Berechtigung der Euthanasie; sie kennen, das ist wesentlich, die unausweichliche Neigung des Menschen zum Schlechten und hoffen nicht, durch die Veränderung der Verhältnisse alle Menschen ausnahmslos zum Besseren verändert zu haben. Sie hoffen nur, die natürlichen Anlagen zum Guten in der rechten Gesellschaftsform mittels der überlegenen Führung durch die Weisen zu entwickeln, und das ist im formalen Vollzug ihres Denkens kein Widerspruch zu den Hoffnungen des Cusanus. Seit Morus wird die Utopia für gewöhnlich als glückliches Eiland konzipiert. Jede programmatische Bewertung dieser Konzepte muß natürlich anerkennen, daß es sich hier um exemplarische Bezüge handelt, kein Gegensatz also zur Weltordnung des Nikolaus. Patriarchalische Familien, Gericht und Tempel; Handwerk, Schiffahrt, Außenhandel; Tischordnung, Schule, Kleidung – die Bezüge ließen sich mehren: Nach all dem erscheint die Insel Utopia nicht grundsätzlich anders als die Lebenswelt des Thomas Morus, sondern nur bedingt umgestaltet.

Das allerdings führt uns nun endlich auf den wesentlichen Gegensatz im Inhalt und auch in der Herleitung der Konzepte von Utopia und Concordantia. Rundheraus: Nikolaus ist Theologe. In seiner Vorstellung argumentiert er aus dem Vorrat der göttlich fundierten, das Naturrecht kodifizierenden Kanonistik. Thomas Morus hingegen hat die innerweltliche Gesellschaft auf eine echte, auf die einzige Alternative zu dieser supranaturalistischen Grundlinie des Cusanus gestellt: Seine Prämissen leitet er her von der Neugestaltung der ökonomischen Verhältnisse oder, noch genauer, von einer Neugestaltung des Rechtes zu besitzen und zu arbeiten. Insofern ist seine Utopie sicherlich ein Reflexionsprodukt über die stadtbürgerliche Arbeitswelt und ihre Wertbegriffe. Man wird Nipperdey unbedingt zustimmen müssen, der im selben Zusammenhang den Eigentumsbegriff, nicht den Kommunismus, sondern die Wechselbeziehung zwischen politischem und wirtschaftlichem Leben als das grundlegende Strukturelement der modernen Utopien in seinem Begriff erklärt.[29] Mit der Wirtschaftswelt hat sich der deutsche Kanonist überhaupt nicht beschäftigt. Der englische Humanist hingegen unternahm achtzig Jahre später nurmehr ausgesprochen dürftige Ausflüge in den Bereich von Religion und Metaphysik. Beide verbindet aber die Vorstellung, ihre Grundlage dem natürlichen, dem objektiven

[29] Nipperdey 1962 367

Befund der Welt entnommen zu haben, und das unterscheidet sie wieder von der neuesten utopischen Produktion mit den Schreckbildern des widersinnigen, widernatürlichen, aber technisch perfekten Managements zur Vergewaltigung der Massen.

Utopie und Staatsräson: Machiavelli

I.

Während man Nikolaus von Kues wegen einiger anderer Spekulationen bereits als „Semi-Utopisten" bezeichnet hat,[1] blieb der besondere Zug Machiavellis zum Utopischen bisher nur mit gelegentlichen Anmerkungen bedacht: Klaus J. Heinisch verglich 1966 den „utopischen Charakter" der Staatstheorien von Machiavelli und Campanella und brachte sie mit dem „geistesfrohen italienischen Rinascimento" in Verbindung.[2] Er führte die Gemeinsamkeiten zwischen Machiavelli und den Utopisten noch weiter. Zwar hat er dabei die „weltanschaulichen Gegensätze von unabsehbarer Tragweite zwischen Morus und Machiavelli vor Augen, wie sie Hermann Oncken vor einem halben Jahrhundert formulierte", aber er setzte diesen Gegensätzen zutreffend den gemeinsamen „Glauben an den Geist als den Beherrscher der Materie" entgegen, die „Achtung des Intellekts", nämlich als „Hoch-, ja vielleicht sogar Überschätzung der Macht des Wissens", und fand hierin den gemeinsamen Ausgangspunkt des „Principe wie der Utopia".[3]
Es wird sich zeigen, daß man den „Principe" zumindest nicht ohne die „Discorsi" nennen sollte. Grundsätzlich aber ist dieses Urteil gerade eine bemerkenswerte Abweichung von der Ansicht, die Hermann Oncken begründet, die sein Schüler Gerhard Ritter vor einem Vierteljahrhundert in seinem Buch über die „Dämonie der Macht" noch vertieft und dabei wohl auch überbeansprucht hat.[4] Die Auseinandersetzung mit Gerhard Ritter über Morus und Machiavelli ist nötig, um das Wesen des Utopischen am historischen Befund und am Forschungsstand zu erläutern; sie ist wichtig, nicht wegen eines neuen Beitrags zu den vielfältigen und tiefsinnigen, aber doch insgesamt noch recht divergenten Deutungen Machiavellis,[5] sondern zur Erkenntnis der Technik der rationalen Gesellschaftsprojektion, die den scheinbaren Pragmatiker mit dem utopischen Spekulanten ver-

[1] de Gandillac 1963
[2] Heinisch 1966 220
[3] Heinisch 1966 222
[4] Ritter 1940
[5] Dazu die neueste Übersicht bei Kluxen 1967

bindet und sein Grundverhältnis zum Wirklichen und zum Möglichen in der Welt – und das ist doch wohl die entscheidende Weiche in den utopischen Denkgeleisen – nicht mehr als Gegensatz deuten, sondern viel eher in Parallele zur großen Utopie erkennen läßt.
Auch Gerhard Ritter ging aus von einem gemeinsamen Ansatz im politischen Denken des Thomas Morus und des Niccolò Machiavelli. Schon Oncken hatte solche Gemeinsamkeiten ausgesprochen, und Ritter verstärkte sie in seinem Sinn, augenfällig dadurch, daß er dasselbe Entstehungsdatum beider Schriften herauskehrte, das Jahr 1516. Und doch verleitete ihn diese chronologische Pointe zur Überspitzung, mag sie auch mit dem Hinweis auf andere staatspolitische Schriften von Claude de Seyssel und Erasmus von Rotterdam aus demselben Jahr sehr einprägsam formuliert sein. In Utopia und Principe sah Ritter nämlich die große Alternative europäischen politischen Denkens: die insulare und die kontinentale Auffassung. Danach führten beide Denker vom gemeinsamen Ausgangspunkt in entgegengesetzte Richtungen. Morus und Machiavelli seien zu Exponenten eines tiefgreifenden Dualismus in der politischen Konzeption unseres Kontinents geworden. Ihre Gemeinsamkeit aber erkannte Ritter darin, daß sich Utopist und Realpolitiker nur scheinbar unterschieden. Tatsächlich sei nämlich der Utopist Morus ein Machtpolitiker. Mir scheint der umgekehrte Bezug brauchbarer: Tatsächlich ging nämlich auch Machiavelli von einem utopischen Ansatz aus. Das ist kein leerer Begriffstausch. Er hat zur Voraussetzung, daß man das utopische Koordinatensystem ernst nimmt, auf dem das Projekt des englischen Humanisten beruht, und daß man andererseits die sogenannte Realpolitik des großen Florentiners überprüft. Schon Oncken fand „bei Machiavelli ... mehr politische Sittlichkeit als bei Morus, bei dem das Gemeinwesen, das die Lebensführung seiner eigenen Glieder zu einer höheren Sittlichkeit erheben will, im Verkehr mit anderen Staaten die Verwendung der im Inneren verabscheuten Mittel unbedenklich zum System gestaltet“.[6] Danach erklärte Ritter unumwunden von Thomas Morus: „... in seiner Außenpolitik kehren alle Züge jener Dämonie wieder, die unser Humanist durch seine Ideale wahrer sozialer Gerechtigkeit zu bannen gehofft hatte.“[7] „Man braucht die Reinheit seines Eifers für die missionarische Ausbreitung insularer Ideen nicht zu bezweifeln, um dennoch herauszuspüren, daß diese Methoden, in die praktische Politik umgesetzt, vom Imperialismus moderner Weltreiche nicht mehr zu unterscheiden sein würden.“[8]

[6] Oncken nach Möbus 1953 34 [7] Ritter 1940 87 [8] Ritter 1940 80

Gerade das, was Ritter hier „herausspürt", ist nichts anderes als eine Nichtbeachtung der utopischen Konzeption. Denn eben in „praktische Politik" darf man eine Utopie nicht „umsetzen", ohne ihre Grundkonzeption zu verraten: die utopische Welt. Die Utopier, davon spricht Morus an mehreren Stellen, sind die lautersten, redlichsten und uneigennützigsten Politiker. Deshalb leiht man sich ja im Ausland ihre Beamten; deshalb entwarf er eine Gesellschaft auf dem Boden des Gemeineigentums und der vernünftigen Moral mit dem Anspruch, einen neuen Menschen und eine in dieser Welt bisher unerhörte, eben neue Grundlage der zwischenmenschlichen Beziehungen zu legen. Man kann darüber streiten, und diese Gelegenheit ist ja doch ausgiebig genützt worden, ob Morus seine Schrift als „Programm", als „Diskussionsexempel" oder nur als spielerische Konsequenz eines launigen Einfalls verfaßte.[9] Aber man muß im Rahmen seiner Konstruktion bleiben, selbst wenn man ihre Inkonsequenzen gelegentlich anmerkt, will man ihm nicht Unrecht tun: Morus hat, ob ernsthaft oder nicht, eine „utopische Gegenwelt" auch im Hinblick auf die politische Aufrichtigkeit seiner Utopier entworfen, eine Gegenwelt, die intolerante Züge ausprägte, die Eroberungskrieg aus Landnot rechtfertigte, die aber in ihrer Selbstrechtfertigung mit keinem realen Staatswesen, gewiß auch nicht mit dem englischen Imperialismus des 19. Jahrhunderts, verglichen werden kann.

Nichts weiter als einen unerlaubten Grenzübertritt aus Utopien unternimmt Ritter, wenn er fragt: „Aber warum treiben sie Export ... wenn nicht aus wirtschaftlicher Not oder aber zum Erwerb finanzieller und damit politischer Macht?" Die Utopier suchen vielmehr jene Macht, mit der Morus die Überlegenheit seines Phantasiegebildes ein für allemal sichern wollte: Es ist die moralische Macht, der er politische Form geben will, es ist nicht etwa ein „right or wrong, my country!" Sobald man mit Ritter über die utopischen Bedingungen hinausgeht, sobald man meint, „die Dämonie der Macht verbirgt ihr wahres Gesicht hinter der Maske der Gerechtigkeit...",[10] hat man die „Transzendenz der Utopie über die Wirklichkeit", wie sie Mannheim nennt, mißverstanden, hat man die Utopie ihres utopischen Anspruchs entkleidet. Bei allem Scharfsinn des Versuches, die humanistische Utopie aus dem 16. Jahrhundert in die englische Realität des 20. Jahrhunderts zu interpretieren, hat Ritter diese „utopische Maske" nirgends bewiesen.

[9] Übersichten bei Hexter 1965, Nipperdey 1966, und Süssmuth 1967
[10] Ritter 1940 79

Richtig sieht er die Intoleranz, die hier außenpolitisch, anderwärts auch im Inneren, mit dem Anspruch der vernünftigen Überlegenheit alle Maßnahmen der Utopier begleitet. Aber diese Intoleranz erwächst aus der Voraussetzung einer grundsätzlichen Harmonie unter den utopischen Bedingungen. Es ist die Voraussetzung, daß der utopische Mensch, sich selbst läuternd in vernünftiger Selbstvervollkommnung, zum wahren Weltgesetz gefunden hat; es ist die Voraussetzung einer universalen Konkordanz, wie sie uns Nikolaus von Kues schon ausführlich demonstrierte.

II.

Auf der Ebene der unverhüllten, der nach Ritter „ehrlichen" realpolitischen Ansprüche nimmt sich dann freilich Machiavelli besser aus. Mit dieser Note zuerst bei Oncken und danach bei Ritter ausgezeichnet, entspricht er ganz dem Bild des Machiavellismus als einem freien Spiel der Kräfte, das nicht nur seine Logik, sondern auch seine Rechtfertigung in sich trägt. Ritter hat diesem Bild 1940 außerordentliche Aufmerksamkeit gewidmet, hat es in eindrucksvoller Deutung zusammengestellt, und hier ist auch der Ansatzpunkt, seine Auffassung von Utopie und Realismus umzukehren. Er erfaßt Machiavellis Ethik allein als funktionale Beziehung, als Zweckethik: „Eben dies ist das ‚dämonische' Wesen der Macht: daß sie auch da, wo mit höchster Selbstlosigkeit für ein ideales Ziel gestritten wird, auf die Dauer nur dem Erfolg gewährt, der zugleich mit höchster Vitalität für sein selbstisches Interesse, für die Durchsetzung seines Eigenwillens streitet . . . indem er alles, was ihm auf dem Weg zum Erfolg widerstrebt, zum ‚Feind' erklärt und dieses Freund-Feind-Verhältnis über alle anderen Wertungen stellt, verliert für ihn auch das Moralische seine unbedingte und autonome Gültigkeit."[11] Insofern in dieser „naturhaften Drangsal des echten politischen Lebenskampfes"[12] moralische Erwägungen überhaupt eine Rolle spielen, sind sie nur als reine Klugheitsregel, als Rücksicht auf äußere Widerstände von Belang. „Neben den Gesetzen der politischen Gemeinschaft und gegen sie gibt es keinen Geltungsanspruch irgendeines außerstaatlichen, auch keines göttlichen Rechts."[13] „Sofern das in der Nation lebende sittliche Bewußtsein sich mit diesem Machtwillen deckte, verschwand auch das Bewußtsein irgendwelcher ‚Dämonie'."[14]
Ritter hat sich hier in eine Überhöhung des Machiavellismus hineingedacht, von der er schließlich selber sagen muß, Machiavelli habe

[11] Ritter 1940 32
[12] Ritter 1940 92
[13] Ritter 1940 143
[14] Ritter 1940 141

eine „solche virtù nicht erlebt", aber er meint doch zu wissen, der Florentiner habe sie immerhin „erträumt".[15] Etwas anderes ist es freilich, wenn er Machiavellis Konzept auch gleich mit jenem Pragmatismus, der ihn schon bei Morus von der Rücksicht auf die utopischen Voraussetzungen wegführte, zur Offenbarung der Realität erhebt, wenn er annimmt, Machiavelli habe damit die Grundlage der kontinentalen politischen Ethik entdeckt, ebenso wie sich bei Morus „unter einem dichten Schleier moralischer Ideologien" das „Gorgonenhaupt" der englischen Machtpolitik verberge.[16] Werden doch die Einflüsse Machiavellis, für die Folgezeit wohl „unbestritten",[17] von einem Sachkenner des 16. Jahrhunderts mit „wenig oder nichts" bezeichnet,[18] allgemein viel auffälliger in der polemischen Ablehnung als in der Zustimmung: Wie könnte man diese so angefeindeten Schriften einfach als die Entdeckung der kontinentalen Maximen hinstellen!

Gerade diese Vorstellung Ritters vom kontinentalen Machiavellismus als dem wahren Gesicht der europäischen Politik fand 1950 bei Kurt Kluxen ein bemerkenswertes Echo für den aufmerksamen Leser. In einer instruktiven Studie über den Machiavellismus und die Geschichte seiner Interpretation erkennen wir hier, ohne daß ausdrücklich auf Ritter Bezug genommen wäre, alle jene Aussagen wieder, die Ritter setzte, nur sind sie von Kluxen in Abrede gestellt.[19]

Es heißt da, „ein reines Freund-Feind-Verhältnis" könne noch keine politische Wirklichkeitsordnung begründen, ohne daß man sich doch auch aufeinander angewiesen wisse; dagegen hatte Ritter ein „Freund-Feind-Verhältnis über alle anderen Wertungen" gestellt. Es heißt bei Kluxen, daß „ein agonisch-spielerisches Moment" zu jeder Zeit „eine Gemeinsamkeit der Konvention ... voraussetzte", während Ritter eine „seit den Tagen der althellenischen Polis so nicht mehr erlebte Verbindung von Macht und Sittlichkeit sui generis" erst „im modernen Volksstaat" erkennen wollte. Kluxen sagt, daß der „Machiavellismus ... mehr die Form einer durchaus nicht als unehrenhaft empfundenen Spielregel" angenommen habe, er denkt also an einen humanisierten Machiavellismus, aber Ritter hatte es eine „Illusion" genannt, „daß die von Machiavelli entdeckten Spielregeln des Machtkampfes im humanisierten Europa keine Gültigkeit mehr besäßen"; „die ‚machiavellistischen' Staatsmänner bis auf Talleyrand und auch noch bis Bismarck", sagt Kluxen, „waren im Grunde Kabinettspolitiker ... ihr Machiavellismus bestand in einer

[15] Ritter 1940 143 [16] Ritter 1940 81, 141 [17] Kluxen 1963 13
[18] Allen 1928 491 [19] Ritter 1940 141ff.; Kluxen 1950 356

rational abgemessenen Kunst des Bösen, bei der die darin schlummernde Dämonie gemeistert und lenkbar erschien"; von „Meisterung" sprach Ritter aber gerade nicht, sondern von einem „Bewußtseinsschwund irgendwelcher ‚Dämonie'", „sofern das in der Nation lebendige sittliche Bewußtsein sich mit diesem Machtwillen deckte ..."
Den sogenannten Machiavellismus in der europäischen Tradition des 17., 18. und 19. Jahrhunderts hat Kluxen mit seinen Aussagen sicherlich klar erfaßt. Ritters Versuch einer politischen Funktionsethik dagegen war, vielleicht 1940 vom Gegenwartserlebnis angeregt, zu einem Ringen ausgewachsen, Macht und Sittlichkeit übereinzubringen, vielleicht ein Versuch, „Realpolitik" aus geistiger Distanz zu bewältigen. Die Nachwirkung Machiavellis hat Ritter dabei wohl weit übersteigert. Auch H. Butterfield erkannte sie wie Kluxen als eine „Kollektion konkreter Maximen",[20] die man wohltemperiert handhabte und diskutierte, ehe sie, und hier freilich ist Ritter mindestens ein hellhöriger Zeitgenosse, der totale Staat ins Unerhörte hob.

III.

Ritter suchte, nach seinem Urteil über die politischen Maximen der Wirklichkeit, Machiavelli als Realisten zu interpretieren. Ich will nun umgekehrt an einigen Einzelheiten den utopischen Denkansatz des vielberufenen Florentiners deutlich machen:

1. Machiavelli greift hinter die politische Welt, die ihn umgibt. Immer wieder zeigt er, zu vordergründiger Technik im Principe, zu tiefergreifender, wenn auch aphoristischer Strukturbetrachtung in den Discorsi, die Veränderlichkeit der politischen Beziehungen. Das könnte er nicht, wenn er nicht davon überzeugt wäre, daß die gesamte Menschenwelt in ihren Beziehungen sich manipulieren läßt. Dabei sieht er nicht nur die wechselnden Staatsformen nach der antiken Lehrmeinung, sondern er sieht die möglichen Beziehungen zwischen den Menschen in so elementarer Variation, daß man deswegen ja von der „Machiavellischen Ethik" als der Auflösung aller gegebenen Normen gesprochen hat. Normen auflösen heißt, sie zu relativieren. Machiavelli stülpt die gegebene Welt nicht einfach um. Aber er hebt alle Prinzipien aus ihren Angeln, um die Wirklichkeit damit zur Möglichkeit zu reduzieren. Es schließt sich die Kluft, die das Wirkliche vom Unmöglichen trennt, und auf der neugewonnenen Ebene projiziert er ein Staatswesen in wirklichkeitsfähigen Einzelheiten. Viel deutlicher als in jeder abgerundeten utopischen Konzep-

[20] Butterfield 1955 19

tion zeigt sich hier, daß nicht ein Entwurf, nicht *der* Entwurf, sondern das *Entwerfen* besondere Beachtung verdient. In diesem Gedankenexperiment wird die Wirklichkeit realistisch in Zweifel gezogen, der Autor spielt mit einer möglichen Gegenwelt und entläßt uns mindestens mit der Demonstration von einer „weltimmanenten Relativierung": Gerade das hatte Thomas Nipperdey als die Grundhaltung des Utopisten deutlich gemacht.[21] Kurt Kluxen bezeichnete neuerdings in diesem Sinn Machiavellis Ansichten als eine „immanente historische Weltauffassung", die einer „historischen Relativierung geschichtlicher Erscheinungsformen" den Weg ebne.[22]

2. Die Relativierung der Wirklichkeit zeigen uns Machiavelli wie Morus auch gleich bei der nächsten Gemeinsamkeit ihrer Aspekte: Sie sind nämlich der gleichen Meinung darüber, wo man bei einer solchen Veränderung der gegebenen Wirklichkeit, wo man bei der Relativierung unserer Welt ansetzen müsse: beim Menschen. Um jedem Mißverständnis dabei aus dem Weg zu gehen: Morus und Machiavelli haben im Ergebnis entgegengesetzte Auffassungen vom Menschen, so entgegengesetzt, wie es Optimismus und Pessimismus etwa sein können. Aber beide gehen dabei von einzelnen Menschen als den untereinander gleichen und gleichwertigen Elementen für die menschliche Gemeinschaft aus. Sie sehen in ihnen die Bausteine des Staates, die man zu wechselnden gesellschaftlichen Konstellationen fügen, die man am Ende allein nur in ihrer Eigenart berechnen, berücksichtigen, beeinflussen müsse. Auch Morus schafft ja doch, was Kluxen von Machiavelli sagt: „eine auf Kräfteverhältnisse reduzierte politisch-soziale Anthropologie."[23] Machiavelli seinerseits sieht umgekehrt eine umana spezie vor sich, die sich nach Erziehung, Lebensart und qualità dei tempi – die sich also nach den Verhältnissen sozial und historisch relativiert.[24] Das Individuum in der Gesellschaft, das Atom im politischen Kräftefeld erfaßte der Engländer in einer tieferen Daseinsschicht, suchte seine Selbstbehauptung nicht nur aus Macht und Angst, sondern auch aus Geiz und Hunger herzuleiten. Darin unterscheiden sich die Konzepte; die Bahnen aber laufen dem gleichen Ziel zu. Es ist demnach nicht nur Machiavellis Welt, sondern es ist auch die Welt des Thomas Morus, „in der das neuergriffene Gebiet des Politischen ontologisch bewertet wurde".[25]

3. Sehen solcherart Morus und Machiavelli nicht im Fürsten noch im Bürger, nicht im Bauern noch im Kleriker, nicht in einem von

[21] Nipperdey 1966 354 [22] Kluxen 1967 110 [23] Kluxen 1967 111
[24] Kluxen 1967 111 [25] Kluxen 1967 108

ihrer Zeit vorgeformten Gruppenbild, sondern im Menschen, im Grundelement einer jeden gesellschaftlichen Organisation, den Baustein möglicher Veränderungen, so erinnern sie daran, daß auch Nikolaus von Kues vom Verhältnis zwischen Einheit und Vielheit ausging, um das Ganze zu erfassen. Überall zeigt sich eine Totalisierung des Politischen als Element einer jeden Utopie. Weil sie bis zum letzten einzelnen vorstößt, gibt es in ihr keine Neutralität. Nipperdey spricht von der „totalen gesellschaftlichen Interdependenz" bei Morus, von einer „funktionalen Totalität", bei welcher die Relation wichtiger sei als die Substanz;[26] Ritter nannte das 1940 im Vokabular seiner Zeit ein „totales Kämpfertum" im Staatsbild Machiavellis;[27] Kluxen sah im „Kampf der Staaten und Herrscher um Existenz, Selbsterhaltung und Selbsterweiterung" bei Machiavelli den „Ausdruck der universellen Struktur des Weltprozesses überhaupt".[28] Ich meine mit diesen Zitaten schneller zu überzeugen als mit einer neuerlichen Interpretation.

4. „Die Unsicherheit des Schicksals, das blind, tückisch und unberechenbar über uns waltet, und die grenzenlose Selbstsucht de Menschengeschlechts ... sind die entscheidenden Voraussetzungen des sogenannten ‚Machiavellismus'."[29] Dieselben Voraussetzungen bewegen bekanntlich auch die Utopisten. Ihnen suchen sie mit ihren Konzepten zu begegnen, auch wenn sie manchmal nur in spielerischem Eifer und nur in halbem Ernst bei der Sache sind. Wichtig ist, daß man die Welt überhaupt auf vorkalkulierten Bahnen lenken kann – oder könnte. „Wissen ist Macht" – sagt der Utopist Bacon. Ein Satz, der zu oft zitiert wird, als daß man die Utopie darin noch bemerkte. Deshalb hatte Hans Freyer den Thomas Morus einen „Techniker des Politischen" genannt;[30] nach Kluxen suchte Machiavelli „tatsächlich allgemeingültige Erkenntnisse ... die immanenten Naturgesetze der politischen Welt".[31]

5. Machiavelli wie Morus, Kues wie Campanella haben sich in unterschiedlichen Formen und in mehr oder minder ausgesprochener Radikalität um eine kräftige Staatsform bemüht. Utopia lebt nicht in weltferner Inselseligkeit, sondern kennt ein sehr wirksames Aufsichtssystem, dessen Beamtenschaft jede Abweichung vom gegebenen Rahmen bestraft: „... die Utopien ergreifen von ihren Bürgern absoluten Besitz."[32] Machiavellis Neigung zum starken Staat, zu

[26] Nipperdey 1966 358
[27] Ritter 1940 28
[28] Kluxen 1967 107
[29] Ritter 1940 29
[30] Freyer 1920 331
[31] Kluxen 1967 105
[32] Freyer 1920 331

beamteter Aufsicht und reger Denunziation muß wohl nicht belegt werden. Man könnte freilich meinen, daß er eher einer starken Fürstenherrschaft das Wort geredet habe, oder daß er zumindest entscheidungslos zwischen Tyrannis und Republik geblieben wäre, daß er nicht eine bestimmte, sondern jede mögliche Staatsform für den Augenblick stützen wollte, daß er keine Technik der Macht entwarf, sondern Kniffe. Das rührt unter anderem aus der Unklarheit über seinen Lebensweg, über die Abfolge seiner beiden wichtigsten Staatsschriften. Sein Buch vom Fürsten scheint mit seinen Abhandlungen über die ersten zehn Bücher des Livius allzu eng zusammenzuhängen. Dem fürstlichen Renaissanceideal dient das eine, der altrömischen Staatstugend das andere. An beiden soll er im selben Jahr 1513 nebeneinander gearbeitet haben. Das Verhältnis der beiden Schriften zueinander war bisher strittig; 1961 warf eine Studie von Hans Baron neues Licht darauf.

IV.

Baron ging von dem Dilemma aus, den Principe und die Discorsi inhaltlich übereinzubringen.[33] Mit Chabod und seiner Schule der intensiven Machiavelli-Forschung seit 1926 muß ein solcher Unterschied in den Aussagen der beiden Bücher Machiavellis allerdings zunächst überhaupt erst gesehen werden; Gerhard Ritter sah ihn nicht. Baron verficht ihn neuerdings mit allen Konsequenzen aus den beiden Leitbildern von Tyrannis und Republik. Anders als die italienische Machiavelli-Forschung von Chabod bis Sasso glaubt er nicht daran, daß Machiavelli im Jahr 1513 zugleich am Principe und an den ersten Kapiteln der Discorsi schrieb. Ein Anhaltspunkt dafür im Principe ist undeutlich und mag überdies auch späterer Zusatz sein. Baron macht stattdessen recht wahrscheinlich, daß sich Machiavelli nach vierzehnjähriger praktischer Tätigkeit für die florentinische Republik mit dem Principe den neuen Machthabern zu empfehlen suchte und dabei seine republikanische Vergangenheit zugunsten einer bloßen Technik von Fürstenmacht verriet. Erst allmählich, meint Baron, führten ihn nach dieser vergeblichen Verbeugung vor den Medici später Livius und ein kleiner florentinischer Freundeskreis wieder zu republikanischen Tugenden, wie er sie schließlich in den Discorsi offenbarte. Auch im Principe aber verleugnete Machiavelli bekanntlich diese republikanischen Tugenden nicht ganz. Der Fürst erscheint schließlich als Mittel zum Zweck, den italienischen National-

[33] Baron 1961

staat zu schaffen, der römischen Republik zum würdigen Nachfolger. Die entscheidenden Kriterien des utopischen Aspekts lassen sich aber, wenngleich weder in der literarischen noch auch nur in der sachlichen Form eines utopischen Systems, den Discorsi entnehmen.

6. Damit läßt sich die Zusammenstellung utopischer Denkansätze bei Machiavelli wieder weiterführen. Nach der prinzipiellen Reduktion der Neuordnungspläne auf das Verhältnis von Individuum und Gemeinschaft, nach der Rationalisierung und Totalisierung aller politischen Bezüge gibt es da eine dezidierte Funktionsethik. Das heißt, Gut und Böse sind nicht absolut. Sie werden nicht gemessen an den gegebenen Normen, die nach Machiavelli bekanntlich nicht den Staat einrichteten, sondern sind umgekehrt aus der jeweiligen Staatsordnung entstanden.[34] Geradeso ließ auch Morus die herrschende Gesellschaftsordnung sich selber rechtfertigen und hielt den Staat für nichts anderes als „eine gewisse Verschwörung der Reichen" – nihil aliud, quam quaedam conspiratio divitum –, die um ihrer Vorteile wegen Namen und Titel der Republik usurpierten.[35] Republik aber ist diejenige Staatsform, die allein dem Gemeinwohl gilt. Das bonum commune hatte nun aber auch Machiavelli zum Bezugspunkt seiner Funktionsethik gewählt – unbeschadet dessen, daß jeder der beiden Staatsdenker verschiedene Auffassungen davon hatte, was der Gemeinschaft wirklich nütze. Wieder hat das die moderne Interpretation längst ausgesprochen: „Eine ‚gute' Handlung", sagt John Allen von Machiavellis Ethik, „ist auf die Befriedigung der Wünsche der Allgemeinheit gerichtet ... außerhalb dieser Wünsche des Menschen gibt es kein Gut oder Böse ..."[36] In der unbeholfenen Diktion der Popularutopie Hergots oder des Oberrheinischen Revolutionärs war der „gemeine Nutz" in denselben Bezug getreten. Jeder künftige Utopist wird seinen Entwurf ebenfalls mit diesem Motiv rechtfertigen. Während von Cusanus bis Comenius dabei aber auch der Inhalt utopischer Systeme auf den friedlichen Ausgleich in der ganzen Welt gerichtet war, vertritt Machiavelli vom Ausgleich unter den Machtträgern eine sehr abweichende Vorstellung: den Triumph des Stärkeren. Auch dieser Triumph aber bringt auf seine Art den Frieden und auch damit ist – wie beim kalkulierten Interessenausgleich im utopischen System – der wahren Natur des Menschen zu ihrem Recht verholfen, ist „der universellen Struktur des Weltprozesses überhaupt" in natürlicher Selektion nachgegangen.[37]

[34] Discorsi III cap. 29
[35] Morus 1965 240
[36] Allen 1928 476, auch 453 u. a.
[37] Kluxen 1967 107

7. In der politischen Willensbildung steht zwischen den Zielen des Gemeinwohls und den Bestrebungen der Eigensucht das Problem der Toleranz. Alle Utopisten sind darauf verwiesen, im Entwurf ihrer Staatseinrichtungen Dissidenten zu begegnen. Weil nun aber ihre Feinde nicht „die Fürsten“, „der Adel“ oder „die Besitzenden“, sondern in einer tiefgreifenden Frontstellung die Uneinsichtigen sind, wird die Auseinandersetzung mit der Opposition zum geistigen Kampf: Aufsicht, Schulung, Denunziation und Zensur. Auch Machiavelli weiß, daß sein Gemeinwohl bestenfalls nur eine „Interessenkomposition der Mehrzahl“ darstellt,[38] und erwartet vom rechten Staat nicht nur vom bisherigen Stand völlig abweichende Gesetze,[39] sondern fordert ebenso den starken Staat, der die prinzipielle Bosheit des Menschen zu bändigen weiß.[40]

8. Hat man die Gesetze des menschlichen Zusammenseins erkannt und sucht man diese Erkenntnisse umzumünzen, um eine völlig andere Welt zu entwerfen, so hebt man die Wirklichkeit aus ihren Fundamenten, weil man der universalen Harmonie den neuen Angelpunkt abgewonnen hat. So kann auch die Religion kein Eigenleben mehr führen: Auch sie ist Staatszweck. Bekanntlich hat Machiavelli das Christentum deswegen als kulturellen Verfall bezeichnet. Er sei „im Kern ein Heide“, urteilt Meinecke, weil er das Christentum für unmännlich und schlaff erachte.[41] An seine Stelle rückte er die „tapfere und stolze“ Staatsreligion der altrömischen Republik.[42] „An die Stelle der verblaßten tritt ihm als neue, Leben und Hoffnung spendende Gemeinschaft der säkularisierte Staat“, erklärt Ritter,[43] „er wird gleichsam zum irdischen Gott erhoben. Anstelle des offenbarten göttlichen Gebotes soll staatliches Zwangsgebot die selbstsüchtigen Bestien zu gesitteten, geselligen Menschen umwandeln ... Es gibt grundsätzlich nur noch eine Staatsreligion und Staatsmoral.“ Morus hatte seinen Theismus ganz auf das Staatsinteresse ausgerichtet, wie wir gesehen haben, Hergot wie der Oberrheinische Revolutionär den gegebenen Dualismus von Kaiser und Papst durch „einen Hirten für einen Schafstall“ ersetzt. Kues wollte den beseelten Staatsorganismus mit Gott vereinigen und sah den wahren Herrscher in einem divinum matrimonium mit seinen Untertanen.

9. Die intelligible Welt, aus der die Utopisten schöpfen, muß die Möglichkeit einer Harmonie in sich bergen. Das Chaos ist unerkenn-

[38] Ritter 1940 47
[39] Zitiert nach Schmid 1956 110
[40] Discorsi I cap. 3
[41] Meinecke 1960 34
[42] Discorsi I cap. 11 u. 12
[43] Ritter 1940 35 u. 39

bar. Und umgekehrt: das Erkannte läßt sich ordnen. Für diese Harmonia mundi aber gibt die Geschichte kein Beispiel. Deshalb liegt Utopia, deshalb liegt die Insel Makarien, die wir mit Stüblin angesteuert haben, liegt Christianopolis, die Sonnenstadt oder der ophirische Staat in einer bisher unbekannten Welt außerhalb unserer Tradition. Den „Ausbruch aus der Geschichte zur Harmonie der Welt" erstrebt auch der Verfasser der Discorsi. „Ein Mann möge sich erheben, der fortuna reguliert, so daß sie nicht bei jedem Sonnenumlauf zeigen kann, wieviel sie vermag."[44] Sagen wir es mit Meinecke: „Auch erschien wohl am Horizonte seiner politischen Phantasie das Wunschbild des Regenerators gesunkener Staaten, der ‚entweder durch eigene virtù oder durch die virtù einer Ordnung', das heißt einer Generalreform, neues Leben ihnen einhauchen werde."[45] Ungleich enger als die utopischen Systematiker auf den Vergleich der antiken Verfassungen beschränkt, sucht Machiavelli nach der „Weisheit" einer Verfassung, welche die klassischen drei guten Staatsformen mischt, um aus ihrem Kreislauf auszubrechen.[46] Das ist jene virtù gegenüber den Verhältnissen, die als Harmonie in seinem Begriffe die irdische Unbeständigkeit endgültig überwindet und den Kreislauf der menschlichen Unzulänglichkeit. Freilich tritt diese utopische Sehnsucht nur in einigen Bemerkungen seines facettenreichen Pragmatismus zutage.

10. Die universale Harmonie, die Kues von der universalen concordantia herleitete, wurde auch bei Morus zum letzten Staatszweck, zum, anders als bei Machiavelli, ausgesprochenen Ziel des Gemeinwohls in der Verbindung zwischen persönlicher und allgemeiner Ethik. Die Utopier leben einzeln und als Staat secundum naturam. Nach dieser stoischen Formel greifen auch spätere Utopisten. An dem Zusammenhang offenbart sich, was man auf vielen Wegen jeder Utopie entnehmen kann: Dieser „utopische" Optimismus, die Welt von Grund auf zu erkennen und zu ändern, ein durchgehender ontologischer Zusammenhang also, setzt einen universalen Monismus voraus, sei er nun naturalistisch gerichtet, um die einheitliche Weltstruktur aus kosmischer Unendlichkeit herzuleiten, sei er phantheistischer Spielart. Womöglich schlägt dann auch noch der Glaube an einen Urgrund des Geschehens, der sich mit allen Sinnen fassen läßt, eine Brücke von der utopischen Schau zur mystischen Vision. Überleitungen und Zusammenhänge dieser philosophischen Grundhaltun-

[44] Discorsi II cap. 30
[45] Meinecke 1960 51
[46] Zitiert nach Schmid 1956 152

gen hat nach Wilhelm Dilthey besonders Erich Rothacker vor 40 Jahren erläutert.[47]

Auf diesem Weg geraten wir neuerlich von Machiavelli in die Nähe des Utopischen. Auch Machiavelli ist dabei, alles Geschehen aus einer Ursache zu erkennen, auch er nähert sich damit dem utopischen Ansatz der Weltveränderung, während er, nach Meinecke, einen „naiven Monismus" entwickelte, „der alle Lebenskräfte zu Naturmächten machte". Nur auf diesem Boden ist Machiavellis bekannter Begriff von der necessità recht zu deuten, wird die „Notwendigkeit" nicht zum vordergründigen Zufall, sondern zum Naturgesetz und dabei „im Ansatz oder als Vorstufe" eine „Revolutionierung gegenüber dem bisherigen wissenschaftlichen Weltbild".[48] Ebenso wurden die utopischen Denker im Zwang ihrer Prämissen zu Revolutionären gegenüber den herkömmlichen Vorstellungen von den Triebkräften des menschlichen Geschehens, von Geschichte und Politik.

11. Zur Debatte steht noch Meineckes Begriff der Staatsräson. Meinecke verstand darunter in seinem großen Entwurf den individuellen, in der politischen Ethik absolut gesetzten Staatszweck, und insofern zählt Machiavelli unleugbar zu den Propheten einer Ideologie des souveränen Staatsegoismus. Aber insoweit er systematisch denkt, entfernt er sich von jenem Begriff, den Meinecke vielleicht doch nicht von ungefähr bei ihm auch noch nicht in irgendeiner Wortprägung ausgesprochen finden konnte.[49] Staatsräson legt nämlich dem Staatsindividuum nicht nur die letzte Würde auf, rückt seine Zwecke in den höchsten Rang und macht seine Auseinandersetzung mit den anderen Staatsindividuen zur letzten Instanz – insofern noch ganz in den Bahnen von Machiavellis Naturalismus; Staatsräson ist auch in ihrer Erkenntnisgrundlage ganz auf das individuelle Staatssubjekt ausgerichtet. Seine geographische Lage, seine soziale Struktur, seine wirtschaftlichen Voraussetzungen und machtpolitischen Möglichkeiten verliehen dem Staatsindividuum schon hundert Jahre nach Machiavelli eine Besonderheit, einen Charakter, dessen Eigenheiten weit mehr der gegenwärtigen Situation, als der Geschichte abzulesen waren: Damit entfernt sich die Lehre von der richtigen Politik von der Geschichte. Für Machiavelli noch bildete Geschichte die Erkenntnisgrundlage, römische Geschichte, mit einem nicht nur für Italien verbindlichen objektivierenden Anspruch. Prinz Rohan lehnte um 1630 die Geschichtskenntnis für den Politker in sehr plasti-

[47] Rothacker 1926
[48] Meinecke 1924; zitiert nach Kluxen 1967 107
[49] Meinecke 1960 34

schen Wendungen ab, als unnütz und eher schädlich.[50] Sehen wir ab von einer sehr begrenzten Deutung von Staatsräson als Staatskunst der kleinen Ränke, als arcana imperii, wie sie freilich Machiavelli auch zu bieten wußte und wie sie etwa von Johannes Andreae und anderen Utopisten mit Überzeugung zurückgewiesen wurde: Wir bemerken doch, daß Machiavelli, wenn er auch nach Meinecke den Begriff als erster durchdachte, eine Auffassung von Staatsräson entwickelte, die noch aus dem Allgemeinverbindlichen gespeist wird, die einem großen Zusammenhang und einem umfassenden humanistischen Geschichtsbegriff verhaftet ist und damit den Utopisten viel näher bleibt als der künftige Staatsindividualismus. Clapmarius wird später jeder Staatsform eine eigene Staatsräson zuschreiben – Machiavelli hielt im Grunde doch die Republik für ein allgemein verbindliches, für ein humanes Ideal.

12. Alle Utopie gründet auf dem Vernunftoptimismus, wie er aus Harmonie und Intelligibilität der Welt sich dem erkennenden Subjekt zwangsläufig darbietet. Von Machiavellis radikalem Pessimismus ist oft die Rede. Ist er deshalb aber so weit vom utopischen Denkansatz seiner Zeit entfernt? Leicht täuscht uns da das Vertrauen, das Thomas Morus den Utopiern entgegenbringt, wenn er auch nicht versäumt, es durch einen rigorosen Strafenkodex zu unterstützen. Cusanus, der in seinem großzügigen Entwurf auf die Weltenharmonie das größte Zutrauen setzte, hat dennoch dabei die instinktive Unterordnung der Unklügeren unter die Weiseren und Besseren in Rechnung gestellt – kein Anhaltspunkt für die Annahme eines unbegrenzten Optimismus. Stiblinus wartete uns auf mit weit gröberen Ausfällen gegen die selbstsüchtigen Plebejer. Die Gegenwartskritik, die keiner unserer Utopisten unterdrücken kann, ob sie nun wie bei Morus im Aufbau des Buches, ob sie dialogisch abgegrenzt ist oder nicht, zeigt sich immer, wo nicht mit intellektuellem Hochmut, so doch mit der Warnung vor der minderwertigen, aber gefährlichen Masse verbunden, da ja, wie Morus versichert, „die minderwertigsten Menschen immer die hartnäckigsten seien".[51]
Der utopische Optimismus ist elitärer Optimismus. Für die Mehrzahl der Menschen gilt es erst jene Voraussetzungen zu schaffen, unter denen sie sich läutern können. Utopia, die „Newe Wandlung" oder Christianopolis erhoffen das von einer radikalen Wandlung der Besitzverhältnisse. Der Oberrheinische Revolutionär, Stiblinus und Kues vertrauen auf eine neue, auf die neue Verfassung, die es zu entwickeln

[50] Meinecke 1960 196 [51] Morus 1966 98

gilt. Beide Gruppen schöpfen ihren Optimismus vom Menschen erst aus den Bedingungen, unter denen er künftig leben soll. Daß eine Elite ein solches Werk vollbringen kann, um den Menschen als Gattung aus seinen Unvollkommenheiten zu läutern, darin beruht der utopische Optimismus von Cusanus bis Comenius. Für wen aber verarbeitet Machiavelli die Lehren des Titus Livius, wenn nicht für einen einzelnen oder für mehrere Vertreter einer solchen Elite? Für ein „weltgestaltendes Individuum" nach seinem Idealbild der virtù?[52] Machiavelli war kein funktionaler Utopist. Er verfaßte kein System, und einzelne Elemente utopischer Staatsphilosophie finden sich bei ihm nur, wenn man gründlicher danach sucht. Aber – sollte ich einen gemeinsamen Nenner für die Utopie und die Discorsi suchen, so würde ich nicht mit Gerhard Ritter Morus zu den Machtpolitikern stellen,[53] sondern eher – Machiavelli neben die Utopisten!

[52] Kluxen 1967 112 [53] Ritter 1940 79

Utopie und Völkerbund: Comenius

I.

Jan Amos Komenský wurde 1592 in Mähren geboren und lebte trotz aller Unbilden seines Daseins 78 Jahre. Er starb in Amsterdam. Comenius, nach der lateinischen Version seines Namens, gehört neben Hus und Masaryk unbestreitbar zu den größten Persönlichkeiten der tschechischen Kulturgeschichte, die zugleich Anspruch auf welthistorischen Rang besitzen.
Comenius durchlief die Schulbildung seiner Glaubensgemeinschaft, der bömisch-mährischen Brüder, und studierte danach in Herborn und Heidelberg. Der Herborner Professor Johann Fischer-Piscator hatte, wie man sagt, in ihm den hussitischen Chiliasmus neu erweckt.[1] Zunächst war Comenius der Leiter der deutschen Brüdergemeinde in Fulneck, dann verschlug ihn die Revolution der böhmischen Stände 1618 nach Böhmen. Bald darauf brachte ihn die Niederlage der Böhmen am Weißen Berg ins Exil. Hier erlebte er das nächste halbe Jahrhundert als einer der einflußreichsten Emigranten, welche die europäische Geschichte kennt. Pest und Feuer schlugen ihn und seine Familie; lange Reisen, verzweifelte Bemühungen um Einfluß auf den Gang der großen Politik, besonders als man dem Dreißigjährigen Krieg ein Ende machen wollte,[2] raubten ihm seine Arbeits-

[1] Říčan 1957 131; die beste Biographie soeben von Blekastad 1970
[2] Šindelář 1964

ruhe. Und doch hinterließ er, als Schulorganisator in Schweden, in Ungarn, in den Niederlanden und in England, ja selbst nach Nordamerika eingeladen, ein staunenswert reiches pädagogisches Werk. Aber seine Pädagogik galt nicht nur dem Tage, sondern großen Zielen: der Welterneuerung, der Welterrettung; sie sollte den Weg bereiten für die Verwirklichung der Utopie.
Vollends klar ist die ganze Kraft dieses Unternehmens erst geworden, als 1935 sein verschollenes Hauptwerk in Halle in der Bibliothek der Franckeschen Stiftung wieder auftauchte und 30 Jahre später schließlich in Prag zum ersten Male im Druck erschien: De rerum humanarum emendatione consultatio catholica. Der verfolgte und geschlagene Emigrant, seit 1646 der getreue und letzte Bischof der böhmisch-mährischen Brüder im Exil, der angesehene Ratgeber und schließlich ehrenvoll nach Amsterdam berufene Vorkämpfer für Völkerbund und Weltstaat aus Vernunfterziehung, entwickelt hierin die Grundzüge eines neuen, eines goldenen Zeitalters, des siebenten Äons nach den uralten chiliastischen Mythen der weltgeschichtlichen Chronologie: Sextus mundi millenarius... iam anno presenti, quem a Christo nato numeramus 1655, decurrit. Jam jam ergo inchoat septimus millenarius, Ecclesiae Sabbathum magnus Mundi jubilaeus.. „Im gegenwärtigen Jahr, das wir von Christi Geburt 1655 zählen, neigt das sechste Jahrtausend der Welt sich seinem Ende zu. Und schon, sieh da, erhebt sich das siebte Jahrtausend, der Sabbat der Kirche, das große Jubeljahr der Welt..."[3]
Für 1655 war es vorhergesagt; aber als er 15 Jahre später starb, war es noch nicht angebrochen. Unverzagt bis zu seinem Tode erhoffte es der einsame Prophet, und sein Hauptwerk zeugt von dem verzweifelten Ansturm, den er gegen alle Welt führte, um den Himmel auf Erden mit den Kräften eines reichen Geistes aufzubauen.

II.

Absichtlich habe ich Comenius gleich mit den ersten Worten als Vertreter des uralten, zu seiner Zeit eigentlich schon abgelebten symbolistischen Chiliasmus vorgestellt. Dies ist eine klare Erkenntnis aus der Prager Erstausgabe seines Hauptwerkes und bewahrt uns vor Mißverständnissen. Dennoch war derselbe chiliastische Prophet ein strenger Rationalist. Auch hier überstiegen seine Gedanken allerdings die Realität und erreichten das Utopische. Er folgt dabei einer konkreten Utopie, wie Klaus Schaller es nannte,[4] oder mit anderen

[3] Comenius II 1966 Sp. 663 [4] Schaller 1972

Worten: Comenius ist weniger ein Utopist des ‚Was', sondern er beschäftigt sich vornehmlich mit dem ‚Wie'. Wenn er auch gelegentlich in der Emendatio einiges von den Eigenheiten seines utopischen Wunschbildes zu Papier bringt, wird man sich doch nicht entschließen können, darin mehr als einen Ansatz zum Konzept einer funktionalen Utopie zu sehen. Um so gründlicher und systematischer, mit regem Sinn für didaktische Eindringlichkeit, gegliedert durch Frageworte und mnemotechnisch einprägsame Punkte, ist der Weg behandelt, der uns zur utopischen Vollkommenheit führen soll. Er ist jederzeit deduziert aus ontologischen und anthropologischen Gegebenheiten, mit denen sich der Philosoph Comenius mit einer, wie er gelegentlich selber bemerkte, mathematischen Methode, tatsächlich mit einer spekulativen Systematik, die er eher der Scholastik entlehnt haben könnte, der Zuverlässigkeit seines politischen Projektes vergewissert.

Unter diesen Umständen sind die biographischen Voraussetzungen selber wichtig. Comenius war mit einer Anzahl politischer Denker, radikaler Reformer, Vernunftoptimisten und Utopisten durch manche Beziehungen verbunden. Vieles verknüpfte ihn mit Nikolaus von Kues, wie besonders Jan Patočka in den letzten Jahren eruiert hat. Patočka verwies auch auf die Beziehungen zu Althusius und Modrevius, die man noch untersuchen müßte.[5] Die Verbindungen zu Campanella hob Alfred Doren schon vor über 40 Jahren hervor.[6] Und Comenius selber setzte dem etwas älteren Dominikaner ein Denkmal, weil er ihn gelegentlich unter der Elite der Gelehrten vorstellte. Mit Johann Valentin Andreae verband ihn ein wiederholter Briefwechsel,[7] so daß man die Bemühungen der beiden Zeitgenossen des Dreißigjährigen Krieges um eine bessere Welt immer wieder verglich.[8]

Alle diese Denker bemühten sich um eine Selbsterlösung der menschlichen Gesellschaft aus ihren Unvollkommenheiten, um die Selbstrettung des Menschen aus der Kraft seiner natürlichen Erkenntnis. Den kritischen Punkt gegenüber der kirchlichen, besonders der katholischen und lutherischen Orthodoxie erreichte diese Einstellung beim Problem der transzendenten Gnadenvermittlung. An diesem Zentralbegriff des christlichen Mysteriums, dogmatisch faßbar in der katholischen und lutherischen Lehre von der seit Adams Zeiten ererbten menschlichen Unvollkommenheit und ihrer Restitution durch den Leidensweg Jesu Christi, unterscheiden sich die Reformbemühungen orthodox bestimmter politischer Ideologien vom gren-

[5] Patočka 1953; 1954; 1956; 1959
[6] Doren VBW 1927 192
[7] Blekastad 1970 152
[8] van Dülmen 1969 mit Lit.

zenlosen Optimismus des Utopischen. Richard van Dülmen hat soeben diesen Zentralbegriff richtig getroffen, als er von den Plänen des Comenius urteilte: „Das Heil der Welt wird also herbeigeführt durch die allgemeine Erziehung und nicht durch die von Christus vermittelte Gnade, sei es durch das Wort Gottes oder die Sakramente".[9] Denselben Umstand hob drei Jahre zuvor auch Jan Patočka in seinem Epilog zur Prager Erstausgabe der Emendatio des Comenius hervor. Comenius, schreibt er da, habe wohl die Eigenliebe des Menschen als Hindernis für seine Pläne erkannt. Das ist der Ausgangspunkt, von dem aus ein Appell an die göttliche Gnade zur Überwindung des menschlichen Erbübels möglich wäre. Nicht die Gnade überwindet nun aber dieses Hindernis, sondern nach Patočka die neue Philosophie des Comenius, die neue Religion und die neue Politik, Neuerungen also im Geistigen auf den drei entscheidenden Lebensgebieten.[10] Die Erlösung des Menschen sei so durch die absolute Erkenntnis und in Folge davon nur durch die absolut gute Erziehung möglich.[11] So würde die Erziehung, politische Pädagogik im genauen Sinn,[12] zur Voraussetzung für die Welterlösung, und Patočka erkennt dabei einen grundsätzlichen Unterschied zwischen Comenius und dem neuplatonischen Denken, das ihn so vielfach beeinflußte. Bei Comenius erhält nämlich die eigene Tätigkeit des Menschen den höchsten Wert für die künftige Weltreform, weil der Mensch selber „durch seine Anstrengung gleichsam eine neue Welt schafft, stets neu und auf den künftigen Tag gerichtet, wobei er breitere Formen des Daseins bildet, dadurch aber das Universum zur Einheit und zu seinem Ursprung zurückruft".[13] Dies nämlich, diese begrifflich in einer solchen Formulierung erfaßte Wendung der Welt zur ursprünglichen Einheit sei, so erkennt Patočka, der eigenartige ‚Uni-versalismus' des Comenius. Eine solche Vorstellung von der menschlichen Selbsterlösung bestätigt uns schließlich auch Comenius selber mit seiner Forderung an die künftigen Theologen, sie möchten nicht Gott und die Kirche durch Buße und Absolution stets wieder neu vereinigen – saepe reconciliari –, sondern durch den Glauben und Caritas in Gemeinschaft der Heiligen beständig bewahren – constanter perseverare.[14] Die von Patočka hervorgehobene wesenhaft neue Weltschöpfung durch den Menschen, den philosophischen Aktivismus an Stelle der philosophischen Kontemplation, umreißt Comenius mit der Forderung an die künftige menschliche Aktivität: Imitari poterunt deum in creatione aut etiam

[9] van Dülmen 1969 80
[10] Patočka 1966 Sp. 711
[11] Patočka 1966 Sp. 713
[12] Schaller 1962 u. 1972
[13] Patočka 1966 Sp. 715
[14] Comenius II 1966 Sp. 643

Christus ipse imitandus erit – „sie können Gott in der Schöpfung nachahmen, ja sogar Christus selber wird nachzuahmen sein".[15] Das ist in einem Satz der neue Mensch und die neue Welt, das ist die utopische Kosmologie und die Erhöhung des Menschen zum Demiurgen.

III.

Eine solche Erwartung setzt die volle Intelligibilität der Welt und die totale Intellektualisierung des Menschen voraus. Comenius hat nach dieser Voraussetzung seine Darlegung aufgebaut. Er glaubt an eine philosophia vera ... in quo rerum omnium rationes pervidere liceret.[16] Im Sinn einer solchen Wesensontologie schrieb er seine Pansophia, Pampedia und Panglotia, um die Realitäten, die geistigen Wesenheiten und die Sprache systematisch zu erfassen, und zog dann daraus in der Panorthosia die gehörigen Schlüsse für den Aufbau einer neuen, einer endgültig guten Welt. Diese Panorthosia ist materiell und gedanklich unausgeglichen. Sie enthält Comenius' „umfangreichstes Anliegen, aber offenbar fehlte ihr noch der rechte Schliff".[17] Aber als die Quintessenz der vorhergehenden philosophischen Deduktionen zur Weltenharmonie ist sie klar genug ausgeführt.
Comenius kennt drei Wege der Erkenntnis; einen internen aus der Selbstbeschäftigung des Geistes: mens nostra rationis ductu – „unser Geist unter der Führung der Vernunft"; er kennt zweitens einen externen Weg. Ihn lehren uns omnes creature circa nos bene intellecte – „alle Geschöpfe um uns, wenn wir sie gut erkennen"; ein dritter Weg ist sowohl intern als auch extern. Er betrifft nämlich die Lesung, also die äußere Aufnahme der Heiligen Schrift und ihre rechte Meditation. Ihn bietet aber Gott selber: Deus verbo suo si a nobis bene legatur – „durch sein Wort, wenn wir es recht lesen".[18] Die geistige Organisation des Menschen, die Naturordnung und die Aussagen der Bibel sind also insgesamt die Grundlagen der Welterkenntnis, und es wird dabei deutlich, daß die geoffenbarte Schrift in diesem weiten Zusammenhang eher nur eine Hilfsfunktion besitzt, eine Bestätigung auf Grund der breiten eklektiven Möglichkeiten, die sie den Kundigen bietet. Das zeigt auch der Text im Werk des Comenius an allen Stellen.
Bislang begegneten wir derselben Rationalisierung der Lebensorientierung, welche allgemein die gedankliche Grundlage für den utopi-

[15] Comenius II 1966 Sp. 664
[16] Comenius II 1966 Sp. 365
[17] Hendrich 1950 384; Patočka 1966 Sp. 711
[18] Comenius II 1966 Sp. 501

schen Szientismus bietet. In denselben bereits bekannten Bahnen bewegt sich nun auch der methodische Grundansatz für die politische Neuordnung. Er geht nach der Analogie zwischen Individuum und Gemeinschaft vor sich, ist also anthropokosmisch orientiert und richtet sich auch in seinen politischen Aussagen, wie wir noch deutlich sehen werden, allein nach der Bipolarität zwischen Individuum und Gemeinschaft: „Du bist alles in dir", ruft Comenius dem einzelnen zu – Omnia in te – „du bist etwas in der Gemeinschaft, deren Teil du bist", – aliquid in societate cuius pars es – und „du bist nichts vor Gott" – nihil coram Deo.[19]

Damit ist der Bezug vom einzelnen zum Absoluten geschlagen, die Reformation der Gemeinschaft beginnt beim Individuum. Bei sich ist der einzelne alles, vor Gott nichts, in der Gemeinschaft ist er ein Etwas. Und es wird ausdrücklich hervorgehoben, daß er ein Teil dieser Gemeinschaft sei, demnach also offenbar nur in dieser Gemeinschaft auch vor Gott Gewicht habe, weil er ja als einzelner, wie wir erfahren, ein Nichts wäre. So bleibt also die besondere Beziehung des einzelnen zur Gemeinschaft auch vor Gott doch ganz eigentümlich betont. Wir erfahren übrigens noch ausdrücklich denselben Anthropokosmos, den wir aus anderen utopischen Spekulationen bereits kennen: Wie jedes Wesen das Abbild des Universums sei, so möge auch jedes Glied der menschlichen Gesellschaft diese ganze Gesellschaft repräsentieren.[20] Die Funktionen dieser Gesellschaft sind demnach dieselben, die ein jedes Lebewesen kennzeichnen. Als solche trägt Comenius, natürlich noch in Unkenntnis der funktionalen Definition der modernen Biologie, die Eigenschaften des Ernährens, Lebens, Fühlens, Bewegens, des sich Äußerns, Verteidigens und Fortzeugens zusammen und ordnet ihnen jeweils gesellschaftliche Aufgabenbereiche zu, wie die Handarbeit, die ärztliche Tätigkeit, die Philosophie, den Handel, politische Rede und Gericht, Verwaltung und Theologie. Damit, so gibt er an, entsprächen die naturales facultates animales den rechten Lebensordnungen.

IV.

Damit sind alle Grundzüge des utopischen Denkens vor uns ausgebreitet: die absolut erkennbare Welt, der unbedingt gute, nämlich perfektible Mensch, der Weltbau nach menschlichem Gleichnis und damit letztlich nach dem Bilde Gottes oder der Natur, und die in allen ihren einzelnen Gliedern und Lebensäußerungen zusammenhängende

[19] Comenius II 1966 Sp. 571 [20] Comenius II 1966 Sp. 571

Gesellschaft. Wir erkennen die Weltspekulation des objektiven Idealismus, die bislang das utopische Denken schon immer begleitete, und sehen den absolut gesetzten Szientismus seines politischen Konzepts. Erinnern wir uns hier wieder des schon etwas abgelebten Chiliasmus in der Lehre von den sieben Weltzeitaltern, die ich eingangs aus der Hauptschrift des Comenius zitiert hatte. Weicht er mit solchen Gedanken nicht weit ab vom Niveau und von der Methode seiner sonst so ausgefeilten rationalistischen Weltbetrachtung? Setzt er nicht einigermaßen naiv zu irgendeinem Zeitpunkt seiner Aufzeichnungen das Weltende gerade auf das gegenwärtige Jahr, gerade auf 1655 fest, und stützt sich dabei mit der alten Zahlengläubigkeit auf die „genauere“ Kalkulation, wie er sagt, eines „unbekannten Chronologen“?[21]

Tatsächlich hat Comenius in strengerer Weise als etwa Thomas Morus über den Weltverlauf nachgedacht. Zwar räumte er dabei der menschlichen Aktivität eine so unerhört große Rolle ein, und doch scheint es bei einer solchen Stelle, als nähme er, nicht recht konsequent, für die Wendung zum Endzustand und die Entwicklung des siebenten Zeitalters objektive kosmisch-theistische Kräfte zu Hilfe. So hatte auch Johannes Hergott das dritte Zeitalter des Heiligen Geistes nicht lösen können von einer objektiven Wendung zur Apokalypse, wie nun, wenn auch in weit ruhigerer Spekulation als der einfache Buchdrucker, Comenius Zuflucht nimmt zu außermenschlichen Ereignissen, si quaeretur de tempore.[22]

Comenius teilt diese Inkonsequenz mit keinen Geringeren als mit Joachim von Fiore und Karl Marx. Auch diese beiden großen Geschichtsideologen haben, jeder auf anderen Grundlagen, ein neues Zeitalter der Erlösung von allen Übeln aus historischer Logik deduziert und dennoch alle Kräfte ihrer Zeitgenossen wachgerufen, um es herbeizuführen. Da ist dann von einem „neuen Adam“ die Rede, qui reperandis rebus missus est – der gesandt ist, um die Dinge wieder herzustellen – der die restitutio rerum in mundo corruptarum solemniter instituet – der also die Re-stitutio, die Wiederherstellung aller Dinge, feierlich in-stituieren wird.[23] Mit diesem chiliastischen Kunstgriff hatte Comenius natürlich nicht nur eine terminologische Schwierigkeit gelöst; er gab damit zugleich Antwort auf die Frage nach den Machtverhältnissen in einer letzten äußersten Konsequenz, und er konkurrierte seinen eigenen Vorstellungen von der Entwicklung des Menschengeschlechts durch Erziehung.

[21] Comenius II 1966 Sp. 663 [22] Comenius II 1966 Sp. 662
[23] Comenius II 1966 Sp. 663

V.

Zur Realisierung dieses Konzepts hat Comenius denselben Weg eingeschlagen, wie Cusanus zweihundert Jahre vor ihm. Es ist die alte via discussionis, welche zur Zeit der großen Konzilien von Konstanz und Basel unter breitester Beteiligung der gelehrten Welt der Christenheit ihre großen Hoffnungen lieh und welche Comenius nun unter ausdrücklicher Beziehung auf diese im 17. Jahrhundert eigentlich schon zeitfernen Veranstaltungen für das geeignete Mittel hält, um die ganze Welt zur umfassenden Reformation in allen ihren Lebensbereichen zu führen.[24] Haben ihn die großen Friedenskonferenzen von Münster und Osnabrück angeregt? Jedenfalls sind es keine kirchlichen Konzilien mehr, sondern Kongresse der Intellektuellen. Es sind Zusammenkünfte von Philosophen, Politikern und Theologen, comitia orbis, nach den drei Fachbereichen bezeichnet als Collegium lucis für die Philosophen, Dicasterium pacis für die Politiker und Consistorium sanctitatis für den theologischen Bereich. Venedig ist dazu als Weltkonferenzort vorgeschlagen, weil es die beste Lage zwischen Orient und Okzident einnähme, und wiewohl Comenius bei seinen Weltprojekten bereits alle vier damals bekannten Erdteile berücksichtigt, so ist dieser Sitz der Welthauptstadt doch ein Hinweis auf sein eurozentrisches Denken.

So hat denn auch die Christenheit einstweilen noch eine besondere Rolle, weil sie, falls die heidnische Welt sich nicht beteiligt, die comitia orbis zunächst allein beginnen soll. Auch hat Comenius noch biblisch-apokalyptische Vorstellungen von der Reihenfolge der Reform, nicht nur, weil er hier unmittelbar in diesem Zusammenhang die apokalyptische Weltzeitalterlehre ins Gespräch bringt, sondern auch, weil er etwa annimmt, die Juden als das ursprünglich auserwählte und dann verworfene Volk würden erst als letzte der neuen Ordnung zugeführt.[25] Im übrigen hat er solcherart dann auch den Weltstaat organisiert, wonach jeweils ein Dreierkollegium für einen jeden Erdteil, und zwar ein Philosoph, ein Politiker, ein Theologe, die Leitung zu übernehmen hätte und London dabei als europäische Hauptstadt fungierte. Alle zehn Jahre sollte ein Weltkongreß stattfinden. Politik wird in diesem lückenlos geordneten Weltgefüge folgerecht nur mehr mit Jurisprudenz gleichgesetzt. Damit begegnen wir der typisch utopischen Pazifizierung und Stabilisierung aller politischen Kräfteverhältnisse, unter denen es nun nur mehr notwendig ist, Gericht zu halten, Recht zu weisen, auch

[24] Comenius II 1966 Sp. 658 [25] Comenius II 1966 Sp. 684

das in utopischer Totalisierung, weil sich ja doch die Machtverhältnisse nicht mehr in steter Dynamik auseinanderfalten.[26] Der Utopist Comenius ist intolerant wie der Utopist Morus: Die heidnische Philosophie, die scholastische Theologie und die antiken Gesetze sollen zerstört, vernichtet, indiziert werden. Die Beschlüsse der Gremien werden einstimmig gefaßt – in utopischem Vernunftoptimismus.[27]

Comenius verficht trotz des christlichen Gewandes seiner Äußerungen doch eine Vernunftreligion auf der ethischen Grundlage des rational aufgefaßten stoischen Moralbegriffs, wie sie in allen großen Weltreligionen vertreten werden. Trotz des christlichen Vorzeichens gibt es also keine sachliche Schwierigkeit zur Vereinigung mit dem hochkultivierten Heidentum.[28] Im Endzustand des siebenten Zeitalters steht nach einer eigentlich joachitischen Auffassung auch für ihn schließlich die unmittelbare Erleuchtung eines jeden Menschen fest.[29] Comenius hat eine Reihe wenn auch fragmentarischer Voraussetzungen für diese Entwicklung ins Auge gefaßt. Da ist zunächst die intellektuelle Führungsstellung auch gegenüber den konservativen politischen Machtverhältnissen. Ein jeder Machthaber sollte nämlich vier Fachleute als Berater haben, Juristen, Philosophen, Mediziner und Theologen.[30] Öffentliche Gerichte sollten wöchentlich tagen; öffentliche Bauten sollten zahlreich errichtet werden, wie Kirchen, Waisenhäuser, Altersheime, Schulen mit Lehrerbildung, Zuchthäuser und auch, zur Rationalisierung des Daseins, Uhrenhäuser und Türme für die allgemeine Zeitangabe. Den jungen Leuten werden Wanderjahre zu ihrer Bildung vorgeschrieben. Müßige, Diebe, Streitsüchtige sollten nicht geduldet werden – in solchen Einzelheiten zeigt sich das Diktatorische des neuen Weges. Die Getreideproduktion soll beaufsichtigt und die Fischnetze müßten kontrolliert werden, um die Jungfische zu schonen. Kein Brachland darf es mehr geben, keine Gewalt über andere Menschen.

In jedem Staatswesen soll ein paradisum deliciarum der Anschauung aller Tiere, aller Pflanzen und aller menschlichen Erzeugnisse dienen, offensichtlich, um zum unmittelbaren Weltverhalten zu erziehen und als Symbol, wie ausdrücklich bemerkt wird, daß der neue Adam uns das Paradies eröffnen wird.[31] Man soll das Leben wieder in der alten Einfachheit führen, auf sozialen Ausgleich in der Nahrung achten und deswegen allgemeine Essenszeiten mit höchstens vier Gängen

[26] Comenius II 1966 Sp. 671
[27] Comenius II 1966 Sp. 672
[28] Comenius II 1966 Sp. 666f.
[29] Comenius II 1966 Sp. 682
[30] Comenius II 1966 Sp. 643
[31] Comenius II 1966 Sp. 650

halten; unter öffentlicher Aufsicht arbeiten, sich kleiden, auf alle Titel verzichten. Patriarchalisch soll der Vater seine Familie, sollen Zensoren die größeren Gemeinschaften überwachen. Das Zölibat sollte man möglichst verbieten und nach Kräften für gleichaltrige Ehepartner sorgen. Alle Erziehung soll unter Aufsicht gestellt werden, um gleiche Chancen für alle Menschen zu sichern, die reichen wie die armen.[32]

Jede Woche müßten Zeitungen erscheinen, um Gemeinschaft zu bilden, denn darin sollten Nachrichten veröffentlicht werden, die Mitleid und Freude erregten,[33] und übrigens sollten sie der Völkerverständigung dienen. Zu diesem Zweck gibt es einen Journalismus, der monatlich Reiseberichte liefert, öffentlich besoldet wird und Tagebücher führt.[34] Die Gesellschaft fordert von allen Rechenschaft und wacht über alle öffentlichen Ämter, ersetzt untaugliche Beamte, „damit jene regiert zu werden lernen, die nicht zu regieren wissen".[35] Die Übertretung ihrer Regeln ahndet sie streng. Es gibt die Todesstrafe für Mörder, wie überhaupt eine strenge Vergeltungsgerichtsbarkeit nach dem bekannten Satz der Genesis.

VI.

Auf dem Raster der allgemein utopischen Positionen wird dieses sporadische und gelegentlich wie spontan geäußerte Bündel von Neuerungen in seinem utopischen Gefüge deutlich. Gegenüber den herkömmlichen Staatsformen bringt es durchaus Revolutionäres. Da ist zunächst einmal auffällig, daß überhaupt nur ab und zu von den zeitgenössischen Staatsgebilden die Rede ist, wobei uns Comenius außerdem nicht im Zweifel läßt, daß die Republik seine Sympathie besitzt, und zwar die helvetische, die niederländische, allenfalls auch die englische, deren Revolution er gerade erlebt. Sie tragen nämlich die Züge des reformierten Neuansatzes. Das hatte schon Patočka beobachtet.[36] Man kann davon ausgehen, daß er jede Reform beim Individuum beginnen lassen wollte, beim Individuum aber in seiner Bindung an die Gemeinschaft. So definiert er die einzelnen Lebenskreise, in denen eine solche Reformation vor sich gehen sollte: das Ich, die Familie, die Schulen, die Kirchen, die politischen Gemeinschaften, hier als politie bezeichnet, und gelegentlich auch noch die wirtschaftlichen Gemeinschaften.[37]

[32] Comenius II 1966 Sp. 654
[33] Comenius II 1966 Sp. 654
[34] Comenius II 1966 Sp. 655
[35] Comenius II 1966 Sp. 656
[36] Comenius II 1966 Sp. 700
[37] Comenius II 1966 Sp. 572

Bezeichnend ist dabei zunächst wiederum die funktionale Position des einzelnen, seine Bindung an irgendeine gesellschaftliche Gruppierung, hier nun einmal abgestuft in einer bemerkenswerten Vielschichtigkeit, in welcher die politischen Gemeinschaften nur einen Rang einnehmen neben anderen Gruppenbildungen, und Schule und Wirtschaft als Kooperationsgruppen in besonderer Weise hervorgehoben worden sind. Zweitens ist in diesem Zusammenhang aber auch jeder einzelne erfaßt, auch derjenige, der bislang dem Arbeitsprozeß fernstand und ihm nun eingegliedert werden soll unter allgemeinem Arbeitszwang, damit ein jeder communi societati serviendo sei.[38] Geradeso beanspruchte Comenius aber mit sicherem Blick die notwendige Eingliederung der politischen Unterschichten, die ja unter seinen Zeitgenossen noch weithin ohne politische Mitsprache lebten, und wollte auch sie in die Weltreform einbeziehen, „damit jeder Mensch ein Teil der Gesellschaft sei, auch die Diener und Leibeigenen". Er bevorzugt augenscheinlich für den Staat den Ausdruck res publica, doch läßt er ab und zu auch noch einmal den Begriff des Königtums und des Reiches mit einfließen. „Nicht, daß es keine Fürsten und Könige mehr geben möge", bemerkt er gelegentlich, „aber sie sollten nur keine Bestien mehr sein, die die anderen zerreißen und verschlingen ... sondern beieinander wohnen wie gezähmte Löwen in der geordneten Herde Christi."[39] Nichtsdestoweniger wirken seine Ordnungsvorstellungen doch umstürzend für die bestehenden Verhältnisse.

Andernorts faßt er namentlich diejenigen Gemeinschaften ins Auge, welche die neue Weltordnung tragen sollen. Die Reihe beginnt beim Ich und reicht über die Familie bis zur Wirtschaft; Schulen, Kirchen und ein nebuloses „politie" stehen dazwischen, aber eine besondere Position der Staatsform seiner Zeit, nämlich der Monarchien, fehlt dabei. In die Ordnung der politie treten statt dessen außer regna vel res publicae auch gentes oder nationes,[40] also die Sprach- und Abstammungsgemeinschaften, die sich schließlich in der Organisationsform von Dreierkollegien für eine jede Nation an der geplanten Weltregierung beteiligen. Comenius verfolgt also immer wieder nur gesellschaftliche Gesichtspunkte im weitesten, jedenfalls staatsfernen Sinn, nicht aber die eigentlichen Anliegen des politischen Regiments seiner Zeit. Das alles zeigt doch den deutlichen Gegensatz zum absoluten Fürstentum, dessen Formierung Comenius gerade in jenen Jahrzehnten nach dem großen Krieg in Mitteleuropa erlebte.

[38] Comenius II 1966 Sp. 639
[39] Comenius II 1966 Sp. 684
[40] Comenius II 1966 Sp. 672

Der Schwerpunkt seiner Organisationsvorstellungen ist zweifellos von städtischen Einrichtungen angeregt. Hier überlegt er sich einige besondere Neugestaltungen, Bezirksversammlungen, Tribunen und Konsuln, und dementsprechend ist auch das Abhängigkeitsverhältnis der Landstädte zur Hauptstadt, das er ins Auge faßt. „Bürgerlich" aber würde ich das Organisationsbild des Comenius deswegen noch nicht nennen, denn nicht Bürger, sondern Intellektuelle sind überall in seinem gesellschaftspolitischen Aufriß in führenden Positionen, seien es die Journalisten, deren Tätigkeit er eine große und durchaus antizipierte Bedeutung zuerkennt, seien es die Fachberater oder die Delegierten beim Aufbau seines Weltregiments. Intellektuell ist in jedem Fall außerdem noch das gesamte gesellschaftliche System in seiner Auffassung vom Schul- und Bildungswesen und von der Erziehung des Menschengeschlechts über einen langen Geschichtsverlauf hin. Nur über die Schule, über Bildung und Einsicht kann die Welt gerettet werden.
Eine spezifisch intellektualisierte Sicht der Zusammenhänge schließlich drückt sich auch noch aus in seinem Projekt vom Zusammenschluß aller Nationen als den Gliederungskörpern der künftigen Welteinheit. Allein schon nationes oder gentes gegenüber den bestehenden politischen Körperschaften als Element erkannt zu haben, bedeutet bereits eine bemerkenswerte Abstraktion, zeugt von konstruktivem Auffassungsvermögen gegenüber der scheinbaren Allmacht von Adelsherrschaft und dynastischem Prinzip in den zeitgenössischen Erscheinungen. Besonders die Sprache ist es dann aber, von der Comenius am Ende die eigentliche Triebkraft zur Bildung einer Welteinheit erwartet. Die Weltorganisation soll nämlich verfügen, daß die Bibel als Grundlehrbuch für die künftige Weltsprache zunächst am griechischen Text philologisch gereinigt, dann in eine neue lateinische Version gebracht wird, und diese grundlegende neue lateinische Ausgabe der Heiligen Schriften möge zum Ausgang von ganz verbalen Parallelübersetzungen in den einzelnen Volkssprachen genommen werden. Durch diese Editionsarbeit, deren Bedeutung vor dem Hintergrund der Sprachontologie des Comenius gewürdigt und verstanden werden muß, entsteht dann die neue Weltsprache. Sie führt die Menschheit wieder zurück zu jenem Ursprung des Irrwegs, den sie mit dem Turmbau zu Babel eingeschlagen hatte. Damals wurde die Menschengemeinschaft, in ein Titanenwerk verrannt, zerstört, ihre Sprache verwirrt, ihre Ordnung ins Chaos gestürzt. Umgekehrt soll nun die neue Weltsprache, aus dem alltäglichen Umgang mit den Parallelen der biblischen Texte entwickelt,

auch das paradiesische Gemeinschaftsgefühl des siebenten Weltzeitalters wieder eröffnen.

Die neue Sprache muß entstehen, Comenius vertraut fest darauf, denn auch die objektiven Gegebenheiten des Weltenlaufes führen zu ihr hin: Nascentis mundi una fuit, ergo et senescentis;[41] sie war am Anfang der Welt, also gehört sie auch zum Weltende. Noch einmal erleben wir an diesem Grundpfeiler seiner Zukunftshoffnungen die Logik des Chiliasmus. Aber das Ergebnis dieses Analogieschlusses zeigt doch auch wieder den zeitnahen Rationalisten Comenius: Als geistiges Organisationsprinzip wird diese neue Sprache auch eine neue Gemeinschaft schaffen, weil der Mensch über sein Sprachverhältnis auch politische Gemeinschaft bildet. Kaum ein anderer hat wohl im 17. Jahrhundert so profiliert mit der integrativen Fähigkeit der Sprache, mit Sprachenpolitik spekuliert, hat jene Kraft erkannt, die zweihundert Jahre später tatsächlich, wenn auch in anderer Konstellation, die dynastische Welt zu Nationalstaaten revoltierte. Comenius hatte statt dessen über die Weltsprache den Weltstaat vor Augen: Uni – versalismus!

[41] Comenius II 1966 Sp. 673

Utopie als Fürstenspiegel: Ophir

I.

1699 erschien in Leipzig eine „Curieuse Beschreibung des Königreiches Ophir, in welchem die völlige Kirchenverfassung, Einrichtung der hohen und niederen Schulen, des Königs Qualitäten..., Land- und Stadtobrigkeiten..., Gesetze und Ordnungen vorgestellt werden“.[1] Der Verfasser ist bis heute nicht bekannt. Auch die Schrift selber spielt in den Nachschlagewerken keine allzu große Rolle, denn sie wurde von der Germanistik allzu schlecht zensiert. „Vollends kläglich genug“ schreibt Rehm von ihr im Reallexikon der deutschen Literatur, und: „langweilig-pedantisch“.[2] Das ist eine ästhetische Wertung. Falsch ist jedenfalls die Feststellung, es handele sich hier um die erste deutsch geschriebene Utopie.

War es in diesem Buch zunächst nötig zu zeigen, daß das Utopische weiter zu definieren sei als es literarhistorischen Rahmenbegriffen entspricht, so muß man jetzt umgekehrt feststellen, daß der literarische Rahmen allein keine Utopie ausmacht. Denn eine Utopie als

[1] OSt 1699 [2] Rehm 1928 294

ein Entwurf einer Gegenwelt läßt sich in der curieusen Beschreibung des Königreiches Ophir nicht finden. Die erste Utopie in deutscher Sprache, wenn wir uns dabei auf den klassischen funktionalen Entwurf nach dem Beispiel des Thomas Morus beschränken, verfaßte Johannes Hergot 1526.

Nach dieser Erläuterung müßten wir uns mit dem Thema eigentlich nicht mehr befassen. Aber gerade um den Weg abzuschätzen, den die radikalen Gegenweltkonzepte mit ihren mehr oder minder ernsthaften Ambitionen zur Generalreform der menschlichen Gesellschaft im Laufe der Jahrhunderte zurücklegten, besonders, um an diesem Beispiel zu beobachten, was aus der deutschen Reformationsutopie im Laufe von zweihundert Jahren geworden ist, lohnt es den Blick in den Druck von 1699. Die Erzählung wählt, und daher das literarhistorische Mißverständnis, den Rahmen des utopischen Reiseberichts aus dem fernen Land. Sie wendet sich, aber eher nur metaphorisch, weit entfernt von der Radikalität dieses Programmpunkts bei Thomas Morus, gegen die „verblendete Gold- und Silberliebe der Gegenwart", um ihr das bisher noch unentdeckte Goldland der Bibel entgegenzuhalten. Von einem solchen Goldland Ophir ist nämlich im Alten Testament seit Salomons Zeiten die Rede.[3]

In unserem Fall ist das Goldland Ophir freilich nicht weit zu suchen. Es müßte, zur Überraschung des Lesers, zwischen Halle und Leipzig zu finden sein, denn der Bericht präsentiert uns ein gut lutherisches Musterfürstentum voller vernünftiger Reformen.

Die Geistlichkeit hat darin eine wichtige staatserhaltende Aufgabe. Sie lehrt das Christentum sola scriptura, verwaltet es aber mit aller Toleranz. Sie übt Bücherzensur, doch müssen sich ihr die Autoren nicht namentlich bekanntmachen. Bücher aus dem Ausland werden gegebenenfalls zur Prüfung an den Universitäten diskutiert. Das Kirchenregiment ist nicht episkopal, sondern einem Rat und seinen Vernunftentscheidungen überlassen. Die Sakramentenlehre in Ophir ist lutherisch. Auch das Berufungsverfahren der Pfarrgeistlichkeit ist „wie bei uns in Europa".[4] Die Seelsorgepflicht erstreckt sich nicht nur auf Predigten und Gottesdienste, sondern auch eine Volkskatechese ist hier vorgesehen, nicht nur mit Hausbesuchen, sondern auch mit häuslichen Religionsprüfungen. In diesem Rahmen ist auch die Beichtpflicht beibehalten. Man kann sogar, damit er nach dem Rechten sehe, einen sündhaften Nachbarn beim Beichtvater denunzieren, nur darf dieser eine solche Mitteilung nicht politisch mißbrauchen. Auch werden falsche Denunzianten gerügt. Wir sehen hier, wie die

[3] 1. Buch der Könige 9,28 u. a.

[4] OSt 1699 46

utopische Soziabilität mit der kirchlichen Wirklichkeit am Ende des 17. Jahrhunderts übereingebracht worden ist, mit ihrer moralischen Funktion und ihrer tatsächlich ganz bedeutenden Rolle in der Volksbildung unter konfessionellen Vorzeichen.[5]

Dem Bildungswesen widmet unser Verfasser aber auch sonst sehr breite Aufmerksamkeit. Er hat dabei im Aufbau seiner Schrift Kirche und Schule zusammengefaßt, mindestens wegen gewisser Funktionsgleichheiten, auch weil er beide wenigstens im elementaren Bereich identifiziert. Ganz auffälliges Interesse hatte er aber am Hochschulwesen, das er offenbar für selbständig ansah und wo er sich anscheinend ganz besonders gut auskannte. Mir scheint demnach, der wichtigste Bezug des Buches läge überhaupt in der deutschen Universitätsgeschichte.

Im Goldland Ophir müssen die Studenten Skripten nach den Vorlesungen führen und alle Lektionen datieren – nicht nur zu ihrer Kontrolle, wie wir erfahren, sondern auch, damit die Professoren ihr Pensum regelrecht bewältigen. Für jede Fakultät hat unser Verfasser übrigens noch ein Reformprogramm bereit. Die philosophische Fakultät muß sich demnach vor allem vor der Irreligiosität in acht nehmen. Ein Professor oeconomices in ihrem Verband lehrt nicht nur im alten Wortsinn Haushaltung für Studenten und Gelehrte, er nimmt sich zugleich der ökonomischen Selbstverwaltung der Hohen Schule an. Ein Professor für politische Wissenschaft lehrt „architektonice" die Regierungsformen und die einer jeden menschlichen Entwicklungsstufe angemessenen Gesetze. Er muß auch lehren, wie man eine schlechte Respublica „ohnvermerkt und ohne Aufstand der Untertanen" verändern könne.[6]

II.

Ein zweites Buch berichtet „von des Regiments Wesen". Es beginnt zunächst mit einem Fürstenspiegel, aber nicht im Sinn des mittelalterlichen Tugendkatalogs für den Idealherrscher, sondern mit der Aufzählung aller der negativen Eigenschaften, die dem rechten König fern liegen. Wir erinnern uns an die „negative Anthropologie" im utopischen Menschenbild. Wir erfahren sie auch von der Königin und vom Hofstaat. Im übrigen werden bei dieser Gelegenheit und bei der Prinzenerziehung moralischere Formen angeregt.

Die Gesetze des Landes sind, wie in der klassischen Vorlage des Thomas Morus, in alten Zeiten von einem großen Gesetzgeber fest-

[5] Zeeden 1965 [6] OSt 1699 95

gelegt worden, von einem König, der den Namen chassidischer Rechtsgelehrter trägt: Zadik – der Gerechte. Auch hier kann aber unsere Erzählung die Konstruktionsebene ihres literarischen Rahmens nicht halten und führt fort zur allgemeinen Nutzanwendung, weil man nämlich Gesetze überhaupt „nach Beschaffenheit des Staats und der Einwohnergemüther ausrichten müsse".[7] Das Staatswesen ist im übrigen ein Wahlkönigtum, berücksichtigt dabei aber den Erbprinzen. Es hat sechs Ressortminister, die als reisende Inspekteure nach dem Rechten sehen. Ausführlich wird eine Reform der Strafprozeßordnung diskutiert mit Abschaffung der Folter zugunsten von Zeugenbeweis und Geständnis, wobei sich der Verfasser wieder als Sachkenner ausweist. Im übrigen ist er bemüht, eine möglichst einheitliche Schicht von Staatsbürgern unter der Monarchie auszubilden, den Adel nicht aufzuheben, aber in den Fürstendienst einzugliedern und die bürgerliche Besitzordnung ganz ohne Diskussion zu belassen. Nur wer „ehrlichen Wandel und ehrliche Nahrung besitzt", hat das Bürgerrecht.[8]

Einer der wenigen Historiker utopischer Literatur, die sich überhaupt mit der Schrift befaßten, hat sehr enge Anlehnung des Textes an die „vernünftigen Staatsratschläge" des Professors Christian Wolff beobachtet und ihm deshalb die mögliche anonyme Abfassung des Buches zugemutet.[9] Professoral erschien es ihm auch, weil der Verfasser, als einziger in der langen Reihe der Utopisten, sein Werk mit einem pedantischen Register versehen hat. Wolff wäre damals freilich erst zwanzig Jahre alt gewesen; seine „vernünfftigen Gedanken" schrieb er als Vierzigjähriger. Immerhin möchte ich diese Beobachtung anmerken, sei es auch nur für einen neuen Beleg zu dem bekannten Eklektizismus des Hallenser Rationalisten.

Rehm sprach von einem „Dokument einer kleinbürgerlich gedrückten Zeit"[10]. Das ist wohl kaum die rechte Definition für den Stand der Dinge. Nicht kleinbürgerlich, sondern staatsbürgerlich im Sinne des Absolutismus scheint mir der Entwurf vom ophirischen Staat. Nach dem großen reformatorischen Aufbruch des 16. Jahrhunderts hatte sich die deutsche Intellektualität nun mit dem Fürstentum bis zu einem solchen Grade ausgesöhnt, daß sich eine Zeitlang nicht einmal mehr utopistische Außenseiter zu Wort meldeten. Das war keine Niederlage, sondern ein Kompromiß: Auch die Fürsten anerkannten mehr oder minder bewußt die Vernunft als Regierungsmaxime, und deshalb gab es einen gemeinsamen Diskussionsstoff für die Reform an

[7] OSt 1699 266
[8] OSt 1699 297
[9] Kirchenheim 1892 162–175
[10] Rehm 1928 294

Stelle der Revolution. „Die Zeit der Aufklärung war natürlich der Utopie nicht günstig, wohl aber dem Staatsroman."[11] Dieses Zitat aus dem Sachwörterbuch der Deutschkunde kennzeichnet allerdings nur und gerade die deutschen Verhältnisse. Nun zeigt sich, um wieder zu einem Motiv aus der Einleitung dieses Buches zurückzukehren, die vielberufene deutsche Unfruchtbarkeit auf dem Feld der utopischen Schriften, während die Franzosen mit Fénelon und Vairasse, mit Morelly besonders und mit einer Vielzahl unberühmterer Autoren hervortraten, Anzeichen radikaler Gesellschaftskritik, Vorläufer der Großen Revolution.

[11] Hofstaetter und Peters 1930 1195

5 Sozialgeschichte der Utopie

Utopie und Intellektuelle

I.

„Eine Utopie", so beginnt eine der gängigen Definitionen unseres Themas bei Thomas Nipperdey, „ist ein theoretisch-literarischer Entwurf ..."[1] Von Nipperdeys gediegenen Erkenntnissen über die Eigenheiten der Utopie war bisher schon einige Male die Rede. Ehe ich aber seiner Definition weiter folge, muß eine Frage geklärt werden: Ist eine Utopie wirklich immer ein literarischer Entwurf?

Nipperdey, während er unsere Kenntnis von einer klassischen literarischen Utopie recht dankenswert bereicherte, sah in diesem Moment nicht über die Grenzen der wissenschaftlichen Tradition: Im literarischen Bereich unter dem Oberbegriff der Staatsromane vor mehr als einem Jahrhundert zuerst durch den Nationalökonomen Robert Mohl für die deutsche Wissenschaft erschlossen,[2] wurde die literarische Kennzeichnung der Utopie zum Handbuchbestand[3] und gilt noch heute.[4] Tatsächlich haben sich dabei auch die Literaturwissenschaften generationenlang große Verdienste um das Thema erworben, während es die Historiker so hartnäckig vernachlässigten, daß man sogar in dem grundlegenden Werk von Friedrich Meinecke über „Die Idee der Staatsräson" nach einer Auseinandersetzung mit der Utopie vergeblich sucht. Morus steht dort nicht einmal im Register.[5] Weil aber das utopische Denken meist gleichgesetzt wird mit dem utopischen Dichten,[6] tradiert man auch gerne ein Mißverständnis über die geographische Verbreitung der Utopie: Nur den antiken Griechen, den Angelsachsen, den Franzosen und Italienern sagt man sie nach.[7]

Demgegenüber erscheint es mir nötig, die Utopie nicht aus ihrer literarischen Gestalt, sondern aus ihrer gedanklichen Absicht zu begreifen. Dazu allerdings kann ich billigerweise wieder zu dem Zitat

[1] Nipperdey 1962 359
[2] Mohl 1842
[3] Merker-Stammler 1928/29 u. a.
[4] Brunner 1967 68 u. a.
[5] 4. Auflage 1965
[6] Freund 1967 116
[7] Etwa Heer 1964 537

von Thomas Nipperdey zurückkehren. Danach also ist eine Utopie der „Entwurf einer möglichen Welt, der bewußt die Grenzen und Möglichkeiten einer jeweiligen Wirklichkeit übersteigt und eine substantiell andere Welt anzielt, eine Welt, die sich durch ein hohes Maß an Vollendung auszeichnet".[8]

Schon Karl Mannheim hatte 1929 mit ähnlichen Aussagen den Begriff des Utopischen auch jenseits des Literarischen gesucht: „Utopisch ist ein Bewußtsein, das sich mit dem es umgebenden ‚Sein' nicht in Deckung befindet ..."[9] „Die Beschränkung des Utopischen auf jene Art wirklichkeitstranszendenter Orientierung, die zugleich eine bestehende Ordnung auch sprengt, unterscheidet das utopische vom ideologischen Bewußtsein."[10] Der „seins-inadäquaten" Utopie schrieb Mannheim dabei „Wunschbilder" mit umwälzender Funktion zu, die dennoch in fester, in definabler Beziehung zur gesellschaftlichen Wirklichkeit ihrer Zeit entstanden seien, aber eben in einem „dialektischen Verhältnis zwischen Sein und Utopie".[11]

Diese eigenartige Beziehung zwischen Utopie und Wirklichkeit verspricht besondere, bisher kaum genützte Aufschlüsse für die Geschichte des gesellschaftlichen Selbstbewußtseins. Man verschüttet sie, wenn man hinter utopischen Konzepten nicht mehr vermutet, als „ein Spiel des Intellekts" und „jedenfalls nicht Antizipation", wie das erst 1965 ein Politologe formulierte.[12] Nipperdey sah die Zusammenhänge besser, als er konstatierte, daß nicht nur der utopische Entwurf, sondern auch das Entwerfen ein aufschlußreiches Objekt für unsere Beobachtungen bilden könne.[13] So korrespondiert die Planung doch mit der Realität. Auch wenn die Utopie nach Kolakowski „in der reinen Sphäre des Geistes entsteht und nicht aus der gegenwärtigen geschichtlichen Erfahrung", auch wenn nach Landauer „jede Utopie aus der Reaktion gegen ihre historische Umwelt erwächst und aus der Erinnerung an sämtliche bekannten Utopien": Sie ist dennoch, wie Kolakowski treffend formuliert, ein „Werkzeug zur Einwirkung der Wirklichkeit und zur Vorausplanung gesellschaftlichen Handelns".[14]

Unter diesen Umständen gibt es seit Jahrhunderten eine latente Bereitschaft zur Utopie in der politischen Ideengeschichte Europas. Das hat Gustav Landauer schon 1907 im Bild erfaßt: „Utopien sind immer nur scheintot, und bei einer Erschütterung ihres Sarges ... leben sie, wie weiland der Kandidat Jobs, wieder auf."[15]

[8] Nipperdey 1962 359 [9] Mannheim 1965 169 [10] Mannheim 1965 174
[11] Mannheim 1965 174 [12] Salomon-Delatour 1965 139 [13] Nipperdey 1962 359
[14] Kolakowski 1965 145f.
[15] Landauer 1907 15. Diesen Hinweis verdanke ich Herrn Dr. Michael Neumüller.

In dieser Wechselbeziehung zur Wirklichkeit ist die Utopie geradewegs ein Schulbeispiel für die Entfaltung des methodischen Selbststudiums der Gesellschaft. Sie hat nämlich nach Nipperdey in ihrem Plansystem die „universale Interdependenz" aller Lebensbezüge und damit den „soziologischen Begriff der politischen Welt . . . in gewisser Weise entdeckt".[16] Sie trägt zudem auch, in ihrer Verhaftung an eine bestimmte Weltauffassung, der „utopischen Anlage des Menschen" Rechnung,[17] dem antropologischen „Prinzip Hoffnung".[18]
Selbstverständlich hat man einen solchen Unterschied zwischen der allgemeinen utopischen Sehnsucht nach einer neuen, besseren Welt und zwischen dem konkreten rationalen Kalkül, diese Welt auch zu gestalten, seit langem beobachtet. Alfred Doren suchte ihn 1927 in seiner an sich auch heute noch nützlichen Unterscheidung zwischen „Wunschzeiten" und „Wunschräumen" chronologisch zu definieren: Die Wunschzeit, ohne nähere Frage nach dem Wie, erkannte er als Kennzeichen des mittelalterlichen chiliastischen Futurismus. Der Wunschraum aber, hell und klar gestaltet, im Sinn einer säkularisierten Paradieseshoffnung, schien ihm ein Kennzeichen der neueren, der „klassischen" utopischen Projekte.[19]
Der Fehler einer solchen chronologischen Definition steckt in dem Rigorismus, mit dem man ehedem Epochenschwellen setzte. Wir sind heute vorsichtiger mit der Vorstellung vom „Wesen" der mittelalterlichen Epoche als der historiographische Spätidealismus[20] und halten mehr von langfristigen Entwicklungen, seien sie nun dialektisch nachvollziehbar oder simultan. Doren sah zu seiner Zeit in der begriffsbildenden „Utopia" des Thomas Morus den ersten neueren utopischen Entwurf „seit der Spätantike" und hielt ihn für ein Ergebnis der „veränderten Einstellung eines typischen Renaissancemenschen und Humanisten zur Welt".[21] Wir sind heute nicht mehr bereit, den Begriffskomplex vom Renaissancemenschen auch nur definitorisch anzuerkennen – geschweige denn als wirkende Ursache. Nicht der geheimnisvoll wirkende und alles wandelnde Geist einer neuen Epoche, sondern bestimmte faßbare gesellschaftliche Gruppierungen lassen sich auch hier als die historischen Täter ausfindig machen. „Weil klassische Utopiebücher so gut wie experimentelle Gesellschaften . . . beinahe stets das Werk von Intellektuellen sind, können wir berechtigterweise hier die Intentionen und Ideen von Intellektuellen ins Auge fassen." So sah 1967 in seiner nüchternen Treffsicherheit der

[16] Nipperdey 1966 349
[17] Tillich 1951 65
[18] Bloch 1953 und 1955
[19] Doren VBW 1927
[20] Schmalenbach 1926
[21] Doren VBW 1927 183

amerikanische Revolutionssoziologe Crane Brinton die Zusammenhänge.[22]
Auch in diesem Rahmen muß man sich freilich noch einmal mit der Vorstellung auseinandersetzen, Utopien seien bloß Literatur und Utopisten nun eben nichts anderes als Literaten. Dieses Urteil suchte vor wenigen Jahren eine literarsoziologische Dissertation erst wieder von neuem zu beleben.[23] Allem gründlichen Bemühen dieser geistreichen Arbeit steht die rigorose Einseitigkeit ihres Urteils entgegen. Aufgebaut auf acht deutsche Romane der Zwischenkriegszeit, läßt sich das Phänomen der Utopie nun wohl nicht gut in seiner jahrhundertelangen Auswirkung deuten. So leidet die Zusammenfassung dieser Untersuchung im Wortlaut gerade an jenem unterdrückten Sowohl-als-Auch, das sie theoretisch negiert: „Auch die ‚Utopisten' ... gehören nicht zu den bewegten Massen, die ein ‚utopisches Bewußtsein' vorantreibt. Sie gehören nicht zu den politischen Intellektuellen, die sich an ein vages Zukunftsbild, an einen Mythos verkaufen. Sie gehören schon längst nicht zu den weltfremden Schwärmern. Sie sind ‚ganz gewöhnliche' Schriftsteller ..., die in ihren ‚Mußestunden' mit den Elementen ihrer sozialen Wirklichkeit spielen ....“[24]
Das erscheint für den oder jenen der dabei untersuchten Autoren, etwa für Gerhard Hauptmann, aus dem Stegreif unwahrscheinlich; das leidet aber vornehmlich an der Einengung des Utopischen auf den literarischen Bereich, wie der nächste Satz offenbart, weil er die definitorische Fiktion überschreiten muß, um zu den Kategorien des historischen Erfolges zu flüchten. Zwar mögen, heißt es da nämlich, solche Utopisten doch auch „einen gerichteten Willen haben und diese Möglichkeit in die Tat umsetzen wollen; sie werden scheitern, wenn sie sich an utopischen Denkmodellen orientieren.“[25] Nun war aber nicht das Scheitern zu beurteilen, sondern die Möglichkeit des utopischen Entwurfs, in allen seinen Varianten, von der bloßen Behauptung der Konstruktibilität des gesellschaftlichen Lebens bis eben hin zum konkreten politischen Programm. Eine solche Abhängigkeit läßt sich nur begreiflich machen, wenn man die Geschichte der Utopie mit der Geschichte der Intellektuellen in unserem Kulturbereich in Verbindung bringt.

II.

Tatsächlich ist die Geschichte der europäischen Intellektualität ein brauchbarer Reiseführer ins Land Utopien. Denn jene Menschen-

[22] Brinton 1966 53
[23] Krysmanski 1963
[24] Krysmanski 1963 149
[25] Krysmanski 1963 149

gruppe, die nach Brinton hauptsächlich damit beschäftigt ist, Literatur zu schaffen oder sich daran zu erfreuen, die sich mit den Künsten, mit Geistes- und Naturwissenschaften, mit Lehren und Predigen befaßt,[26] stellte in dieser einstweilen noch vagen Definition ihres Personenkreises die Autoren, und, was für die summarische sozialkritische Aussage noch mehr zählt, sie stellte auch das Publikum, die Mitlesenden, Mitdenkenden, das unerläßliche Echo für den utopischen Entwurf. Es gibt eine Anzahl von sozialgeschichtlichen Voraussetzungen für die Entstehung eines solchen Personenkreises, die nicht allein nur unserem sogenannten Abendland eigen sind; „Intellektuelle" finden sich in anderen Kulturen geradeso – ausgerichtet nach rationalen, individuellen und sozialen Normen. Bei uns aber hat diese Personengruppe jahrhundertelang bis in unsere Gegenwart stets wachsende Bedeutung gefunden. Sie wurde politisch einflußreich auf vielen Wegen und geschichtsmächtig, wenn nicht der Träger, so doch der Nutznießer zumindest des vielberufenen europäischen Trends zur Rationalisierung und zur Demokratie. Seit dem späteren Mittelalter hatten sich diese Intellektuellen ihre besondere gedankliche Umwelt geschaffen, zunehmend eigenständig in den Kriterien ihrer gesellschaftlichen Organisation, zunehmend säkularisiert nach den entscheidenden Definitionsmerkmalen ihres Denkens. Gegenüber der christlichen Buchreligion jener Zeit, eigentlich ihrem sozialen und gedanklichen Mutterboden, erhoben sie bald den Anspruch, einen besonderen geistigen Horizont zu umschreiben, der als Ausmaß erarbeiteten Wissens und als Norm geistiger Fähigkeit nicht nur ein menschliches Leitbild, sondern auch eine Leistungsauslese ermöglichte, ohne doch dabei viel mehr Nutzen zu bieten als die Anerkennung Gleichgesinnter: Bildung.
Friedrich Heer oder besser bekannt Jacques Le Goff brachten in diesem Sinn die „Geburt des Intellektuellen", „die Geburt des modernen Individuums", mit dem 12. Jahrhundert in Verbindung.[27] Le Goff nannte die Entfaltung des Städtewesens in dieser Zeit als die große Voraussetzung für die Verbreitung der Intellektualität, die, als „Lehrer und Denker" das klerikale Schulwesen hervorbrachte, allmählch weiterentfaltete und aus dem unmittelbaren kirchlichen Einflußbereich langsam ausgliederte. Ein Vergleich mit dem karolingischen Bildungssystem nötigte ihn zu einer Abgrenzung dieser neuen Schulkultur auf städtischer Basis von der Klosterkultur der karolingischen Renaissance: durch das intellektuelle Selbstbewußtsein des 12. Jahrhunderts, durch den Begriff der „Modernität" jener Zeit, der sich

[26] Brinton 1966 53 [27] Le Goff 1965 10; Heer 1949 251

damals selbst in den Wendungen der Gegenwartskritik und sogar noch dann erhielt, wenn er sich unter äußeren Anstößen zum Gegenwartspessimismus wandelte.[28] Im allgemeinen begegnet er uns aber bei allem der Zeit noch immer anhaftenden Respekt vor den geistigen Leistungen der Antike als gegenwartsfroher Optimismus.

Es scheint nützlich, diesen Begriff von Intellektualität mit der Auffassung des amerikanischen Revolutionssoziologen Crane Brinton zu vergleichen.[29] Auch Brintons Intellektuelle sind in breitestem Sinn die Kritiker und Lehrer ihrer Gesellschaft als Schulmeister, Schriftsteller, Prediger oder Journalisten. Dabei hat er aber nicht das 12. Jahrhundert vor Augen, sondern das siebzehnte, achtzehnte und neunzehnte.

In dieselbe Richtung zielt auch eine Einführung in die Probleme des Intellektualismus von René König.[30] Der Wissensbereich und die Aufgabenstellung der Intellektuellen blieben unter diesen Umständen stets absolut, distanziert oder gar losgelöst vom besonderen Fachwissen, so wie sie sich von den klerikalen Bindungen des Hochmittelalters befreiten und dennoch mit dem hohen Anspruch des Bildungswissens die Überordnung ihrer Gedankenbereiche gegenüber dem Sachwissen beanspruchten, etwa in der bekannten Auseinandersetzung der Renaissance zwischen disciplina und ars,[31] oder im neueren Anspruch der Philosophie, ja selbst der Literatur, der uns zumindest noch in den Ohren klingt.

Die Distanz vom Sachwissen erregte aber auch Vorwürfe gegen die gesellschaftliche Rolle der Intellektualität von seiten derer, die sich als Fachleute nützlicher glauben. Schumpeter vermißte 1942 „das Fehlen von Kenntnissen aus erster Hand" unter den Intellektuellen, ähnlich wie vor ihm schon Georges Sorel und Frédéric Le Play. Andere Kritik richtet sich theoretisierend auf die mangelnde gesellschaftliche Bindung. Man spricht nicht nur von „freien Berufen" oder von der „freischwebenden", sondern auch von der „wurzellosen" Intelligenz, von ihrer „Bindungslosigkeit", „Beziehungslosigkeit", wenn nicht gar „Verantwortungslosigkeit". Die Auseinandersetzung mit solchen Schlagworten wurde in der neueren europäischen Geschichte jahrhundertelang geführt, von England bis ins Zarenreich. Man konstatiert „Wirtschaftsenthobenheit" aber auch in positivem Sinne bis zum Bezug zum „Charismatismus" der Gesellschaftsfunktionen nach Max Weber; man beklagt gelegentlich „ausschweifende Denksysteme" und „typisches Rechtfertigungsdenken" ebenso wie „grundsätzlich

[28] Seibt 1955
[29] Brinton 1959
[30] König 1960 140–145
[31] Grassi 1950

skeptisches“ (Th. Geiger) „Anwaltsdenken“ mit „wesentlichen Funktionen der Kritik“ (R. König); man sieht das intellektuelle Selbstverständnis als Sozialkritik „im Dienst eines bestimmten Ideals der Menschlichkeit“ (J. Benda). Mit solchen Kennzeichen umgreift man die gesellschaftliche Möglichkeit und den gedanklichen Anreiz nicht nur in einem allgemein hinlänglich bekannten Bereich, sondern man erläutert mit denselben generellen Kriterien zugleich auch die besondere Affinität, die sich innerhalb des größeren Ganzen der Intellektualität in kleinen Zirkeln oder in einzelnen Köpfen gleichsam als die Potenz der allgemeinen Grundhaltung bildete und nach eigenen Spielregeln die gesellschaftliche Auseinandersetzung in die Tradition eines besonderen Kalküls transponierte: ins Utopische.

III.

Die Entstehung eines solchen Intellektualismus im 12. Jahrhundert wird besser einsichtig, wenn wir uns einmal an den eigenartigen Entwicklungsgang des geistigen Lebens in der lateinischen Christenheit erinnern: Abgesehen von der allmählich zerbröckelnden Oberschicht der antiken Kultur im Mittelmeerraum, soweit sie noch in die neue kulturelle Integration des barbarischen Nordens hineinwirkte, bestimmte zunächst das benediktinische Mönchtum die Geistigkeit der ersten Jahrhunderte, bekanntermaßen bis ins 10./11. Jahrhundert das wichtigste Element für die Mission, für die Organisation und für die korrektiven „Reformbewegungen“ in der Kirche. Nach einem mißglückten Versuch, im sogenannten Investiturstreit vom päpstlichen Thron die Welt nach seinen, nach mönchischen unitaristischen Weltvorstellungen zu regieren, trat es von seiner Führungsstellung allmählich zurück, zunächst hinter „weltbezogenen“ Reformorden und Konventen,[32] danach im langen Entwicklungszug hinter der Pfarrgeistlichkeit, ihren Domkapiteln und Bischöfen, also hinter dem sogenannten Weltklerus.

Dessen lange Vorgeschichte gilt es hier nicht zu erörtern, ebensowenig wie die unterschiedliche, an vielen Einzelheiten aber recht anschauliche Entwicklungsverschiebung zwischen dem westlichen und dem östlichen Bereich der lateinischen Christenheit dabei.[33] Wichtig erscheint: Der Weltklerus, zum Teil noch in Kanonikaten und Kollegiatkapiteln, in der vita communis der Augustinerchorherren, also noch in halbmönchischen Lebensformen, befreite sich seit dem 12. Jahrhundert endgültig von den Einflüssen der „Mönchsrevolution“ des gregorianischen Papsttums, ebenso wie von der archaischen politischen

[32] Schmale 1960 [33] Seibt 1970

Religiosität der fränkischen Adelsgesellschaft und der ottonisch-deutschen Reichskirche. Er wurde, außerhalb der mönchischen Klausur, durch den Zölibat, durch die Rechtsfolgen der ersten Konkordate des frühen 12. Jahrhunderts, durch den Ausbau des Pfarrwesens und durch die Verdichtung der wirtschaftlichen und organisatorischen Rechte – das alles ebenfalls in abgestufter West-Ost-Entwicklung – zu einem besonderen Gesellschaftskörper. Neben den Adel mit immer noch heidnischen Wertbegriffen von Sippe, Kampf und Führungsanspruch; neben das Mönchtum, das sich längst auch räumlich, rechtlich und wirtschaftlich in seinen autarken Gutsbezirken abgeschlossen hatte; neben die gerade in dieser Zeit aus alten Abhängigkeiten heraustretenden ökonomischen Kräfte der Bürger und Bauern in gemeindlichen Zusammenschlüssen aus Freikauf, Freilaß, Gründungs- und Rodefreiheiten[34] trat nun also der Weltklerus. Sein Aufblühen steht demnach ebenfalls im Zusammenhang mit dem Aufblühen des Städtewesens und mit der „agrarischen Revolution", die, schon seit langem in kleinen Ausbauunternehmungen angesetzt, im 11. und 12. Jahrhundert westlich, in der Folgezeit östlich der Elbe von weittragender Bedeutung für die Intensivierung von Wirtschaft, Bevölkerung und Kultur geworden war. Er wurde zum wichtigen Element im Pluralismus der Lebens- und Denkformen in der sogenannten „mittelalterlichen" Gesellschaft.

Dieser Weltklerus hatte seine Daseinsberechtigung nicht eigentlich in sich selber, wie das alte Mönchtum, trotz dessen Wandermission, Mönchsbischöfen und den Laienkonversen der Reformbewegungen. Der Weltklerus war vielmehr auf die Laiengesellschaft bezogen, mit der er, wenn auch in klarer rechtlicher und wirtschaftlicher Trennung, vermischt lebte, um sie geistlich zu dirigieren.

Allmählich zeigte sich aber, daß auch Laienkreise, freigesetzt im städtischen Produktionsprozeß von unmittelbarem Zwang zur Handarbeit, sich im politischen wie im geistigen Feld für mündig hielten. Im religiösen Bereich läßt sich diese Bewegung besonders seit dem 13. Jahrhundert fassen, das „die Formierung einer Vielzahl kleiner Sekten, mehr oder minder häretisch, mehr oder minder radikal" hervorbrachte, „die sich aber allesamt durch den Gesichtspunkt spezifischer Laizität in ihrer Aktion und in ihrem Programm auszeichnen".[35] So läßt sich die Geschichte von Religion und Kirche im abendländischen Kulturkreis der ersten Jahrhunderte ein Zeitalter der *Mönche* nennen, vom 11. Jahrhundert an ein Zeitalter des *Weltklerus* und der päpstlichen Suprematie, vom 13. Jahrhundert aber auch bereits, eher

[34] Bosl 1970

[35] de Lagarde 1956 89

soziologisch als chronologisch zu begrenzen, zudem noch immer in der erwähnten Ost-West-Verschiebung, ein Zeitalter des aufdrängenden *Laientums*. Es brachte, meist unter der Führung niederer Geistlicher, die manche Ursache hatten, sich nicht mit der Prälatenhierarchie des Weltklerus zu identifizieren, unabhängige Bewegungen hervor, die sich bald ins Häretische ausgliederten, schließlich aber zur Revolution gegen den Klerus wie gegen die westliche Gesellschaft formierten: Mit dem 15. Jahrhundert beginnt durch die böhmischen Hussiten das Zeitalter des *Konfessionalismus* in der lateinischen Christenheit. Es führt schließlich zu revolutionär erkämpften Kompromissen.

IV.

Die kirchlichen gesellschaftlichen Organisationsbegriffe von Mönchtum, Weltklerus und Laien hatten sich entsprechend der geistigen Präpotenz der Kirche in der mittelalterlichen Gesellschaft quer über andere Differentiationselemente geschoben: Sie vereinigten ungeachtet der Relikte politischer Religiosität im Kult des Königtums und der adeligen Geblütsheiligkeit Angehörige aller Stände unter dem Begriff der „Laien". Nur die Universitätsgelehrten vermochten später diese Differenzierung zu durchbrechen. Selbst seit dem 14. Jahrhundert zunehmend nicht mehr geistlichen Standes, grenzten sie sich dennoch von der übrigen Laienwelt ab, gaben dem Begriff des Klerikers dabei sogar die säkulare Erweiterung von „clerc" und „clerk",[36] wobei sie gleichzeitig weltliche Bildung im gesellschaftlichen Rang der geistlichen Weihe gleichsetzten, und befaßten sich manchmal auch, besonders im eigenartigen geistigen Spannungsfeld der frühen Jurisprudenz mit ihren universalen Ansprüchen, ganz ausdrücklich mit gesellschaftspolitischen Fragen. Unter diesen Umständen wurde für das gesellschaftliche Bewußtsein der Zeit, ja für die geistige Physiognomie des sogenannten „späteren Mittelalters" überhaupt, der Gegensatz zwischen Klerus und Laien mindestens so wichtig wie die Klassengegensätze zwischen Feudalherren und Ausgebeuteten, welche Marx den Anhaltspunkten seiner Zeit für die historische Interpretation entlehnte.[37]

Dabei soll nicht geleugnet werden, daß auch dieser Gegensatz zwischen Klerus und Laien sich ökonomisch definieren läßt, allein schon durch die Exemtion des Klerus aus der Arbeitswelt, durch seine Ehelosigkeit, durch sein vom kanonischen Recht bestimmtes Verhältnis zum

[36] Grundmann 1960 18
[37] Bosl 1969

Familien- und Sippenbesitz, schließlich aber durch die aus mannigfachen Ursachen gespeiste Interessengemeinschaft unter den Angehörigen dieser Gruppe. Manche Eigenheiten dieser Gruppenbildung übernahm auch die Laienintellektualität, besonders gestützt auf die Schulorganisation, die ihr in gewisser Hinsicht die kirchliche Hierarchie ersetzte und in der Universitätsentwicklung jener Jahrhunderte gar damit um den Lenkungsanspruch in der Christenheit rivalisierte. Während sich nun aber eine große Auseinandersetzung zwischen Laien und Klerus um Kirchenbegriff und Kirchenreform in jenen Jahrhunderten ausformte, während der Weltklerus sich außerstande zeigte, seiner Hauptaufgabe, nämlich der Laienseelsorge, in allseits anerkanntem Maß zu genügen, hielt sich der „säkularisierte Klerus" an den Lateinschulen und Universitäten zu den Laien. Besonders an den Artistenfakultäten, die mit „weltlicher Wissenschaft" die große Masse der Studenten auch als Vorschule für die drei anderen Fakultäten an sich gezogen hatten, entwickelte sich ein laikales Element besonderer Prägung, das im großen Schisma des 14. und während der Reformkonzilien des 15. Jahrhunderts nicht selten revolutionäre Züge zeigte.

Währenddem hatte sich auch die ungelehrte Laienwelt auf ihre eigene, „laienhafte" Weise um Selbstrechtfertigung bemüht: Sie reichte vom freiwilligen Pauperismus bis zum chiliastisch revoltierten Gesellschaftsbild und dem Streben, „die Parias zur Elite zu erheben".[38] Somit gedieh im Bereich der Laienwelt auch das utopische Denken auf zwei Ebenen: als rationale Spekulation, bereits im Schoß der mönchischen Geistigkeit gereift, aus der idealen Welt des Klosters, der bereits vorgegebenen, utopisch abgeschlossenen kleinen Insel geistigen Glücks, und danach aufgegriffen von Spekulationen der säkularisierten Laienintellektualität; zweitens gedieh das utopische Denken aber auch auf einem geistig inferioren Feld der Laienbewegungen, genährt von den Bemühungen, der klerikalen wie der gelehrten Welt ein Gegenbild vorzuhalten, oft nur fragmentarisch, in anspruchslosen Konstruktionen, dafür aber jedesmal mit ernsthafterem Aktivismus vorgetragen als die geistreich distanzierten Projekte der Intellektuellen. Hier war die Utopie im allgemeinen wohl nicht aus dem Kalkül geboren worden, sondern aus der Sehnsucht.

Die Hoffnung beflügelte freilich in gewisser Weise alle utopischen Konzepte. Aber nicht nur diese einfache menschliche Grundhaltung, lange vor der Geschichte des Abendlands, etwa schon im Utopismus des Alten Testaments formuliert, ist den utopischen Plänen allerseits

[38] Mühlmann 1961 335

gemeinsam, den intellektuellen wie den naiven Konstruktionen; vielmehr läßt sich ein ganzer Katalog von Gemeinsamem, Ähnlichem oder doch wenigstens Vergleichbarem zusammenstellen, der das utopische Denken in unserem Kulturkreis vom 12. Jahrhundert an begleitet und offensichtlich in unserer Zeit noch fortwirkt. Mit anderen Worten, ich glaube, daß die klassischen utopischen Projekte von Morus an gerade kein Charakteristikum eines spezifisch „modernen" Denkens im Sinn der Renaissance oder der Neuzeit darstellen, wie man das auch immer definiert, sondern daß sie im Gegenteil ihren genuinen Ursprung im sogenannten Mittelalter haben, vorgeprägt von der mönchischen Lebensordnung und Weltgestaltung, aus ihren Händen dann von den geistig mündigen Laien übernommen und nun freilich mit besonderer Umsicht als säkularisiertes „Gegenbild" zu der verweltlichten Kirche, zur entchristlichten Welt gestaltet, aber noch lange begleitet vom ethischen Rigorismus, wie ihn bislang das Mönchtum noch immer am klarsten institutionell verkörperte. Die Entstehung des utopischen Denkens ist demnach eingebettet in einen Säkularisierungsprozeß. Man kann sie in ihrem gesellschaftlichen Bezug mit der Emanzipation des Intellektualismus aus den Bindungen der religiös gerichteten älteren Geistigkeit erklären, mit seiner Abgrenzung aus der kirchlichen Hierarchie, dem aristokratischen Herrschaftsanspruch und der bürgerlichen Arbeitswelt vom 12. Jahrhundert an. Transformiert in neue Funktionen einer weltumspannenden oder doch wenigstens einer großräumigen Gemeinschaftsordnung, begleiten uns solche utopischen Spekulationen noch heute, paradoxerweise eine Zukunftsvision aus ferner Vergangenheit.

V.

Mindestens seit Karl Kautskys Frage nach den „Vorläufern des neueren Sozialismus"[39] versucht man, der Utopie, dem geographischen „Nirgendland", einen sozialen Ort anzuweisen. Karl Mannheim sah 1929 eine „liberale Idee in den Utopien wirksam", „stets an den freien Willen gewandt und ein Unbedingtheitserlebnis wachhaltend ...". Deshalb erklärte er „Bürgertum und Intelligenz" zu den Trägern des utopischen Denkens.[40] Es wird sich zeigen, daß die Identifizierung des Utopischen mit dem Bürgertum, so sehr sie ein erster Blick auch nahelegen könnte, doch ein Irrtum ist. Er entstand im weiteren Zusammenhang jenes großen Fehlbegriffs, nach dem man seit Marx und Engels das Bürgertum in seiner historischen Kontinuität mißversteht und nicht richtig erkennt, daß es lange brauchte, daß es

[39] Kautsky 1897

[40] Mannheim 1965 190 u. 199

erst des absoluten Staates bedurfte, ehe sich das Stadtbürgertum zum Staatsbürgertum wandelte und damit erst wirklich eine „bürgerliche Klasse" entstand. Wohl spielt die Stadt, die Lebenswelt des „Bürgertums" seit dem 12. Jahrhundert, als Modell wie aber auch als Gegenbild eine merkliche Rolle in der utopischen Konstruktion; aber nicht das Bürgertum, sondern die im Zusammenhang der wirtschaftlichen Entfaltung städtisch lebende Intelligenzschicht oder die wenigstens von städtischen Einflüssen mitgetragenen religiösen Bewegungen einfacherer Volksschichten sind Träger und Echo utopischen Denkens, und dieses Denken wird sich in seinen Grundzügen als anti-bürgerlich, wird sich als Transformierung des herkömmlichen Städtewesens erweisen, bei dem Grundelemente des bürgerlichen Daseins aufgelöst werden: seine ständischen Vorrechte, seine wirtschaftliche Lebensform, sogar seine individuelle ökonomische Entfaltungsmöglichkeit als Voraussetzung der bürgerlichen Leistungsmobilität überhaupt.
Demnach erscheint es wichtig, eine neue soziologische Fixierung des utopischen Denkens vorzuschlagen. Ich möchte es enger begrenzen. Mir scheint das Utopische ein untrennbares Produkt, ein Nebenprodukt allerdings, des Intellektualismus. Dieser Komplex des Intellektualismus aber ist in unserer Kultur klar genug zu erfassen, zeitlich, gedankengeschichtlich und eben auch gesellschaftlich. Ich glaube, daß die Intellektuellen, also alle jene, welche denkend und lehrend, kritisch und reformeifrig, schreibend und predigend, aber auch nur zuhörend und mitdenkend, meist angeregt durch die Mißstände, oft aber auch beflügelt durch die Möglichkeiten, die dem Menschen nach ihrer Weltbetrachtung zukommen sollten, als laizierte „Klasse" schon Jahrhunderte früher faßbar sind als jede andere Gesellschaftsgruppe. Als „soziale Klasse" sieht sie R. König, trotz vieler Abtrünniger, wenigstens negativ noch in unseren Zeiten für definabel an.[41] Für die Verhältnisse des mittelalterlichen Magisterdaseins gälte das noch weit eher. Aber auch die gesellschaftspolitische und gedankliche Position der Intellektuellen drängte sie offenbar schon früh zum Selbstbewußtsein als „Literatorum classis", wie wir bei Thomas Morus lesen.

Ohne die fließenden Grenzen der Definition zu verkennen:

1. eine vergleichbare gesellschaftliche Stellung im Lehramt, an den Domschulen, Universitäten, städtischen Lateinschulen als Magister, Doktoren, Professoren, mit Titeln also, die sie sich zur Selbstbezeichnung eben erst geschaffen hatten;

[41] König 1958 145

2. eine gemeinsame kritische Stellung gegenüber der realen politischen Macht jeder Art und der Optimismus, biblisch oder säkularisiert, von der Macht des Geistes in der Welt;

3. ein Mangel fachwissenschaftlicher Differenzierung, der um so leichter zum Szientismus und zum anthropologischen Optimismus, zum Vertrauen auf die Lehrbarkeit und Lernbarkeit des optimalen Weltverhaltens führte:

Das alles verband die großen und kleinen Geister auf den Kathedern und Kanzeln mehr oder minder zu einer gemeinsamen Grundüberzeugung. Bei allen Fehden ihrer Schulgliederung, bei aller Versuchung durch die „Welt“ für die Fachjuristen, Fachtheologen, Fachmediziner unter ihnen, vom Philosophenideal der Stoa zu lassen und sich „den Geschäften“ zu widmen, bleibt unter diesen Aspekten doch genug übrig, um mit Gewinn nach den Gemeinsamkeiten dieser auch damals bereits „wurzellosen“, von der Gesellschaft wegen ihrer aktuellen Ohnmacht nicht selten herausgeforderten und verletzten Menschengruppe zu fragen. Stets das Mißverhältnis zwischen ihrer intellektuellen Potenz und ihrer politischen Ohnmacht vor Augen, suchten immer wieder einzelne aus dieser Gruppe, ihre Überlegenheit wenigstens einem Konzept von einer besseren Welt anzuvertrauen, um sich dabei, wenn auch vielleicht nur spielerisch, in der dem intellektuellen Weltverhältnis eigenen thetischen Schaffensform als die besseren Regenten, wenn nicht gar als die besseren Demiurgen zu erweisen. Mit einer neuen Auffassung der Bibel; mit neuen Erkenntnissen aus der antiken Literatur; aus einer neuen Naturphilosophie; schließlich mit der Emanzipation des philosophischen Denkens überhaupt gewannen solcherart utopische Konzepte freilich eher nur als literarische Gattung Anerkennung, und weit weniger als politische Programmatik, die sie doch eigentlich bieten wollten.
Wie nun aber diese Intellektuellen – wenn man gesellschaftliche Entwicklungen einmal so zusammenfassen darf – sich selber zuerst aus der klerikalen Gesellschaft ausgegliedert und gegenüber deren geistigen Universalansprüchen, dem weltumspannenden Kunstwerk der Theologie, eine eigene, weltbezogenere Grundlage gesucht hatten, so wurden sie selber im Laufe der Jahrhunderte von den Fachwissenschaftlern, die aus ihren Schulen hervorgegangen waren, in den Hintergrund gedrängt. Das ist nun unsere gegenwärtige Situation: Nach einem großen letzten Jahrhundert sind die Intellektuellen, erst in dieser Zeit von der kritischen Umwelt begrifflich zusammengefaßt, selber schon depraviert, sind im öffentlichen Ansehen zu Literaten,

Journalisten und Ideologen geworden, oft nicht einmal mehr bewußte Verfechter letztlich humanistischer Bildungsansprüche, von denen sich ihre „Klasse“ doch jahrhundertelang geistig nährte, und wehren sich in einer fatalen Rückzugssituation gegen die fachgerechte Aufgliederung ihrer letzten gesellschaftskritischen Domänen in Literatur, Publizistik und Demoskopie, gegen den Ersatz der Allgemeinbildung durch das Fachwissen.
Der Niedergang der klassischen Utopie rührt aber nicht nur von dieser gesellschaftlichen Entwicklung, sondern wird zugleich auch beeinflußt vom äußeren, vielleicht von dem entscheidenden intellektuellen Mißerfolg in unserer Welt. Die Intellektuellen verloren, wie es Brinton 1967 formulierte, den Glauben an den demokratischen Fortschritt, sie beobachteten über den Katastrophen des 20. Jahrhunderts, daß „something must be wrong“ und letztlich, gleichsam in der integralen Zuspitzung des demokratischen Weltideals, daß „the promises of democracy as a utopia have not yet been realized ...“.[42] Damit war die Utopie, wie es scheint, in ihrem Kern getroffen; in ihrer Methode.
Eigentlich scheint mir solcherart die Geschichte der klassischen Utopie den Aufstieg, die Herrschaft und den Niedergang des europäischen Intellektualismus zu widerspiegeln; wenn auch ganz nebenbei, nicht aus dem Mittelpunkt seines Wirkens, sondern aus den Träumen, wie sie manchmal nur seine Muße füllten, aber aussagekräftig genug als einer seiner klassischen Irrtümer.

VI.

Die utopische Funktion der Intellektualität ist allerdings nicht an ihre Vorbildung, nicht an ihre Zugehörigkeit oder an Rang und Titel mit Ausschließlichkeit gebunden. In schwächer ausgeprägten Varianten ist sie auch einzelnen eigen, die besonders in radikalen Phasen der Laienemanzipation in kleineren oder größeren Kreisen in gleichsam intellektueller Funktion hervortraten: niedere Kleriker, Handwerksmeister, Weitgereiste oder auch nur Leute, die sich mit visionärer, heilkundiger oder rhetorischer Begabung auswiesen, wie der „blinde Jüngling“, Hans Böheim der Pfeifer oder Jan Bockelson aus Leyden. Sie gewannen unter führerlosen Unzufriedenen Autorität genug, um auf einmal im Strudel eines revolutionären Aktivismus dieselbe Programmatik aufzunehmen wie einsame intellektuelle Spekulanten: Auch sie entwickelten, in einzelnen Zügen oder in umfassenderen, kritisch geschlosseneren Vorstellungen, Utopisches, meist mit großem Ernst und programmatischem Anspruch.

[42] Brinton 1966 56

Dabei wandelten sich manche Bezüge, um diesen *vulgären Utopismus* auch einfacheren Köpfen mundgerecht zu machen. An die Stelle des Rationalismus trat ein Mystizismus, an die Stelle des Denkens das Sich-Versenken, an die Stelle der Theorie die Vision. Aber erst mit dem Versuch, den Inhalt des utopischen Denkens zu analysieren, läßt sich dieser Zusammenhang erklären.

Utopie und Idealismus

I.

Merkwürdigerweise hat man sich bisher mit konkreten Untersuchungen über einen vergleichbaren Inhalt utopischer Entwürfe noch wenig befaßt.[1] Beschränkte man sich dabei nicht überhaupt nur auf die literarischen Motive der Rahmenhandlungen in den sogeannten „klassischen" Utopien, so verglich man doch bis zu den neuesten Stellungnahmen am ehesten nur die gesellschaftliche Funktion der utopischen Aussagen: als „wirklichkeitstranszendente Orientierung, die zugleich eine bestehende Ordnung auch sprengt"; als „seinsinadaequat", aber in „dialektischem Verhältnis zwischen Sein und Utopie"[2]; als „idealisiertes und mystifiziertes" Symbol einer „radikalen Veränderung der menschlichen Gesellschaft"[3]; als „Gegenwelt"[4].
Zu den eindringlichsten Urteilen über diesen Zusammenhang gehören die Formulierungen von Ralph Dahrendorf, die er zuerst 1958 veröffentlichte.[5] Seine Aussage, die in Elementen auf bekannten Beobachtungen fußt, läßt sich kurz auf diesen Nenner bringen: Der gesellschaftlichen Wirklichkeit ist als einem wesentlichen Kriterium des Lebens überhaupt zu jeder Zeit eine irgendwie geartete Entwicklung eigen. Gerade eine solche Entwicklung fehlt im utopischen Projekt. Von Plato bis Orwell handelt es sich vielmehr, wie Dahrendorf konstatiert, bei den Utopien um statische, in einem Idealzustand stagnierende Gesellschaften. Sie zeigten „allgemeine Übereinstimmung über die herrschenden Werte und Einrichtungen" und die gesellschaftlichen Veränderungen, die sie dabei ins Auge faßten, seien lediglich Kombinationen und Varianten ihres eigenen Gesamtentwurfs. Der Kern des utopischen Anliegens richte sich hingegen auf Stabilität, auf eine utopische Stabilität, die sich nach Harmoniegesetzen orientiere.

[1] Seibt 1969 [2] Mannheim 1965 169f., 174
[3] Kolakowski 1960 145 [4] Nipperdey 1962 360 [5] Dahrendorf 1958

Die funktionale Definition des Utopischen in der Gesellschaft scheint mir durch viele Urteile verhältnismäßig eindeutig und im ganzen recht treffend erhellt. In ihrer vollen Bedeutung wird sie sich wahrscheinlich erst in einer analytischen Geschichte der europäischen Revolution zeigen lassen, wo schon Saint Simon die eigentliche Auswirkung des utopischen Denkens vermutete. Hier geht es nun aber darum, die utopischen Projekte mit einem bestimmten Ideenkomplex zu verbinden, dessen Identätit und Inhalt die gesellschaftlichen Gemeinsamkeiten jener extremen politischen Spekulation innerhalb des breiteren und vielgestaltigen Bereichs der Intellektualität erkennen läßt.

II.

Auf diesen *Inhalt des utopischen Denkens* richteten sich beispielsweise die Urteile S. Buves und J. Freunds 1967, und zwar bereits in ihren allgemeinen Aussagen, die Utopie bekunde sozusagen „den Übermut der Vernunft", sie entstand im „Reich der Methodologen"[6]. Kamlah bezeichnete als einen „Grundgedanken der ‚klassischen' Utopien die rationale Konstruktion optimaler, ein glückliches Leben ermöglichender Institutionen ...".[7]

Ein zweiter Vorstoß zur inhaltlichen Definition des Utopischen gilt noch genauer der Materie und führt uns damit einen Schritt voran von der Erkenntnis formaler Zusammenhänge zur Bestimmung des Inhalts. Wir können dabei anknüpfen bei einem Zitat von Julien Freund, alle Utopien seien „kommunistischer Art oder wenigstens so gefärbt".[8] Das führt uns zu einer Auseinandersetzung Richard Löwenthals mit Utopie und Kommunismus aus dem Jahr 1970. Löwenthal spricht hier von einer „geradezu absurd einseitigen Vorstellung von den Ursachen gesellschaftlicher Konflikte" in den Utopien und nennt die Vision einer konfliktlosen Gesellschaft den „Kern einer jeden Utopie".[9]

Ein dritter Definitionspunkt, wohl derjenige, dem bisher schon die meiste Aufmerksamkeit gegolten hatte, zielt auf das utopische Menschenbild. De Gandillac sieht die Archetypen des Anthropokosmos und des Gottmenschen im Angelpunkt des Utopischen,[10] und Nipperdey kommt diesen beiden Bezügen mit seinen Formulierungen von der universalen Interdependenz aller Lebensgebiete im utopischen Projekt und vom „neuen Menschen", der hier konsequent aus neuen Prämissen entwickelt werde, in allgemeinerer Aussage entgegen.[11]

[6] Buve 1967 11
[7] Kamlah 1969 17, 23 o. a.
[8] Freund 1967 114
[9] Löwenthal 1970 66
[10] de Gandillac 1963 42
[11] Nipperdey 1966 349f.

Dem utopischen Menschenbild gewinnt Julien Freund noch eine wichtige Aussage ab: Hier seien, sagt er, alle Eigenheiten des menschlichen Individuums aus der Empirie verneint, wie Feindschaft, Eigentum, Meinungsbildung, und eben durch die utopische Negation als unanimitas, uniformitas, egalitas, unitas in ihr Gegenteil verkehrt. Deshalb sei der utopische Mensch auch letzten Endes nur negativ bestimmt, es fehlte ihm die besondere Individualisierung.[12] Der utopische Mensch ist also sozusagen nur Gattungswesen.

III.

Erklärlicherweise kann man die utopischen Projekte grundsätzlich auf die Beziehung zwischen *Mensch* und *Welt* reduzieren, die schon de Gandillac als „Archetypen" der utopischen Sehnsucht des Menschen bezeichnete. Der utopische *Mensch* ist demnach stets

1. perfektibel; das heißt: nicht in jedem Individuum, aber auf die gesamte species bezogen, ist der Mensch unter utopischen Voraussetzungen der äußersten, das heißt jeder nur denkbaren Vervollkommnung fähig. Schon aus dieser Formulierung ergibt sich

2. eine andere wichtige Voraussetzung der utopischen Spekulation aus der Übereinstimmung zwischen dem Denkbaren und dem Wirklichen. Die menschliche Erkenntnis, die des Autors also in Selbstrechtfertigung des utopischen Projekts ebenso wie die der künftigen Bürger Utopiens, ist konnatural, ist bestenfalls aus sich selbst, jedenfalls aber unter entsprechender Nachhilfe imstande, die Welt zu erkennen, wie sie wirklich ist, und also auch die „natürlichste" aller politischen Ordnungen aufzufassen;

3. ist nun aber diese natürlichste aller politischen Ordnungen nicht nur der menschlichen Erkenntnis zugänglich, sondern sie entspricht auch dem natürlichen Bedürfnis des Menschen nach Lohn und Wohlstand. Alle Utopien sind solchermaßen nicht einseitig jenseitsbezogen, sondern sie suchen sozusagen in einem nach ihrer Meinung recht verstandenen Ausgleich zwischen Erde und Himmel irdisches und transzendentes Wohlergehen eudämonistisch zu verbinden.

Diesen Möglichkeiten entspricht auch die *Welt*vorstellung der Utopisten:

1. Die Welt wird aufgefaßt als Produkt der menschlichen Kultur. Sie ist insofern durch die menschliche Arbeit absolut veränderlich und in erster Linie auch Ergebnis der gesellschaftlichen Arbeit;

[12] Freund 1967 116

2. der konnaturalen menschlichen Erkenntnisfähigkeit entspricht die intelligible Welt. Die utopische Gesellschaftsordnung ist demnach keine beliebige Schöpfung, sondern sie entspricht einer vorgegebenen erkennbaren Wirklichkeit und bezieht daher auch bei allem Voluntarismus, den sie etwa entwickelt, ihre innere Überlegenheit und Selbstrechtfertigung aus ihrer vorgeblichen Objektivität;

3. alle Bezüge in dieser vornehmlich gesellschaftlich aufgefaßten „Welt" sind funktional voneinander abhängig. Als ein ungeheures Kunstwerk wird dadurch die menschliche Gesellschaft rationalisiert, werden scheinbar starre Gegebenheiten, Herkömmlichkeiten und Traditionen in ihrer Abhängigkeit demonstriert und nicht nur alle „Politik", nicht nur die „Welt", sondern auch der einzelne für manipulierbar erklärt.

Diese Aufgabe der totalen Manipulation lösen unsere Utopisten mehr oder minder gescheit, oftmals freilich nicht originell, sondern im Rahmen literarischer oder doch wohl indirekter Traditionen, auch mehr nach einzelnen Beispielen als nach zusammenhängendem System. Dennoch kann man alle diese Bemühungen um eine bessere, um die vollkommene Welt mindestens zur Übersicht dreiteilen. Es geht dabei nämlich

1. um eine Auseinandersetzung mit den natürlichen Gegebenheiten als der Grundlage der gesamten menschlichen Kulturentfaltung: also um *Raumplanung*.

2. werden alle menschlichen Lebensbezüge, je nach Umsicht und der reproduktiven Sozialphantasie des Verfassers zu einem Ganzen gefügt: *Gesellschaftsplanung*.

3. aber lassen sich viele Einzelheiten der utopischen Aussagen systematisch als *Individualplanung* zusammenfassen.

IV.

Es war die Rede vom ausgesprochenen oder stillschweigend vorausgesetzten *Optimismus* der erkenntnistheoretischen Grundlage der utopischen Projekte. Eigentlich steckt hierin die äußerste Ausformung von Lord Bacons These: Wissen ist Macht. Die gleiche Einstellung äußerte zur selben Zeit Tommaso Campanella, nach seinem Schicksal geradewegs ein Fackelträger des rationalen politischen Voluntarismus: tantum possumus, quantum scimus. Zur „Macht" kann das „Wissen" nur werden, wenn es „richtig" ist. Nur dann kann es sich selber helfen, sich selbst verwirklichen und seiner Überlegenheit sicher sein. Insofern ist die utopische Überlegenheit untrennbar mit einer objektiven Erkenntnistheorie verbunden. Das führt uns in der Systematik des Denkens, wie sie Wilhelm Dilthey und nach ihm Erich Rothacker entworfen haben, zu einem größeren gedanklichen Zusammenhang, der eine solche Anschauungsweise klärt und tatsächlich auch aus den klassischen wie aus den unvollkommeneren und anspruchsloseren utopischen Konstruktionen zu interpretieren ist: Es handelt sich um den nach Dilthey sogenannten „objektiven Idealismus“, soweit die utopischen Konzepte ideelle Wesenheiten in Rechnung setzen; im anderen, selteneren Fall begegnet uns ein Naturalismus, wie ihn Rothacker definierte und in seinen Verbindungen und oft gleitenden Übergängen zum objektiven Idealismus deutlich machte.[13]

Insofern sind die utopischen Konzepte allerdings getreue Spiegel der philosophischen Haltung ihrer Autoren. Selbst wenn sie nur spielerisch gehandhabt wurden, wie viele und eigentlich die geistreicheren unter ihnen, zeigt sich dabei eine Grundhaltung zum menschlichen Miteinander, die sich wiederum am leichtesten mit dem objektiven Idealismus und seiner Neigung zum pantheistischen Gottesbegriff, zur Menschenvergottung, übereinbringen läßt: die Weltliebe als sozialer Affekt. Die naturalistische Spielart setzte hierher wohl eher einen Machttrieb, aber auch ihn noch mit ethischer Rechtfertigung, solange die utopische Konstruktion nicht aus Willkür, sondern aus den angegebenen erkenntnistheoretischen Voraussetzungen erwächst.

Damit begegnet die utopische Konstruktion aber auch jedem Einwand gegen die *Gewaltherrschaft,* welche sie tatsächlich ausübt, beansprucht sie doch, die wahren und zugleich auch die einzig möglichen Grundlagen für ein gerechtes und glückliches Zusammenleben der menschlichen Gesellschaft erkannt zu haben, und deswegen rechtfertigt sie auch zum angeblichen Glück der Betroffenen, mit scharfem Federstrich den Großteil der Bevölkerung in ihren Idealstaaten von allen gesellschaftlichen Entfaltungsmöglichkeiten auszuschließen. Platos Politeia zeigt uns bereits im ersten Ansatz der utopischen Traditionen Europas diese Unterdrückung der Mehrheit im Idealstaat durch eine Minderheit, und Orwells Bericht lehrt, daß sie auch in der modernen Perversion der Utopie noch immer lebendig ist. Plato hatte ungefähr nach spartanischem Vorbild sein utopisches Staatswesen dreigeteilt, und während er sich ausführlich mit der Kriegerkaste und den weisen Staatslenkern beschäftigte, kümmerte er sich gar nicht um die große Masse der arbeitenden Bevölkerung, die doch das ganze

[13] Rothacker 1927

Staatswesens ökonomisch trug. Aus anderem Anlaß spricht man von platonischer Liebe: Ähnlich zeigte der griechische Denker offensichtlich für die ökonomischen Funktionen seiner Idealgesellschaft und ihre Träger eine platonische Ignoranz; eine Verachtung im Geistigen.

Man könnte wohl dagegen halten, daß eine solche Verachtung nicht alle Utopien kennzeichne; besonders Thomas Morus scheint ihr ferne zu stehen, der sich bekanntlich soweit der intellektuellen Leistungsidee in seiner Utopie verschrieb, daß er ihr sogar, sozusagen über Abendvolkshochschulen, einen zweiten Bildungsweg widmete. Aber hier muß man wohl vor einem akademischen Vorurteil warnen: Ist doch die intellektuelle Leistungsmobilität noch lange kein Allheilmittel sozialer Gerechtigkeit! In den Grenzen Utopiens wird sie eher zum Vehikel einer mehr oder minder feingesponnenen Diktatur. Ähnlich hatte bereits Nikolaus von Kues „vom natürlichen Instinkt" der Dümmeren geträumt, sich den Klügeren unterzuordnen. Rabelais steigerte dieses Vorurteil bei der Auswahl seiner in der Abtei Thélème versammelten Bildungselite bis zur Bildungsarroganz. Das penetranteste Beispiel lieferte um diese Zeit aber wohl Kaspar Stüblin, der das profanum vulgus weit unter das klassische Maß unterjocht. Orwell wie Wells haben auch in dieer Hinsicht die Grundzüge der abendländischen Utopie in der modernen Schreckdimension ganz treffend aufgebaut.

Die Reformationsutopie führt uns zuletzt noch zu einer theologischen Defintionsfrage. Es handelt sich um ein Kriterium, das wohl am klarsten Christentum und Utopisten auseinanderhält, nicht nur zur Reformationszeit, sondern immer in der zweitausendjährigen Geschichte der europäischen Utopie. Aber im Reformationszeitalter suchte eine sogenannte christliche Utopie das Problem zu überbrücken. Es geht nämlich um die *Erbsünde* in der theologischen Begriffssprache.

Tatsächlich ist dieser Zentralbegriff der katholischen wie auch der lutherischen Orthodoxie unvereinbar mit dem utopischen Vorhaben, die Welt durch die rechten Institutionen von ihren Gebrechen zu heilen und den Menschen in der richtigen gesellschaftlichen Organisation aus eigener Kraft zu heiligen. Mit einem Griff kann man hier christlichen Realismus vom szientistischen Utopismus trennen wie auch vom weltimmanenten Chiliasmus, den kirchliche Autoritäten beider Konfessionen auch immer konsequent verdammten. Dem Erbsündeproblem werden wir in mancher Variante der Reformationsutopie begegnen. Seine Aktualität wird deutlich an verschiedenen

Urteilen über die moderne Utopie. So hält Northorp Frye in einer Analyse aus dem Jahr 1967 für „die einzig wesentliche Doktrin" in Wells' utopischer Religion „... the rejection of original sin".[14] Crane Brinton konstatiert in seiner Untersuchung über Utopie und Politik im selben Sammelband: „The formula runs: democracy substitutes for the Judeo-Christian concept of original sin a concept of the natural goodness and/or reasonableness of man, supplemented by the corollary that evil is a result of bad environment."[15]

V.

Wahrscheinlich läßt sich dieser Überblick utopischer Grundzüge noch ergänzen. Manchmal, besonders in Auseinandersetzung mit den Einzelheiten utopischer Konstruktionen, will es überhaupt scheinen, als habe man es hier gerade wegen der losgelösten, absoluten Qualität des utopischen Konstruierens mit einem ausgesprochenen Exerzierfeld für kategoriale Reflexionen zu tun. Dieser gedankliche Absolutismus läßt sich vielleicht am deutlichsten bei entscheidenden Eigenheiten erfassen, die uns den zeitfernen, den „Zukunftscharakter" der klassischen Utopie von einer neuen Seite veranschaulichen.
Da zeigt sich zunächst einmal, daß kaum einer der Utopisten die Brücke von seinem Traumreich zur Wirklichkeit zu schlagen wußte. Nur wenige, wie der ungewöhnlich dialektische Denker Joachim von Fiore im Hochmittelalter, haben ihre Projekte mit der objektiven Gesetzmäßigkeit der Weltgeschichte in Zusammenhang gebracht, sich selber daraus verstanden und mit der Berufung auf eine unausweichliche Zukunft die Kluft zu ihrer Gegenwart überwunden. Die meisten Utopisten setzten sich mit der *Distanz zwischen Wirklichkeit und Möglichkeit* in ihrer Version nicht weiter auseinander, so daß Hans Freyer 1920 nur die Alternative erkennen wollte: „Überredung oder Kanonen"[16]. Etwas freundlicher wirkt immerhin die Aussicht, das „kausal absolut geschlossene System" durch „ein Wunder" zu realisieren,[17] ein Wunsch, den neuere Utopien kaum mehr einkalkulieren, der aber völkstümlicheren Entwürfen mindestens bis ins 16. Jahrhundert noch leichter zu Papier geht. Allgemein fehlte den Klassikern des Utopismus im übrigen jede Beziehung zur inneren oder auch nur zur groben politischen oder zur transzendenten Entwicklungsdialektik, sie überließen ihre Entwürfe, oft nicht ohne einen Schuß politischer Vorsicht, dem freien Spiel der Gedanken. Gegebenenfalls

[14] Frye 1966 35
[15] Brinton 1966 56
[16] Freyer 1920 343
[17] Freyer 1920 345

konnte freilich einst selbst ein Platon nicht widerstehen, als ihm aus fürstlicher Machtfülle die Realisierung seiner utopischen Politeia angeboten worden war!

Der politischen entspricht auch die *räumliche Isolierung*. Deshalb hat man die utopischen Staatswesen nicht selten auf irgendein „glückliches Eiland" verlegt, das im Rahmen irgendeiner literarischen Handlung dann nur zufällig entdeckt und in seiner Eigenart bekannt wurde, wie etwa die mittelamerikanischen Indianerkulturen zu Morus' Zeiten, ein längst erwogener Einfluß auf seine „Utopia". Deshalb hielt ja doch Alfred Doren die räumliche Trennung für ein Charakteristikum der neueren Utopie und sprach von „Wunschräumen"[18], und E. Weil sagte 1956, ein wenig übersteigert: „Jede Utopie, jedes Vorbild eines vollkommenen Staates setzt die Isoliertheit dieses Staates voraus ... und begrenzt soviel wie möglich die Beziehung zu anderen Staaten."[19] Schon Julien Freund korrigierte 1967 dieses Urteil, weil er daran erinnerte, daß es nicht nur abgesonderte utopische Inseln, sondern auch utopische Weltstaatsprojekte gäbe, welche eine solche Abgeschlossenheit natürlich nicht entfalten müßten.[20] Da scheint aber noch eine Ergänzung nötig: Manche utopischen Projekte bieten weder Welt- noch Inselstaaten, sondern kleine Einheiten, die, nach außen hin abgeschlossen, mindestens wie Rabelais' Thélème, dennoch zerstreut inmitten der gegebenen Welt existieren. Dem Prinzip der „geschlossenen Gesellschaft" in Utopien tut das jedenfalls keinen Abbruch. Die Geschlossenheit in der Diaspora, auf der fernen Insel oder im totalen Weltstaat soll immer abschirmen, nicht nur vor Zerstörung, sondern auch vor Ablenkungen und gedanklicher Zersetzung. Sie zeigt den totalitären Ernst der Manipulation mit dem Menschen.

Losgelöst von der politischen Auseinandersetzung und von der räumlichen Kommunikation, sollen die utopischen Gesellschaftseinheiten nun aber auch noch von autochthonen Veränderungen bewahrt werden. Sie sind *geschichtslos,* zumindest, auch bei dem Geschichtsdialektiker Joachim, in ihrer Endphase. In diesem Zusammenhang muß man natürlich die voll ausgebildete Konstruktion auf dem utopischen Reißbrett von utopistischen Einzelheiten in politischen Programmen oder von chiliastischen Elementen einer gesellschaftlich noch unausgeformten Erlösungshoffnung unterscheiden. Fürs erste scheint der utopische Umgang mit Zeit und Geschichte noch irrationaler als der Appell naiver Utopisten an Wunder und Visionen; aber diese Auf-

[18] Doren VBW 1927
[19] Weil 1956 140
[20] Freund 1967 113

hebung der historischen Entwicklung im utopischen Vollendungsstadium der besten aller Welten ist doch nichts anderes als konsequent. Es ist nämlich die geradlinige, wenn auch zunächst vielleicht unerwartete Folgerung aus der Annahme eines universalen reinen Geistes mit einer wesenhaften Gedankenwelt. Dieselbe „Ruhe im Grunde", die später Hegels großartige weltgeschichtliche Selbstentfaltung am Ende aufhob, beeinflußt auch schon Jahrhunderte vorher spekulativ meist anspruchslosere Konzepte – getragen nämlich von derselben philosophischen Grundhaltung des objektiven Idealismus. In Utopia herrscht seit unvordenklichen Zeiten die gleiche Gesellschaftsform, unverändert und keiner weiteren Entwicklung bedürftig.

Man kann an dieser Einzelheit des utopischen Programms freilich auch erkennen, wie verfehlt es wäre, das utopische Denken schlechthin etwa als „Klassenideologie des Intellektualismus" zu betrachten. War es doch, fern von der gedanklichen Eskalation des Utopischen, gerade eine besondere Leistung der sich bildenden Intellektualität im 12. Jahrhundert, den Entwicklungsbegriff, die Kategorie des Historischen, zuerst noch unter den Aspekten des mönchischen Selbstbewußtseins, in die Gedankenwelt unserer Kultur getragen zu haben.[21]

VI.

Erweisen sich die utopischen Projekte auf diese Art im allgemeinen als geschichtsfremd, ja geschichtsfeindlich, so sind sie doch selber nichts weniger als geschichtslos. Das hatte 1920 schon Hans Freyer beobachtet mit der Feststellung, die Utopie sei „kein willkürliches Hirngespinst, sondern an einem bestimmten Punkt des Nachdenkens über die Bestimmung des Menschen als notwendige Idee" entstanden.[22] Freyer hatte dabei allerdings nach der herkömmlichen Auffassung die Renaissance als den Ursprung des utopischen Denkens vor Augen und Thomas Morus als seinen ersten bedeutenden Vertreter. Diese Zeitgrenze hat sich freilich als unrichtig erwiesen. Es genügt aber, wenn wir einstweilen allein nur an die klassische Utopia des Thomas Morus denken, um einen auffälligen Bezug zu finden, der wichtige Aufschlüsse über die Vorgeschichte des utopischen Denkens in Europa vermittelt und jedenfalls, wie mir scheint, einen guten Teil des konkreten Gehalts wenigstens der älteren europäischen Utopien mit historischer Anschaulichkeit erfüllt.

[21] Le Goff 1957 19; Spörl 1955 114; Brunner 1954.
[22] Freyer 1920 342

Da ist zunächst eine Besonderheit in der *ökonomischen Grundgestalt* der utopischen Konstruktionen, wie sie eigentlich der Erfahrungswelt und der Wirtschaftsentwicklung des Thomas Morus im großstädtischen London gar nicht mehr entsprach.
Die utopischen Gemeinwesen gründen sich auf *Handarbeit* aller Bürger, genauer betrachtet, auf der landwirtschaftlichen Handarbeit. Außer ihr sind lediglich noch die grundlegenden Handwerke zugelassen, jede Luxusproduktion ist verbannt. Handel gibt es nur von Staats wegen, das heißt, nur in der Regie der ganzen Gemeinschaft, nicht in den Händen einzelner.
Die Bürger Utopiens verbrauchen gemeinsam, was sie erzeugten, und sie erzeugen gemeinsam, weil der Boden, das wichtigste Produktionsmittel, wonach Marx zutreffend die ökonomische Epoche definierte, allen miteinander gehört, ebenso wie auch die Werkzeuge zu seiner Bearbeitung. Wir haben es also mit einem *Konsumtions- und Produktionskommunismus* zu tun, wenigstens bei den älteren Autoren und, was schon Julien Freund 1967 vermerkte, tendenziös bei allen Utopisten. Der Zusammenhang läßt sich aber noch genauer fassen: Keine der utopischen Konstruktionen kennt den Begriff des Leistungslohnes aus der neueren industriellen Wirtschaftsweise; alle ziehen sie demgegenüber in dieser oder jener Variante eine „Entlohnung nach dem Bedürfnis" vor. Daraus läßt sich ein ganzer Komplex des utopischen Wirtschaftsverhaltens erschließen. Hans Raupach kam aus diesem Zusammenhang gelegentlich zu dem Schluß, daß nur „unter den Bedingungen der stationären Versorgung mit Lebensgütern" in der europäischen Utopie eine „vernünftige Sozialtechnik im Gewande des Phantastischen hindurchzuschimmern" scheine.[23] Eine solche Wirtschaftsgesinnung kennzeichnet die Utopien aber nicht nur als präindustriell, sondern im Vergleich zur zeitgenössischen Stadtwirtschaft des Thomas Morus, mit Welthandel und sozialer Dynamik, eigentlich sogar als präurban.
Dazu paßt der wirtschaftliche Grundsatz der *Autarkie* bei den meisten oder etwa der aktiven Handelsbilanz im Sinne der einfachen Hortung des Bilanzüberschusses bei einigen Utopien.
Suchen wir nun nach dem zeitgerechten Modell für diese utopische Ökonomie, so fällt die Auswahl gar nicht so schwer. Geschlossene agrarische Wirtschaftseinheiten mit Besitz- und Produktionskommunismus ihrer Mitglieder gab es nur in den Klöstern der alten Orden, bei Benediktinern, Zisterziensern und den Varianten ihrer Ordensregeln.

[23] Raupach 1963 138f.

VII.

Wir können dem Pfad eines solchen Vergleichs unter einzelnen Sachbezügen gleich weiter folgen: Denn wie in der Ökonomie, so stand auch in der *Politik* das alte Kloster der utopischen Konstruktion Pate. Das zeigt sich im Prinzip der politischen *Gleichberechtigung* aller Bürger der utopischen Gemeinschaften, wie es weder die zeitgenössische Stadt- oder Dorfgemeinde mit ihren bekannten Unterschieden aus ererbtem Rang und Besitz, noch gar die nach strenger ständischer Rangfolge geordneten parlamentarischen Gemeinschaften vermitteln konnten. In den Klosterkonventen jedoch bildete sich eine Gemeinschaft Gleichberechtigter schon in der Spätantike aus, die theoretisch auch einem jeden die Möglichkeit gab, in geregeltem, in „kanonischem" Wahlverfahren zu höheren Funktionen aufzusteigen.
Nirgendwo anders gab es zu jener Zeit einen Versuch zur *theoretischen Lebensbewältigung*, der sich sowohl auf Lebensregeln im ganzen wie auch auf den Alltag bezog. Nur im Klosterleben findet sich also für die utopische Normierung des Daseins im Großen wie im Kleinen ein Vergleich. Geradeso wie im Kloster ist diese Normierung aber auch in den utopischen Konstruktionen getragen von einem gewissen Ordnungsoptimismus, der im Gegensatz zur kasuistischen und prozessualen weltlichen Gesetzgebung mit einfachen klaren Regeln, mit dem guten Willen und der patriachalischen Entscheidung eines vom allgemeinen Vertrauen getragenen Richteramtes auszukommen hofft. An diesem generellen Optimismus ändert nichts, daß es in vielen utopischen Entwürfen für einzelne Rückfallverbrecher doch noch die Todesstrafe gibt. Im Grunde gilt das elitäre Bewußtsein der utopischen Bürger doch allgemein so viel, daß man kaum Strafgesetze erläßt, und auch die meist nur für einen kleinen Katalog von Verfehlungen.
Nicht in der historischen Wirklichkeit, aber ihrer ursprünglichen Idee nach waren Klostergemeinschaften *„apolitisch"*, sie sollten also den weltlichen Konflikten aus dem Wege gehen; noch mehr: sie sollten sich sogar, als Gegenwelt zur verworfenen Realität, „antipolitisch" verhalten, den Ränken und Winkelzügen der Machtpolitik die Sozialgesinnung der Bergpredigt entgegenhaltend. Gerade an diesem Berührungspunkt des Klosterlebens mit der übrigen Gesellschaft wird die Paradoxie einer utopischen Innerweltlichkeit deutlich, wie sie sich auch in das klösterliche Lebensideal hineinlesen läßt. Ebenso aber in den bewußten utopischen Konstruktionen! Da ist die Verachtung der politischen Ranküne, nach den Zeitumständen gelegentlich ausdrücklich auf Machiavelli gemünzt, allein schon durch den insularen Status

so mancher Modelle in der Nachfolge des Thomas Morus ausgedrückt; da findet der individuelle Machttrieb im Inneren der neuen Gemeinschaften so wenig Beachtung wie in der Außenpolitik. Thomas Morus selber ist in weitergreifenderen Gedanken zu etwas Ähnlichem wie einer utopischen Außenpolitik gelangt. Gemeinsam ist allen utopischen Projekten die Ächtung des Krieges als Sozialfunktion und damit die Ächtung der adeligen Welt- und Wertbegriffe. Wenn aber der Krieg gelegentlich zur Selbstverteidigung unerläßlich erscheint, dann nicht als „Politik mit anderen", sondern mit allen Mitteln.

VIII.

Nipperdey kennzeichnete die utopische *Gesellschaft* als antiindividualistisch; er sah hierin sogar ein „Element mittelalterlicher Tradition"[24].

Nirgendwo ist nun aber dieses „mittelalterliche" Element schärfer ausgeprägt als in der alten *Klosterordnung*. Benediktiner und Zisterzienser boten ihren Mitgliedern bekanntlich keine Einzelzellen, mit deren Einrichtung im Ordensleben des „Frühhumanismus" des 14. Jahrhunderts zutreffend ein individualisierendes Moment der klösterlichen Geisteskultur erkannt wurde. Beim Beten, beim Essen, beim Schlafen, beim Schreiben und beim Studium befand sich der Mönch alter Ordnung hingegen immer in Gemeinschaft, meist auch bei der Handarbeit. Allein diese Äußerlichkeit mag ein Prinzip kennzeichnen. Wohl berücksichtigen die Utopisten später im Konkreten persönliche Neigungen bei der Berufswahl, bei der Aufgabe des einzelnen für das Ganze, gelegentlich auch bei der Gattenwahl, aber sie kennen dabei doch genauso wie die Mönche nur einerlei Glück, nur einerlei Selbstverwirklichung.

Diese *Selbstverwirklichung* ist das eigentliche Lebensziel der utopischen Gemeinschaft – genau wie im Kloster. Auch hierzu verdanken wir Nipperdey einen treffenden Vergleich zwischen Morus und Marx, der sich aber verallgemeinern läßt. Im Kloster wie im utopischen Staat jedenfalls findet der Mensch letztlich erst zu sich selbst und zu dem Ziel, das ihm die Ordensregel oder der utopische Entwurf für den Alltag wie für seinen ganzen Lebenslauf vorgeschrieben hat: die Bindung an das Transzendente in wahrhafter Frömmigkeit nach der älteren Version, in wahrhaftem Glück nach den stärker humanistisch beeinflußten Konzepten des klassischen Utopismus, in jedem Fall merklich mitgeprägt vom stoischen Menschenbild.

[24] Nipperdey 1966 365

Dieses Menschenbild sorgte nun auch für eine *asketische Lebensführung* als dem sichersten Weg zur Selbstverwirklichung. Manche Einzelaussage in den utopischen Projekten steht dem Vergleich mit der Klosteraskese vielleicht entgegen. Doch dieser Unterschied ist nur vordergründig. In Wirklichkeit wird überall in Utopien gespart, in allen älteren religiös bestimmten Entwürfen gefastet nach den Vorschriften des Kirchenjahres, im Anliegen der Selbstüberwindung, letztlich der Selbstheiligung, und in jedem Fall eine wechselnd begrenzte, unterschiedlich akzentuierte Selbstdisziplin gefordert. Wo es anders ist, besonders in Vulgärutopien ohne rationalistischen Aspekt, wo gelegentlich scheinbar das glatte Gegenteil in schrankenlosem Hedonismus durchschlägt, hat das gerade seine Ursachen in einer bis zur letzten Konsequenz übersteigerten Vorstellung von der Selbstheiligung, die letztlich jedes äußere Gebot aufhebt, aber erst nach Bewährung, Probe, Askese. Eine periphere, aber anschauliche Auswirkung dieses Denkens mag man im utopischen Märchen vom Schlaraffenland erkennen, das, allein auf ein Schlemmerleben bezogen, sich doch dem erst öffnet, der sich zuvor mühsam und lange durch einen Berg von Hirsebrei hindurchaß – fürwahr doch eine gehörige Leistung in verkehrter, nichtsdestoweniger anstrengender, elitebildender Version körperlicher Selbstüberwindung.
Die alten Orden kannten eine Gleichberechtigung ihrer Mitglieder, aber doch kein *egalitäres* Menschenbild. Vielmehr formten sie die Klostergesellschaft zu einer geistigen *Hierarchie*, in der nach dem Plan des Mönchsvaters Benedikt und seiner vielen Nachfolger am Jahrhunderte währenden Werk der Ordensreformen die überlegene Geistigkeit der einzelnen Mitglieder auch innerhalb der Gemeinschaft Niederschlag finden sollte.
Dreigestuft gestaltete sich diese Klostergesellschaft schließlich nach der Einführung des Konverseninstituts um die Jahrtausendwende; eine dreigestufte Hierarchie nach Arbeitenden, Funktionären und den „großen Weisen" begegnet uns auch immer wieder in den utopischen Entwürfen. Allerdings fand hier eine wichtige Wandlung statt, wie sie dem Anliegen und dem Selbstverständnis der sich säkularisierenden Intellektualität entsprach: Im ältesten utopischen Entwurf des Abtes Joachim von Fiore nämlich ist diese geistige Hierarchie noch auf das Ideal des frommen Menschen ausgerichtet. Später rückt an seine Stelle der in wissenschaftlicher Vertiefung Glückliche, und damit verschiebt sich das utopische Menschenbild. Nicht völlig allerdings: Auch die profane Utopie ist transzendent; auch der Weise, noch später der Wissende unter den utopischen Idealmenschen ist letztlich auf

innere Harmonie, auf „Glück" im geistigen Sinne ausgerichtet, auch er bekennt sich also zu einer umfassenden religio, zur Bindung an eine, wie man sagen könnte, umfassende Wissensfrömmigkeit.

Mit dem utopischen Optimismus der Überlegenheit des Geistes verbindet sich auch eine *ethische Rangfolge*. Der Weisere in der utopischen Gesellschaft ist zugleich auch der Bessere im Sinn derselben utopischen Weltüberlegenheit, die auch die Mönchskultur so nachhaltig beeinflußte.

Weder hier noch dort sind die hierarchischen Grenzen aber starr. Jedesmal sind sie aufgelockert durch ein *Leistungsprinzip*, in dem Erziehung, Schulung und geistige Anlagen eine besondere Rolle spielen. Damit tragen die utopischen Projekte denselben Mobilitätsfaktor in sich, der über das Mönchtum und den Weltklerus zum eigenartigen, zum wesentlichen Element der gesellschaftlichen Position der Intellektuellen überhaupt geworden ist.

Die Klostergemeinschaft besteht aus Zölibatären. Dagegen bringt die utopische Spekulation ein neues, ein Element aus der Laienwelt in den Vorstellungsbereich von der idealen Gemeinschaft: *die Ehe*. Interessanterweise hatte die älteste utopische Verbindung von Mönchen und Laien im Entwurf des Abtes Joachim von Fiore dieser Neuerung bereits vorgearbeitet. Man mag auch Parallelen in den spätmittelalterlichen frommen Laienorganisationen suchen, bei Humiliaten, Drittordensbildungen und vielleicht auch im Gemeinschaftsideal der Bruderschaften. Der laikale Akzent liegt aber nicht nur auf der Erlaubnis, sondern geradewegs auf der Betonung, auf der Obligation der Ehe für alle. Hier zeigt sich unter anderem ein antiklerikaler Zug, derselbe, nach welchem etwa die reformierten Gemeinden ihre Geistlichen in der ersten Hälfte des 16. Jahrhunderts hie und da förmlich zur Ehe drängten, um sie der Bürgergemeinschaft einzugliedern. Dabei ist die ganze utopische Gemeindeorganisation getragen von einem autoritären Patriarchalismus, der dem Familienoberhaupt manchmal ausdrücklich zugesprochen wird, der im großen und ganzen einen einmal gewählten Oberen, oft auch geradewegs als „Vater" angesprochen, kaum mehr demokratischen Kontrollen unterwirft. Hier werden wir wieder an die fast unbeschränkte Machtvollkommenheit des pater abbas erinnert.

Unter diesen Umständen scheint noch ein Vergleich der *Organisationsformen* nützlich: In beiden Modellen, in klösterlichen wie in utopischen Gemeinschaften, wird die Mitgliederschaft nach lokalen *Gemeindebildungen* zusammengefaßt, die auch in der literarischen Tradition der utopischen Insel zu vergleichbaren Infrastrukturen führte. Hierzu

bildet nun aber die Klostergemeinde nicht die einzige Parallele, wenn man auch beispielsweise längst das Vorbild der Mönchsrepublik am Berge Athos für Morus ins Gespräch geworfen hat; denn auch das Organisationsprinzip der Dorf- und Stadtgemeinden läßt sich hier heranziehen, wie es sich seit dem 11. Jahrhundert in allmählicher Perfektion und mit gewissen antiken Traditionselementen aus der coniuratio Gleichberechtigter entwickelte, nach neuen rationalen Gesichtspunkten seine Selbstverwaltung errichtete und sich schließlich auch nach ökonomischen Funktionen gliederte. Manche Utopien erinnern geradewegs an das städtische Korporationswesen. Andere, etwa die von Morus, haben doch wenigstens im Aufbau der städtischen Verwaltungszentren deutliche zeitgenössische Anleihen verarbeitet.
Auch die utopische *Architektur* läßt sich nicht nur mit der Planung der klösterlichen Bauanlagen, sondern ebenso mit den rationalistischen Unternehmungen der Renaissancearchitektur, vielleicht auch mit der Raumplanung in der Spätphase des ostmitteleuropäischen Landesausbaus und seinem „Weichbildsystem" aus der Kooperation von Stadt und Land vergleichen. Die Flurorganisation des Johannes Hergot aus den zwanziger Jahren des 16. Jahrhunderts macht eine solche Beziehung wahrscheinlicher, als es dem herkömmlichen Wissen von der Utopie in Mitteleuropa erscheinen mag.

IX.

Man hat die religiöse Laienbewegung des späteren Mittelalters mit all ihren häretischen Ausformungen oftmals „antikirchlich" genannt. Mir scheint das nicht genau genug. Ich finde aber, daß man sie als *„antiklerikal"* bezeichnen müßte, weil sie sich nicht gegen eine damals noch gar nicht dogmatisch definierte Kirche wandte, sondern immer wieder, teils nur durch ihre Distanzierung, teils adressiert und mit Aggression, gegen den Weltklerus. Ihre religiösen Vorstellungen waren keinesfalls antikirchlich, sondern allenfalls, wie man oft genug gesagt hat, gegen die hierarchisierte Anstaltskirche gerichtet. Dagegen hatte sie weitgehend die Ideale des Mönchtums in ihre Welt zu übertragen gesucht, ohne daß dieser Versuch je recht glückte, mit werktätiger Frömmigkeit, in häuslicher Sphäre, in den Bewegungen der Gottesfreunde, der Devotio moderna, der lutherischen Innerlichkeit oder des Pietismus: Nie konnte sie das Dilemma des Kreuzes in der Welt in einen aktiven, zielbewußten Gesellschaftsplan ummünzen. Ähnlich hatte sich auch das Mönchtum in einem Zwiespalt gefühlt, der in Bernhard von Clairvaux, wie Friedrich Heer wohl richtig sah,

zur personifizierten Selbstanklage geformt wurde: Er nannte sich die „Schimäre seines Säkulums" – zwischen säkularen und geistlichen Zielsetzungen aufgerieben.[25]
Die Mehrzahl der aus dem klerikalen Raum hervorgetretenen Intellektuellen, weltklug oder doch wenigstens weltzugewandt, mied dieses Dilemma. Die Utopisten unter ihnen suchten es aufzuheben. Das ist der große Unterschied zwischen ihren Projekten und den rationalistisch so erstaunlich vorgeprägten, so merkwürdig in einer gleichsam utopischen Diaspora lebenden Mönchsgemeinschaften. Wenn auch nur im spielerischen Ernst der Konstruktion und wenn auch zunächst nur exemplarisch verwirklicht, ist eine jede Utopie doch auf die Universalität gerichtet mit dem Optimismus von einem neuen Menschen, von einer neuen heilen Welt.
Ich habe in einer ausgreifenden und vielleicht korrekturbedürftigen Zusammenfassung historische Elemente der utopischen Konstruktion zusammengetragen, die sich jahrhundertelang behaupteten und in ihrem wirtschaftlichen Traditionalismus, in ihrem Patriarchalismus, ihren Reserven gegen die Frauenemanzipation und in der transzendenten Zentrierung der Autorität, in ihrer geistigen Hierarchie, ja in ihrem szientistischen Optimismus sogar noch, recht traditionalistische Züge im Gewand der radikalsten Neuerungen mit sich trugen. Die entbundene ratio gegenüber dem Menschen, der Gesellschaft und später der Natur füllte diese Konstruktionen dennoch mit dynamischer Progressivität. Ohne ihren historischen Hintergrund wäre diese Progressivität abstrakt und blutleer.

X.

Utopien sollen glaubhaft sein. In scheinbarer Unvoreingenommenheit, aber eben mit den versteckten Prämissen über die Welt und den Menschen, begründet die klassische Utopie ihre Suggestion durch den Modellcharakter. Jedermann soll daran selber prüfen, daß der Entwurf einer neuen Welt auch funktioniert. Sie nützt, vertieft und erweitert die bekannten gesellschaftlichen Zusammenhänge; sie konstruiert dabei ein vielgliedriges mechanisches Räderwerk, wie das verspielte Barockmodell im fürstbischöflichen Schloß Hellbrunn; sie schafft aus dieser Umwelt einen neuen, einen absolut guten Menschen, wie den Golem des Rabbi Löw im rudolfinischen Prag. Sie heilt die Welt durch eine neu eingerichtete ökonomische Totalplanung. Man kann deshalb von sozialen, man kann auch von ökonomischen Uto-

[25] Heer 1949 182

pien sprechen. Vielleicht heben sie sich begrifflich aber noch klarer von anderen utopischen Programmen ab, wenn man von *geschlossenen, funktionalen* oder von *institutionellen* Utopien spricht.

Funktionale Zusammenhänge ließen sich auch vom Ausgangspunkt technischer Neuerungen entwickeln, aber verständlicherweise liegt eine solche *technische* Utopie dem Reformationszeitalter noch fern. Sie ist sozialphilosophisch im übrigen weit anspruchsloser. Was die institutionelle Utopie aus der Veränderung ökonomischer Verhältnisse und dabei aus ihren Prämissen über den Menschen und die Gesellschaft herleitet, überläßt die technische meist den Konsequenzen aus technischem Zwang, aus der Veränderung der Produktionswerkzeuge, der Verkehrsmittel, der Wohn- und Befestigungsmöglichkeiten, der Waffentechnik. Ganz unbekannt sind solche Gedankengänge freilich auch dem Reformationszeitalter nicht geblieben. Schon Roger Bacon entwickelte bekanntlich im 13. Jahrhundert technische Zukunftsvisionen. Nikolaus von Kues wurde deshalb vor einigen Jahren als „Semiutopist" bezeichnet, und ein gewisser Anteil technischer Antizipation ist bei manchen Festungs- und Maschinenbauern der Renaissance bereits zu finden.

Aus der Literatur wird nicht recht deutlich, wo die technische Utopie nun wirklich beginnt. Für gewöhnlich sucht man sie erst bei Jules Verne und übersieht, daß Alfred Doren 1927 schon Sebastian Mercier aus der zweiten Hälfte des 18. Jahrhunderts in diesem Zusammenhang genannt hat. Tatsächlich verdient Merciers Roman über das Jahr 2440, eine Gesellschaftsstudie auf Grund technischer Antizipation, als bahnbrechendes Werk der technischen Utopie große Beachtung. Bloch bezeichnete dagegen Francis Bacons Nova Atlantis als „die erste technisch reflektierte Utopie"[26] und als „die einzige Utopie klassischen Rangs, welche den technischen Produktivkräften des besseren Lebens entscheidenden Rang gibt". Diese Kennzeichnung scheint mir nicht richtig. Die Nova Atlantis ist eben gerade keine technische, sondern eine naturwissenschaftlich-theoretische Utopie, die dem Spiel der experimentellen Möglichkeiten ein weites Feld offenhält, aber gerade nicht der technisch konkreten Lösung und ihren Auswirkungen. Sie ist auch nicht die einzige Utopie klassischen Rangs im Hinblick auf die Förderung der technischen Produktivkräfte; denen hatte sich vielmehr Bacons Zeitgenosse Johann Valentin Andreae mit verblüffender Konsequenz gewidmet, den Bloch zwar nennt, aber wohl nicht studiert hat. Die einzigartige Position von

[26] Bloch 1955 226

Bacons Nova Atlantis im Rahmen der europäischen Utopie liegt für mein Dafürhalten auf einem anderen Feld: Bacon hat, soweit ich sehen kann, in seiner Elitenauswahl das vorher und nachher noch allgemein verbindliche Ideal der Humanisten-Intellektualität verlassen. Statt dessen besteht die Führungsschicht in Nova Atlantis, die weisen Väter vom Hause Salomonis, in ihrer Organisation etwa eine Mischung aus wissenschaftlicher Akademie und Freimaurerloge, aus mathemathisch-naturwissenschaftlich gebildeter Intelligenz. Das hat kein anderer Utopist nachgeahmt bis zur modernen Entfaltung der technischen Utopie. Bacon versuchte insofern als erster, die traditionelle Bindung zwischen Intellektualität und Utopie, zwischen dem allgemein gerichteten Bildungsoptimismus in seiner szientistischen Überhöhung und den potenzierten gesellschaftlichen Neuordnungsversuchen, auf eine ganz andere Grundlage zu stellen. Deswegen ist Bacons Utopie getragen von den Prämissen eines Weltbilds und der Selbstentfaltung des menschlichen Wissens, die wir heute immer klarer als Kriterien der sogenannten Neuzeit erkennen. Dennoch stützten sich die funktionalen Utopien nach Bacon noch jahrhundertelang auf humanistische Spekulationen über die Welt und den Menschen, also nur auf die Wirkmöglichkeiten neuer institutioneller Modelle.
Es gibt auch eine *kosmische* Utopie als literarische Gattung, die wohl mit dem phantastischen Reisebericht des spätantiken Lucian von Samosata bei uns im 15. Jahrhundert eindrang. Dem Zeitinteresse kam ein Mainzer Frühdruck aus dem Jahre 1460 entgegen, und auch später wurde die kosmische Phantasie immer wieder einmal durch ekstatische Reisen, geschwinde Reisen und Mondfahrten erweckt. Man findet sie in einer Bibliographie von Bingenheimer 1960 sehr dankenswert verzeichnet, nur trägt dieses Verzeichnis den Titel der Utopie schlechthin, und gerade das sind solche kosmischen Phantasien offenbar nur selten und spät gewesen. Um eine Gegenwelt auf dem Mond im sozialkritischen Bezug haben sie sich zunächst einmal nicht bemüht.[27]

IX.

Nun ist aber dieser Modellcharakter nicht die einzige Probe aufs Exempel. Deshalb gibt es auch Utopien, welche die Gestalt solcher funktionaler Entwürfe nur teilweise oder auch gar nicht angenommen haben und doch dieselbe Absicht, dieselbe Anregung oder gar poli-

[27] Bingenheimer 1960 mit den Titeln: Kindermann (18. Jh.), Kircher (17. Jh.) und Lucian. Dazu etwa noch Nikolaus Klim (18. Jh.)

tische Programmatik verfolgen und demselben Autorenkreis zuzurechnen sind wie die klassischen Entwürfe, die man nach dem Vorbild des Thomas Morus schlechthin vor Augen hat, wenn von Utopien die Rede ist. Sie suchen aber ihre Glaubhaftigkeit wenigstens zum Teil mit anderen Argumenten zu belegen. Dabei liegt es zunächst, an die Stelle der möglichen Funktion eine wirkliche Funktion zu setzen, statt eines fein ersonnenen Modells die historische Wirklichkeit oder das, was man dafür hielt. Aus diesem Bestreben rührt der für das herkömmliche Geschichts- und Entwicklungsverständnis eigentlich paradoxe Versuch, ein utopisches Zukunftsprojekt aus der Retrospektive herzuleiten. Schon Karl Mannheim berücksichtigte diese utopische Spielart und sprach von konservativer Utopie, die er aber erst dem 19. Jahrhundert zuschrieb, denn es sei, wie er erklärte, „das konservative Bewußtsein an und für sich nicht theoretisch veranlagt".[28] Deshalb habe es auch erst auf die liberale Idee des 19. Jahrhunderts mit theoretischen Entwürfen reagiert.

Mir scheint, das konservative Bewußtsein, an sich wirklich nicht so leicht zu Theorie geneigt, aber nicht aus Anlage, sondern aus mangelnder Notwendigkeit, weil stets die gesellschaftliche Veränderung zuerst nach theoretischer Rechtfertigung greifen muß, habe sich doch zu früheren und eigentlich wohl zu allen Zeiten seiner Haut auch theoretisch zu wehren gesucht. In unserem Zusammenhang ist Mannheims Feststellung jedenfalls unrichtig. Nicht erst das 19., sondern mindestens schon das 15. Jahrhundert lieferte, soweit sich zeigen ließ, in Mitteleuropa konservative Utopien aus diesem Anlaß. Freilich scheint es mir dabei treffender, von *historischen,* genauer von historisierenden Utopien zu sprechen, weil hierbei die Überzeugungskraft der utopischen Neuentwürfe mit dem Gewicht eines historischen Rückblicks gestützt wird, der allerdings im herkömmlich konservativen Sinn auch als Rechtfertigung für die gegebene Gesellschaftsordnung verstanden werden kann: Er greift jedenfalls zurück, um zu überzeugen. In seinem programmatischen Anliegen kann er dabei so radikal „reaktionär" im Sinne seiner Geschichtsdeutungen sein, daß er ebenfalls Gegenwelten im Auge hat, oft solche, für welche die Geshichte durchaus nicht jene Beweise liefern kann, die er beansprucht. Andererseits zeigten sich freilich im bewußten Rückgriff auf die Vergangenheit reale konservative Elemente, sei es in einer Adelsideologie, sei es im Nationalismus oder im Kaisermythos. Ein funktionaler Modellcharakter ist zumindest im Rahmen der Reformationsutopie auf diese Weise nicht entstanden.

[28] Mannheim 1965 199 und 205

XII.

Zu anderen Formen bilden sich utopische Projekte aus, wenn sie weitergespannten philosophischen Spekulationen entstammen. Leicht gälte Friedrich Hegel als Kronzeuge eines solchen *philosophischen Utopismus*, hätte er nicht die Distanz zwischen der wirklichen und der idealen Welt dialektisch überbrückt. Auch Nikolaus von Kues trug in einer seiner frühen Schriften gelegentlich der Welt einen solchen Brückenschlag als Reformprogramm auf, nicht dialektisch, sondern in seiner Unendlichkeitsvision der coincidentia oppositorum. Comenius suchte solcherart seine bekannten pädagogischen Bemühungen als Mittel zu einer derart utopischen Weltgestaltung zu organisieren. Ähnlich wie die historische bemüht sich also auch die philosophische Utopie um ein besonderes Instrument, um eine Stütze von außerhalb, um ihre Vision glaubhaft zu machen. Mitunter griffen die Autoren auch zum unmittelbaren, zum „klassischen" Mittel, eine mögliche Gegenwelt in allen Einzelheiten ihres Funktionierens auszumalen und dabei am utopischen Modell zu demonstrieren, was ihre philosophische Spekulation a priori für richtig ansah. So verhält es sich mit Campanella, dessen philosophische Arbeiten heute weit hinter seinem „Sonnenstaat" zurückgetreten sind, so auch noch 200 Jahre später mit Johann Gottlieb Fichte, der uns heute gerade umgekehrt als Philosoph bekannter ist als durch seinen „Geschlossenen Handelsstaat".

XIII.

Neben die „klassische" Utopie, belegt aus der möglichen Funktion einer konkret projizierten neuen gesellschaftlichen Ordnung, traten bisher also als unvollkommene Varianten im Sinn unserer Inhaltsanalyse die historische und die philosophische Utopie, beide auch freier von zeitgenössischen Einflüssen, die uns in der klassischen Utopie als durchaus „mittelalterlich" begegneten. Vergleichbare, unter gewissen zeitlichen und sozialen Umständen sogar noch größere Beweiskraft für gesellschaftsbezogene Aussagen besaß nun aber auch jahrhundertelang die Bibel – noch heute die Grundlage der katholischen Soziallehre, wenn auch mit weit gelöstem, oft eher nur deklamatorischem Bezug.

Auch die Bibel diente dementsprechend gelegentlich zur Begründung utopischer Vorhaben und bildete demnach eigene Formen der utopischen Konstruktion. Auch hierbei entfällt die anschauliche Totalität des klassischen Entwurfs. Diese *biblische* Utopie ist auf Grundsätze eingeschränkt, besonders auf den Optimismus der utopischen Anthropologie. Auch hier liegt also nicht im universellen Funktionieren aller

gesellschaftlichen Bereiche der Beweischarakter der utopischen Erwartung, sondern im einsichtigen Bezug zwischen der biblischen Autorität und ihrer Ausdeutung: Eine ganz neue, eine wohl unerhörte, aber doch zwingend richtige Interpretation der Bibel vermeint diese Art utopischer Entwürfe zu bieten. Kein Wunder, daß sie als radikale, als „schwärmerische" Ausweitung den großen abendländischen Bibelstreit des Reformationszeitalters begleiten.
Schon der Streit um die Bibelinterpretation führt uns aber an den Rand des europäischen Intellektualismus, dessen Eigenart vom rationalen Weltbezug getragen wird. Denn die biblischen Utopisten hätten keine gar so neuen Bibelinterpretationen finden können, wären sie nicht vom breiten Traditionsstrom des rationalen Bibelverständnisses gewichen. Mehr noch als Luther die „Hure Vernunft", wenn auch nicht immer mit gleicher Drastik, verdächtigten sie den Verstand nicht nur der menschlichen, sondern auch der gesellschaftlichen Befangenheit und entzogen ihm dadurch noch gründlicher seine Autorität. Sie ersetzten ihn durch andere Kriterien, wie sie die Mystik schon seit langem gepflegt und vorbereitet hatte, wie sie der ungelehrten „Theologie" seit Jahrhunderten schon zur geistigen Auseinandersetzung mit dem Glaubensgut unentbehrlich geworden waren, wie sie pantheistische Häresien aus unmittelbarer Erleuchtung propagierten.

XIV.

Aber auch Mystik und Pantheismus entwarfen geistvolle Systeme, auch ihr Spiritualismus setzte Denkakte. Erst eine fünfte und letzte Variante utopischer Vorstellungen lebte nur mehr von dem allgemeinen menschlichen „Prinzip Hoffnung" im Sinne Blochs[29] mit einem Minimum an rationaler Reflektion, dies allerdings noch immer auf der Grundlage des objektiven Idealismus, in vulgärem pantheistischem Extrem: An die Stelle der geistigen tritt in diesen *ekstatischen* Utopien nun die sinnliche Selbstverwirklichung; die Askese der Utopisten aus gesellschaftlicher Disziplin schlug um in gesellschaftsbezogenen Hedonismus. Später bemächtigte sich im Naturalismus der Aufklärung diese Spielart einer gewissen literarischen Verfeinerung und weitete sich vor einigem Hintergrund des Möglichen auch systematisch aus. Auf einfache Weise macht uns schon das uralte keltische Märchen vom Kuchenland damit bekannt. Aber auch die Adamiten im radikalen Hussitentum praktizierten sie, ohne größere theoretische Ansprüche, nicht vom Teufel besessen, sondern von den Sehnsüchten des armen Mannes.[30]

[29] Bloch 1953 u. 1955 [30] Macek 1953; Kalivoda 1961

6 Utopie als Antizipation

Die Harmonie der Welten als europäische Utopie

I.

„Die Vision einer konfliktlosen Gesellschaft ist der Kern einer jeden Utopie, die jemals von Philosophen und Propheten ... entworfen worden ist.“[1] – „Vom Menschen ausgesät ist die Idee der Utopie die großartigste Befriedigung eines weltlichen, eines säkularen Erlösungsbedürfnisses. Sie befriedigt das Gefühl, ... daß es eine Harmonie auch des Endlichen geben müsse ...“ – „Wir sehen, daß der tiefste Gedanke der Utopie, ihr Wesen, die Apotheose des Gesetzes im Sinne Platos ist, die Herstellung der inneren Gesetzmäßigkeit des sozialen Kosmos.“[2]
Die Harmonie der Welten ist freilich ein Rechtfertigungsprinzip auch jeder bestehenden Ordnung, nicht unbedingt reprojiziert als konservative Utopie, sondern auch unmittelbar als eigentliche Sinngebung und Handlungsabsicht der Regierenden interpretiert: als pax romana für den römischen Imperialismus, als Vikariat Christi für die mittelalterliche Kaiserherrschaft, als Synthese aus den historischen Klassenkämpfen für die sozialistische Diktatur. Auch unsere grundsätzlich unfertige, stets offene demokratische Staatsform vertraut in rationalem Optimismus auf die Harmonie des diskursiven Entscheidungsprozesses ihrer vielen großen und kleinen politischen Willensakte. Die utopische Harmonie konkurriert mit dieser ideologischen Selbstrechtfertigung der politischen Systeme und profitiert von ihren Krisen. Denn das gleiche Ziel beflügelt nicht selten die Sehnsucht nach einem ganz anderen Weg.

II.

Ihn suchten schon die Erzählungen in namenlosen und mehr oder minder zeitlosen Variationen des *Märchens* vom Schlaraffenland. Hier sind alle Nöte dieser Welt aufgelöst in eitel Glück und Wohlgefallen, es begegnet eine utopische Gegenwelt, in welcher der Faule belohnt

[1] Löwenthal 1970 66 [2] Quabbe 1933 120f.

wird und der Reiche keinen Einlaß findet; aber in ihrem Bereich regiert die Harmonie, die drängenden Nöte des armen Mannes sind ausgeschlossen: Hunger, Krankheit, Alter und Tod. Es handelt sich dabei aber doch um eine soziale Gegenwelt, die nicht undeutlich in der Ablehnung politischer Realitäten gestaltet ist. Nicht nur, weil da keine ökonomische Leistung gilt, keine politische Macht und nicht Stand oder Geblüt, sondern weil im Lob der Faulheit die Mühsal der Arbeitenden nach einem Ausweg sucht; und auch, weil man sich den Weg bis dahin doch erst mühsam verdienen muß als angestrengter Esser durch einen Berg von Hirsebrei, der Speise der Armen.
Diese Tendenz wird noch deutlicher im englischen Märchen vom Kuchenland, aus uralter keltischer Tradition. Nur wer sieben Jahre im Schweinemist ausharren konnte, wird dieses Kuchenland je betreten, das dann freilich nach solcher Mühsal auch ewige Jugend, Heiterkeit, Anmut und Heilung aller Krankheiten verheißt.[3] Eine harmonische Welt mit stärkerem Anklang an die politische Wirklichkeit ersehnten aber auch alle, die im monarchistischen Zeitalter von einem unüberwindlichen und allweisen Friedensherrscher träumten, ob er nun aus dem Untersberg, dem Kyffhäuser oder dem böhmischen Blaník hervorbrechen soll, alle Bösen zu besiegen, alle Nöte zu überwinden.[4] Ähnliche Sehnsüchte richteten sich auch auf einen Engelpapst, daß er in väterlicher Güte den ewigen Frieden brächte und selbst die wilden Tiere fromm und gar die Elemente gehorsam mache, so daß man trockenen Fußes von Europa nach Asien ginge.[5]

III.

Um sichtbare Harmonie zwischen den Menschen und seiner Umwelt bemühte sich schon früh die abendländische *Architektur.* Ohnehin nahm sie ihre Längenmaße vom menschlichen Körper, die Spanne, den Fuß, die Elle, den Klafter; als „Abbild des himmlischen Jerusalem" erbaute die Klosterarchitektur Harmonie in religiöser Symbolsprache.[6] Ein anderer Weg führte zu den geometrischen Grundfiguren als den natürlichen und deswegen harmonischen architektonischen Formen, wie Kreis, Quadrat, Polyeder und Kugel. Weitergespannte Planung ließ Idealstädte auf dem Reißbrett entstehen, wie Filaretes Sforzinda im späteren 15. Jahrhundert.[7] Der harmonische Umweltplan sollte die gesellschaftliche Harmonie begründen. Dabei wird aber auch die kosmische Situation bei der Anlage des Ganzen

[3] Morton 1952 19f.; Graus 1967 10f.
[4] Zuletzt Herrmann 1966 allgemein mit Lit. und Seibt 1972
[5] Baethgen 1943 42f. [6] Braunfels 1970 [7] Filarete 1895

berücksichtigt, wie denn nach Filarete ein jeder Architekt zugleich auch Astrologie studiert haben sollte.[8] Harmonische Raumplanung beschäftigte ebenso die literarischen Utopisten. Auch sie vertrauten dabei den geometrischen Grundfiguren, dem Kreis, dem Quadrat, dem rechten Winkel, der schachbrettförmigen Anordnung. Schon Thomas Morus suchte aber dazu die Harmonie in der idealen Landschaft, die Insel, die geschützte Bucht, das liebliche Flußtal. Die alten Ausgaben illustrieren dieses Anliegen. Da finden wir eine Ansicht der idealen Insel Utopia, das kreisrunde Bild von Makarien oder, mit geometrischer Exaktheit von der eigenen Hand des Verfassers, den Grundriß der Idealstadt Christianopolis des Johann Valentin Andreae als ausgewogene quadratische Konstruktion.

Aber auch schon Joachim von Fiore griff deswegen selber zur Feder. Sein Entwurf folgte der biblischen Allegorie. Deshalb nahm er eine Kreuzfigur zum Vorbild für die ideale Siedlungsanlage, weil ihm kein anderes Zeichen sicherer die Harmonie der Planung verbürgte. Allgemein ist sein Entwurf so unbedingt aus allegorischer Harmonie erdacht, daß sich für die Ausformung, für Zahlen und Maße gleich mehrfache symbolische Bezüge als Garantie ihrer Richtigkeit ergaben. Dasselbe Anliegen bewegte, noch immer mit dem eschatologischen Ausblick, auch die säkularisierte Moderne: „Sein letztes Ziel ist", schreibt Sedlmayr vom Revolutionsarchitekten Ledoux aus dem 18. Jahrhundert, „die ‚neue Stadt', die Stadt der technischen Welt zu bauen, zu bauen als ein ins Irdische verwandeltes himmlisches Jerusalem: ‚Metropolis, die Gegennatur, in der die Tyrannei der Natur durch eine allein vom Menschen gestaltete Harmonie überwunden wurde.'"[9]

IV.

Der literarischen Utopie steht natürlich das *Wort* näher als das Bild. Das moderne Wort aus der griechischen Wurzel suchen wir freilich jahrhundertelang in utopischen Schriften vergeblich. Allenfalls war dem Mittelalter die pythagoriäische Sphärenharmonie den Worten nach bekannt, die etwa auch bei Alanus von Lille zitiert wird. Mit klarem Bewußtsein verwendet Alanus aber das lateinische concordia als Begriff der harmonischen Übereinstimmung zwischen Mensch und Welt, das schon seit Cicero die gesellschaftliche Harmonie bezeichnete. Concordia ist bei Alanus der zentrale Punkt der gesamten

[8] Filarete 1895 453

[9] Sedlmayr 1955 72 mit einem Zitat nach W. Haftmann. Vgl. auch Revolutionsarchitektur 1971; diesen Hinweis verdanke ich Herrn Hatto Küffner.

allegorischen Figuration. Als er, wie wir schon gehört haben, den idealen Menschen mit Hilfe aller allegorischen Wissenschaften, Künste und Tugenden zusammenstellt, wird die concordia mit großem Lob in die Handlung eingeführt: in cuius facie deitatis imago.[10] Sie leistet die wichtigste Voraussetzung für die phantastische Neuschöpfung des Idealmenschen. Sie verbindet nämlich miteinander die einzelnen Teile des currus prudentiae, des „Wagens der Klugheit", mit dem die Sphärenreise bis hin zum göttlichen Schöpfer unternommen wird. Insofern kann man in ihr die ordnende, die harmonisierende Kraft des ganzen Handlungsablaufs erkennen.

Concordia ist auch ein Zentralbegriff in den gleichzeitigen Schriften Joachims von Fiore. Während er in seinen viel umfangreicheren Spekulationen die drei Weltzeitalter und den Anbruch eines neuen vollkommenen Äons demonstriert, sucht er immer wieder die concordia als die Vollendung des harmonischen Schöpfungsansatzes darzustellen. Concordia als Übereinstimmung zwischen dem Alten und dem Neuen Testament der biblischen Hinterlassenschaft leitet ihn überhaupt bei seinen Spekulationen vom Geschichtsverlauf und unterstützt sie mit sichtbaren Anhaltspunkten aus allegorischer Harmonie.

Auch Nikolaus von Kues benützte denselben Schlüsselbegriff, obwohl er ihn ein wenig wandelte: Mit einer concordantia catholica trat er zum erstenmal als Weltreformer hervor, und mit seiner bekannten coincidentia oppositorum suchte er später als reifer Mann sein Gedankengebäude in einem gewaltigen Anlauf zur Vollendung zu zwingen. So läßt sich sein gesamtes Anliegen auf die Grundfrage von „pluralité et harmonie" reduzieren.[11] Die harmonische Übereinstimmung mit der Obrigkeit im naturalis instinctus der Untertanen, die Harmonie in der politischen Hierarchie durch die Höherstellung der Weiseren und die Harmonie schließlich zwischen den Religionen und den Konfessionen seiner Zeit beschäftigte ihn lebenslang und läßt sich gelegentlich als politisierte Mathematik begreifen, die ihm wohl auch als abstrahierte Harmonie erschien.

Weniger Sinn für metaphysische Systematik ließ bekanntlich Thomas Morus erkennen. Aber auch in seiner Utopia schimmert das harmonische Grundprinzip durch, ist doch die Verfassung der Insel als ein Endzustand der Geschichte zu betrachten mit eineinhalbtausendjähriger Tradition, weil sie die Selbstverwirklichung in individueller Harmonie garantiert. So werden die Utopier nicht in allen Einzelheiten gewertet, aber doch miteinander in den Grundlinien einer

[10] Alanus MPL 210 337 [11] de Gandillac 1963 36

stabilen concordia.[12] Auch Hergots Weltstaat erstrebte nichts anderes als die irdische Harmonie in seiner „Wandlung der Welt von allen ihrem Argen". Dabei wird seine Harmonie aber auch das Jenseits erfassen und das böse Prinzip überhaupt zerstören. Erinnern wir uns: „Hüt dich Teufel / die Höll wird zerbrechen."

Natürlich lassen sich nicht alle Staatskonzepte schon als Utopien ansprechen, die zum Grundgedanken der concordia tendieren. So etwa der phantastische Bericht des Guillaume Postel aus dem Türkenreich, der unter dem Titel „De orbis terre concordantia" 1560 nebenbei auch Zeugnis gibt, daß die sprichwörtliche deutsche Türkenfurcht jener Zeit anderwärts in Europa auch einmal abgelöst wurde durch eine enthusiastisch verbrämte Türkenbewunderung. Auch sein polnischer Zeitgenosse Modrevius schrieb seine De re publica emendanda[13] mit harmonisch-utopischen Aspekten, obwohl er dabei keine Gegenwelt entwarf.[14]

Kaspar Stüblin wollte, wie wir beobachtet haben, das vulgus pessimus durch harte Disziplin regiert wissen. Allerdings verließ auch er sich darauf, daß diese Zwangsherrschaft der Gebildeten in seiner Eudaemonia von der Einsicht der Beherrschten getragen sei. Und bei dieser Erwartung setzt gerade seine Schrift für die Begrifflichkeit der utopischen Eintracht einen Merkpunkt. „Da ist niemand", schreibt er in seinem utopischen Bericht, „der die Herrschaft des Magistrats herabsetzte, sed omnes amabili concordia et harmonia quadam cohaerent, „sondern alle halten in liebenswerter Eintracht und einer gewissen Harmonie zusammen."[15] Concordia et harmonia quadam – die Doppelung des Begriffs und das nachgestellte, erläuternde Fürwort lassen erkennen, daß Stüblin den Wortgebrauch nicht für selbstverständlich hielt. Er hatte gerade, und wie es scheint, unter den Utopisten zuallererst, die griechische Vokabel für den musikalischen Zusammenklang auf das gesellschaftliche Zusammenleben übertragen.[16] Hier beginnt, soweit man sehen kann, mindestens in der lateinischen Utopie in Mitteleuropa, der moderne Wortgebrauch.[17]

Grimms Wörterbuch verzeichnet die deutsche Spielart davon erst zum 18. Jahrhundert.[18] Das mag für das exakt eingedeutschte Lehnwort zutreffen; mit dem Fremdwort sind die Utopisten jedenfalls auch hier ihrer Zeit vorausgeeilt. Inzwischen war nämlich der Be-

[12] Morus 1965 2. Buch Kap. 32
[13] Modrevius 1953
[14] Schramm 1958; Backvis 1963
[15] Stüblin 1555 81
[16] Zedlers Universallexikon kennt 1733 nur eine Harmonia mundi als astronomischen Begriff.
[17] Leider ließ sich das nicht lexikographisch kontrollieren.
[18] Grimm 1877

griff der Harmonie als utopische Eintracht bis zu den Dichtern gedrungen. Grimmelshausens Simplicissimus hatte sich mehrfach nach der idealen Staatsform umgesehen, hatte die alte Kaiserprophetie vom „Teutschen Helden" ironisiert und sich auf eine utopische Reise ins Zauberreich der Sylphen begeben, um eine ideale Gegenwelt vorzuführen. Beiläufig erfährt er auch von den mährischen Wiedertäufern, deren urchristlicher Kommunismus ihm als die vollkommene Gesellschaftsordnung erscheint: „In Summa, es war durchaus eine solch liebliche Harmonia ..."[19]

V.

Ein Fundament für den utopischen Raum der kosmologischen Harmonie legte zu Campanellas Zeiten bereits die moderne *Naturwissenschaft*. Der geniale Kepler nämlich schien als Astronom den alten Traum der Pythagoräer von der kosmischen Gesetzmäßigkeit nach Zahl und Raum zu beweisen. Und wenn sich die Himmelskörper nach einer strengen Mechanik bewegten, war da nicht den kühnsten Spekulationen von ihrer Wirkung auf die irdischen Schicksale ein neuer Gesichtspunkt eröffnet? Kepler selber war persönlich freilich weit entfernt vom Okkultismus seiner Zeit, vom Rosenkreuzertum und von der Feuerphilosophie des Engländers Robert Fludd. Aber er war doch für anspruchsvollere Spekulationen über harmonische Zusammenhänge des Universums aufgeschlossen genug, um sein Hauptwerk als Harmonices mundi in die Wissenschaft einzuführen, als Weltenharmonik. Mit leichtblütigerem Enthusiasmus träumte sein Landsmann Johann Valentin Andreae von der Harmonia mundi, der mit Kepler in Briefwechsel stand.[20] Er wollte sie aus der Geschichte herauslesen. In seiner Idealstadt Christianopolis läßt er die weisesten und besten Köpfe, die da als Propheten ausgebildet werden, über Harmonie und Wahrheit meditieren.[21] Nach Richard Newald zählen in seinem Werk unter anderem die Begriffe von consensus und harmonia überhaupt zu den Werten von höchstem Rang, als neuplatonische Kräfte.[22] Andreaes Vorstellungen verdichteten sich gelegentlich zu der poetischen Erfindung der Brüderschaft von den Rosenkreuzern, die, ähnlich wie Bacons Orden vom Hause Salomons, halb Geheimbund und halb naturwissenschaftliche Akademie, Macht aus Wissen verkörperte zum guten Wirken unter den Menschen. Dieser Einfall fand in seiner Zeit ungeheures Echo, aus popularer Sehnsucht nach der utopischen Weltenharmonie, als besondere

[19] Grimmelshausen 1963 365
[20] Caspar 1948 346f.; Seebass 1947 8
[21] Andreae 1619 266
[22] Newald 1963 148

Spielart tief aufgefaßter reformatio mundi, die über Goethe und Stifter noch das späte 19. Jahrhundert erreichte.[23]
Auch Comenius ersann seine Weltenreform mit dem Ziel einer umfassenden Harmonie. Er bediente sich dazu unter anderem noch der alten chiliastischen Schablonen, nach denen er das Ende des sechsten Zeitalters ursprünglich für 1655 erwartete, danach aber einen neuen Adam, um die Welt in ein irdisches Paradies zu führen. Er arbeitete überdies noch mit der Concordanz zwischen Bibeloffenbarung und Vernunfterkenntnis in seiner Philosophia vera. Schließlich wollte er aber auch noch more geometrico sein System deduzieren, eine Anleihe an die neue Erkenntnisharmonie, wie sie die Mathematik damals gerade verhieß. Bei Comenius blieb das freilich ein Lippenbekenntnis.

VI.

Eugen Rosenstock-Huessy hat uns darüber belehrt, daß die Sehnsucht nach der universalen Harmonie zu den Triebkräften einer jeden *Revolution* gehöre.[24] Die Utopisten der deutschen Reformation, besonders solche, die mehr oder minder in das aktive Revolutionsgeschehen dieser Epoche verstrickt waren, wie Eberlin, Gaismair und Hergot, haben diese Einsicht aufs neue illustriert. Auch die große Revolution des 17. Jahrhunderts in England war von der Fama universaler Harmonie in mehr oder minder utopischem Gewand begleitet. Wir finden sie bereits im Mundus alter et idem des Joseph Hall 1605 und in der etwas jüngeren Nova Solima des Samuel Gott, die man eine Zeitlang sogar dem großen John Milton zuschrieb[25] und deren wirklichen Verfasser wir selbst in der großen europäischen Lexikographie vergeblich suchen.[26] Samuel Gott arbeitete noch mit den biblischen Archetypen der harmonischen Gemeinschaft, er möchte noch in ein wiedergewonnenes Jerusalem führen. Auch die radikalen Kommunisten der englischen Revolution sehen die Welt unter dem Vorzeichen einer revolutionär christlichen Deutung. In ihnen ist noch immer die chiliastische Deutung der Heilsgeschichte lebendig, die apokalyptische Auslegung von den vier Weltreichen, die gerade vergangen seien, vom fünften tausendjährigen Heilsreich, das eben anbreche. Man muß ihm den Weg bereiten, weshalb sie zur

[23] Peuckert 1928
[24] Rosenstock-Huessy, 1961 3ff: „Totalrevolution".
[25] Servier 1971 158
[26] Vgl. Encyclopedia Britannica 1962, aber auch Dictionary of English Biography 1890, Biographie universelle 1817, Diderot 1757, Zedler 1735.

Sozialisierung von Kron-, Kirchen- und Gemeindegut aufrufen und alles brachliegende Land enteignen wollen.[27]
Stärker von der biblischen Interpretation einer allgemeinen Harmonie löste sich Gerard Winstanley 1651. Er verkündete „Das Gesetz der Freiheit" oder „Die reformierte wahre Obrigkeit" aus Agrarkommunismus, Bedürfnisentlohnung und kirchlicher Volksbildung im Sinn einer ökonomisch-funktionalen Utopie. Bernstein entdeckte ihn als einen Vorläufer der modernen Sozialdemokratie.[28] Im Sinn pantheistischer Harmonie erwartete Winstanley das Ende der organisierten Kirche mit der Einführung der moralischen Selbstbefreiung des Menschen, der dann den rechten Weg in sich wisse und keiner äußeren Stütze mehr bedürfe. Später suchte er, nicht inkonsequent, sein Heil und die Zukunft der Menschheit bei den Quäkern.
In Deutschland war das 18. Jahrhundert keine fruchtbare Zeit für die utopische Literatur. Nach Ernst Bloch rührt das daher, weil Utopien „unternehmerfreie Bedarfsdeckungswirtschaft, also Kommunismusglück, lange vor den empirischen Möglichkeiten" erträumten und daher im Zeitalter der Manufakturen, im 18. Jahrhundert also, „wenig zu melden gehabt hätten".[29] Die Christianopolis des Johann Valentin Andreae kann aber beweisen, daß die manufakturelle Organisation der utopischen Planung durchaus nicht verschlossen blieb. Im Gegenteil, man könnte meinen, hier hätte sich aus der intensiveren ökonomischen Rationalisierung ein dankbares Arbeitsfeld für den Utopisten erschließen lassen. So war es wohl diesmal nicht die ökonomische, sondern die ideelle Entwicklung, welche die mitteleuropäischen Utopisten im 18. Jahrhundert nicht allzuviel mehr wünschen und hoffen ließ, kaum daß man ihre Entwürfe noch eine Gegenwelt nennen kann. Es war nämlich möglicherweise das Vertrauen zum aufgeklärten Absolutismus eine Weile imstande, den politischen Optimismus auf sich zu ziehen, so daß die Alternative zur Wirklichkeit nicht gar so utopisch ausfiel. Der anonyme Bericht vom Ophirischen Staat bietet schon 1699 ein Beispiel für diese Einstellung. Er hält sich einigermaßen an die klassische literarische Fiktion, und doch bringt er eher vernünftelnde als vernünftige Formalplanung.
Für die revolutionäre französische Entwicklung des 18. Jahrhunderts gibt Morellys Utopie ein beredtes Zeugnis. Sie hält sich wieder an das klassische literarische Vorbild und berichtet von der gesellschaftlichen Harmonie auf einer im Ozean treibenden Inselgruppe. In der Tradition des Thomas Morus geht es bei ihr auch nicht etwa um Bibelinterpretationen, sondern um den Anspruch, das im Menschen

[27] Brinton 1959 239; Servier 1971 158ff. [28] Voigt 1906 84 [29] Bloch 1955 109

grundgelegte Naturgesetz zu erläutern. Ähnliches glaubte auch Rousseau wenig später gefunden zu haben, nicht ohne utopische Anspielung auf die unverdorbene Harmonie der zivilisationsfernen Menschheit. Morelly hielt sich nicht nur an die literarische Fiktion des utopischen Romans mit dem Symbol der insularen Isolation. Er verfaßte 1755 ein utopisches Programm mit der unmittelbaren Aussage eines Gesetzbuches als Code de la nature.
Die Einflüsse aus Morellys utopischem Programm lassen sich in der nächsten Generation noch bei dem radikal-revolutionären Grachus Babeuf wiederfinden. Man hat geurteilt, daß es sich hier um die erste Utopie überhaupt in der europäischen Geschichte gehandelt habe, „die in diesem Sinne politisch ernst genommen wurde, als sie zu einer revolutionären Parteibildung Anlaß gab".[30] Dieses Urteil wird noch in neuesten Übersichtswerken wiederholt. Man muß es berichtigen. Die böhmischen Taboriten des 15., die deutschen Täufer des 16. und die englischen Diggers des 17. Jahrhunderts allein beweisen, daß die utopische Parteibildung in Europa weit älter ist.

VII.

Natürlich führte eine solche Parteibildung nur unter bestimmten Bedingungen, nur im Sog einer weitergreifenden revolutionären Entwicklung zur Aggression. Im anderen Fall bildete sie *Sekten oder* blieb *literarische Unterströmung.* Beide Wege lassen sich im deutschen 19. Jahrhundert verfolgen: Ins Sektiererische glitt im allgemeinen die populare Utopie, noch immer unter christlichem Vorzeichen und in biblischem Gewand, während ein gewisses utopisches Interesse an einer totalen Erneuerung der menschlichen Gesellschaft in rationaler Harmonie die bedeutenden Philosophen der Zeit bewegte.
Zum Sektierer wurde damals Johann Georg Rapp, ein Weber aus Iptingen. Seine chiliastischen Erwartungen hatten ihm Schwierigkeiten mit der lutherischen Landeskirche Württembergs eingebracht. Deshalb war er mit Gesinnungsgenossen ausgewandert, die er recht autokratisch regierte, und, obgleich Ehepaare, für eine kommunistische Agrarutopie in freiwilligem Zölibat begeisterte. Kinder wurden nurmehr adoptiert. Rapp gründete mit seiner Gemeinschaft in den fruchtbaren Weiten des neuen Kontinents 1805 die Siedlung Harmony, verkaufte sie nach zehn Jahren weit unter Preis, gründete New Harmony und vertauschte das wieder zehn Jahre später gegen die Niederlassung Economy. Jede seiner Unternehmungen erzielte einen auffälligen Erfolg, der Abbruch nach zehnjährigen Phasen

[30] Voigt 1906 92; Doren VBW 1927 194

diente offenbar dem neuen Ansporn und der neuen Herausforderung seiner Gesellschaft, und noch als 1903 die letzten beiden ihrer Mitglieder verstarben, hinterließen sie dem Staat ein Vermögen von zweieinhalb Millionen Dollar.[31]

Die Unternehmungen der Philosophen waren weniger ertragreich. Harmonie „erzogener sittlich mündiger Individuen als Reich der schönen Seelen" suchte, nach Ernst Bloch, Johann Gottlieb Fichte in seinem 1800 veröffentlichten Entwurf vom Geschlossenen Handelsstaat.[32] Fichtes Darstellung ist sehr nüchtern gehalten, kein Roman, eher ein Memorandum. Da ist kein Raum, um über die innere Harmonie des guten Staatsbürgers im geschlossenen Handelsstaat zu meditieren. Man ist auf die lakonische Aussicht verwiesen: „Der Mensch soll arbeiten; aber nicht wie ein Lasttier, das unter seiner Bürde in den Schlaf sinkt... Er soll angstlos, mit Lust und mit Freudigkeit arbeiten und Zeit übrigbehalten, seinen Geist und sein Auge zum Himmel zu erheben, zu dessen Anblick er gebildet ist. Dies ist sein Recht, darum, weil er nun einmal ein Mensch ist."[33]

Auch bei dem Prager Theologen, Mathematiker und Philosophen Bernard Bolzano verdichtete sich der Traum von einer universalen Harmonie zum utopischen Konzept. Verstrickt in den letzten Wellenschlag eines vernunftreligiösen Optimismus, wie ihn besonders Karl Heinrich Seibt und sein Schülerkreis in Böhmen propagiert hatte, war Bolzano mit seiner geistlichen Obrigkeit in Konflikt geraten und hatte seine theologische Professur verloren. Er schlug sich von der Orthodoxie zur Utopie. 1831 schrieb er, nachdem er zuvor die Utopia des Thomas Morus gelesen hatte, einen Entwurf „Von dem besten Staate". 1848 entstand eine Neufassung. Sie sollte zusammen mit einer Übersetzung von Cabets Romanutopie „Ikarien" veröffentlicht werden, die 1839 in Frankreich erschienen war.[34] Ein merkwürdiges Gespann: Bolzano bewegte sich noch ganz in der Welt des aufgeklärten Absolutismus mit dirigistischer Kameralistik; Cabet dagegen stand als einer der ersten Utopisten voll in der Arbeitswelt der Dampfmaschine. Beide einigte das Vertrauen in Planung, Reglement und Zahl. Cabet dachte an eine kommunistische Wirtschaft. Er hat übrigens auch die moderne Vokabel communiste in die französische Sprache eingeführt.[35] Bolzano hatte dagegen nur eine umfassende Vermögensnivellierung vor Augen. Cabet scheiterte mit seinem Überredungsversuch in der europäischen Gesellschaft und trat deswegen auf eigene Faust und mit eigener Hand zum alten Rezept des Agrar-

[31] Schempp 1969 45ff. [32] Bloch 1969 102 [33] Quabbe 1933 44 mit Zitat
[34] Winter 1956 73ff. [35] Bloch 1969 111

kommunismus. Anstelle des Weltstaats Ikarien gründete er eine kleine Siedelzelle am Missouri. Sein Versuch mißlang. Bolzano dagegen erkannte die Kluft zwischen seinen Ideen und der Wirklichkeit. Er rückte 1848 von seiner Schrift ab, nicht weil er sie für falsch hielt, sondern für unzeitgemäß.

VIII.

Wilhelm Weitling, Schneidergeselle, Autodidakt und Philantrop, erscheint wie die Verkörperung einer generationenlangen Bildungsbemühung im zünftigen Handwerk, das am Rand des bürgerlichen Bildungsgangs, oft hartnäckig und selten erfolgreich, bemüht war, in die Intellektualität einzudringen. Seine Garantien der Harmonie mit dem Versuch einer paramilitärischen Organisation der Arbeitermassen waren zwar noch auf die vorindustrielle Welt gerichtet, auf die Welt, in welcher die Maschinen noch hinter der menschlichen Arbeitskraft zurücktraten, aber sie tragen doch schon den Stempel einer neuen ökonomischen Organisation. Hier steht die *Harmonie des Proletariats* zur Debatte. Das rückt Weitling nahe an westeuropäische Utopisten jener Zeit, die man gewöhnlich als die Protagonisten unseres Industriezeitalters in Anspruch nimmt. Sie sind es eigentlich nicht gewesen. Eher suchten sie nach Umwegen, um der Wirklichkeit der kapitalistischen Industrialisierung auszuweichen, als daß ihnen Vorausdeutungen gelungen wären. Aber ihr Versuch, menschliche Harmonie in die Maschinenhallen zu tragen, kann als wahrhaft zukunftsbewußt erscheinen.
In der Schweiz schrieb Weitling 1838 ein Buch über „Die Menschheit, wie sie ist und wie sie sein sollte", nämlich aus Arbeit und Genuß zu einem harmonischen Ganzen verbunden. Er folgte dem Patriarchalismus der alten Utopie, trennte die Gesamtheit der arbeitenden Menschen nach ökonomischen Ständen, konzipierte dazu eine industrielle Armee und sah alles in Gütergemeinschaft vereint. 1842 publizierte er eine „Garantie der Harmonie und Freiheit". Hier war er mit der Hoffnung auf einen neuen Messias so sehr um das Gebot der christlichen Nächtenliebe bemüht, daß Bloch von ihm sagte, „er verstünde die Bibel zu lesen wie ein Täufer".[36]
Währenddem war die Zukunft der Unterschichten im anbrechenden Industriezeitalter in England schon sichtbar geworden. Dort bekämpfte Alexander Hall 1805 bereits mit Nachdruck das Proletarierelend als Effects of Civilization, weshalb er die Industrie auflösen

[36] Bloch 1955 130; allgemein zuletzt Bravo 1963.

und den Boden neu verteilen wollte. Das sollte die Dynamik der steigenden Sozialdifferenzen aus den Angeln heben. Konkretere Ausgangspunkte wählte der englische Fabrikant Robert Owen in seinem Social System von 1820 rund eineinhalb Jahrzehnte später in einem Book of the New Moral World. Hier strebte er nach Harmonie durch freiwillige Hinwendung zum Kommunismus, Verzicht auf die Kapitalrendite und ökonomische Brüderlichkeit, wobei er am Ende die Kleinproduktion auf genossenschaftlicher Basis vor Augen hat. Bloch findet dabei „die künftige Rolle der Industrie merkwürdig gering".[37]
Auch Owen versuchte, in Amerika als Siedler seine Pläne zu exemplifizieren. Er kaufte 1825 die Siedlung New Harmony von Johann Georg Rapp weit unter Preis, um 150 000 Dollar. Aber gleich zeigte sich, daß der religiöse Enthusiasmus der schwäbischen Bauern und Handwerker, daß die christlichen Chiliasten den rationalen Utopisten weit überlegen waren. Sie hatten New Harmony groß gemacht und waren bald auch mit ihrer neuen Siedlung erfolgreich. Was sie zurückließen, zerfiel unter der Regie Owens.[38]
Auch Charles Fourier, der französische Gelehrte, den man als einen der ersten Soziologen bezeichnete, hatte 1829 in seiner Nouveau monde industriel im Grunde eben dem industriellen Zeitalter die rechte Bedeutung noch nicht abgelesen. Auch er nahm seinen Ausgangspunkt bei der menschlichen und nicht bei der technischen Organisation. Er befürwortete eine genossenschaftliche Auflösung der Bevölkerung in kleine Kommunen, sogenannte phalanstères, bis zu fünfzehnhundert Personen, ohne große Industrie, zur agrarischen und handwerklichen Produktion, nicht ohne persönliches Eigentum. Auch seine Zukunftsplanung ist also, gemessen an den ökonomischen Entwicklungslinien, reaktionär. Auch Bloch bemerkte das, war dabei aber fasziniert von der tatsächlich genialischen Geschichtsinterpretation, die Fourier zu bieten suchte. Danach verlief die menschliche Entwicklung in fünf ökonomisch bestimmten Phasen, die sich künftig durch Überwindung des ökonomischen Liberalismus zum Garantismus entwickeln müßten. Immer wieder ist dabei das dialektische Zusammenspiel zwischen arm und reich sehr scharf gesehen, wenn auch das Endergebnis, nach Bloch, nicht mehr geworden ist als „rein subjektive Wunschphantasie".[39]
Tatsächlich sind die Analogien zu Marx nicht zu verkennen. Fourier erwartete die Verwirklichung seines Zukunftsstaates mit „geometrischer Notwendigkeit", und Bloch ist überrascht, hier dem alten Ideal der christlichen Menschenliebe als dem umfassenden Ausdruck der

[37] Bloch 1969 105 [38] Schempp 1969 45ff. [39] Bloch 1969 108

Weltenharmonie zu begegnen. Um Harmonie bemühte sich Fourier auch als Psychologe. Er analysierte ein Dutzend menschlicher Leidenschaften und errechnete nach ihren Konstellationen nicht viel mehr als eintausendachthundert Charaktertypen. Sie alle, meinte er, müßten übereingebracht werden, denn die industrielle, moralische, intellektuelle Harmonie ist die endliche Bestimmung des Menschen.
Auch Fourier erprobte seine Gedanken in einem Siedlungsexperiment, das geradeso scheiterte wie die Versuche von Owen und Cabet. Etienne Cabet hatte eine totale industrielle Planwirtschaft entworfen. Er endlich, um 1839, hatte große industrielle Komplexe auf dem utopischen Reißbrett. Seine kleine agrarkommunistische Kolonie am Missouri folgte eigentlich nicht diesem Programm, sondern blieb noch ganz auf den Spuren der alten utopischen Ökonomie. Aber Cabet hatte jedenfalls einen neuen Weg gewählt, den auch der französische Sozialphilosoph Saint-Simon verfolgte. Der vereinigte sozusagen mit den Zukunftsperspektiven von Cabet die Vergangenheitsdeutung Fouriers, denn auf einer Spekulation über die Entwicklungsphasen der menschlichen Wirtschaftsgesellschaft beruhte sein Entwurf, in welchem der industriellen Zukunft der breiteste Raum gehört. Saint-Simon verfaßte aber keine funktionale ökonomische Utopie, sondern eigentlich eine philosophische, in welcher die Arbeit zur Religion des Zukunftsmenschen wurde, ähnlich wie er in seiner bekannten Dreistufenlehre die Soziologie an die Stelle der Metaphysik treten ließ. Sein „neues Christentum" beruht nach seinen Vorstellungen auf mathematischer Basis. Auch hier wurde also die Harmonie der Zahl zur utopischen Methode.

IX.

Wenn schon nicht gerade die Gesetzmäßigkeit der Geschichte an sich, so offenbart sich hier doch eine Gesetzmäßigkeit im utopischen Denken. Die ökonomische Fragestellung und der ungeheure Eindruck der gewaltigen wirtschaftlichen, technischen und soziographischen Entwicklung im frühen 19. Jahrhundert blieb demnach nicht ohne Rückwirkung auf die utopische Spekulation. Doch wurde die utopische Harmonie damals nicht nur dort gesucht, wo sich die sozialistischen Kräfte allmählich zu politischen Parteien formierten, sondern sie blieb noch immer auch ein politischer Traum, der in mancher Variante die *Literatur des 19. Jahrhunderts* beflügelte. Sei es in Goethes Faust, der eigentlich seine Erfüllung in dem uralten Wunsche findet, „ein freies Volk auf freien Grund" zu führen, technisch-moralische Utopie der Neulandgewinnung, wiewohl vom Teufel mißleitet, mit der Brutalität gegen Philemon und Baucis und der Scheinarbeit ironischer Lemuren. Utopische Harmonie bestimmte eine Generation später auch Adalbert Stifters „Sanftes Gesetz" in dem lange mißverstandenen Staatsroman vom „Witiko", ausgeformt zu einer historischen Utopie und mit Kommentaren auf den Weg geschickt, nach denen „das Gute, ja das Göttliche" hier von dem Dichter „zu den Menschen hinaus sich zu lösen versucht" hätte.[40] Stifters „Witiko" wurde freilich erst ein halbes Jahrhundert später gewürdigt, in der Zeit nämlich, als man unmittelbar nach dem ersten Weltkrieg noch einmal die Sehnsucht nach der großen Harmonie literarisch entfaltete.[41] Zu dieser Zeit, 1919, entstand Max Brods utopischer Roman „Das große Wagnis" und Carl Sternheims „Europa". Vier Jahre später erschien Alfons Petzolds „Sevarinde", 1924 dann „Die Insel der großen Mutter" von Gerhard Hauptmann. Damals hatte aber die westliche Literatur bereits der harmonischen Utopie ein anderes Bild entgegengesetzt, nicht in einzelnen Abweichungen, sondern, wie um die Jahrhundertwende bereits deutlich war, in einer umfassenden Gegenposition. Nicht, daß damit die technische Utopie gemeint wäre, durch Jules Verne ein großer Bucherfolg und bald überall von Nachahmern fortgeführt; denn die entsprechenden technischen oder kosmischen Utopien lassen sich noch mit der Vorstellung von einer Weltenharmonie durchaus vereinigen, weil sie entsprechenden Optimismus mit dem wissenschaftlichen Fortschritt verbinden. Die neue Richtung utopischer Literatur um 1870 ist dagegen von ganz anderer Art.

Da erschien 1871 die romanhafte Fiktion von der gewaltsamen Neuordnung der Welt durch eine neue Rasse: E. Bulwer, The Coming Race. Im nächsten Jahr versprach S. Butler schon im Titel seines Buches die Umkehrung von Utopia – aus Nowhere wurde Erewhon. Dreißig Jahre später erschien dazu noch eine Fortsetzung. Der utopische Mensch zeigt sich darin in revolutionärer Ratlosigkeit. Utopie und Revolution nach einem minutiösen Modell entwarf W. Morris 1891 in seinem „News from Nowhere" mit bemerkenswerten strukturellen Analysen, während H. G. Wells 1895 wieder weiterführte in die moderne utopische Landschaft der Schreckdimensionen. The Time Machine schildert den dialektischen Übergang von Arbeitssklaven- zu Zuchtviehhaltern, vom Kapitalismus zum Kanibalismus. Wells konnte sich später auch einmal ein Atomzeitalter mit ungeheurer Machtentfaltung und versöhnlichem Ausgang vorstellen; aber zweckfreie Schriftstellerei, wie sie Krysmanski

[40] Seibt 1971

[41] Bahr 1918

neuerdings ihm und dem modernen utopischen Roman im allgemeinen nachsagte, hat er doch wohl nicht getrieben.[42] Denn sein Vorwort zu Open Conspiracy, 1928, zeigt ihn als engagierten Utopisten.
Der Weg der Schreckutopie führte in England 1932 zu Aldous Huxleys Brave New World, einer trostlosen Welt aus genetisch programmierten, in ihren Entwicklungsmöglichkeiten verstümmelten Robotern in strenger Hierarchie; einer Welt ohne Mütter, ohne Väter und ohne individuelle Eigenarten. Bis 1948 Orwells Zukunftsvision von 1984 erschien, wieder mit einem Umkehrspiel im Titel. Ohne wissenschaftliche Fiktionen, aber mit äußerster Perfektion von Terror und Täuschung, den Kriterien des modernen Totalitarismus nach Hannah Arendt,[43] war die Schreckutopie längst zur internationalen Literaturgattung geworden. Aus der literargeschichtlichen Betrachtung könnte man gar auf die wachsende Radikalisierung der Motive schließen: Eine englische Übersicht von 1961 trug den Titel New Maps of Hell.[44] Eine Darstellung im nächsten Jahr umschrieb die Entwicklung mit dem Satz: From Utopia to Nightmare[45], und 1965 hieß eine Betrachtung, förmlich als Superlativ der Reflexionen, The Crazy Fabric.[46]

[42] Krysmanski 1953 136
[43] Arendt 1958
[44] Amis 1961
[45] Walsh 1962
[46] Dyson 1965

Glanz und Elend der europäischen Utopie

I.

Zuguterletzt darf ich versuchen, die Ergebnisse meiner Untersuchung über die europäische Utopie oder über utopisches Denken in Europa innerhalb der letzten tausend Jahre noch einmal zusammenzufassen. Vielleicht ist es angemessen, wieder von jenem Begriff auszugehen, der in diesem Buch immer auf europäische Verhältnisse bezogen sein sollte, während andere Hochkulturen vermutlich ihre eigenen und abweichenden Utopien entwickelt haben.
Zum besseren Verständnis setzt man vielleicht doch ein paar Worte hinzu. Denn schlechthin gilt „utopisch" auch als Synonym für „illusionär". Eine Utopie ist aber etwas anderes und zugleich mehr. Sie ist ein kohärentes Gedankengebilde, und zudem ist utopisches Denken in Europa zu einem literarischenThema geworden, mit einer langen Geschichte, an deren Anfang nach allgemeiner Tradition die Figur

eines respektablen Humanisten steht. Thomas Morus fand allerdings zunächst sehr unterschiedliche Aufmerksamkeit in Europa.[1]

Mag sein kleines Werk nun am Anfang des utopischen Denkens in Europa stehen, wie man lange glaubte, oder nicht, wie ich in diesem Buch zu zeigen versuchte: Auf jeden Fall ist es anschaulich für eine Definition der europäischen Utopie. Es bringt nämlich totale Sozialplanung. Damit unterscheidet es sich von utopischen Träumen, wie sie die Antike im Mittelmeerraum ebenso kennt wie andere Kulturkreise. Die Utopie des Thomas Morus ist dagegen „Entwurf". Sie gibt vor, das menschliche Dasein bis in einzelne Lebensbezüge „geplant" zu haben, und in kritischer Distanz zur Realität wird sie deshalb auch auf eine ferne Insel verlegt – genauer, in „utopische" Distanz, die fortan alle möglichen Sozialplanungen im selben Sinn zugleich als „Gegenwelt" erscheinen läßt und doch diese Gegenwelt der Wirklichkeit als Ideal empfiehlt; als „Spiegel" im Sinn der zeitgenössischen Tugendlehren, als „Gegenüber" mit der Absicht zu radikaler Gegenwartskritik. An diesem Verhältnis ändert die Tatsache nichts, daß Thomas Morus, im Unterschied zu den meisten seiner Nachfolger, bei seinen Ausführungen der Humanistenschalk im Nacken saß.

Für den weiteren Aufschluß mußten wir unsere Erwägungen über die europäische Utopie vier verschiedene Wege laufen lassen: Es war, wie immer unter Historikern, nach den Wurzeln zu fragen, auch nach den Helfern bei der Geburt der Idee, die womöglich einen größeren Kreis einschlossen, nicht nur den Humanistenpapst Erasmus. Es war zweitens die literarische Form zumindest zu skizzieren, die ihrerseits ihre Vorläufer hatte und jedenfalls die Nachwelt zum mindesten ebenso berührte wie der Inhalt. Es war drittens die gesellschaftliche Situation um 1516 in Vergleich zu setzen mit allen anderen Zeitumständen, in denen man sich mit utopischen Konstruktionen befaßte, mit neuen Entwürfen oder mit Analysen der alten, um einen Zusammenhang zwischen Utopie und Krise zu suchen. Und es war viertens nach dem philosophischen Gehalt dieser Legende vom König Utopos und seinem „Nirgendland" zu fragen, besonders das, und ob und was denn daran etwa „europäisch" sei.

Die Aufgabe erscheint wie ein Wegkreuz im Kern des kleinen Versuchs, Glanz und Elend der europäischen Utopie zu bestimmen. Ein solcher Gang der Analyse ist aber zum abschließenden Verständnis unerläß-

[1] La fortuna dell' utopia di Thomas More, 1996, mit Beiträgen von Trevor-Roper, Seibt, Céard, López Estrada und Seidel Menchi zu den einzelnen nationalen Überlieferungsgängen. Ich folge hier einer Skizze für die Festschrift Bedrich Loewenstein 1999.

lich,[2] weil wir es mit einem sehr konzisen Komplex zu tun haben, der mutmaßlich ausschließlich in der Gedankenwelt der „westlichen Welt" zu finden ist und die Intellektuellen immer wieder in auffällig ähnlichen Formen heimsucht.

II.

Zunächst also zu den Wurzeln: So ziemlich allen Betrachtern, zuletzt noch in der letzten weltweiten Welle von Utopieenthusiasmus und -kritik um 1968, schien es ausgemacht, daß Thomas Morus eine Idee ohne Vorläufer gebar, die sich ausgezeichnet in die Interpretation von einer Epochenwende um 1500 fügte, als Kolumbus Amerika entdeckte und Luther die Reformation. Kein Zweifel an einer Epochenschwelle. Aber solcherart zu behaupten, dem Mittelalter sei eine solche Utopie wesenhaft fremd gewesen, das hieße, einen guten Teil der mittelalterlichen Wurzeln der utopischen Tradition zu ignorieren und ein gutes Stück europäischen Denkens dazu. Das hieße auch, die Ideengeschichte als abrupte Stufenfolge zu verkennen und eigentlich auch, den langen Weg gedanklicher Emanzipation. Das hieße auch, den Aufbruch Europas im 12. Jahrhundert zu ignorieren. Viele ältere Urteile, seien sie von Ernst Bloch oder minder berühmten Autoren im letzten Jahrhundert gefunden, vermitteln aber eine solche, auf den Beginn der Neuzeit um 1500 gerichtete Zäsur.[3]

Wir müssen statt dessen daran denken, daß alle schriftliche Kultur von den Mönchen ins nordalpine Europa getragen wurde, und daß zwei der größten europäischen Utopisten auch wirklich Mönche gewesen sind. Der eine, seit der Publikation seiner Schöpfung um 1619 berühmt, war der Dominikaner Tommaso Campanella, der den „Sonnenstaat" ersann.

Der andere hatte es im Andenken der Nachwelt schwerer, in seinem Leben freilich ungleich leichter als der von der geistlichen wie von der weltlichen Macht seiner Zeit gleichermaßen verfolgte und schwer bedrängte süditalienische Zukunftsprophet, der schließlich nicht etwa in seinem „Sonnenstaat", sondern beim französischen „Sonnenkönig" Zuflucht fand. Er war kurioserweise ein engerer Landsmann Campanellas: Joachim von Fiore, Abt einer von ihm gegründeten Abtei in Kampanien, gesuchter Ratgeber von Kaiser und Fürsten, schrieb um 1200 im ganzen lateinischen Abendland kolportierte Zukunftsdeutungen von einem Dritten Zeitalter nach dem alt- und dem neutestamentlichen, oder nach dem ersten Äon von Gottvater und dem zweiten von Gott-

[2] Frank und Fritzi Manuel 1979 [3] Seibt in Voßkamp 1982

sohn, und sprach im Sinn der Trinität von einem künftigen Zeitalter des Heiligen Geistes. Vierhundert Jahre vor Campanella suchte dieser kalabresische Mönch nach Wegen, dem ohnehin gesetzmäßig über uns kommenden Geistzeitalter auch noch entgegenzugehen, eine nicht nur modernen Marxisten bekannte Doppelstrategie.[4]

Die Konvente der Mönche und Nonnen, nach festen und unverrückbaren Regeln, wie sie nun einmal lebten, ähnlich wie die Utopier des Thomas Morus, wären vielleicht an und für sich ohnehin schon als utopische Gemeinschaften anzusehen. Jedenfalls fühlten sie sich selbst der utopischen Harmonie nahe mit mancher Bezeichnung für ihre Klöster, wobei sie allerdings ihre „Himmelspforten" und „Heiligenhöfe" in Beziehung zum Jenseits setzten, zur jenseitigen Vollendung, die bei Thomas Morus zwar ebenso eine Rolle spielt, aber nicht die Hauptrolle. Was ihre Gemeinschaften immerhin ähnlich macht, ist der genaue Lebensplan für einen jeden und die unveränderliche Regel für alle. Aber die utopischen Konstrukte der neueren Jahrhunderte sind mit guten Gründen bei Ernst Bloch vor siebzig und noch bei Frank und Fritzi Manuel vor dreißig Jahren eher als „westlich" denn als „heilig" interpretiert worden. Immer wieder stießen Interpreten dabei auf die Grundvoraussetzung aller utopischen Pläne: Denn alle utopischen Projektionen gehen aus von der wesenhaften Möglichkeit des Menschen zur Selbstverwirklichung, oder, theologisch formuliert, sie leugnen die Belastung mit der biblischen Erbsünde.[5]

Auch in der Lebensordnung unterscheidet sich eine utopische Kommunität in einem Punkt ganz erheblich von den monastischen Kongregationen jeder Regel und jeder Art: Im Kloster kommen keine Kinder zur Welt. Mönche und Nonnen können ihre Konvente nur durch Zuzug von außen regenerieren. Sie könnten also niemals auf weltfernen Inseln überdauern. Alle Klöster sind eingefügt in die große Ordnung der Kirche. Ihre Neigung zur Selbstheiligung und irdischen Vollendung ist begrenzt, ihr Zölibat verhindert die Selbstregeneration.

Es sind demnach nicht etwa die Laien, es ist auch nicht das gemeinsame Leben von Frauen und Männern in großen Konventen, das schon im frühen Christentum und dann seit dem Hochmittelalter immer wieder „Doppelklöster" inspirierte, wodurch sich monastische von utopischen Gemeinschaften unterschieden, sondern es ist die Selbstregeneration, die klösterliche Institutionen von den Plänen der Utopisten trennt. Alles andere wirkt zumindest nach dem äußeren Anschein sehr ähnlich.

[4] Reeves 1975

[5] Dazu beispielsweise die Urteile von Brinton und Frye in Manuel 1966 u. a.

Der Entwurf Joachims von Fiore für neue Gemeinschaften des Dritten Zeitalters ad instar superne Jerusalem – nach dem Beispiel des himmlischen Jersualem –, schließt Kinder zeugende und arbeitende Laien in die Gemeinschaft von Priestern und Mönchen jedoch ein. Es geht um jeweils kleine Gemeinschaften; nicht um utopische Inseln, sondern etwa, wie Joachim selber sagt, um Archen im Meer der traditionellen Christenheit. Joachim entwarf dazu auch den Grundriß für die neuen Kleinsiedlungen. Was Wunder: Er zeichnete nicht die traditionellen klösterlichen Viereckbauten mit Kirchen und Kreuzgängen, sondern er hielt sich an den Grundriß eines romanischen Kreuzes mit Sockel und Predella. Joachim war in seiner Gedankenwelt Symbolist. Also wollte er auch in symbolischen Grundformen gebaut wissen. In seiner Philosophie war auch er der allgemeinen Welterlösung zugetan, der menschlichen Fähigkeit zur Selbsterlösung ohne Gnade und Sakramente. War nur der rechte Weg erst einmal gewiesen, so konnte man schließlich auch die kirchlichen Sakramente entbehren – und das sagte er, wie alle Utopisten, wie der heilige Morus, wie der pantheistische Campanella, wie der atheistische Marx.
Und geradeso, wie eben auch Marx, war Joachim um Verwirklichung seiner Pläne von der Weltveränderung durch ein Drittes Zeitalter bemüht. Es galt, progressive „Zellen“ für seine utopische Weltreform zu bilden, um so inmitten einer noch nicht reformierten Nachbarschaft schon die neue Welt entstehen zu lassen; zwar zuerst noch mit der alten Religion der beiden vorangegangenen Zeitalter, des alttestamentarischen Gottvaters, des neutestamentarischen Gottsohnes, aber nun mit den neuen Inspirationen des heiligen Geistes, so daß man dementsprechend der Bibel nicht mehr bedurfte. Das wurde nicht gleich bekannt aus seinen Schriften, aber eben das hat ihm die heilige Mutter Kirche schließlich recht übel genommen. Joachim wurde, allerdings auch mit „nachempfundenen“ Schriften späterer Autoren, mit Joachismus also und mit Pseudojoachismus, zum Stammvater mancher religiöser Welterlösungshoffnungen und einiger vornehmlich freigeistiger Sekten. Und seine Schriften stehen seit Jahrhunderten auf dem kirchlichen Index ketzerischer Literatur.
Immerhin hatte sein Idealstaatskonzept für alles gesorgt: Nicht nur die Regeneration der gesamten Siedlungsgemeinschaft übenahmen die Laien, sondern auch ihre Ernährung und soziale Sicherung. Aber umgekehrt sorgten natürlich auch die Mönche für die Laien: Sie beteten für sie und versahen sie mit den Orientierungen für das rechte Leben und das ewige Heil. Zudem stellten sie auch eine Gruppe von Priestern zur Seelsorge und zur Schulbildung.

In Joachims Idealstaatsentwurf herrschte Produktions- und Konsumtionskommunismus, ganz herkömmlich für eine klösterliche Gemeinschaft. Auch kleideten sich alle gemeinsam, auf die sparsamste Weise natürlich, hatten einen Laienmagister, der aber dem Klosterabt unterstand, und es gab Arbeitspflicht für alle, Männer wie Frauen. Im übrigen war die Siedlung klar hierarchisch gegliedert, nach drei Ständen: Mönche, Priester und Laien. Wenn man will, kann man eine vergleichbare Dreiständeordnung in allen Utopien finden, in Platos Idealstaat, auf der Insel Utopia und bei all den vielen Nachkonstruktionen, am Ende auch noch in der „Schreckutopie" von George Orwell.
Danach hätte eigentlich nicht Thomas Morus, sondern Joachim von Fiore die Grundlagen für das utopische Modell geliefert. Mit ungleich größerem Ernst, darf man denken, und mit stupenden Ähnlichkeiten. Morus machte Geschichte, vornehmlich in der europäischen Literatur. Joachims Entwurf ist nur in drei Handschriften überliefert. Er wurde erstmals 1938 gedruckt und blieb auch danach nur wenig bekannt.

III.

In die Literaturgeschichte ging er jedenfalls nicht ein. Das unterscheidet ihn deutlich von Thomas Morus und seiner brillanten Schilderung dreihundert Jahre später, die dieser wohl ganz unabhängig entwickelt hatte, auch wenn sich eine der drei überlieferten Handschriften mit dem Konzept Joachims auffälligerweise in der berühmten Bodleian Library in Oxford gefunden hat. Es gibt keinen verbalen oder figuralen Hinweis auf Verbindungen zwischen Joachim und Morus. Das klösterliche Element, das der Kartäuserschüler Morus sehr wohl kannte, genügt für die Annahme einer solchen Abhängigkeit nicht. Schließlich hatte auch Rabelais ganz unabhängig in seinem „Gargantua et Pantagruel" das Kloster als utopischen Ort entdeckt. Zwar hielt sich Morus in den Formen seines Reiseberichts noch an die mittelalterliche Form einer Lehrschrift, den Dialog, aber er veränderte ihn doch ganz erheblich mit seiner ironischen Einkleidung. Der utopische Plan, an vielen Alltagsbezügen entwickelt, hat bis heute seine Faszination nicht verloren. Ebenso schlägt die Fiktion einer scheinbar umfassenden Gegenwelt noch immer ihre Leser in Bann und ist zudem im Lauf der Zeit doch auch merklich gewandelt worden. Das dürrste literarische Gewand warf ihr Campanella über, dessen Dialog oft nur von einem „weiter" oder „erzähle mehr" genährt wird. Das achtzehnte Jahrhundert ließ dann aber den utopischen Reisebericht zum »Staatsroman« anschwellen, und noch immer gab es Anlaß genug, Morus als den eigentlichen Erfinder der literarischen Gattung anzusprechen.

Freilich schwand dann im Zeitalter des Robinson Crusoe das soziale Interesse, und so lassen sich Goethes „Wahlverwandtschaften" nicht mehr ohne weiteres zur Gattung der utopischen Romane zählen. Doch zwei, drei Generationen später traf die intellektuelle Gesellschaft ein neuer Impuls an sozialen Verpflichtungen. Und neben, vor allem aber nach dem Goetheschen Kulturbürgertum trat der sozial engagierte Intellektuelle auf, sinnend, planend – und Utopien schreibend. Die hatten jetzt Programmcharakter wie die Schriften Owens, Cabets und Fouriers, sie wurden auch umgesetzt, nirgendwo anders als in Amerika, dem Land der unbegrenzten Möglichkeiten. Dort scheiterten sie allerdings auch, offenbar ohne im fernen Europa den Mut zu weiteren Experimenten zu dämpfen. Hier schrieb der deutsche Schneidergeselle Wilhelm Weitling um die Mitte des 19. Jahrhunderts seine Pläne von einer utopischen Zukunft ins Reine, im Grunde noch immer nach den Prinzipien des Thomas Morus, und legte zugleich Zeugnis ab von den Fort- und Weiterbildungsmöglichkeiten, ja vom Aufstieg zur politischen Intellektualität im deutschen Handwerk. Der Weg eines anderen deutschen Handwerkers in gesellschaftliche Visionen, nämlich des Schreinermeisters August Bebel, eigentlich der erste zusammenhängende Deutungsversuch im Historischen Materialismus, führte allerdings auf festeren Grund.

Wir haben soeben einen großen Sprung als Literaturkritiker gewagt, der geradewegs in die Arme des utopischen Schreckens bei Huxley, Semjatin und George Orwell führt, die, allesamt romanhaft, noch immer das Erbe des Thomas Morus hütend, bei Zwangskommunismus, Zwangsaskese und Zwangsideologie gelandet sind. Wir haben die Tatsache noch nicht hervorgehoben, daß, in welcher literarischen Nähe auch immer, zunächst einmal Thomas Morus in der deutschen literarischen Provinz die erste und dichteste Nachfolge gefunden hat, noch heute ein überraschender Befund gegenüber der weitaus späteren Morusrezeption in England, Frankreich und Spanien, der sich durch Unkenntnis nicht unbedingt entschuldigen läßt. Diese Unkenntnis verbreitete nachhaltig Raymond Ruyer in seinem Nachkriegsbuch über „Les utopies et les utopistes", worin er Deutschland „nicht zufällig" der utopischen Sterilität und zugleich des Mangels an freien Regierungen beschuldigte. Schon Heinrich Heine wußte beides in seinem „Wintermärchen" besser auseinanderzuhalten.

IV.

Um das zu verstehen, muß uns ein nächster Schritt nach dem Blick auf das literarische Modell nun mit den Grundsätzen des utopischen Denkens in Europa bekannt machen: Utopien, in jenem Sinn von Planung und Neuordnung, der hier diskutiert und als eigentlich europäisch bezeichnet wird, sind also nicht zu verstehen als allgemeinmenschliche und allgegenwärtige Versenkungen in ein sinnliches Paradies: Sondern als mehr oder minder gut überlegte Krisenreaktionen im Sinn einer im europäischen Kulturkreis seit dem zwölften Jahrhundert besonders entwickelten Neigung zu Planung, Ordnung und rationaler Hoffnung.
Wir können wieder beim englischen Klassiker ansetzen: Morus schrieb bekanntlich zwei Kapitel in seinem kleinen Buch von der Insel Utopia, und das erste ist ungleich weniger populär als das zweite.[6] Es gilt einer radikalen Gegenwartskritik, so radikal, daß man einem modernen Diplomaten an seiner Stelle wohl Loyalitätsmangel nachsagte. Morus erfuhr für diesmal noch keine solchen Vorhaltungen, obwohl seine Kritik ungeschützt auf englische Verhältnisse zielte. Da ist Unrecht, Betrug, Korruption und Gewalt an der Tagesordnung, und vornehmlich die alte klösterliche und inzwischen ganz allgemein verbreitete Sozialkritik ist lebendig: Die Wurzel aller Übel ist der Geiz. Diese Erinnerung an den Zeitkritiker Morus ist nicht unnütz. Sie ist ein Hinweis, daß Utopisten ihre Weltverbesserung zumindest vielfach aus der aktuellen Gegenwartskritik entwickelten. Es gibt einen Zusammenhang zwischen Utopie und Krise.
Krisen sind Wendezeiten.[7] Historische Krisen spielen sich in den Köpfen ab. Dort verbreiten sie sich, wenn die Funktionen gesellschaftlicher Ordnung zu versagen scheinen und wenn sich keine Zukunftsperspektiven zeigen. Das alles geschieht in einem kaum meßbaren Umfang und ist jedenfalls nicht allein von der Realität bestimmt, sondern eben, wie gesagt, von ihrem Widerschein in den Köpfen, auch wenn er trügt. 1940 zum Beispiel war die ökonomische Lage Deutschlands düster, die moralische der deutschen Politik verzweifelt, aber von einer Krise in eben jenem Jahr der Blitzsiege empfand der Großteil der deutschen Gesellschaft nichts. Dagegen hielten um 1500 in Deutschland wie in England manche Zeitgenossen das Weltende für nahe, und Unruhe aus sehr greifbaren Anlässen gab es genug. In der ganzen Christenheit zweifelte man zumindest an der Kirche, in England obendrein auch noch am politischen Regiment, an Redlichkeit und Sicherheit, eben so, wie das Morus beschreibt. In Deutschland, wo die Reformation sich zwanzig

[6] Hexter in Voßkamp 1982 [7] Seibt und Eberhard 1984 und 1987

Jahre später Bahn brach, scheint die Krise tiefgründiger gewesen zu sein und keineswegs auf die kirchliche Führungsschwäche beschränkt. Deshalb gab es hier auch eine seit der Mitte des 15. Jahrhunderts verbreitete „Reformatio Sigismundi“, radikal, mit eschatologischen Varianten, und um 1500 gab es gar einen „Oberrheinischen Revolutionär“ mit einem Programm für den Aufstand des Gemeinen Mannes. Deshalb war Luthers Reformation im oberdeutschen Gebiet auch begleitet von drei, vier utopischen Projekten, die bisher alle die rechte Aufmerksamkeit der Historiker noch nicht gefunden haben.

Da ging, Morus am nächsten, der schwäbische Exmönch Eberlin von Günzburg als Reformprediger um und schrieb 1521 von Fünfzehn Bundesgenossen, die mit ihm die Welt verändern sollten.[8] Einer davon präsentierte eine neue Ordnung in einem neuen Land namens Wolfaria. Die Wohlfahrt dort zeigt unverkennbare Spuren der Lektüre des Thomas Morus. Eberlin schrieb deutsch, aber dem gelehrten Franziskaner war das lateinische Büchlein von der Insel Utopia natürlich zugänglich. Ganz im deutschen Sprachmilieu blieb, wenn er schon selbst der Verfasser war, der Nürnberger Buchdrucker Hans Hergot. Nicht Spuren von Morus, sondern Spuren von Joachim finden wir in seiner Schrift „Von der Newen Wandlung“, eine Vokabel, die man getrost mit „Revolution“ wiedergeben kann. Und die neue Wandlung bewirkt dann eine Agrarutopie, die mehr mit Joachim als mit Morus gemeinsam hat, aber insgesamt doch einen eigenen Weg geht: Die neue Wandlung sucht nämlich, eine neue Weltordnung zu schaffen, wie das einer Revolution auch gut ansteht, und sagt dementsprechend Aufruhr und Zerstörung „der Städte“ voraus – die neue Welt soll auf Agrarbasis neu entstehen. Hergot ging deshalb 1527 in Leipzig aufs Schaffot.

Weit realistischer hielt sich da der Tiroler Bauernführer Michael Gaismair. Ins deutsche Geschichtsbild ist bis heute nicht recht gedrungen, daß nicht der schwäbische Aufstand, und nicht die kurze Erhebung der fränkischen Bauern unter Thomas Müntzer den Bauernkrieg von 1525 ausgemacht haben, sondern der Umsturz in Tirol, von dem Brixener Bischofsschreiber Gaismair angeführt und ein Jahr lang in Tirol dominant, auch Salzburg und Kärnten bedrohend. Im Schweizer Exil schrieb Gaismair danach eine Neue Landesordnung für Tirol mit utopischen Zügen.

Die Bauern wurden geschlagen, auch in Tirol, das fürstliche Regiment erstarkte wieder, in Deutschland so wie in der französischen und englischen Monarchie und im nachhussitischen Böhmen. Übrig blieben

[8] Baldini 1986

einige Täufergruppen, vornehmlich die huterischen Brüder in Mähren, deren Lebensordnung wieder einiges mit einer praktischen Utopie gemeinsam hat. Es ist die einzige echte Alternative zu bürgerlichen Lebensformen aus dem Reformationszeitalter, die bis in unsere Zeit überlebten. Die Anhänger des in Innsbruck später grausam verbrannten Jakob Huter hielten sich an klösterlich-kommunistische Lebensformen und strenge religiöse Disziplin. Wiederholt mußten sie im Lauf der Zeit ihr Zufluchtsland wechseln und zogen von Mähren über Ungarn nach Rußland, von da vor mehr als hundert Jahren nach Amerika. Dort erreichten sie die Gegenwart.[9] In allen anderen Gruppenbildungen wurde die praktische Utopie des Gemeinen Mannes mit der Stabilisierung der Reformation in der Hand der alten Mächte überwunden.[10] Für die theoretische Utopie rührte noch 1556 der Lateinprofessor Kaspar Stüblin die Feder, mit seiner „Eudämonia“ ein unverhohlener Nachfahre von Thomas Morus, allerdings nicht mit seinem schulmeisterlichen Stil.

Ein neues Krisenbewußtsein ging in besorgten Köpfen um, als sich knapp hundert Jahre nach Luthers Aufbruch die Konfessionen in ganz Europa politisiert hatten und im Machtkampf einander gegenüberstanden. Damals suchten ein paar irenische Geister nach konfessioneller Gemeinsamkeit, die mitunter wieder in utopische Spekulationen mündete. Diese Krise um 1600 hatte ihre besondere Spannung im mehrkonfessionellen Mitteleuropa und fand dementsprechend hier auch gedankliche und schließlich kriegerische Lösungsversuche. Mit einer neuen „Pansophie“ wollte man die theologischen Differenzen überbrücken. Johann Valentin Andreae, Mathematiker und tiefsinniger Vielschreiber, lutherischer Superintendent in Württemberg, aber schließlich kalvinistischer Neigungen verdächtig, versuchte die Welt durch das Vorbild einer „Christianopolis“ zu retten, einer Christenstadt, in der unter strenger Aufsicht zur Ehre Gottes gearbeitet, gelehrt und gebetet wird. Dabei erhält, im Gegensatz zu den herkömmlichen Agrarutopien, die handwerkliche Arbeit einen neuen Wert. Sie ist, was seinerzeit Ernst Bloch gar nicht erkannte, zum guten Teil der neuen Mechanik zugewandt, und jeder Bürger in Christianopolis sollte zugleich Handwerker und Gelehrter sein. In allen Werkstätten sollte produziert und geforscht werden zu gleicher Zeit. Damit war eigentlich das neue Berufsbild des Ingenieurs geboren. Das war schon ein halber Schritt zu neuen, zu technischen Utopien.

Andreae publizierte sein Werk zwei Jahre vor Campanella, aber er kannte bereits dessen Manuskript. Immerhin erschien es zwanzig Jahre

[9] Seibt 1984 [10] Ganseuer 1985

vor dem utopischen Fragment von Francis Bacon, der seinerseits mit den „Weißen Vätern vom Hause Salomonis" auf der Insel „Nova Atlantis" dem neuen naturwissenschaftlichen Denken zu einem sozialen Ideal verhelfen wollte. Alle drei utopischen Projekte umkreisen ein zukunftsträchtiges Bildungsideal: An die Stelle des antiken Bildungsfundaments tritt, je länger je mehr, ein naturwissenschaftliches. Die utopischen Autoren in Europa haben mit ihrem Rationalismus immer wieder einzelne Lebensbereiche mit erstaunlicher Sicherheit vorweggenommen und insofern tatsächlich „Zukunftsvisionen aus der Vergangenheit" geliefert. Im Hinblick auf künftige Bildungshorizonte sind jene drei, Campanella, Bacon und Andreae, tatsächlich ihrer Zeit um zwei-, dreihundert Jahre voraus. Die ersten akademischen Ausbildungsstätten für Ingenieurwissenschaften entstanden bekanntlich zwar schon im 18. Jahrhundert. Die volle akademische Anerkennung erfuhr der technische Bildungsgang dann aber erst um 1900.

Nach dem Dreißigjährigen Krieg in Mitteleuropa, den er wie wenige Gelehrte als Bischof der Böhmischen Brüdergemeinde erlebte und erlitt, schrieb der große Comenius noch 1672 in seinem barock voluminösen Hauptwerk von einem utopischen Weltstaat mit vielen solchen Einzelheiten, die man nun aus der gesamten Utopiediskussion schon kennt. Der vielberufene Comenius ist tatsächlich bis heute als Philosoph erst wenig bekannt, weil man nur seine pädagogischen Arbeiten vor Augen hatte und nicht das erst 1935 entdeckte, 1966 zum erstenmal gedruckte Hauptwerk. So hatte das utopische Konzept darin bisher auch keinen Platz in der utopischen Literatur.[11] Comenius schreibt nicht wie Morus mit leichter Hand an einer fiktiven Erzählung. Er schreibt als Philosoph und sucht währenddem immer wieder, seine Konstruktion von einer Weltvereinigung aller Nationen aus seinem barocken Universalismus zu rechtfertigen.

Es fehlte nicht an Krisenbewußtsein in der neueren europäischen Entwicklung, und so bescherten uns Fourier und Owen ebenso neue Utopien im Bewußtsein der Sozialprobleme des frühen 19. Jahrhunderts, wie die Enthusiasten am linken Flügel der französischen Revolution utopisch zu bauen versuchten.[12]

Mit dem Fortschrittsbewußtsein wuchs die Vorstellung, dem rationalen Planungsgefüge des Utopischen die Zukunft abzulesen, zum guten wie zum schlimmen Ende. Dabei fand letztlich ein neuer Krisenbegriff sein Echo, der sich wieder um utopische Spekulationen rankte. Um 1870 mündete er in englischen Werken mit der Faszination europaweiter

[11] Seibt 1994 [12] Dazu demnächst Marek 2001.

oder universaler Konsequenzen in die „Schreckutopien". H. G. Wells: „Men like Gods" 1923 und Aldous Huxley's „Brave New World" 1932 auf der Basis von Manipulationen am menschlichen Embryo wurden für eine Zeit die bekanntesten. Weit dringender klang der Krisenappell Karel Capeks aus seinem „Válka s mloky" – „Krieg mit den Molchen" von 1936. Er gedieh zur kaum verschlüsselten Warnung vor Hitler. Das Buch wurde mehrfach international übersetzt, ins Deutsche allerdings nur in Österreich. George Orwells Nachkriegswerk „1984" wurde schließlich zur Schlüsselliteratur vor den Gefahren des Kalten Krieges. Seither ist Big Brother in unserem Bewußtsein kaum mehr aktuell. Ein neues Schreckbild fehlt, der populäre Jubel um die Jahrtausendwende hat alles andere einstweilen vom Bildschirm vertrieben.[13]

VI.

Es bleibt die letzte, die schwierigste Frage: Nach der Gemeinsamkeit allen utopischen Denkens, zumindest, was die europäische, die planende, die rigoros rationale, die soziale, auf die Gesellschaft gerichtete Utopie angeht; wobei die Frage selber zuerst nach ihrer Berechtigung befragt werden muß.
Noch einmal: antike, und wahrscheinlich zeitlos verbreitete Träume von einem Schlaraffenland oder den glücklichen Inseln des Jambulos, wie sie den Berufsbeamten Gauguin noch um 1900 eine Weile in Bann schlugen, als er die Malerei und die dunklen Mädchen der Südsee für sich entdeckt hatte, bleiben einer solchen Fragestellung fern. Gemeinsam ist allerdings ein freundlicher Blick auf die Möglichkeiten des menschlichen Daseins in seiner Leichtigkeit, wenn nur irgendein Riegel gehoben, eine Hemmung beseitigt, ein Stein der Weisen gefunden sei.
Das Vertrauen auf die Befreiung der seit langem denaturierten menschlichen Gesellschaft beflügelt alle Utopien, und dieses Vertrauen kann allerdings auch ins Negative umschlagen, wenn die grundlegende Hoffnung auf die menschliche Fähigkeit zur Selbsterlösung auf einmal versagt und zum Mißtrauen und Zwangskonzept wird. Die Vorstellung von prozessualen Konsequenzen aber bleibt, auch wenn sich statt des Fortschrittsoptimismus ein genereller Pessimismus über den Aufbau einer Utopie verbreitet und sie zum rigorosen Zwangsstaat macht: „Überredung oder Kanonen!"
Das positive Zutrauen in die Heilsgeschichte ertrug einst allen religiösen Rigorismus, und so ist die Utopie bei uns nicht mit dem genialen

[13] Pesek 1999

Erzählwerk des Thomas Morus geschaffen, sondern nur in eine jahrhundertelang wirksame literarische Form gegossen worden. Auch Morus macht Anleihen bei der Religion, obwohl seine Utopier ganz ohne Kirche leben und sich selbst als „natürliche Christen" empfinden.

Das sind sie aber in Wahrheit nicht. Denn der Weg zur Selbsterlösung des Menschen, auf den sich die Utopier des Morus berufen, bedarf, falls es ihn denn überhaupt gibt, logischerweise keiner Kirche, keiner Vermittlung göttlicher Gnade und damit auch keiner Sakramente. Mit der Ablehnung dieser dogmatischen Konstruktion nach dem Selbstverständnis der alten Kirche ist die Distanz zwischen Utopie und Christentum ein für allemal gekennzeichnet, ist auch erklärt, warum schon Joachims „Drittes Zeitalter des heiligen Geistes" der Kirche suspekt war, denn da bedurfte es keiner Gnadenvermittlung mehr; warum dann aber andererseits seine Gedankenwelt viel Zuspruch im Sektenwesen fand, und warum sein Organisationsplan für die neuen Lebensgemeinschaften „nach dem Vorbild des himmlischen Jerusalem" geradewegs künftige utopische Konzepte vorwegnahm, wenn auch in den Formen der alten Klosterwelt.

Dieselben Konzepte sind leicht aus ihrem religiösen Rahmen zu lösen und in eine philosophische Klassifikation einzureihen: Utopisten sind allesamt Pantheisten, Pansophen oder „objektive Idealisten" . Seit Wilhelm Diltheys Kategorien des metaphysischen Denkens, die Erich Rothacker in den zwanziger Jahren verfeinernd rekapitulierte,[14] gibt es den Begriff des „objektiven Idealismus" für eine Weltauffassung, die ohne den persönlichen Gott das ganze Weltall und damit auch alle Menschen von „göttlichem Geist" erfüllt sieht, alle Transzendenz an einer „Geistseele" teilhaben läßt, oder, im Sinn Hegels, Welt und Überwelt als metaphysische Einheit versteht. Die Utopie ist in einem solchen Gedankensystem der Zugang zu den befreienden Lebensregeln. Sie muß dann aber auch zwanghaft für alle gelten, oder, in freundlicher Version, allen Menschen die notwendigen Lebenshilfen durch ihre Gesellschaftsordnung vermitteln. Dabei blieb lange unbeachtet, daß die utopischen Konstruktionen mit wenigen Ausnahmen ganz konservative, ja reaktionäre Wirtschaftsmodelle vertreten oder den Wirtschaftsbereich überhaupt ignorieren, angefangen vom einfachen Agrarkommunismus bis zum Sowjetkommunismus. „Der Riesenerfolg der Utopie" im Zeitalter der Aufklärung litt deutlich unter diesem Mangel, denn „die ökonomische Untermauerung des Fortschrittskonzepts bahnte sich nur zögernd an".[15]

[14] Rothacker 1927 [15] Loewenstein 1990, 264.

Das soeben vergangene Jahrhundert, das Jahrhundert der Ideologien, der Kriegskatastrophen, der Massenmorde und Vertreibungen, ist auch noch einmal ein Jahrhundert der Utopien gewesen. Dabei ist unser Fortschrittsbewußtsein, einst auch als Ausweg aus kirchlichen Bindungen begrüßt und im utopischen Selbstbewußtsein gar als der Weg in die moderne Selbstverwirklichung des Menschen betrachtet, in vielen Urteilen inzwischen als ein Irrtum erkannt und in sein Gegenteil umgeschlagen. Die gegenwärtige, die allerdings in sensiblen Köpfen schon lange vorhergesehene Ratlosigkeit unserer Welt leidet daran, daß der seit Max Weber beschworene „rationale Trend" der europäischen Geschichte in der utopischen Vollendung des Fortschrittsglaubens einen Religionsersatz gefunden hatte, den das Zwanzigste Jahrhundert schon mit dem Ersten Weltkrieg verriet. Fortan schien der Weg frei für allerlei „Sackgassen des Fortschritts".

„Das Prinzip Hoffnung" ist eine davon. Immer wieder, gerade auch im soeben vergangenen Jahrhundert, das nicht nur mit seinem selbstbewußten Fortschritt irrte, sondern auch dem Untergang der tausendjährigen Wertewelt des alten Europa den Weg bereitet hat, schien dieses Prinzip mitunter geradewegs zum Glaubensbekenntnis der Intellektuellen geworden. Aber, „wenn die Intellektuellen tatsächlich das Salz der Erde sind", sagt Bedrich Loewenstein, „so wissen wir nicht nur, daß Nahrung ohne Salz zu Appetitlosigkeit führt, sondern auch, daß Salz allein nicht eben genießbar ist."

Quellen und Literatur

Alanus MPL 210:
Alanus ab Insulis, Anticlaudianus. In: Jaque-Paul Migne, Patrologiae Latinae cursus completus. Tomus 210. Turnholt i. J. col 487–576.

Albrecht 1963:
Gerhard *Albrecht* u. a. Deutsches Schriftstellerlexikon. Weimar 1963.

Allen 1928:
John W. *Allen,* Political Thought in the 16th Century. London 1928.

Ames 1949:
Russell *Ames,* Citizen Thomas More and his Utopia. Princeton 1949.

Amis 1961:
Kingsley *Amis,* New Maps of Hell. A Survey of Science Fiction. London 1961.

Andreae 1619:
Johann Valentin *Andreae,* Reipublicae Christianopolitanae Descriptio, Argentoratum 1619.

Archiv český 1844:
František *Palacký* (ed.), Archiv český Bd. 3. Prag 1844.

Arendt 1958:
Hannah *Arendt,* Elemente totaler Herrschaft. Frankfurt 1958.

Backvis 1963:
C. *Backvis,* Le courant utopique dans la Pologne de la renaissance. In: Les utopies à la renaissance. Paris, Brüssel 1963, S. 165–205.

Baethgen 1943:
Friedrich *Baethgen,* Der Engelpapst. Idee und Erscheinung. Leipzig 1943.

Baethgen 1951
Friedrich *Baethgen,* Europa im Spätmittelalter. Grundzüge seiner politischen Entwicklung. Berlin 1951.

Bahr 1918:
Hermann *Bahr,* Adalbert Stifter. Eine Entdeckung. Zürich u. a. 1918.

Baldini 1986:
Enzo *Baldini,* Riforma Luterana e Utopia. Gli „Statuti del paese di Wolfaria" di Johan Eberlin. In: Il Pensiero Politico. Rivista di Storia delle Idee Politiche e Sociali 19 (1986), S. 3–31.

Baron 1961
Hans Baron, Machiavelli: The Republican Citizen and the Author of the Prince. In English Historical Rewiew 76 (1961), S. 217–253.

Barraclough 1953:
Geoffrey *Barraclough,* Die mittelalterlichen Grundlagen des modernen Deutschland. Deutsch von Friedrich Baethgen. Weimar 1953.

Bartoš 1931:
František M. *Bartoš,* Kdo byl Petr Chelčický? In: Jihoceský sbornik historický 15 (1946) S. 1–8.

Bartoš 1951:
František M. *Bartoš,* Dantova Monarchie, Cola di Rienzo, Petrarca a počátky reformace a humanismu u nás. In: Veštnik kralovské české společnosti nauk, fil. tř. Beilage V. Prag 1951.

Bauer 1965:
Clemens *Bauer,* Wirtschaftsgeschichtliche Probleme des fünfzehnten Jahrhunderts. In: Die Welt zur Zeit des Konstanzer Konzils, Vorträge und Forschungen IX. Konstanz, Stuttgart 1965, S. 31–46.

Bauer 1966:
Hermann *Bauer,* Wandlungen des Paradiesischen und Utopischen. Studien zum Bild eines Ideals. Berlin 1966.

Bender 1963:
Harold S. *Bender,* Das täuferische Leitbild. In: Guy Franklin Hershberger (Hr.), Das Täufertum. Erbe und Verpflichtung. Stuttgart 1963, S. 31–54.

Bensing 1966:
Manfred *Bensing,* Thomas Müntzer und der Thüringer Aufstand 1525. Berlin 1966.

Berdiajew 1952:
Nikolai A. *Berdiajew,* Das Reich des Geistes und das Reich des Cäsars. Darmstadt 1952.

Bernhofer-Pippert 1967:
Elsa *Bernhofer-Pippert,* Täuferische Denkweisen und Lebensformen. Münster 1967.

Bingenheimer 1959/60:
Heinz *Bingenheimer,* Transgalaxis. Katalog der deutschsprachigen utopisch-phantastischen Literatur 1460–1960. Friedrichsdorf/TS. 1959/60.

Biographie Universelle 1817:
ou dictionaire historique contenant la nécrologie des hommes célebrès de tous les pays ..., depuis le commencement du monde jusqu'à nos jours. Par une société de gens de lettres sous la direction de M. Weiss.Paris 1817.

Black 1970:
Antony *Black,* Monarchy and Community. Political Ideas in the Later Conciliar Controversy 1430–150. Cambridge 1970.

Blanke 1960:
Fritz *Blanke,* Das Reich der Wiedertäufer zu Münster 1534/35. In: aus der Welt der Reformation. Fünf Aufsätze von Fritz Blanke. Stuttgart 1960, S. 48–71.

Blekastad 1970:
Milada *Blekastad,* Comenius. Versuch eines Umrisses von Leben, Werk und Schicksal des Jan Amos Komenský. Oslo und Prag 1970.

Bloch 1953/1955:
Ernst *Bloch,* Das Prinzip Hoffnung. 2 Bde. Berlin 1953 und 1955.

Bloch 1963:
Ernst *Bloch,* Avicenna und die Aristotelische Linke. Frankfurt 1963.

Bloch 1969:
Ernst *Bloch,* Freiheit und Ordnung. Abriß der Sozialutopien mit Quellentexten. Frankfurt 1969.

Bönner 1970:
Karl Heinz *Bönner,* Sexualität. In: Veränderung der Gesellschaft. Sechs konkrete Utopien. Hg. von Hendrik Bussiek. Frankfurt 1970.

Bosl 1963:
Karl *Bosl,* Potens und Pauper, Begriffsgeschichtliche Studie zur gesellschaftlichen Differenzierung und zum „Pauperismus" des Hochmittelalters. In: Alteuropa und die moderne Gesellschaft. Festschrift für Otto Brunner. Göttingen 1963, S. 60–87.

Bosl pfalzen 1963:
Karl *Bosl,* Pfalzen und Forsten. In: Deutsche Königspfalzen. Veröffentlichungen des Max-Planck-Instituts für Geschichte II/I. Göttingen 1963, S. 1–29.

Bosl 1969:
Karl *Bosl,* Franken um 800. Strukturanalyse einer fränkischen Königsprovinz. 2. Aufl., München 1969.

Bosl ZBLG 1969:
Karl *Bosl,* Kasten, Stände, Klassen im mittelalterlichen Deutschland. In: Zeitschrift für bayerische Landesgeschichte 32 (1969), S. 477–494.

Bosl 1971:
Karl *Bosl,* Gesellschaftsentwicklung 500–1350. In: Handbuch der deutschen Wirtschafts- und Sozialgeschichte, hrsg. von Hermann Aubin und Wolfgang Zorn. Stuttgart 1971, S. 133–273.

Brandt 1933:
Otto Hermann *Brandt* (Hg.), Thomas Münzer. Sein Leben und seine Schriften. Jena 1933, Einleitung.

Braunfels 1969:
Wolfgang *Braunfels,* Abendländische Klosterbaukunst. Köln 1969.

Bravo 1963:
Gian Mario *Bravo,* Wilhelm Weitling e il comunismo tedesco prima del Quarantotto. Turin 1963.

Brendler 1966:
Gerhard *Brendler,* Das Täuferreich zu Münster 1534/35. Berlin 1966.

Brinton 1959:
Crane *Brinton,* Die Revolution und ihre Gesetze. Frankfurt 1959.

Brinton 1966:
Crane *Brinton,* Utopia and Democarcy. In: F. E. Manuel (Hg.), Utopias and Utopian Thought. Boton 1966, S. 50–68 (deutsch 1970).

Brock 1957:
Peter *Brock,* The Political and Social Doctrines of the Unity of Czech Brethren in the Fifteenth and earyl Sexteenth Century. Den Haag 1957.

Brunner 1954:
Otto *Brunner,* Abendländisches Geschichtsdenken – Zur Vorgeschichte des Historismus im 12. Jahrhundert. In: Wort und Wahrheit. Monatsschrift für Religion und Kultur. 9 (1954), S. 505–513.

Brunner 1967:
Horst *Brunner,* Die glücklichen Inseln. Stuttgart 1967.

Butterfeld 1955:
Herbert *Butterfeld,* The Statecraft of Machiavelli. London 1955.

Buve 1967:
Sergius *Buve,* Utopie als Kritik. In: Säkularisation und Utopie. Ebracher Studien Ernst Forsthoff zum 65. Geburtstag. Stuttgart 1967, S. 11–35.

Campanella 1966:
(ed. Heinisch) – siehe Heinisch 1966.

Caspar 1948:
Max *Caspar,* Johannes Kepler. Stuttgart 1948.

Chambers 1946:
Raymond Wilson *Chambers,* Thomas More. London 1946.

Chambers 1963:
Raymond Wilson *Chambers,* Thomas More. Harmondworth 1963.

Cohn 1957:
Norman *Cohn,* The Pursuit of the Millenium. London 1957.

Comenius II 1966:
J. A. *Comenii* de rerum humanarum emendatione consultatio catholica. Editio princeps, edd. J. Červenka, V. T. Miškovská-Kozáková u. a., red. O. Chlup. tomus II. Prag 1966.

Corpus Ref. 1927:
Corpus Reformatorum vol. XCI. *Zwinglis* sämtliche Werke, Bd. 4 Nr. 56: Von der Taufe, von der Wiedertaufe und von der Kindertaufe am 7. Mai 1525. Leipzig 1927, S. 188–337.

Correll 1925:
Ernst H. *Correll,* Das schweizerische Täufermennonitentum. Tübingen 1925.

Criticón 1970:
(Zs.)

Cusanus 1963:
Nicolaus *Cusanus,* Nicolai de Cusa opea monia. Vol. 14. De concordantia catholica libri tres. ed. Gerhardus Kallen. Hamburg 1963.

Dahrendorf 1958:
Raph *Dahrendorf,* Out of Utopia: Toward a Re-Orientation of Sociological Analysis. In: American Journal of Sociology 64 (1958), S. 115–127.

Dempf 1947:
Alois *Dempf,* Selbstkritik der Philosophie und vergleichende Philosophiegeschichte im Umriß. Wien 1947.

Dempf 1954:
Alois *Dempf,* Sacrum Imprium. Geschichts- und Staatsphilosophie des Mittelalters und der politischen Renaissance. 2. Aufl. Darmstadt 1954.

Denzinger-Rahner 1957:
Henrici *Denzinger,* Enchiridion Symbolorum, Definitionum et Declarationum de rubus fidei et morum, quod post ... denuo edidit Carolus *Rahner* S. J. Freiburg u. a. 1957.

Dictionary of National Biographie 1890:
Edited by Leslie Stephen and Sidney Lee. London 1885 ff.

Diderot 1757:
Encyclopédie ou Dictionaire raisonné des sciences, des arts et des metiers par une société de gens de lettres. Mis en ordre et publié par M. Diderot ... et quant à la partie mathématique par M. d'Alembert. Paris 1751–1765.

Döllinger 1890:
Iganz *Döllinger,* Beiträge zur Sektengeschichte des Mittelalters. 2 Bände. 1. Geschichte der gnostisch-manichäischen Sekten. 2. Dokumente vornehmlich zur Geschichte der Valdésier und Katharer. München 1890.

Dohna 1960:
Lothar *Graf zu Dohna,* Reformatio Sigismundi. Beiträge zum Verständnis einer Reformschrift des 15. Jahrhunderts. Göttingen 1960.

Doren VBW 1927:
Alfred *Doren,* Wunschräume und Wunschzeiten. In: Vorträge der Bibliothek Warburg 1924/25. Leipzig 1927, S. 158–206.

Doren 1927:
Alfred *Doren,* Campanella als Chiliast und Utopist. In: Kultur und Universalgeschichte. Walter Götz zu seinem 60. Geburtstage dargebracht von Fachgenossen, Freunden und Schülern. Leipzig 1927, S. 242–259.

Dubois 1956:
Walther I. Brandt (Hg.), Pierre *Dubois,* The recovery of the Holy Land (De recuperatione Terre Sancte). New York 1956.

van Dülmen 1968:
Richard *van Dülmen,* Johann Amos Comenius und Johann Valentin Andreä. Ihre persönliche Verbindung und ihr Reformanliegen: In Bohemia-Jahrbuch 9 (1968), S. 73–87.

Dyson 1965:
Anthony E. *Dyson,* The Grazy Fabric. Essays in Irony. London 1965.

Eberlin 1896:
Johann *Eberlin* von Günzburg, Die fünfzehn Bundesgenossen. Ed. Ludwig Enders, Neudrucke deutscher Literaturwerke des 16. und 17. Jh.s, Nr. 139. Halle 1896.

Eckstein 1939:
Otto *Eckstein,* Die Reformschrift des sogenannten Oberrheinischen Revolutionärs. Leipzig 1939.

Eimer 1961:
Gerard *Eimer,* Die Stadtplanung im schwedischen Ostseereich 1600–1715. Mit Beiträgen zur Geschichte der Idealstadt. Stockholm 1961.

Encyclopedia Britannica 1962:
A new survey of Universal Knowledge. Chicago, London, Toronto 1962 ff.

Enders 1896:
Ludwig *Enders* (Ed.), siehe Eberlin von Günzburg, Vorwort.

Fabricius 1716:
Joannis Alberti *Fabricii* Bibliographia Antiquaria, sive introductio in notitiam Scriptorum, qui antiquitates hebraicas, graecas, romanas et christianas scriptis illustraverunt. 2. Ed. Auctior et indice duplici rerum scriptorum que locupletata. Hamburg–Leipzig 1716.

La fortuna 1996:
La fortuna dell'utopia di Thomas More nel dibattito politico Europeo del '500. II giornata Luigi Firpo 2 marzo 1995. Fondazione Luigi Firpo. Centro di studi sul pensiero politico. Firenze 1996.

Filarete 1890:
Wilhelm *von Oettingen* (ed.), Antonio Averlino Filaretes Tractat über die Baukunst. Wien 1890.

Firpo 1959:
Luigi *Firpo* (ed.), De Eudaemonensium Republica. Monumenta Politca Rariora, ser. II vol. 1. Turin 1959.

Firpo 1963:
Luigi *Firpo,* Kaspar Stiblin, utopiste. In: Les utopies à la renaissance. Brüssel – Paris 1962, S. 107–133.

Fischer-Galati 1954:
Stephen *Fischer-Galati,* Ottoman Imperalism and the Lutheran Struggle for Recognition in Germany 1520–29. In: Church History 23 (1956), S. 46–67.

Franke 1967:
Annelore *Franke* (Hg.), Das Buch der hundert Kapitel und der vierzig Statuten des sogenannten Oberrheinischen Revolutionärs. Historische Analyse von Gerhard Zschäbitz. Berlin 1967.

FRB 5:
Fontes rerum Bohemicarum Bd. 5. Ed. Josef Emler. Prag 1893.

Freund 1967:
Julien *Freund,* Das Utopische in den gegenwärtigen politischen Ideologien. In: Säkularisation und Utopie. S. 95–118.

Freyer 1920:
Hans *Freyer,* Das Problem der Utopie. In: Deutsche Rundschau 183 (1920).

Friedmann 1952:
Robert *Friedmann,* Mennonite Quarterly Review 26 (1952).

Friedmann 1963:
Robert *Friedmann,* Die Lehre von den beiden Reichen. In: Guy Franklin Hershberger (Hg.), Das Täufertum. Erbe und Verpflichtung. Stuttgart 1963, S. 101–114.

Friedmann 1967:
Robert *Friedmann* (Hg.), Lydia Müller, Glaubenszeugnisse oberdeutscher Taufgesinnter. 2. Bd. Gütersloh 1967.

Friedrich 1955:
Wolfgang *Friedrich,* Ein Buchändler als Blutzeuge der Volksreformation. In: Börsenblatt für den deutschen Buchhandel 122 (1955), S. 613–615.

Frye 1966:
Northrop *Frye,* Varieties of Litrary Utopias. In: F. F. Manuel (Hg.), Utopias and Utopian Thought, Boston 1966, S. 25–49.

Gaismair 1970:
Klaus *Kaczerowsky* (ed.), Flugschriften des Bauernkrieges. Reinbek 1970, S. 79–83.

de Gandillac 1963:
Maurice *de Gandillac,* Les „Semi-Utopies" scientifiques, politiques et religieuses du Cardinal Nicolaus de Cues. In: Les utopies à la renaissance. Brüssel–Paris 1963, S. 41–47.

Ganseuer 1985:
Friedrich *Ganseuer,* Der Staat des Gemeinen Mannes. Stuttgart 1985.

Goerz 1967:
Hans-Jürgen *Goerz,* Innere und äußere Ordnung in der Theologie Thomas Müntzers. Gütersloh 1967.

Götze 1960:
Alfred *Götze,* Frühneuhochdeutsches Glossar. Berlin 1960.

Gonnet 1953:
Giovanni *Gonnet,* Waldensia. In: Revue d'histoire et de philosophie religieuses 33 (1953), S. 202–254.

Grassi 1950:
Ernesto *Grassi* und Thure von *Uexküll,* Von Ursprung und Grenzen der Geisteswissenschaften und Naturwissenschaften. München 1950.

Graus 1967:
František *Graus,* Social Utopias in the Middle Ages. In: Past and Present 38 (1967), S. 1–32.

Greesbeck 1853:
Meister Heinrich *Greesbecks* Bericht von der Wiedertaufe in Münster. In: C. A. Cornelius (ed.), Berichte der Augenzeugen über das Münsterische Wiedertäuferreich. Münster 1883, S. 1–214.

Grimm 1877:
Jacob und Wilhelm *Grimm,* Deutsches Wörterbuch „Harmonie", Bd. 4,2. Leipzig 1877, S. 484–485.

Grimmelshausen 1962:
Hans Jacob Christ. *Grimmelshausen,* Der abenteuerliche Simplicissimus. Exempla Classica der Fischer-Bücherei. Frankfurt 1962.

Groag-Bell 1967:
Susann *Groag-Bell,* Johann Eberlin von Günzburg's Wolfaria. The first protestant Utopia. Church History 36 (1967), S. 122–139.

Grundmann 1950:
Herbert *Grundmann,* Neue Forschungen über Joachim von Fiore. Marburg 1950.

Grundmann 1960:
Herbert *Grundmann,* Vom Ursprung der Universität im Mittelalter. 2. Auf. Darmstadt 1960.

Grundmann 1961:
Herbert *Grundmann,* Rezension von: Lothar Graf Dohna, Reformatio Sigismundi. Beiträge zum Verständnis einer Reformschrift des 15. Jahrhunderts. In: Deutsches Archiv 17 (1961), S. 592.

Guardini 1950:
Romano *Guardini,* Das Ende der Neuzeit. Basel 1950.

Hamm 1970:
Peter *Hamm* (Kommentar im Bayer. Rundfunk, Nov. 1970).

v. d. Hardt 1698:
Hermann *von der Hardt,* Magnum Oecumenicum Constantiense Concilium. Tomus IV, pars VIII. Mainz 1698.

Haupt 1893:
Hermann *Haupt,* Ein oberrheinischer Revolutionär aus dem Zeitalter Kaiser Maximilians I. In: Westdeutsche Zeitschrift für Wissenschaft und Kunst, Ergänzungsheft 8 (1893), S. 77–228.

Heer 1949:
Friedrich *Heer,* Aufgang Europas. 2 Bde. Wien–Zürich 1949.

Heer 1964:
Friedrich *Heer,* Europa, Mutter der Revolutionen. Stuttgart 1964.

Heimann 1952:
Franz *Heimann,* The Hutterite Doctrines of Church and Common Life. A Study of Peter Riedemann. Riedemanns Confession of Faith of 1540. In: Mennonite Quarterly Review 26 (1952), S. 2–47.

Heinisch 1966:
Der utopische Staat. Morus-Utopia, Campanella-Sonnenstaat, Bacon-Nova Atlantis. Übersetzt und mit einem Essay „Zum Verständnis der Werke“, Bibliographie und Kommentar von Klaus J. *Heinisch.* Reinbek 1966.

Held 1914:
Felix Emil *Held* (Übers.). J. V. Andreä, Christiantown. Indianapolis 1914.

Hendrich 1950:
Josef *Hendrich* (ed.). J. A. Comenius, Panorthosia. Prag 1950 (mit einem Nachwort des Herausgebers).

Hergot 1953:
Alfed Götze und Ludwig E. Schmitt (edd.), Johann *Hergot,* Von der newen wandlung eynes Christlichen lebens. In: Flugschriften aus der Reformationszeit, Bd. 20, Halle 1953, S. 53–64.

Hermann 1966:
Erwin *Hermann,* Veniet aquila, de cuius volatu delebitur leo. Zur Gamaleon-Predigt des Johann von Wünschelburg. In: Festiva Lanx, Studien zum mittelalterlichen Geistesleben. Johannes Spörl dargebracht aus Anlaß seines 60. Geburtstages. Hg. von Karl Schnith, München 1966, S. 95–105.

Hershberger 1963:
Guy Franklin *Hershberger* (Hg.), Das Täufertum. Erbe und Verpflichtung. Stuttgart 1963.

Hexter 1965:
Jack H. *Hexter,* The Composition of Utopia (S. XV–XXIII). Utopia and its Historical Milieu (S. XXII–XLI). In: The Yale Edition of the Complete Works of Thomas More. Tome 4, ed by Edward Surtz SJ and Jack H. Hexter. New Haven and London 1965.

Hillerbrandt 1962:
Hans Joachim *Hillerbrandt,* Die politische Ethik des oberdeutschen Täufertums. Köln und Leiden 1952.

Hinrichs 1950:
Thomas Müntzer, Politische Schriften mit Kommentar. Herausgegeben von Carl *Hinrichs.* Halle 1950.

Hinrichs 1952:
Carl *Hinrichs,* Luther und Müntzer. Ihre Auseinandersetzung über Obrigkeit und Widerstandsrecht. Berlin 1952.

Hofstaetter 1930:
Walter *Hofstaetter,* Ulrich Peters, Sachwörterbuch der Deutschkunde Bd. 1/2. Leipzig–Berlin 1930.

Hollaender 1932:
Albert *Hollaender,* Michael Gaismairs Landesordnung 1526. In: Der Schlern 13 (1932), S. 425–429.

Hrubý 1933:
František *Hrubý,* Die Wiedertäufer in Mähren. In: Archiv für Reformationsgeschichte, 30 (1933), S. 1–36, 170–211.

Husa 1957:
Václav *Husa,* Tomáš Münzer a Čechy. Rozpravy československé adademie věd 67. Prag 1957.

Joachim 1939:
Leone Tondelli (ed.), Il libro delle figure dell'Abate *Gioachino* da Fiore. Bd. 1. Turin 1939.

Joachim 1950:
Herbert Grundmann, Neue Forschungen über *Joachim* von Fiore. Marburg 1950, S. 112–121.

Joachim 1953:
Leone Tondelli (ed.), Il libro delle figure dell'Abate *Gioachino* da Fiore. 2 Bde., Bd. 2 hg. von Marjorie Reeves und Beatrice Hirsch-Reich. Turin 1953.

Joachimsen 1926:
Paul *Joachimsen,* Johann Valentin Andreae und die evangelische Utopie. In: Zeitenwende 2 (1926), S. 483–503, 623–642.

Kalivoda 1961:
Robert *Kalivoda,* Husitská ideologie. Prag 1961.

Kallen 1942:
Gerhard *Kallen,* Die politische Theorie im philosophischen System des Nikolaus von Cues. In: Historische Zeitschrift 165 (1942), S. 246–277.

Kallen 1959:
Gerhard *Kallen,* Nicolaus de Cusa Opera omnia 14,3: Die concordantia catholica. Ed. Gerhardus Kallen. Hamburg 1959.

Kallen 1963:
Gerhard *Kallen,* Nicolaus de Cusa, Opera Omnia, Vol. 14: De concordantia catholica libri tres. Ed. atque emendavit Gerhard Kallen. Hamburg 1963.

Kaminsky 1964:
Howard *Kaminsky,* Peter Chelčický: Treatises on Christianity and the Social Order. In: Studies in Medieval and Renaissance History I, ed. W. Bowsky. Lincoln/N. 1964, S. 106–179.

Kaminsky 1967:
Howard *Kaminsky,* A History of the Hussite Revolution. Berkeley and Los Angeles 1967.

Kamlah 1969:
Wilhelm *Kamlah,* Utopie, Eschatologie, Geschichtsteleologie. Kritische Untersuchungen zum Ursprung und zum futurischen Denken der Neuzeit. Mannheim 1969.

Keeney 1968:
William Echard *Keeney,* The development of Dutch anabaptist thought and practice from 1539–1564. Nieuwkoop 1968.

Kerssenbroch 1899:
Hermann *Kerssenbroch,* Geschichte der Wiedertäufer zu Münster. Die Geschichtsquellen des Bistums Münster. Bd. 5 und 6 ed. H. Detmer. Münster 1899 und 1900.

Kestenberg-Gladstein 1955:
Ruth *Kestenberg-Gladstein,* The „Third Reich„. A Fifteenth-Century Polemic against Joachim and its Background. In: Journal of the Warburg and Courtauld Institutes 18 (1955), S. 245–295.

Kirchenheim 1892:
Siehe Schlaraffia politica.

Klein 1963;
Robert *Klein,* L'urbanisme utopique de la Filarete à Valentin Andreae. In: Les utopies à la renaissance. Paris–Brüssel 1963, S. 209–230.

Kluge-Götze 1951:
Friedrich *Kluge,* Alfred *Götze,* Etymologisches Wörterbuch der deutschen Sprache. 15. Auflage. Berlin 1951.

Kluxen 1950:
Kurt *Kluxen,* Machiavelli und der Machiavellismus. In: Geschichte in Wissenschaft und Unterricht, Zeitschrift des Verbandes der Geschichtslehrer Deutschlands, I (1950), S. 346–560.

Kluxen 1967:
Kurt *Kluxen,* Politik und menschliche Existenz bei Machiavelli. Dargestellt am Begriff der necessitá. Stuttgart 1967.

Köhler 1925:
Walther *Köhler,* Luther und Zwingli. In: Zeitschrift für Theologie und Kirche. N. F. 66 (1925), S. 454–472.

König 1958:
René *König* (Hg.), Soziologie. Fischer-Lexikon. Frankfurt 1958.

Kolakowski 1960:
Leszek *Kolakowski,* Der Mensch ohne Alternative. München 1960.

Kolb 1951:
Franz *Kolb,* Die Wiedertäufer im Wipptal. Innsbruck 1951.

Koller 1963:
Heinrich *Koller,* Das politische Denken des 15. Jahrhunderts im Spiegel der Reformatio Sigismundi. In: Veröffentlichungen des Verbandes der österreichischen Geschichtsvereine 15 (1962), S. 55–63.

Krajewski 1958:
Ekkehard *Krajewski,* Leben und Sterben des Zürcher Täuferführers Felix Mantz. Kassel 1958.

Krysmanski 1963:
Hans-Jürgen *Krysmansky,* Die utopische Methode. Eine literatur- und wissenssoziologische Untersuchung deutscher utopischer Romane des 20. Jhs. Köln 1963.

Kühn 1926:
Johannes *Kühn,* Thomas Morus und Rousseau. Historische Vierteljahrschrift 23 (1926), S. 161–187.

Lagarde 1956:
Georges de *Lagarde,* La naissance de l'esprit laïque au déclin du moyen âge. Bd. 1. Paris 1956.

Landauer 1907:
Gustav *Landauer,* Die Revolution. Die Gesellschaft, Bd. 13, Hg. v. Martin Buber. Frankfurt 1907.

Lau 1959:
Franz *Lau,* Der Bauernkrieg und das angebliche Ende der lutherischen Volksbewegung. In: Luther-Jahrbuch 26 (1959), S. 109–135.

Loewenstein 1990:
Bedrich *Loewenstein,* Problemfelder der Moderne: Elemente politischer Kultur. Darmstadt 1990.

Le Goff 1957:
Jaques *Le Goff,* Les intellectuels au moyen âge. Paris 1957.

Le Goff 1965:
Jaques *le Goff,* La civilisation de l'occident médieval. Les grandes civilisations, Bd. 3. Paris 1965.

Lemberg 1971:
Eugen *Lemberg,* Ideologie und Gesellschaft. Eine Theorie der ideologischen Systeme, ihrer Struktur und Funktion. Stuttgart 1971.

Les utopies à la renaissance 1963:
Les utopies à la renaissance. Colloque internationale. Travaux de l'Institut pour l'étude de la renaissance et de l'humanisme. Paris und Brüssel 1963.

Lindauer 1970:
Josef *Lindauer,* Beilage zum Jahresbericht des Wilhelms-Gymnasiums in München. München 1970, S. 32c.

Littel 1957:
Franklin Hamlin *Littel,* Landgraf Philipp und die Toleranz. Bad Nauheim 1957.

Lorenz von Březova:
Fontes rerum Bohemicarum tomus V, *Laurentii* de Brzezowa Historia Hussitica. Ed. Josef Emler. Prag 1893. S. 329–534.

Loserth 1894:
Johann *Loserth,* Der Kommunismus der mährischen Wiedertäufer. Archiv für österreichische Geschichte. Bd. 81. Wien 1894.

Löwenthal 1970:
Richard *Löwenthal,* Entwicklung kontra Utopie – Das kommunistische Dilemma. In: Monat. Nov. 1970, S. 60–84.

Macek 1953:
Josef *Macek,* Táborské chiliastické články. In: Sborník historický I (1953), S. 53–64.

Macek 1955:
Josef *Macek,* Tábor v husitském revolučním hnutí. Bd. 2. Prag 1955.

Macek 1956:
Josef *Macek,* Tábor v husitském revolučním hnutí. Bd. I, 2. Auf.. Prag 1956.

Macek 1961:
Josef *Macek,* La guerra contadina tirolese e la politica di Venezia 1525–1532. In: Historica 3 (1961), S. 73–86.

Macek 1965:
Josef *Macek,* Der Tiroler Bauernkrieg und Michael Gaismair. Berlin 1965.

Machiavelli 1955:
Niccolò *Machiavelli,* Discorsi sopra la prima decade di Tito Livio, ed. A. Osilia. Rom 1955.

Machiavelli 1956:
Niccolò *Machiavelli,* Auswahl und Einleitung von Carlo Schmid. Frankfurt-Hamburg 1956.

Machilek 1966:
Franz *Machilek,* Heilserwartung und Revolution der Taboriten 1419/21. In: Festiva Lanx, Studien zum mittelalterlichen Geistesleben. Johannes Spörl dargebracht aus Anlaß seines 60. Geburstages. Hg. von Karl Schnith, München 1966, S. 67–94.

Mannheim 1965:
Karl *Mannheim,* Ideologie und Utopie. 4. Aufl. Bonn 1965.

Manuel 1966:
Frank E. *Manuel,* Toward a Psychological History of Utopias. In: Frank E. Manuel (Hg.), Utopias and Utopian Thought. Boston 1966, S. 69–100.

Manuel 1979:
Frank E. *Manuel* und Fritzie P. *Manuel,* Utopian Thought in the Western World. Cambridge 1979.

Marek 2001:
Michaela *Marek (Hg.),* Bauen für die Nation. Selbstdarstellungsstrategien kleiner Völker zwischen nationaler Eigenart und politisch-sozialer Ambition. München 2001.

Mecenseffy 1967:
Grete *Mecenseffy,* Die Herkunft des oberösterreichischen Täufertums. In: Wirkungen der deutschen Reformation bis 1555. Wege der Forschung, Bd. 203, hrsg. von Walter Hubatsch. Darmstadt 1967, S. 188–197.

Meinecke 1924:
Friedrich *Meinecke,* Die Idee der Staatsräson, 1. Aufl., Bonn 1924.

Meinecke 1960:
Friedrich *Meinecke,* Die Idee der Staatsräson, 4. Aufl., Bonn 1960.

Merker-Stammler 1928/29:
Paul *Merker,* Wolfgang *Stammler,* Reallexikon der deutschen Literaturgeschichte. Bd. 3. Berlin 1928/29.

Meuthen 1957:
Erich *Meuthen,* Die universalpolitischen Ideen des Nikolaus von Kues in seiner Erfahrung der politischen Wirklichkeit. In: Quellen und Forschungen aus italienischen Archiven und Bibliotheken 37 (1957), S. 192–221.

Meyer 1968:
Otto *Meyer,* Stiftungsuniversitäten mit besonderem Bezug auf Würzburg. In: Lebensbilder deutscher Stiftungen, Bd. 2. Tübingen 1968, S. 115–132.

Möbus 1953:
Gerhard *Möbus,* Politik des Heiligen. Geist und Gesetz der Utopie des Thomas Morus. Berlin 1952.

Möbus 1965:
Gerhard *Möbus,* Die politischen Theorien von der Antike bis zur Renaissance. 2. Auf., Köln 1965.

Modrevius 1953:
Andreae Fricii *Modrevii,* Commentariorum de Republica emendanda Libri V. Ed. Casimirus Kumniecki. Warschau 1953.

Mohl 1845:
Robert *von Mohl,* Die Staatsromane. Ein Beitrag zur Literaturgeschichte der Staatswissenschaften. In: Zeitschrift für die gesamte Staatswissenschaft 2 (1845), S. 24–74.

Mohl 1855–1858:
Robert *von Mohl,* Die Geschichte und Literatur der Staatswissenschaften. In Monographien dargestellt. Bd. I–III. Stuttgart 1855–1858.

Morton 1952:
Arthur L. *Morton,* The English Utopia. London 1952.

Morus 1965:
The Yale Edition of the Complete Works of Thomas *More.* Tomus 4 edd. by Edward Surtz SJ and Jack H. Hexter. New Haven. London 1965.

Morus 1966:
Thomas *Morus,* Utopia. Deutsch von Klaus J. Heinisch. In: Heinisch 1966, S. 7–110.

Mucchielli 1963:
Roger *Mucchielli,* L'utopie de Thomas Morus. In: Les utopies à la renaissance. Brüssel–Paris 1963, S. 101–106.

Mühlmann 1961:
Wilhelm Emil *Mühlmann,* Chiliasmus und Nativismus. Studien zur Psychologie, Soziologie und historischen Kasuistik bei Umsturzbewegungen. Berlin 1961.

Müller 1927:
Lydia *Müller,* Der Kommunismus der mährischen Wiedertäufer. Leipzig 1927.

Müller 1938:
Lydia *Müller,* Glaubenszeugnisse oberdeutscher Taufgesinnter. Bd. I. Leipzig 1938.

Mumford 1967:
Lewis *Mumford,* Utopia, the City and the Machine. In: Frank E. Manuel (Hg.), Utopias and Utopian Thought. Boston 1967, S. 3–25.

Münter 1957:
Gerd *Münter,* Idealstädte. Ihre Geschichte vom 15. bis zum 17. Jh. In: Deutsche Bauakademie, Heft 1, Berlin 1957.

Müntzer 1950:
Thomas *Müntzer,* Politische Schriften und Kommentar. Herausgegeben von Carl Hinrichs. Halle 1950.

Muralt, Schmid 1952:
Leonhard *Muralt,* Walter *Schmid* (Hg.), Quellen zur Geschichte der Täufer in der Schweiz. Zürich 1952ff.

Murner 1908:
Thomas *Murner,* Deutsche Schriften. Ed. Paul Merker, Bd. I. Straßburg 1908.

Neff 1913:
Christian *Neff,* Art. „Calvin". In: Christian Hege (Hg.), Mennonitisches Lexikon, Bd. I. Frankfurt 1913.

Neusüss 1968:
Arnhelm *Neusüss,* Begriff und Phänomen des Utopischen. Neuwies 1968.

Newald 1963:
Richard *Newald,* Die deutsche Literatur vom Späthumanismus zur Empfindsamkeit, 4. Aufl. München 1963.

Nipperdey 1962:
Thomas *Nipperdey,* Die Funktion der Utopie im politischen Denken der Neuzeit. In: Archiv für Kulturgeschichte 44 (1962) S. 357–378.

Nipperday 1963:
Thomas *Nipperdey,* Theologie und Revolution bei Thomas Müntzer. In: Archiv für Reformationsgeschichte 54 (1963) S. 145–179.

Nipperdey 1966:
Thomas *Nipperdey,* Die Utopie des Thomas Morus und der Beginn der Neuzeit. In: Die moderne Demokratie und ihr Recht. Festschrift für Gerhard Leibholz. Stuttgart 1966, S. 343–368.

Oncken 1922:
Hermann *Oncken,* Die Utopia des Thomas Morus und das Machtproblem in der Staatslehre. Heidelberg 1922.

OR 1967:
Das Buch der hundert Kapitel und der vierzig Statuten des sogenannten Oberrheinischen Revolutionärs. Ed. und textliche Bearbeitung von Annelore Franke. Historische Analyse von Gerhard Zschäbitz. Berlin 1967.

OST 1699:
Ophirischer Staat oder curieuse Beschreibung ... des Königreiches Ophir (ohne Verfasser). Leipzig 1699.

Patočka 1966:
Jan *Patočka,* Epilogus. In: J. A. Comenii de rerum humanarum emendatione consultatio catholica. Editio princeps. edd. J. Červenka, V. T. Miškovská-Kozáková u.a. red. P. Chlup. Tomus II. Prag 1966, Sp. 685–715.

Peachey 1954:
Paul *Peachey,* Die soziale Herkunft der Schweizer Täufer in der Reformationszeit. Karlsruhe 1954.

Peschke 1935:
Erhard *Peschke,* Die Theologie der böhmischen Brüder in ihrer Frühzeit, Bd. I, 1. Stuttgart 1935.

Pešek 1999:
Jirí *Pešek,* Role knihy ve „zlovestných“ utopiích 20. století (Zamjatin, Huxley, Orwell, Bradbury). In: Ivan Hlavácek/Jan Hrdina (Hgg.), Facta probant homines. Sborník prispevku k zivotnímu jubileu Prof. Dr. Zdenky Hledíkové. Prag 1998, S. 363–378.

Peuckert 1928:
Will Erich *Peuckert,* Die Rosenkreuzer. Zur Geschichte einer Reformation. Jena 1928.

Polišenský1963:
Joef *Polišenský,* Jan Amos Komenský. Prag 1963.

Prinz 1965:
Friedrich *Prinz,* Frühes Mönchtum in Frankreich. Kultur und Gesellschaft in Frankreich, den Rheinlanden und Bayern am Beispiel der monastischen Entwicklung (4.–8. Jh.). München 1965.

Prys 1913:
Josef *Prys,* Der Staatsroman des 16. und 17. Jahrhunderts und sein Erziehungsideal. Würzburg 1913.

Quabbe 1933:
Georg *Quabbe,* Das letzte Reich. Wandel und Wesen der Utopie. Leipzig 1933.

Rabelais 1534:
François *Rabelais,* Gargantua et Pantagruel. Tomus 2. Lyon 1534.

Ramm 1955:
Thilo *Ramm,* Die großen Sozialisten. Bd. I, Stuttgart 1955.

Rammstedt 1966:
Otthein *Rammstedt,* Sekte und soziale Bewegung. Soziologische Analyse der Täufer in Münster (1534/35). Köln u. Opladen 1966.

Rapp 1958:
Alfred *Rapp,* Glanz und Elend eines Jahrtausends. Die Geschichte der Deutschen. Stuttgart 1958.

Ratzinger 1960:
Josef *Ratzinger,* Joachim von Fiore. In: Lexikon für Theologie und Kirche, hg. von Joseph Höfer und Karl Rahner, Bd. V. Freiburg 1960, Sp. 975f.

Raupach 1963:
Hans *Raupach,* Utopia und Sowjetoikos. In: Jahrbuch für Sozialwissenschaft 14,3 (1963), S. 128–140.

Reeves 1950:
Marjorie *Reeves,* The Liber figurarum of Joachim of Fiore. In: Mediaeval and Renaissance Studies, 2 (1950), S. 57–81.

Reeves u. Hirsch-Reich 1954:
Marjorie *Reeves,* Beatrice *Hirsch-Reich,* The Figures of Joachim of Fiore, Genuine and Spurious Collections. In: Mediaeval and Renaissance Studies 3 (1954), S. 170–199.

Reeves 1969:
Marjorie *Reeves,* The Influence of Prophecy in the Later Middle Ages. Oxford 1969.

Reeves 1975:
Marjorie *Reeves,* Joachim of Fiore in Christian Thought. New York 1975.

Rehm 1928/29:
Walter *Rehm,* Staatsromane. In: Merker-Stammler, Reallexikon der deutschen Literturgeschichte, Bd. III. Berlin 1928/29, S. 293–296.

Riggenbach 1874:
Bernhard *Riggenbach,* Johann Eberlin von Günzburg und sein Reformprogramm. Tübingen 1874.

Revolutionsarchitektur 1971:
Revolutionsarchitektur. Boullée–Ledoux–Lequeu. Kunstmuseum Düsseldorf. Herausgegeben in Zusammenarbeit mit dem Institute for Arts, Rice University, Houston 2. Aufl. Baden-Baden 1971.

Říčan 1957:
Rudolf *Říčan,* Das Reich Gottes in den böhmischen Ländern. Stuttgart 1957.

Ritter 1924:
Gerhard *Ritter,* Zur Geschichte des häretischen Pantheismus in Deutschland im 15. Jahrhundert. In: Zeitschrift für Kirchengeschichte NF 4 (1924) S. 150–159.

Ritter 1940:
Gerhard *Ritter,* Machtstaat und Utopie. Berlin 1940.

Rosenau 1959:
Helen *Rosenau,* The Ideal City in its Architectural Evolution. London 1959.

Rosenberg 1955:
Joachim abbas Florensis – Joachim von Fiore. Das Reich des heiliges Geistes. Bearbeitet und herausgegeben von Alfons *Rosenberg.* München-Planegg 1955.

Rosenstock-Huessy 1961:
Eugen *Rosenstock-Huessy,* Die europäischen Revolutionen und der Charakter der Nationen, 3. Aufl. Stuttgart 1961.

Rothacker 1927:
Erich *Rothacker,* Logik und Sytematik der Geisteswisenschaften. München 1927.

Säkularisation und Utopie 1967:
Ebracher Studien. Ernst Forsthoff zum 65. Geburtstag. Stuttgart 1967.

Salomon-Delatour 1965:
Gottfried *Salomon-Delatour,* Moderne Staaslehren. Neuwied 1965.

Saulnier 1963:
V. L. *Saulnier,* Mythologies Pantagrueliques: L'utopie en France: Morus et Rabelais. In: Les utopies à la renaissance. Paris, Bruxelles 1963, S. 135–162.

Schaller 1962:
Klaus *Schaller,* Die Pädagogik des Johann Amos Comenius. Heidelberg 1962.

Schaller 1972:
Klaus *Schaller,* Die politische Pädagogik des J. A. Comenius. In: Gerhard Michel, Klaus Schaller (Hg.), Pädagogik und Politik. Comenius-Colloquium Bochum 1970. Ratingen u.a. 1972, S. 10–21.

Schempp 1969:
Hermann *Schempp,* Gemeinschaftssiedlungen auf religiöser und weltanschaulicher Grundlage. Tübingen 1969.

Scheuch 1968:
Erwin *Scheuch,* Die Wiedertäufer der Wohlstandsgesellschaft. Köln 1968.

Schilling 1949:
Karl *Schilling,* Rezension von Schultz 1948. In: Archiv für Rechts- und Sozialphilosophie 38 (1949), S. 150f.

Schlaraffia Politica 1892:
Geschichte der Dichtungen vom besten Staate. Anonym: A. v. Kirchenheim. Leipzig 1892.

Schmale 1960:
Franz-Josef *Schmale,* Studien zum Schisma des Jahrs 1130. Köln 1960.

Schmalenbach 1926:
Hermann *Schmalenbach,* Das Mittelalter. Sein Begriff und Wesen. Leipzig 1926.

Schmidt 1900:
Johann Heinrich *Schmidt,* Die 15 Bundesgenossen des Johann Eberlin von Günzburg. Leipzig 1900.

Schnitzer 1927:
Joseph *Schnitzer,* Savonarola. 2 Bde. München 1927.

Scholtz 1957:
Harald *Scholtz,* Evangelischer Utopismus bei J. V. Andreä. Ein geistiges Vorspiel zum Pietismus. Stuttgart 1957.

Schomann 1911:
Emilie *Schomann,* Französische Utopisten und ihr Frauenideal. Berlin 1911.

Schottenloher 1953:
Otto *Schottenloher,* Andreae, Johann Valentin. In: Neue Deutsche Biographie. Hrsg. von der Historischen Kommission bei der Bayer. Akademie der Wissenschaften. Berlin 1953, S. 277f.

Schramm 1929:
Percy Ernst *Schramm,* Kaiser, Rom und Renovatio. Studien und Texte zur Geschichte des römischen Erneuerungsgedankens vom Ende des karolingischen Reiches bis zum Investiturstreit, Bd. I–II. Berlin, Leipzig 1929.

Schramm 1958:
Gottfried *Schramm,* Modrevius-Forschungen. Ein Literaturbericht. In: Jahrbücher für Geschichte Osteuropas 6 (1958), S. 352–373.

Schultz 1948:
Rudolf *Schultz,* Die Staatsphilosophie des Nikolaus von Kues. Meisenheim 1948.

Sedlmayr 1955:
Hans *Sedlmayr,* Verlust der Mitte. Die bildende Kunst des 19. und 20. Jahrhunderts als Symptom und Symbol der Zeit. Frankfurt/Main 1955.

Seebass 1947:
Friedrich *Seebass,* Christentum und deutscher Geist. München 1947.

Seibt 1955:
Ferdinand *Seibt,* Über den Plan der Schrift „De nugis curialium" des Magisters Walter Map. In: Archiv für Kulturgeschichte 37 (1955), S. 183–203.

Seibt 1965:
Ferdinand *Seibt,* Hussitica. Zur Struktur einer Revolution. Köln, Graz 1965.

Seibt 1969:
Ferdinand *Seibt,* Utopie im Mittelalter. In: Historische Zeitschrift 208 (1969), S. 555–594.

Seibt 1970:
Ferdinand *Seibt,* The Religious Problems. In: G. Barraclough (Hg.), Eastern and Western Europe in the Middle Ages. London 1970, S. 83–124.

Seibt 1971:
Ferdinand *Seibt,* Stifters „Witiko" als konservative Utopie. In: Stifter-Jahrbuch, Neue Folge 9 (1971), S. 23–39.

Seibt 1972:
Ferdinand *Seibt,* Wenzel der Heilige. In: Die Großen der Weltgeschichte, hrsg. von Kurt Fassmann, Bd. II. München, Zürich 1972.

Seibt 1982:
Ferdinand *Seibt,* Utopie als Funktion abendländischen Denkens. In: Wilhelm Voßkamp (Hg.) 1982, S. 254–279.

Seibt 1984:
Ferdinand *Seibt,* Die mährischen Hutterer im Rahmen der Reformation in Mitteleuropa. In: Keramos 104 (1984), S. 11–18.

Seibt und Eberhard 1984 und 1987:
Ferdinand *Seibt,* Winfried *Eberhard* (Hgg.), Europa 1400. Die Krise des Spätmittelalters. Integrationsprozesse im Widerstreit. Stuttgart 1987.

Seibt 1994:
Ferdinand *Seibt,* Comenius und die Dritte Reformation. In: Pauline van Vliet und Arjo Vanderjagt (Hgg.), Amsterdam u. a. 1994, S. 79–84.

Seidler 1957:
Franz W. *Seidler,* Die Geschichte des Wortes Revolution. Ein Beitrag zur Revolutionsforschung. Diss. München 1957.

Servier 1971:
Jean *Servier,* Der Traum von der großen Harmonie. München 1971.

Sigmund 1962:
Paul Eugene *Sigmund,* Cusanus' „Concordantia": A Re-interpretation. In: Political Studies. The Journal of the Political Studies Association of the United Kingdom. Vol. 10 (1962), S. 180–197.

Sigmund 1963:
Paul Eugene *Sigmund,* Nicholas of Cusa and Medieval Political Thought. Cambridge 1963.

Shklar 1966:
Judith *Shklar,* The Political Theory of Utopia: From Melancholy to Nostalgia. In: F. E. Manuel (Hg.), Utopias and Utopian Thought. Boston 1966, S. 101–115.

Šindelář 1964:
Bedřich *Šindelář,* Comenius und der Westfälische Friedenskongreß. In: Historica 5 (1964) S. 71–107.

Šmahel 1972:
František *Šmahel,* Antiideal města v díle Petra Chelčického. In: Československý časopis Historický 20 (1972), S. 71–94.

Spörl 1955:
Johannes *Spörl,* Wandel des Welt- und Geschichtsbildes im 12. Jahrhundert? In: Unser Geschichtsbild, hg. von H. Rüdinger. München 1955, S. 99–114.

Stadelmann 1929:
Rudolf *Stadelmann,* Vom Geist des ausgehenden Mittelalters. Studien zur Geschichte der Weltanschauung von Nicolaus Cusanus bis Sebastian Franck. Halle/Saale 1929.

Steinmetz 1961:
Max *Steinmetz,* Die frühbürgerliche Revolution in Deutschland (1476–1535). Thesen. In: Tagung der Sektion Mediävistik der Deutschen Historiker-Gesellschaft vom 21. bis 23. Januar 1960 in Wernigerode. 2. Bd. 1961, S. 7–16.

Stiblinus 1555:
De Eudaemonis Macariae civitatis Republica Caspari *Stiblini* Commentariolus. Basel 1555.

Stöckl 1952:
Kurt *Stöckl,* Untersuchungen zu Johann Eberlin von Günzburg. Phil. Diss. Ms. München 1952.

Stolz 1955:
Otto *Stolz,* Geschichte des Landes Tirol, Bd. I. Innsbruck 1955.

Stupperich 1965:
Robert *Stupperich,* Das Königreich Zion in Münster. In: Massenwahn in Geschichte und Gegenwart. Stuttgart 1965, S. 208–219.

Süssmuth 1967:
Hans *Süssmuth,* Studien zur Utopia des Thomas Morus. Ein Beitrag zur Geistesgeschichte des 16. Jahrhunderts. Münster 1967.

Székely 1960:
Jerzy *Székely*, Ideologia wojny chlopskiej na Wegrzech w 1514 r. In: Kwartalnik historyczny 1960, S. 634–649.

Talmon 1957:
Jacob Leib *Talmon,* Utopianism and politics. London 1957.

Theimer 1955:
Walter *Theimer,* Geschichte der politischen Ideen. München 1955.

Tillich 1951:
Paul *Tillich,* Politische Bedeutung der Utopie im Leben der Völker. Berlin 1951.

Töpfer 1964:
Bernhard *Töpfer,* Das kommende Reich des Friedens. Berlin 1964.

Überweg-Geyer 1951:
Friedrich *Überwegs* Grundriß der Geschichte der Philosophie. II. Teil. Die patristische und scholastische Philosophie. Hg. von Bernhard *Geyer.* 12. Aufl. Nachdruck. Tübingen 1951.

Voigt 1906:
Andreas *Voigt,* Die sozialen Utopien. Fünf Vorträge. Leipzig 1906.

Voßkamp 1982:
Wilhelm *Voßkamp,* Utopieforschung. Interdisziplinäre Studien zur neuzeitlichen Utopie. 3 Bde. Stuttgart 1982.

Walsh 1962:
Chad *Walsh,* From Utopia to Nightmare. London 1962.

Watanabe 1963:
Morimichi *Watanabe,* The political ideas of Nicholas of Cusa. With special reference to his De concordantia catholica. Genf 1963.

Weil 1956:
Eric *Weil,* Philosophie politique. Paris 1956.

Werner 1901:
Heinrich *Werner,* Die Flugschrift „onus ecclesiae" (1519) mit einem Anhang über sozial- und kirchenpolitische Prophetien. Gießen 1901.

White 1955:
Frederic Randolph *White,* Famous Utopias of the Renaissance. New York 1955.

Winter 1956:
Eduard *Winter,* Der böhmische Vormärz in Briefen B. Bolzanos an F. Přihonský. Berlin 1956.

Wiswedel 1940:
Wilhelm *Wiswedel,* Das Schulwesen der Hutterischen Brüder in Mähren. In: Archiv für Reformationsgeschichte 37 (1940), S. 38–60.

Zedler 1744:
Grosses vollständiges Universal-Lexikon aller Wissenschaften und Künste ... Mit Privilegiis Hoher Potentaten verlegts Johann Heinrich *Zedler.* Bd. 40. Leipzig und Halle 1744.

Zeeden 1965:
Ernst Walter *Zeeden,* Die Entstehung der Konfessionen. Grundlagen und Formen der Konfessionsbildung im Zeitalter der Glaubenskämpfe. München 1965.

Zijpp 1952:
N. *van der Zijpp,* Geschiedenis der Doopsgezinden in Nederland. Arnhem 1952.

Zinsser 1949:
Hans *Zinsser,* Ratten, Läuse und die Weltgeschichte. Stuttgart, Lahr 1949.

Zschäbitz 1958:
Gerhard *Zschäbitz,* Zur mitteldeutschen Wiedertäuferbewegung nach dem großen Bauernkrieg. Berlin 1958.

Zschäbitz 1960:
Gerhard *Zschäbitz,* „Von der newen wandlung eynes Christlichen Lebens" – Eine oft mißdeutete Schrift aus der Zeit nach dem Großen Deutschen Bauernkrieg. In: Zeitschrift für Geschichtswissenschaft 8. Jg. H. 4 (1960) S. 908–918.

Zschäbitz 1967:
Das Buch der hundert Kapitel und der vierzig Statuten des sogenannten Oberrheinischen Revolutionärs. Ed. und textl. Bearbeitung von Annelore Franke. Historische Analyse von Gerhard *Zschäbitz.* Berlin 1967.

Namenverzeichnis